LA FAMILIA
Y EL CAMBIO POLÍTICO
EN ESPAÑA

COLECCIÓN DE CIENCIAS SOCIALES
SERIE DE SOCIOLOGIA

Julio Iglesias de Ussel

LA FAMILIA
Y EL CAMBIO POLÍTICO
EN ESPAÑA

tecnos

Diseño de cubierta:
RGV

Impresión de cubierta:
Gráficas Molina

Esta obra ha sido publicada con la ayuda de la Dirección
General del Libro, Archivos y Bibliotecas del Ministerio de
Educación y Cultura.

© JULIO IGLESIAS DE USSEL, 1998
© EDITORIAL TECNOS, S.A., 1998
Juan Ignacio Luca de Tena, 15 - 28027 Madrid
ISBN: 84-309-3163-5
Depósito Legal: M-14499 1998

Printed in Spain. Impreso en España por Rigorma Gráfica, S.A.
Polígono Alparrache. 28600 Navalcarnero (Madrid)

A la memoria de mi madre.
Para mis hijos, Ignacio, Énrique y javier.

ÍNDICE

AGRADECIMIENTOS

Es sabido que ninguna obra científica pertenece en exclusiva a quien la firma. También ésta es resultado de múltiples estímulos intelectuales y vitales que es de justicia mencionar aquí. Sus ideas básicas fueron expuestas en numerosos foros, donde su contenido fue parcialmente adelantado. En cursos de doctorado, cursos de verano, congresos, seminarios, conferencias y en mi docencia regular, he recibido críticas y sugerencias de colegas y amigos que me permitieron mejorar versiones anteriores del libro. Mi profunda gratitud, pues, a todos y a los alumnos de la Facultad de Ciencias Políticas y Sociología de Granada, con quienes he trabajado y aprendido durante estos años.

Mi reconocimiento se dirige también a quienes acogieron versiones previas de algunos capítulos, que se beneficiaron del estímulo que significó publicarlos en Alianza Editorial, Centro de Investigaciones Sociológicas, Fundación FOESSA, Revista de Occidente o Real Academia de Ciencias Morales y Políticas. Quede constancia de mi gratitud por la oportunidad de reflexionar sobre la familia que, generosamente, me brindaron en sus páginas.

El libro aparece en la colección de Editorial Tecnos que dirige mi maestro Francisco Murillo Ferrol. Es una doble muestra de confianza y generosidad que agradezco hondamente.

Granada, marzo de 1998

1. LA FAMILIA Y EL CAMBIO POLÍTICO EN ESPAÑA

I. LA FAMILIA Y EL CAMBIO POLÍTICO

La familia siempre ha sido el centro neurálgico de las transformaciones sociales. Los pensadores revolucionarios de todo signo, a la hora de proyectar la nueva sociedad, como cuestión previa abordan el matrimonio, las relaciones familiares, el papel de la mujer dentro y fuera de la familia, la educación y crianza de los hijos, el divorcio, la ilegitimidad, la sexualidad, derechos de sucesión, etc. El siglo XIX nos ha legado abundantes replanteamientos de todos estos aspectos del sistema familiar que, igualmente, se encuentran en la dilatada tradición histórica de la literatura utópica. Los cambios en la familia se contemplan como imprescindibles para la construcción de una nueva sociedad. Una nueva familia es el instrumento o el objeto final de una nueva organización social y política, de un nuevo horizonte histórico en definitiva.

En el terreno de la práctica política, la situación es semejante. Todo cambio político ha venido acompañado de transformaciones en la legislación familiar. Primero, porque, al repercutir en la vida cotidiana de la población, se convierte en espacio estratégico de la nueva realidad política. En segundo lugar, porque esos cambios familiares pueden instrumentarse como símbolo privilegiado del propio cambio político. Los cambios en la legislación familiar pueden desempeñar, en efecto, un importante papel en la estrategia simbólica de ruptura con el pasado. E incluso, gracias a ellos, proteger o enmascarar otras continuidades —políticas o económicas— más difíciles de transformar o de hacerles frente. Si además las innovaciones legales producen reacciones críticas por parte de sectores vinculados a la anterior situación política, será más acusada todavía su eficacia simbólica de quiebra aparente con el pasado. Pero, en tercer lugar, el sistema familiar es también el espacio privilegiado para fomentar el cambio social o la innovación para el futuro. Los intentos por implantar nuevos valores políticos o sociales pasa por alteraciones desde la forma de llamarse —«ciudadano», «camarada», «compañero»— a las relaciones de poder entre estratos sociales. Y, en este ámbito, la modificación drástica del sistema familiar se convierte en objetivo privilegiado.

Es la familia, en efecto, el primer núcleo de transmisión de valores sociales y, por tanto, la futura estabilidad de la nueva situación política estará vinculada a la modificación de los contenidos transmitidos por ella. La sintonía entre los valores familiares y políticos constituye la garantía de supervivencia del nuevo sistema. De ahí la necesidad de influir desde el sistema político en el familiar: para romper sus vínculos con el pasado e instrumentarla al servicio de la nueva dinámica política. El papel, por ejemplo, de los cambios en la regulación de la legitimidad de los hijos —casi siempre con escasa duración— es notorio en distintas revoluciones del siglo XIX y XX como medio para la consolidación del valor de la igualdad (Coser y Coser, 1972).

En España, sin embargo, la familia, actual y del pasado, se encuentra huérfana de reflexión política. Desatención que contrasta aún más con la virulencia y agrias polémicas públicas que, a menudo, han rodeado los cambios legales sobre la familia en nuestro país. Ni las controversias suscitadas por documentos del Vaticano en materia de familia, ni las posturas del movimiento feminista, ni las cuestiones abiertas por la ingeniería genética, ni el papel otorgado a la familia por el franquismo —al menos ideológicamente— han incitado más que reflexiones marginales entre los especialistas. El debate y la polémica no han trascendido de las páginas de la prensa.

Esta situación me parece particularmente grave. Acaso el franquismo no alcance a interpretarse en su totalidad sin analizar las peculiaridades de la institución familiar, ni su papel en el sistema. Pero tampoco la propia transición política. Los cambios políticos repercuten en la familia, pero ésta no es mero sujeto pasivo. La familia ha influido a su vez en el proceso de cambio político. Piénsese, por ejemplo, en las continuidades generacionales en la afiliación y voto a partidos políticos (Maravall, 1984). O, en niveles más profundos e imprecisables hoy, en el carácter consensual y de pacto en la transición política. Posiblemente las familias han transmitido la memoria histórica del trauma de la guerra civil como «miedo al pasado», influyendo también —felizmente— en que éste no se reproduzca. Un estudio de socialización o de historia oral arrojaría luz al respecto.

En todo caso, el análisis de la modernización de la legislación familiar importa por tres tipos de razones. En primer lugar, por el propio carácter de la transición política que implicó a otras muchas instituciones y sectores sociales. Jiménez Blanco ha escrito al respecto que «la ruptura política con el franquismo se acompañó de la ruptura con otra serie de cosas, que en la mente de jóvenes de los años cincuenta se percibieron como inextricablemente asociadas con el franquismo. En este sentido, la ruptura política se vio acompañada para no pocas gentes con una ruptura religiosa, social y cultural, que denominaremos "constelación de rupturas". Con esta expresión queremos indicar que la ruptura política no se limitó al paso de la dictadura a la democracia, sino que afectó a la cultura y a la estructura social de una manera, en ocasiones, tan ilógica como efectiva. En la actualidad, estamos en mejores condiciones —transcurridos diez años del proceso— de describir las diferentes rupturas en constelación, que de explicar y comprender la lógica interna que dé razón de por qué todas esas rupturas se produjeron al mismo tiempo» (Jiménez Blanco, 1986: 506, también Águila y Montoro, 1984: 208). Pues bien, en el caso de la familia junto a la quiebra de comportamientos sociales se produce también la ruptura —bastante radical, como luego se verá— con la legislación familiar vigente durante el franquismo.

En segundo lugar, resulta importante examinar el cambio por la institución que implica. La familia nunca ha sido en España un mero ámbito de la vida cotidiana de los ciudadanos. Se le ha otorgado una relevancia especial y ha estado siempre bajo el control de la Iglesia. Ésta ha cedido o perdido desde el siglo XVIII múltiples ámbitos de control y supervisión en la sociedad. Sin embargo, nunca ha abandonado la pretensión de mantener dentro de su órbita, directamente o por mediación del poder civil, la orientación de la legislación familiar. También en este aspecto la transición política significa la ruptura con una constante histórica, con muy pocas excepciones, en la sociedad española.

Y, en tercer lugar, por la extraordinaria repercusión que alcanzaron precedentes de cambios en la regulación de la familia. Anteriores iniciativas en nuestro pasado histórico dieron lugar a conflictos políticos, tensiones con la Iglesia e, incluso, importantes movilizaciones sociales. En suma, fueron realizadas con altos costes políticos y, posiblemente, con reducidas consecuencias sociales. La introducción del matrimonio civil y la legislación de la II República sobre la familia, pueden ser dos ejemplos para reflexionar brevemente.

1. EL MATRIMONIO CIVIL

La Ley de Matrimonio Civil de 1870 fue el primer intento de remplazar a la Iglesia en la regulación del matrimonio. Introdujo durante varios años —hasta su derogación en 1875— el matrimonio civil obligatorio para todos los ciudadanos, suprimiendo los efectos civiles del contraído en forma religiosa (seguiré a Roldán, 1980).

Fruto de la Revolución de septiembre de 1868, su contenido rompió tajantemente con el control eclesiástico de la legislación familiar y matrimonial. Desde 1564, su efecto, había sido el matrimonio canónico la única forma válida en España.

¿Existía demanda social para la introducción del matrimonio civil obligatorio? Desde luego, no es la demanda mayoritaria dirigida por los municipios a las Cortes. Sólo se plantea en un 5 por 100 de las peticiones, con mucho menor frecuencia de otras con contenido socioeconómico. Sin embargo, otros datos revelan la existencia de una cierta opinión pública sobre el matrimonio civil. Por una parte, las Juntas Revolucionarias locales recogían en sus manifiestos las demandas de libertad de cultos y matrimonio civil. En segundo lugar, en las peticiones elevadas a las Cortes por obispos y párrocos se solicita que no se modifique el matrimonio canónico. En tercer lugar, la autorización de matrimonios civiles en diversas localidades —e incluso la publicación de normas específicas que lo regulan mediante bandos municipales— antes de aprobarse la Constitución y la propia ley de 1870, muestra que la cuestión no resultaba indiferente para ciertos sectores de la sociedad española. Como resultado de ese espontaneísmo normativo se producen diversas interpelaciones al Gobierno de las Cortes pidiendo el cese de tales uniones civiles autorizadas por los Ayuntamientos. Pero fundadas en su ilegalidad, y no en posturas contrarias a la existencia del matrimonio civil obligatorio.

En conjunto, estos hechos, brevemente apuntados, revelan la existencia de aspiraciones en favor del matrimonio civil, que entonces se presenta como símbolo de ruptura e innovación social y consecuencia obligada de la libertad de cultos. Ya antes de la Constitución de 1869 se presentan proposiciones de ley solicitándolo e, inmediatamente después de aprobada, el propio Gobierno presenta un proyecto de ley donde establece el matrimonio civil obligatorio. Pero la urgencia con que se aborda la cuestión no es social sino política: aprovechar el ambiente revolucionario para imprimir una nueva orientación al Estado de la Revolución de 1868.

Existen, en efecto, diversos elementos para justificar la naturaleza política de la Ley de Matrimonio Civil. Empezando por sus propios límites: dicha ley excluye el divorcio y mantiene la indisolubilidad del matrimonio. El divorcio sí hubiera introducido elementos nuevos y radicales en la regulación de la familia. Sin embargo, queda excluido y precisamente por no considerarlo necesario ni conveniente, dada la mentalidad católica predominante en la sociedad española. Sólo un futuro cambio en las costumbres permitiría plantear el divorcio. Es decir, en el propio debate parlamentario de la ley, se plasman los límites que el estado de opinión implantan a las innovaciones legales.

La misma conclusión se desprende de la redacción producida por la ley. El escrito remitido por el Episcopado a las Cortes de enero de 1870 hará referencia a que es contraria a los sentimientos y costumbres predominantes de los españoles. La oposición de la Iglesia, cuya influencia sobre la población, sobre todo rural, era innegable, logró mantener al matrimonio religioso como el verdadero matrimonio desde el punto de vista social. Y al matrimonio civil, si se celebraba, como un acto burocrático tras la ceremonia eclesiástica. El alcance del rechazo se manifiesta en que ya en 1874 y 1875 aparecen disposiciones legales autorizando se inscriban como legítimos los hijos de matrimonios contraídos sólo de forma religiosa. Y en este mismo año se restablece la plena vigencia del matrimonio canónico y se reconocen efectos civiles a los contraídos desde 1870. Es decir, se cierra el intento de regulación por los poderes civiles del matrimonio.

La cuestión resurge aún después, incluso con pretensiones mucho más modestas: únicamente facilitar el matrimonio civil de los bautizados, manteniendo pleno reconocimiento a los efectos del celebrado en forma religiosa. En 1906 se estableció al efecto que el matrimonio civil pudiera contraerse sin previa declaración de los contrayentes de no profesar la religión católica. El Conde de

Romanones, autor de la medida, ha descrito sus efectos: «No pude
sospechar la estrepitosa protesta que levantó esta resolución: seguro estoy de que en ningún país del mundo en pleno siglo XX se
hubiera producido otra igual [...]. El Episcopado no omitió medio
para atacarme; hubo obispo, como el de Tuy, que no se detuvo ante
los respectos más elementales debidos al poder público y me hizo
blanco de los mayores vituperios, con tal arrojo, que hasta desper-
tó en mi ánimo la simpatía. En una larga pastoral, deleitosa para
las derechas, lo más suave que me llamó fue tonto [...]. Con el de
Tuy habían hecho causa común todos los obispos de España. A sus
ataques siguieron los de varios cabildos; el de Córdoba se destacó
con tal violencia, que fue necesario procesarlo» (Romanones, 1945:
384-387) . La medida —revocada dos años después— con pretensiones limitadas a facilitar el matrimonio civil, provocó de nuevo
toda serie de ataques.

2.   LA FAMILIA EN LA II REPÚBLICA

La II República introdujo cambios radicales en el tratamiento
legal de la familia y la mujer. La Constitución, con la separación
de la Iglesia y el Estado, modificó por completo los principios del
derecho de familia. Implantó innovaciones que se adelantaron en
tres décadas a las reformas introducidas desde finales de los años
sesenta en países europeos desarrollados. La regulación del aborto o el divorcio por consentimiento mutuo (que entra en vigor en
Francia en 1974) constituyen ejemplos suficientes de la orientación de la reforma.

Los conflictos desencadenados por las nuevas tendencias en la
legislación familiar tuvieron su origen ya en la discusión de la Constitución republicana y se vincularon a la polémica sobre la cuestión religiosa. De hecho, ya al iniciarse el debate a la totalidad de
los artículos referentes a la Iglesia, familia y enseñanza, Gil-Ro-
bles anunció su propósito de revisión constitucional, si quedaba
aceptado —como así ocurrió— el proyecto. Y es sabido que la
aprobación del artículo 26 de la Constitución —sobre la cuestión
religiosa— provocó la dimisión del presidente de la República, del
Ministro de Gobernación y la retirada del Parlamento de treinta y
siete diputados católicos.

Cuando, a continuación de estos acontecimientos, comienza la discusión del artículo sobre la familia, la suerte de su contenido estaba prejuzgada. Reforzó la convicción en la oportunidad de constitucionalizar el divorcio. Llevándolo a la Constitución, se obstaculizan ulteriores tentaciones reformistas.

Los protagonistas políticos de la época han dejado en sus memorias abundantes testimonios de los esfuerzos de la Iglesia por mantener el *statu quo* de la legislación familiar. Y la importancia que otorgaba a la cuestión se manifestó igualmente en sus posiciones públicas. Baste señalar que cinco de los ocho documentos colectivos del Episcopado publicados entre 1931 y 1936 censuran, con mayor o menor amplitud, el cambio de la tradicional orientación jurídico-política sobre la familia. Uno de ellos, en julio de 1932, sobre el matrimonio civil y canónico, reiteró la obligatoriedad del matrimonio canónico y las sanciones que conlleva la inobservancia de la ley eclesiástica.

La Iglesia, en su oposición a la nueva legislación familiar, apeló a los riesgos de inestabilidad social que introducía la ruptura con la tradición. En la declaración del Episcopado de diciembre de 1931 «Los Obispos ante la nueva Constitución», afirmaron: «La Iglesia no cesará de reivindicar [...] el reconocimiento oficial de su competencia, el acuerdo de la legislación canónica y civil y la supresión del divorcio, segura que la labora eficazmente por la salud misma de la República, librándola de la depravación de las costumbres públicas, impidiendo la inmerecida humillación de la mujer, víctima y expósita segura de tales viciosas emancipaciones, enfrentando el culto a la carne, a que conduce la práctica fácil y el deseo mórbido del divorcio y, ofreciéndole, en cambio, por el matrimonio cristiano, una raza de ciudadanos que, animados de sentimientos honestos y educados en el respeto y el amor de Dios, se consideran obligados a obedecer a los que justa y legítimamente mandan, a amar a su prójimo y a respetar todo derecho de sus conciudadanos» (en Iribarren, 1974: 167).

Este texto desarrolla con precisión la concepción tradicional de la familia que la República cambió por completo. Pero las profundas innovaciones legales ¿tuvieron repercusión en los comportamientos sociales? Dada la escasa vigencia de la nueva legislación, resulta lógico pensar en una reducida incidencia colectiva. Existen numerosos indicios en este sentido, y en el caso del divorcio está documentada la muy escasa utilización de la ley (Alberdi, 1979).

Frente a una realidad con bajo número de divorcios, se instrumentó, sin embargo, una campaña sosteniendo que un elevado número de matrimonios se divorciaban. Y en ello colaboraron tanto las derechas como las izquierdas. Para las derechas, con ese argumento quedaban justificados sus intentos previos de oponerse a la nueva ley. Además se utilizaba como prueba concluyente del grave atentado al fundamento de la familia, lo que equivalía —como se ha visto— a la ruina de la propia sociedad. Así, dar por hecho el elevado número de divorcios, permitía cuestionar ante la opinión pública la legitimidad de un régimen con tan disolventes novedades.

Pero para los divorcistas igual instrumentación proporcionaba dar como real la frecuencia del divorcio. Significaba, en efecto, la prueba irrefutable de que la legislación laica de la República respondía a los verdaderos sentimientos del pueblo. La buena acogida a la legislación familiar ofrecía la oportunidad de censurar, *a posteriori*, la suprimida imposición de la legislación eclesiástica. Era prueba de la ilegitimidad de su imposición a la sociedad española.

En suma, el primer intento por sustituir la orientación tradicional de la legislación familiar se salda en un enfrentamiento con la Iglesia, intensas movilizaciones sociales en defensa y en contra y reducidos efectos reales en los comportamientos colectivos.

Con estos antecedentes, el cambio de la legislación familiar parecería destinado a generar nuevos conflictos, también durante la transición política. Que en esta ocasión, al fin, no se hayan producido se debe, en mi opinión, a la coincidencia de tres circunstancias merecedoras de examen: el cambio de la familia durante el franquismo; la posición de la Iglesia, y la estrategia de la reforma política.

II. EL CAMBIO EN LA FAMILIA

El franquismo significó la ruptura también con la orientación dada a la legislación familiar por la República. Una de las primeras demandas planteadas por la jerarquía eclesiástica fue, en efecto, la derogación del divorcio y la vuelta al control de la Iglesia del derecho de la familia. Así sucedió y desde la guerra civil se fue restaurando la legislación vigente hasta 1931. Se anula la igualdad entre hijos legítimos e ilegítimos; se penalizan los anticonceptivos, el adulterio y el amancebamiento; se obstaculiza el trabajo de la mujer —sobre todo si es casada—; se prohíbe la coeducación; se fomentan la familias numerosas —si bien con medidas más simbólicas que efectivas—; se implanta el matrimonio religioso obligatorio para los bautizados; se otorga a la Iglesia la competencia para juzgar la separación y nulidad matrimonial; se establece la desigualdad de derechos en función del sexo fuera y dentro del matrimonio, el cual —según la Ley de 24 de abril de 1958— «exige una potestad de dirección que la Naturaleza, la Religión y la Historia atribuyen al marido», etc. (una síntesis en Campo, 1974).

En lo esencial, el marco jurídico de la familia permaneció con la misma orientación hasta la transición política. Sin embargo, va a ser durante el franquismo cuando se pase de una sociedad de familias a una sociedad de individuos. El impulso de esta transformación proviene del cambio social acelerado por el desarrollo económico de los años sesenta. Manifestaciones decisivas para la familia de ese cambio sólo pueden aquí citarse. Entre ellas, la concentración urbana, el acelerado descenso de población activa agraria e incremento en el sector industrial y de servicios, el aumento de trabajo extradoméstico de la mujer, la elevación de las tasas de escolarización de los dos sexos, la secularización en plena vigencia del nacionalcatolicismo, el influjo de la emigración exterior y del turismo interior, la difusión de un cierto bienestar económico y aun de la sociedad de consumo en la clase alta, el cambio de la estructura ocupacional y la reducción del paro, etc.

Estos cambios favorecieron o aceleraron transformaciones importantes en la dinámica de la familia española, pero en dirección opuesta a las directrices políticas, religiosas y la legislación vigente. Algunos aspectos deben resaltarse.

Desde 1960 desciende la edad media de matrimonio de los varones y las mujeres, e igualmente las diferencias de edad entre ambos. Es decir, el matrimonio se celebra, cada vez más, dentro de las cohortes generacionales más próximas.

Por otra parte, en esas mismas fechas, la tasa de nupcialidad (número de matrimonios por mil habitantes) alcanza sus máximos históricos, reduciéndose por consiguiente el celibato. Estas tendencias son relevantes. En efecto, se producen simultáneamente a la flexibilización de las relaciones entre jóvenes de distinto sexo. Numerosas encuestas de opinión desde la década de los sesenta muestran la creciente permisividad en las relaciones sexuales prematrimoniales. Pero ni esta permisividad ni el cambio de comportamientos entre jóvenes reducen la frecuencia del matrimonio, sino al contrario. El descenso en la nupcialidad no se produce hasta 1975 y, en mi opinión, más como consecuencia de la crisis económica (que afecta sobre todo al primer empleo de los jóvenes) que a un rechazo abierto al matrimonio. La cohabitación sin vínculos de matrimonio religioso o civil es un fenómeno más reciente y, en todo caso, no explica por si sola la magnitud del descenso de la nupcialidad en los últimos años.

Pero los cambios tuvieron lugar, igualmente, en aspectos difícilmente mensurables. Paulatinamente fueron desapareciendo todas las rigideces de los noviazgos tradicionales en la sociedad española. Entre otras, su duración quedó acortada y, quizás se multiplicaron las experiencias previas antes de contraer matrimonio; frente a una etapa anterior en que al noviazgo se le consideraba experiencia única y excluyente, en el caso de la mujer sobre todo.

El cambio de hábitos en la interacción entre jóvenes (favorecido por la creciente escolarización de ambos sexos) ocasionó la pérdida de influencia directa de la familia en el control de la selección de cónyuge. La formación de parejas es resultado de las propias iniciativas entre jóvenes, y no de imposiciones familiares. Como en otros países europeos, la familia continúa mediatizando indirectamente en la elección (por su clase social, medio de residencia, etc.) y controlando de manera más rígida a las mujeres que a los varones. Pero la determinación de la pareja reside ya en procesos de selección al arbitrio de la dinámica de comportamientos juveniles.

Además, se han producido también cambios significativos en las cualidades consideradas importantes en la persona con la que desearían contraer matrimonio. Las encuestas sobre la juventud han abordado reiteradamente esta cuestión. Lo más destacado de la evolución entre 1960 y 1977 es el descenso de la importancia otorgada al papel de los factores religiosos y morales, y el ascenso de la concedida a la educación, cultura y similitud de opiniones. Es decir, a aspectos que inciden en la dinámica de la relación interpersonal de la pareja.

Las relaciones sexuales prematrimoniales han ocasionado un significativo número de matrimonios por causa de embarazo previo. La *Encuesta de Fecundidad* de 1977 (INE, 1978) revela que el 17 por 100 de las entrevistadas —en especial las menores de veintidós años— tuvieron su primer hijo antes del octavo mes del matrimonio. No es posible, sin embargo, determinar si se trata de matrimonios «provocados» (es decir, de parejas sin vínculos de noviazgo y, por tanto, no previstos) o «adelantados» (entre novios, pero no previstos en ese momento). La transición de las normas sexuales iniciada en la década de 1960 permite formular la hipótesis que en dichos años fueron sobre todo «provocados», y en los setenta más frecuentes los «adelantados».

Estas tendencias, desencadenadas o aceleradas en los años sesenta, significan en definitiva el paso de una relación de pareja fundada en lo personal más que en lo institucional. Los aspectos afectivos se convierten en determinantes de la elección conyugal y de la relación matrimonial. Los jóvenes asumen la responsabilidad de su futuro matrimonial, con posibilidad de repetir las tentativas de consolidarla y al margen de injerencias familiares directas. En suma, la libertad de elección de pareja queda ampliada a todos los sectores de la sociedad española.

Los años sesenta significan, igualmente, el inicio de importantes transformaciones en las pautas de natalidad. Desde el final de la guerra civil el Estado implantó numerosas medidas para fomentar la natalidad a través de instrumentos legales —como la prohibición de la difusión de medios anticonceptivos o penalización del aborto—, subvenciones y facilidades fiscales a las familias numerosas. Todo ello con la difusión de la ideología natalista como instrumento para alcanzar una población total de cuarenta millones de habitantes en España. Pero el comportamiento real de la sociedad siguió caminos diametralmente opuestos al objetivo de la política oficial. Frente al propósito de aumentar la natalidad, ésta va a iniciar un descenso continuado desde los inicios del desarrollo económico en los años sesenta.

La natalidad en España va a cambiar su tendencia histórica en un contexto fuertemente adverso a su reducción. En los años sesenta, aumenta la nupcialidad y se reduce la edad de matrimonio; se casan pues más mujeres y más jóvenes. Esta acumulación de matrimonios que tuvieron entonces sus primeros hijos mantuvo hasta 1964 muy elevada la tasa bruta de natalidad. Pero porque se formaron entonces más matrimonios.

Los años sesenta significan, pues, un rápido proceso de aproximación de la natalidad española a la imperante en otros países europeos desarrollados. Se inicia entonces la tendencia continuada a la reducción de la fecundidad de las mujeres casadas de todas la edades. Pero sobre todo de las más jóvenes. Y el descenso es más acusado y rápido en las familias numerosas (con cuatro o más hijos) que, pese a su fomento legal, pierden peso relativo en el conjunto de los hogares.

Estas tendencias demográficas se corresponden además con la natalidad deseada. El número de hijos considerado ideal, analizado en numerosos estudios de opinión, oscila entre dos y tres, desciende desde los años sesenta y es más bajo entre los sectores más jóvenes de la población.

La evolución de la natalidad en España a partir de los años sesenta revela pues que las mujeres españolas emplean cada vez más métodos eficaces de limitación de los nacimientos. Y ello a pesar de los obstáculos legales existentes y a la ideología oficial natalista. Es decir, España completa la última fase de la «transición demográfica» (descenso de la natalidad y mortalidad) modernizando sus comportamientos demográficos. Progresivamente, las parejas deciden el número de hijos que tienen y cuándo los tienen, y existe una creciente adecuación entre el deseo y la realidad.

Los cambios fueron igualmente profundos y rápidos en las actitudes y comportamientos en relación a la familia. Se modifica la estructura de autoridad y la toma de decisiones dentro de la familia. La distribución de tareas domésticas atenúa su carácter sexista. Las relaciones intergeneracionales pierden contenido autoritario. El movimiento feminista incipiente cuestiona en profundidad la situación de la mujer y en la familia. Se incrementa paulatinamente la aceptación social del divorcio y los conflictos matrimoniales comienzan a hacerse frecuentes. La aparición de estos conflictos —en sí misma exponente de formas modernas de familia— vino impulsada por la quiebra de los mecanismos formales de mantenimiento de las apariencias de estabilidad matrimonial: el matrimonio urbano, la independencia económica lograda por la mujer con su acceso a la población activa, la secularización religiosa, etc. Los mismos efectos del desarrollo económico permitían que vieran la luz pública conflictos que antes hubieran quedado ocultos en una coexistencia matrimonial vacía.

En definitiva, los cambios significan la pérdida de hegemonía de la familia tradicional y su sustitución por la familia moderna y nuclear. O, si se quiere, el paso de la familia como institución a la familia fundada en la interacción personal. Un cambio efectuado en un contexto ideológico y con ortodoxia oficial hostil a la dirección modernizadora que adoptó. El cambio político, por consiguiente, sobrevino cuando los comportamientos y las actitudes mayoritarias de la sociedad habían transformado la familia española. La posterior y reciente modificación de la legislación familiar no hizo sino ajustar la ley a los hechos, ahora sí —y no durante la II República— congruentes.

No podía, por tanto, suscitar tensiones graves un cambio legal en la familia que previamente había sido asumido por la población. Los profundos cambios sociales durante los últimos quince años del franquismo requerían el cambio del ordenamiento jurídico familiar. La transición suprimió desajustes previos. En este aspecto es por completo aplicable el juicio formulado por Felipe González: «Si algo ha demostrado esta sociedad es que ya antes de la muerte de Franco estaba viviendo con actitudes que no correspondían con la costra superestructural que representaba el franquismo. Sin esa realidad no hubiera sido posible el cambio democrático» [1]. Esto por lo menos fue lo ocurrido con costumbres y hábitos familiares: cuando llegó la transición la sociedad ya vivía de espaldas a la legislación familiar del franquismo y a sus valores subyacentes.

III. LOS CAMBIOS EN LA IGLESIA ESPAÑOLA

Las innovaciones introducidas por el sistema político en la regulación de la familia no han originado tensiones o conflictos graves. Como consecuencia también del papel desempeñado por la Iglesia, su actitud puede catalogarse como tolerante o comprensiva ante modificaciones legales que, por una parte, suprimían su control sobre la regulación de la familia y, por otra, rompían con

---

[1] Declaraciones del presidente del Gobierno Felipe González al director del *Diario 16*, en dicho diario el 19 de diciembre de 1986, p. 9. V. PÉREZ DÍAZ ha puntualizado al respecto que «a veces se muestran los quince o veinte últimos años del franquismo como el escenario de una "contradicción" entre una estructura socioeconómica que cambia y una estructura política que se resiste a cambiar, y cuyo resultado final es la transición política, que restablece la congruencia entre sociedad y economía, de un lado, y sistema político, de otro. Esa teoría es errónea en la medida en que minimiza el efecto de los factores culturales y simplifica excesivamente el juego de relaciones recíprocas entre política y factores socioeconómicos. Y uno de sus varios puntos débiles consiste justamente en no dar cuenta de los cambios políticos del régimen franquista en los últimos quince o veinte años» (1987: 444).

la orientación defendida por la Iglesia. Este calificativo de comprensión y tolerancia es aplicable a nivel institucional —la Conferencia Episcopal Española—, aunque no hayan faltado reacciones más duras por parte de obispos concretos. Pero en ningún caso ha habido una pretensión de movilización social en contra de las nuevas directrices jurídicas sobre la familia, bien sea por convicción propia o por asumir la secularización de la sociedad española.

Históricamente, la actitud del Estado ante el hecho religioso han sido siempre beligerante en la sociedad española: o a favor exclusivo y privilegiando a la Iglesia católica, o contra ella. O el confesionalismo o la anticoconfesionalidad, pero siempre motivo de enfrentamiento y polémicas. El franquismo y la II República constituyen ejemplos notorios de esta actitud siempre radical y dirigida contra un sector de la sociedad española.

Sin embargo, la Iglesia había cambiado profundamente en las dos últimas décadas del franquismo. Unos cambios que facilitaron la transición política y la modificación del régimen legal de la familia. Sus raíces se encuentran en acontecimientos exteriores, cuya repercusión facilitó extraordinariamente la aceptación por parte de la Iglesia de la nueva situación.

El primer desencadenante externo del cambio fue el Concilio Vaticano II. Su impacto ha sido decisivo. Sin él resulta difícil comprender no sólo la posición de la Iglesia española, sino muchas peculiaridades de la transición política a la democracia. En el Concilio Vaticano II, en efecto, «reside la explicación inmediata del carácter súbito del *aggiornamento* ideológico y del comportamiento del catolicismo español. Por una parte, las normas conciliares fueron recibidas como medidas disciplinarias aunque insoslayables por la fracción más conservadora de la Iglesia de España. Por otra parte, aportaron a su fracción liberal la legitimidad de la institución religiosa» (Hermet, 1986: 491-492). A partir de entonces la Iglesia inicia una etapa de distanciamiento y moderada oposición frente al poder.

Esta evolución situó a la Iglesia en una posición institucional más proclive a admitir la autonomía de la sociedad civil y a no radicalizar sus demandas ante la reforma de la legislación familiar. Gracias a las directrices del Concilio, la Iglesia comienza a aceptar que la legislación civil no debe imponer coactivamente las creencias religiosas, sino aceptar el pluralismo. El propio Hermet (1986: 493) subraya la participación del clero como pedagogo de la reforma laica, en una sociedad impregnada de valores religiosos. Sin su actuación, el proceso de secularización hubiera resultado truncado y desprovisto de legitimidad. Aquellos sacerdotes que adoptaron una postura contraria dejaron de representar a la Iglesia en el último decenio del Franquismo.

Pero, además, existió otro estímulo externo actuando en la misma dirección y específicamente respecto de la legislación familiar. Se trata de la experiencia italiana de 1974, muy poco antes de la transición española: el fracaso de la movilización puesta en práctica por la Iglesia en el referéndum para abrogar el divorcio. Su resultado sirvió como ejemplo a evitar. Reveló, en efecto, cómo sociedades consideradas católicas —y con partido político confesional de gran implantación social— no siguen las directrices de la Iglesia. Optan, al contrario, por apoyar innovaciones laicas en la regulación de la familia. Comprometer a la Iglesia española en una aventura semejante resultaba de dudosa eficacia y alto riesgo, cuando tan reciente estaba el ejemplo italiano. El coste de la operación hubiera podido comprometer la estabilidad del naciente sistema democrático y, desde luego, la posición de la propia Iglesia[2].

El antecedente italiano, por tanto, favoreció la adopción de posturas prudentes de la Iglesia en este terreno. También el rechazo de movilizaciones sociales, con búsqueda de logros por la vía de la negociación con el poder político durante la transición política. Y posiblemente con más énfasis en los intereses educativos, que en la regulación de la familia. La existencia de una opinión pública mayoritariamente favorable al divorcio —constatada en numerosos estudios— reforzaba la tendencia a la tolerancia y la huida de posiciones drásticas ante el cambio de signo de la legislación familiar. Una actitud impulsada en último término por la propia estrategia de la reforma. Su naturaleza paulatina y sucesiva impidió ciertamente la globalización y radicalización de las discrepancias.

---

[2] Esto explica la ausencia de referencias al referéndum por sectores eclesiásticos. Una excepción, sin embargo, fue la de J. M.ª Martín Patino, influyente vicario general de la archidiócesis de Madrid con el cardenal Tarancón, quien declaraba: «El hecho de que se conceda libertad para casarse o no por la Iglesia a los ciudadanos españoles bautizados no prejuzga, en absoluto, la determinación que en su día puede tomar el poder legislativo español para admitir o no el divorcio civil. Esto es harina de otro costal. Y yo creo que antes de admitir el divorcio habría que preguntar sobre esto a todos los españoles» (en declaraciones al semanario *Gaceta Ilustrada*, n.º 1.017, 4 de abril de 1976, p. 49).

Pero debe señalarse un tercer desencadenante externo que igualmente desbrozó la evolución legal de la familia, sin conflictos graves con la Iglesia. El impulso vino en este caso de Portugal. Tras la Revolución de 1974, la Santa Sede aceptó suscribir un protocolo adicional del Concordato con ese Estado en 1975. Fueron así suprimidas las normas que impedían a los matrimonios canónicos acceder a la ley civil del divorcio. Esta actitud de la Iglesia se produce ciertamente también para evitar la denuncia unilateral del Concordato por parte del Estado portugués. Y en la época de Pablo VI, cuando en España se va a desencadenar en la de Juan Pablo II. La situación obviamente no es la misma, pero el camino vino también facilitado por la solución dada en Portugal al problema pendiente de resolver en España.

Junto a estos factores externos, otro elemento interno situó a la Iglesia española en posición de debilidad para la defensa de su concepción de la legislación familiar. No fue otro que la profunda crisis de los tribunales eclesiásticos. El Concordato entre el Estado y la Santa Sede de 1953 otorgó a la Iglesia en España la competencia para juzgar las causas de nulidad y separación matrimonial de los matrimonios contraídos en forma religiosa (más del 95 por 100 durante el franquismo). Con las transformaciones de la familia desde los años sesenta, aumentan considerablemente las demandas ante dichos tribunales. Al mismo tiempo aparecen insistentes denuncias públicas sobre tardanzas indefinidas en la tramitación de las demandas, acusaciones de parcialidad, elevado coste económico, sobornos o corrupciones y errores. Además extensos sectores de la sociedad española cuestionan la legitimidad de la competencia judicial otorgada a la Iglesia, sobre todo en el caso de parejas que declaran haber abandonado toda práctica religiosa. Junto a todo esto, sectores privilegiados de clase alta obtienen sentencias de nulidad matrimonial (que en realidad son divorcios encubiertos), con tramitación breve y altos costes económicos, en tribunales eclesiásticos de otros países (fundamentalmente Estados Unidos), pero cuyas decisiones son directamente ejecutables en España (Aradillas, 1965). Esta situación, en definitiva, deterioró profundamente la capacidad negociadora de la Iglesia y convenció a extensos sectores de la población española —incluidos, probablemente, los de la propia jerarquía eclesiástica— de la necesidad de abandonar las prerrogativas eclesiásticas en la legislación familiar y aproximarse a los esquemas vigentes en otros países europeos. A los creyentes, por los efectos negativos para la Iglesia, y al resto de la sociedad, por considerarlo propio de la soberanía del poder civil.

Esto no significa, como es obvio, que el proceso haya carecido de tensiones o conflictos. Se han producido, con alcance limitado, orientados a la defensa de sus convicciones pero sin cuestionar la legitimidad de decisiones opuestas. Una actitud radicalmente opuesta a la desencadenada, ante las mismas cuestiones, durante la II República.

La prensa de la época, en fechas previas a la aprobación de la Constitución, conservan numerosas declaraciones de obispos con posturas matizadas sobre el divorcio. El propio presidente de la Conferencia Episcopal, cardenal Tarancón, ante la posibilidad de abordar la regulación del divorcio, sostenía la existencia de problemas prioritarios para la consolidación de la democracia, como el regional o el económico, añadiendo: «Yo creo que lo del divorcio y el aborto no saldrá tan pronto a la palestra como tú crees. Pienso que tendrán suficiente sentido común como para, teniendo como tienen problemas urgentes y prioritarios en las manos, distraerse en esas cuestiones de ideología. Además, en última instancia la Iglesia sólo legisla sobre el matrimonio cristiano y sobre los católicos. La cuestión del matrimonio civil es competencia del Estado, y en eso allá ellos. Pero en fin, de todas maneras, no creo que haya dificultades insuperables. El simple hecho de que el Gobierno sea de gente muy joven determina que comprendan mejor la situación y actitud de la Iglesia»[3].

Esta misma actitud se manifiesta en el documento sobre «La estabilidad del matrimonio» aprobado por la Comisión Episcopal para la Doctrina de la Fe, en mayo de 1977. En él, por primera vez colectivamente, los obispos adoptan una postura de tolerancia ante la posibilidad de introducir una ley civil divorcista. Reafirmando que el divorcio es un mal para la sociedad añaden que «no significa que el legislador esté obligado a elevar a la categoría de norma legal todo lo que es una exigencia ética, o que deba reprimir con medidas legales todos los males en la sociedad» (Semanario *Vida Nueva*, 14 de mayo de 1977, pp. 23-30). Llegando incluso a

---

[3] Declaraciones del cardenal Tarancón en *Gaceta Ilustrada*, n.º 1.084, 17 de julio de 1977, p. 74; en sus memorias, Tarancón reitera la postura favorable al cambio de la legislación sobre el matrimonio, aunque no alude a la cuestión del divorcio; véase *Confesiones*, 1996, pp. 301 y 707.

solicitar el cambio de la legislación para la regulación del matrimonio civil en virtud del principio de libertad religiosa.

Este documento tiene sin duda importancia. Primero, por su propio contenido, pues los obispos dejan al criterio del legislador la orientación a dar al matrimonio y divorcio. Pero también por el momento en que el texto se divulga: dos meses antes de las primeras elecciones generales. Con ello se distanciaban de intentos de partidos políticos en presentarse como portavoces de las posiciones eclesiásticas ante el divorcio y la familia.

En septiembre de 1978, la Comisión Permanente de la Comisión Episcopal Española aprobó una nota sobre el referéndum constitucional a celebrar el 6 de diciembre. Reconocían los valores de la Constitución, pero mostraban reservas al tratamiento de la enseñanza y la familia y su esperanza en el correcto desarrollo legislativo de la Constitución. Esta nota fue posteriormente aprobada por la Asamblea del Episcopado.

Sin embargo, el conflicto fue desencadenado por el cardenal primado de Toledo —que había perdido la votación en la Asamblea—. Publicó, en efecto, una «Carta pastoral ante el referéndum constitucional», juzgando en términos muy severos la Constitución, en la que, a la luz de la concepción cristiana de la sociedad, aparecen elementos muy negativos. Entre otros aspectos señalaba la falta de claridad en el tema del aborto, ausencia de garantía de libertad de enseñanza y que la Constitución no tutela los valores morales de la familia, «que, por otra parte, están siendo ya agredidos por la propaganda del divorcio, de los anticonceptivos y de la arbitrariedad sexual», y añade que «abre la puerta para que el matrimonio, indisoluble por derecho divino natural, se vea atacado por la peste de una ley de divorcio, fábrica ingente de matrimonios rotos y de huérfanos con padre y madre»[4]. Implícitamente se propugnaba el voto negativo a la Constitución, y ocho obispos de los setenta de la Conferencia se hicieron públicamente solidarios con su posición.

Junto a estas escaramuzas por el contenido de la Constitución, se desarrollaron unas largas negociaciones entre el Estado español y el Vaticano para la supresión del Concordato de 1953. Los acuerdos fueron suscritos, casi simultáneamente a la aprobación de la Constitución, el 3 de enero de 1979, y también las principales di-

---

[4] El texto del primado, monseñor González Martín, en *El País*, 29 de noviembre de 1978. Véase también, para estos aspectos, J. M. LABOA, 1986: 59-101.

ficultades aparecieron en la enseñanza y la familia. En los acuerdos de carácter jurídico se produce una modificación sustancial de la actitud anterior a la Iglesia, al aceptar la competencia de los tribunales civiles para los matrimonios canónicos [5].

El contenido de dichos acuerdos resolvía por adelantado futuras controversias, mediante el reconocimiento de la competencia civil. La Constitución, en su artículo 32.2, establece que la ley regulará «las causas de separación y disolución y sus efectos». El divorcio, eufemísticamente designado con la palabra «disolución», pudiera haber originado interpretaciones restrictivas en el sentido de afectar únicamente al matrimonio contraído en forma civil, y no al canónico. Sin embargo, con los acuerdos se despejó el futuro desarrollo legislativo, sin tensiones. La Iglesia admite que los casados canónicamente puedan obtener la declaración de nulidad ante los tribunales eclesiásticos o ante los tribunales civiles aplicando el derecho estatal. En caso de optar por los tribunales eclesiásticos, sus decisiones sólo tendrán efectos civiles una vez declaradas ajustadas al derecho del Estado por los tribunales civiles. Respecto a la separación matrimonial, el silencio del acuerdo jurídico priva de posible eficacia en el orden civil a las decisiones de los tribunales eclesiásticos.

La propia Santa Sede era consciente de la inminente introducción del divorcio en la legislación española. Y, lo que resulta más importante, despeja el camino para su futura regulación aceptando que incluya también al matrimonio religioso (y no sólo al civil). En el texto del Acuerdo sobre asuntos jurídicos contiene como manifestación unilateral, la declaración de que «la Santa Sede afirma el valor permanente de su doctrina sobre el matrimonio y recuerda a quienes celebren matrimonio canónico la obligación grave que asumen de atenerse a las normas canónicas que lo regulen y en particular respetar sus propiedades esenciales». Con esta declaración la Iglesia tácitamente consiente, sin necesidad de nuevo Acuerdo, que el Estado extienda la legislación civil del divorcio a los matrimonios contraídos en forma canónica; como así sucedió en efecto con la ley de 1981. Pero, sin duda, con su postura quedaba neutralizada la posible futura controversia sobre el ámbito de aplicación del divorcio.

En 1979, por tanto, la introducción del divorcio y su extensión al matrimonio canónico eran cuestiones prácticamente resueltas

---

[5] Los acuerdos fueron ratificados por el Congreso de los Diputados; para el análisis de su contenido, véase E. FOSAR BENLLOCH, 1981: caps. 9 a 16.

con la aceptación de la Iglesia y la mayoría del episcopado español. Restaba precisar el alcance de la tolerancia. El proyecto de ley de divorcio de UCD fue consultado por el entonces ministro de Justicia, señor Cavero, con la Iglesia y fue aprobado por el Consejo de Ministros el 25 de enero de 1980. Contempla el divorcio por mutuo acuerdo pasados cuatro años ininterrumpidos de cese efectivo de la convivencia conyugal. Y en esta cuestión se centrará la crítica por el episcopado español.

Antes de aprobarse el proyecto, la Conferencia Episcopal Española se apresuró a rechazar el divorcio consensual. Por cincuenta y nueve votos a favor, dos en contra y cuatro en blanco aprobó el 23 de noviembre de 1979 un duro documento señalando: «Consideramos que es absolutamente inaceptable el llamado divorcio consensual. Una ley que introdujese el divorcio de tal manera que la pervivencia del vínculo quedase a disposición de los cónyuges, sería rechazable moralmente y no podría ser aceptada por ningún católico, ni gobernante ni gobernado.» El texto contiene un abierto rechazo del divorcio por consentimiento mutuo. Sin embargo, lo más notable es que, según el obispo de Cuenca, monseñor Guerra Campos, tal actitud fue resultado de una intervención directa de la Santa Sede para dar al texto un rigor crítico y dureza, previamente inexistente: «Una intervención directa de la Santa Sede —dice—, a última hora, impidió que los obispos aprobasen una declaración expresa de licitud a la decisión política que establece una ley civil del divorcio»[6].

En la última fase de la introducción del divorcio, la superposición de conflictos que origina, hace pasar a un segundo plano la reacción del Episcopado. La ley de divorcio activó en efecto la crisis del partido gobernante —UCD— con las divisiones ideológicas de sus diferentes sectores[7]. Precisamente cuando se ini-

---

[6] El documento de la Conferencia Episcopal en el diario *Ideal* (Granada), 29 de noviembre de 1979, y las afirmaciones de monseñor Guerra en *El País*, 6 de diciembre de 1979, p. 14.

[7] Véase un sumario análisis de los efectos de la ley de divorcio en la crisis de UCD en HUNEEUS (1985: 339-348) y en LABOA (1986). Además de los efectos en la cohesión interna del partido —único aspecto que suele mencionarse—, parece que también originó costes electorales su postura modernizadora de la legislación familiar. El haber hecho la ley del divorcio e ir contra la familia es la cuarta razón que más ha influido en la transferencia de votos de UCD a AP en 1982 según algunas encuestas; véase R. LÓPEZ PINTOR y M. JUSTEL, 1982: 165.

ciaba el II Congreso de dicho partido, en febrero de 1981, la Comisión Permanente del Episcopado de nuevo se pronuncia sobre el tema, en términos semejantes al de 1979, contrarios al divorcio por consentimiento mutuo. Aprobada por el Parlamento la nueva ley, en junio de 1981, la Comisión Permanente del Episcopado publica una nueva declaración. En ella lamenta su aprobación por el grave daño a la estabilidad del matrimonio y por dejar al arbitrio de los cónyuges la disolución. Sin embargo, su contenido se centra en los aspectos pastorales que el divorcio plantea a la Iglesia.

En definitiva, el influjo de factores externos y los cambios internos de la Iglesia española posibilitaron un cambio en la legislación familiar con mínimos costes de conflictos con el Estado. Su postura se orientó a intentar evitar el divorcio por consentimiento mutuo sin planteamientos de principio. Las apelaciones que efectúa son a los legisladores para que tengan presentes sus concepciones sobre el matrimonio, sin intentar movilizar a la sociedad como instrumento de presión. Adoptó una posición contemporizadora. Y ésta no parece ser la norma. Años después, en 1986, se plantea en Argentina. Entonces la Comisión Permanente del Episcopado excomulgó a los diputados que votaron a favor del divorcio, a menos que se retractaran públicamente de su voto (diario *Abc*, 26 de octubre de 1986, p. 67).

IV. LAS ESTRATEGIAS POLÍTICAS ANTE LA LEGISLACIÓN FAMILIAR

La ausencia de conflictos institucionales entre la Iglesia y el Estado por la reforma de la legislación familiar se ha visto favorecida igualmente por las decisiones políticas. Víctor Pérez Díaz ha señalado la raíces de la armonía entre la Iglesia y los dirigentes políticos democráticos. En primer lugar, los líderes tradicionales de la oposición habían abandonado sus posiciones antirreligiosas y anticlericales de la guerra civil. En segundo lugar, la nueva clase política había sido formada en parte por la Iglesia o proporcionando recursos organizativos, fraguando pautas de diálogo entre sus diversos sectores, durante la oposición clandestina. Y, en tercer lugar, el hecho de que no se llegara a crear un partido demócrata cristiano posibilitó igualmente las buenas relaciones con la

Iglesia de los nuevos dirigentes políticos de la democracia. Con ello, éstos dejaban de temer la competición de la Iglesia en su propio terreno (Pérez Díaz, 1987: 455-456).

Estas actitudes tuvieron efectos notables en el proceso de transición y favorecieron diversas estrategias de consenso. En la propia Constitución se encuentran manifestaciones de esa estrategia de compensación, ambigüedad y eliminación. Esto es, inserción de artículos lógicamente contradictorios que permitan a grupos dispares encontrar en el texto el reflejo de sus preferencias; redacción deliberadamente vaga de otros susceptibles de interpretaciones complementarias cuando no contradictorias, y, por último, remisión del problema expresa o implícitamente a un futuro desarrollo legislativo. Futuro que, según la situación política que se tratase, se configuraría de una u otra manera pero que ya se producía fuera de la órbita constitucional. El desacuerdo con las hipotéticas disposiciones ulteriores no se traduciría de inmediato, al menos en principio, en desacuerdo con la propia Constitución.

Con esta estrategia, en definitiva, se evitaba que el texto constitucional apareciera innecesariamente «cargado» de contenidos políticamente secundarios, pero altamente conflictivos en el plano simbólico y emocional (como sucedió en la Constitución de la II República con el tratamiento de la cuestión religiosa), que concitaban de manera gratuita al enfrentamiento con la Constitución de grupos sociales significativos.

Sin duda alguna, la cuestión del divorcio fue una de las materias sacrificables mediante el consenso y, a la vez, para no obstaculizar el consenso. Hay en ello una curiosa ambivalencia. Sacarlo de la Constitución para que no obviara el consenso, parece acreditar la sensibilidad política y ciudadana sobre el tema. Si, en principio, no se le hubiera concedido notable importancia, no parecería necesario ocuparse de evitar que dañara el acuerdo entre los grupos políticos. Por otra parte, si se hubiera considerado materia fundamental, no habría podido quedar al margen de la regulación constitucional. ¿Qué explica la ambivalencia? En mi opinión, que el tema se encontraba más vivo en la sociedad civil, aunque fuera dentro de grupos minoritarios, que en la elite política. Los partidos no podían ignorarlo por su presencia en aquélla. Tampoco convertirlo en cuestión esencial, porque no era tal desde su óptica y especialmente desde lo que pudiera denominarse su «óptica electoral». El análisis de María Ángeles Durán[8] de la campaña electoral de 1977 muestra la limitada relevancia otorgada al divorcio y, en general, a la familia por los distintos partidos.

Condenado pues el divorcio al consenso precisamente para no romper el consenso, el tratamiento que recibe utiliza la vía que he denominado de la ambigüedad. En la Constitución no aparece el divorcio; no lo constitucionaliza. Pero contempla eufemísticamente su implantación futura. Se remite al ordenamiento jurídico ordinario, disponiendo en el párrafo 2.º del artículo 32, dedicado al matrimonio, que *la ley regulará* —entre otras materias— *las causas de separación y disolución y sus efectos*. Esta redacción no prejuzga la regulación del divorcio en ninguna dirección: ni lo impone ni lo impide. Lo deja abierto el legislador ordinario para resolverlo como intérprete más adecuado a la realidad social.

Pero lo importante no es tanto la ambigüedad, sino que ésta es deliberada. Se quiere tratar y, al tiempo, no tratar el divorcio; que conste pero que no conste en el texto constitucional. En definitiva, una maniobra de exhibición y ocultamiento. La prueba de ello se encuentra en los votos particulares, enmiendas al proyecto constitucional (que no sufrirá modificación) y los debates parlamentarios. El divorcio se aborda frontalmente, se demanda el divorcio por mutuo consentimiento y por causa legal. Sin embargo, se elude consignarlo explícitamente en aras del consenso político, de la atenuación de conflictos con la Iglesia y, posiblemente, por no calibrar los efectos electorales que pueda tener una posición abiertamente divorcista. La ausencia de una postura definitiva sobre el divorcio de la Constitución fue explotada políticamente. El presidente del Gobierno, Adolfo Suárez, al pedir por televisión el voto afirmativo en el referéndum sobre la Constitución afirmó: «*No es cierto que la Constitución* consagre el aborto, *proclame el divorcio*, prescinda de la familia, deje de garantizar la libertad de enseñanza, ni atente contra la unidad de España» (reproducida en diario *Ya,* 5 de diciembre de 1978, p. 12).

La estrategia de la ambigüedad favoreció, sin duda, la ausencia de conflictos en el cambio de la legislación familiar. Sobre todo porque vino acompañada de otra estrategia que podemos de-

---

[8] M. A. DURÁN, 1977; para las elecciones de 1982, véase FOESSA, 1983: 463 ss.

nominar de escalonamiento del cambio legal. El cambio simultáneo de todo el ordenamiento jurídico familiar habría provocado el aumento de expectativas y movilizaciones y, con ellas, la acumulación de demandas —inevitablemente contradictorias— respecto a la orientación y contenido de los cambios propuestos. En suma, habría alimentado las fuentes de conflicto y hecho peligrar la propia reforma.

Frente a ello, la vía adoptada resultó ser la más fructífera y con menos desgaste para el poder político. Las reformas legales se han planteado sucesivamente, como reformas parciales del derecho de familia. Pero, en conjunto, han originado, en breve plazo, la reforma total de la legislación familiar —en ruptura con la orientación ideológica que la condicionaba durante el franquismo—, hoy ya semejante a la vigente en los países europeos democráticos. En las secuencias del cambio gradual pueden señalarse algunas referencias.

En lo que concierne al *control de la natalidad*, las modificaciones legales se suceden desde antes de la aprobación de la Constitución. Así, en octubre de 1978 se despenalizó la venta, propaganda y difusión de los anticonceptivos. En 1983 se despenaliza igualmente la esterilización voluntaria y se aprueba, el mismo año, la despenalización parcial del aborto. Estas medidas legales vinieron acompañadas de la paulatina implantación de centros públicos de orientación y planificación familiar.

Respecto a la regulación de la *sexualidad*, los cambios en la legislación se inician también desde antes de la Constitución. En mayo de 1978 fueron despenalizados los delitos de adulterio y amancebamiento, suprimiendo disposiciones previas que sancionaban a la mujer por un solo acto de infidelidad conyugal, mientras para condenar al marido se exigía mantener notorias relaciones adúlteras o introducir a la amante en el domicilio conyugal. En octubre del mismo año se modifica la regulación del delito de estupro y rapto, en el sentido de poder ser sujeto pasivo del mismo no la mujer sino la persona, equiparando por tanto a los dos sexos. Además, se suprimen los requisitos de carácter moral que se exigían a la mujer para poder ser considerada víctima del delito de estupro: doncellez y acreditada honestidad. En 1983 y 1984 se modifica la regulación de los delitos contra la honestidad y reducen la eficacia jurídica del perdón en los delitos de violación, abusos deshonestos, estrupo y rapto. En la violación el perdón no extingue la acción penal, y en los otros supuestos sólo si se pronuncian antes de recaer sentencia y de manera válida para el derecho.

Las modificaciones legales son importantes en el ámbito de la *situación jurídica de los hijos*. En 1981 por ley se igualan en derechos los hijos matrimoniales y no matrimoniales. Además se admite la investigación de la paternidad. En mayo de 1982 se produce la reforma del Código Civil en materia de tutela, que promueve mayor grado de intervención judicial en beneficio del menor. Y en julio de 1982 se establece la nacionalidad española de origen para los hijos de madre española, aunque el padre sea extranjero.

Los cambios han sido también importantes con la *equipación jurídica de los cónyuges*. La principal ley fue la de mayo de 1981 sobre patria potestad y régimen económico del matrimonio. Por primera vez en la legislación ordinaria, se comparte entre el padre y la madre el ejercicio de la patria potestad respecto a los hijos, suprimiendo la anterior subordinación de la mujer al marido. La misma orientación contiene el cambio del régimen económico matrimonial. Sitúa en plano de igualdad al marido y a la mujer en la administración y disposición de bienes gananciales y declara nulo cualquier pacto que limite la igualdad de derechos entre los cónyuges. La ley de julio de 1981 regula, en un plano de igualdad entre ambos, los derechos y deberes entre los cónyuges. Respecto al domicilio conyugal, la ley determina que se fijará un común acuerdo y, en caso de discrepancia —en lugar de la prerrogativa en favor, de hecho, del marido existente con anterioridad—, resolverá el juez atendiendo el interés de la familia.

Por último se introduce de nuevo, tras el paréntesis de la II República, *la Ley de Divorcio* el 7 de julio de 1981. La importancia de la innovación radica en que permite disolver el matrimonio tanto si se ha celebrado en forma religiosa como en forma civil (no se hace eco, pues, de ciertas pretensiones de hacerla aplicable sólo para el civil, que hubiera anulado prácticamente la efectividad de la ley). La ley considera el divorcio por mutuo acuerdo —con procedimiento simplificado y más rápido— y sin él. Además, restringe considerablemente la intervención del juez, que, en algunos casos, queda reducido a dar fe y, por tanto, trascendencia legal a los planteamientos de ruptura de los cónyuges. Pero sin ninguna capacidad decisoria de denegación del divorcio si hay acuerdo entre las partes o se solicita por una con el consentimiento de la otra. No sólo para el divorcio, sino también para la separación y nulidad matrimonial, son los tribunales civiles los únicos con competencia y cuyas decisiones producen efectos civiles. Su regulación viene contenida también en esta ley, pero la Iglesia había renunciado ya a la jurisdicción en materia de separaciones y nulidades por el acuerdo entre el Estado español y la Santa Sede firmado el 3 de enero de 1979.

Este conjunto de modificaciones legales —a las que cabría añadir otras referidas a derechos de la mujer y múltiples disposiciones de rango inferior a la ley— ha modificado por completo el marco legal de la familia española. Y sin suscitar conflictos o tensiones en la sociedad: «A nivel de la legislación se ha producido una verdadera puesta al día, en la que los valores que inspiraban y configuraban el modelo de familia tradicional en la legislación anterior han sido sustituidos y han dado paso a una concepción de la familia moderna imperante en otros países europeos» (FOESSA, 1983: 508).

* * *

Un siglo después de la polémica sobre el matrimonio civil, la familia y su ordenación jurídica han completado un ciclo conflictivo. Se ha cerrado, en efecto, un desajuste casi permanente, que ha condicionado la vida política.

En conjunto, pueden señalarse cuatro fases. Durante la II República la legislación familiar se encontraba más avanzada a las costumbres predominantes en la sociedad española, entre otras razones por el retraso económico, ruralismo, subordinación de la mujer, etc. El derecho se empleó —al menos en el ámbito de la familia y costumbres— como instrumento de cambio social. Sus efectos no pudieron hacerse notar con eficacia. La experiencia innovadora fue excesivamente limitada en lo temporal, para que rompiera con hábitos seculares.

La segunda fase se sitúa en el franquismo posterior a la guerra civil y hasta los años sesenta. Se anulan todas las innovaciones republicanas, volviendo a implantarse la legislación tradicional sobre la familia. En mi opinión, en gran parte el tradicionalismo legal se correspondió con el familiar y de costumbres durante este período[9]. Naturalmente esta correspondencia no era espontánea, sino también forzada: la censura, la imposición de ortodoxias oficiales religiosas y civiles, el temor a represalias por desviaciones, la pobreza generalizada y tantos otros factores influyeron decisivamente. Pero el resultado impuesto fue una correspondencia global entre la legislación familiar y la situación de la familia.

La tercera fase está vinculada al despegue económico de los años sesenta. En ella se invierte la situación de la República. De nuevo se producen desajustes entre el derecho y la situación real de la familia. Pero en esta ocasión son las costumbres las que avanzan, y el marco legal el que queda rezagado. Ahora es la sociedad la que reclama el cambio de legislación.

La última fase es la transición y supone el ajuste entre el derecho y la realidad social. Por ello ha podido realizarse el cambio de la legislación familiar sin conflictos y tensiones. Porque el conflicto se situaba en el pasado y el cambio vino a anularlo. Otra cuestión es en qué medida los legisladores actuales tendrán capacidad de respuesta a situaciones familiares hoy emergentes. Pero esto ya no es objeto del presente trabajo.

---

[9] Sustancialmente comparto la opinión de dos historiadores, Raymond CARR y Juan Pablo FUSI, cuando afirman: «El régimen de Franco representó una restauración de valores tradicionales sobre la educación, la familia, la religión y el orden social, que estaban bastante más arraigados en la sociedad española de lo que creyeron los reformistas liberales de los años treinta» (en *España, de la dictadura a la democracia*, Planeta, Barcelona, 1979, p. 179).

2. CAMBIOS RECIENTES DE LA FAMILIA ESPAÑOLA

I. EL RECONOCIMIENTO DEL PLURALISMO

En España se han dado toda una constelación de cambios desde 1975. Y, en ese conjunto de cambios, el político ha sido muy importante, pero no el único importante ni acaso el más decisivo. Toda la sociedad se ha visto implicada en las dinámicas de transformación que, ciertamente, el cambio político ha posibilitado o acelerado, pero que no han quedado circunscritos a la esfera del sistema político.

El sistema familiar ha sido uno de los implicados en el proceso de cambio. La transición política ha significado el paso de un modelo tradicional de familia con numerosas protecciones legales, a una situación en que la familia aparece, antes que nada, como carente de límites, como un magma indefinido en el que cualquier condimento puede tener cabida, si cuenta con algún grupo que lo impulse. Desde las uniones de hecho a los llamados matrimonios de homosexuales, cualquier reivindicación parece subsumible dentro de los esquemas de la familia. Incluso si los promotores de las innovaciones cuentan con reducida implantación social. Todas las demandas parecen susceptibles de insertarse dentro de un sistema familiar, hasta hace unos veinte años muy rígidamente regulado por la ley y por los comportamientos sociales.

Este giro tan radical tiene una peculiaridad: se inicia más tardíamente que en otros países europeos. Pero antes de la transición política; quizá en los años sesenta es cuando el sistema familiar español comienza, primero con lentitud y luego con la transición aceleradamente, a cambiar. Sus transformaciones se producen, por tanto, con mayor rapidez que en otros países europeos, donde la secuencia del cambio se inició antes y su ritmo fue más lento pero más dilatado.

[43]

No obstante, que los cambios sean rápidos o lentos constituye de por sí una circunstancia con numerosos efectos. En las sociedades europeas, por su aparición más temprana y materializarse a ritmo lento, les ha permitido contar con mayor facilidad de asimilación social, de respuesta institucional —en servicios, equipamientos, etc.—, de adaptación social. Por consiguiente, que en España los cambios se hayan iniciado después, pero efectuados en menor plazo de tiempo, implica que los cambios no pueden catalogarse sólo, como habitualmente se dice, de calendario. Al ser rápidos, los convierte, de suyo, en cambios de contenido.

El ritmo rápido de cambio afecta a la inserción del sistema familiar en el propio sistema social, que se efectúa de manera diferente cuando las transformaciones se producen aceleradamente. Lo peculiar en España no es la dirección de los cambios —semejantes a los transitados con anterioridad en otros países europeos—, sino la rapidez —en extensión y profundidad— de los cambios. De aquí el carácter reciente de la emergencia de determinados problemas y su insuficiente respuesta social, tanto en equipamiento o servicios, como en la construcción de definiciones culturales operativas. Muchos de los problemas, por ejemplo, que se suscitan en las relaciones entre los divorciados después de su ruptura, ¿no guardan relación con la escasa configuración de los *roles* de divorciado en la sociedad española, precisamente por la tardía regulación del divorcio?

En nuestra sociedad no han aparecido todavía instancias estables y eficaces de apoyo y asesoría a las familias con problemas. Cuando los cambios son lentos, emergen problemas y se generan soluciones. En países donde la legislación y otras circunstancias sociales posibilitaron la paulatina emergencia de los problemas familiares, las instancias de asesoría desempeñan un gran papel. En España hay pocas, y las que hay son poco conocidas.

Pero sí hay un rasgo que puede sintetizar muchos de los cambios y, sobre todo, de las imágenes sociales de la familia en la sociedad española. Se ha pasado de una configuración monolítica de la familia, a otra pluralista en la que las distintas modalidades de articular la vida familiar —cohabitación o matrimonio; hijos dentro o fuera del matrimonio; se pretende asociar la unión homosexual a la heterosexual— reciben semejante cobertura legal.

Se ha producido una ruptura desde un tipo único de familia, con una fuerte protección legal y —en parte— social, que situaba a cualquier otra modalidad de convivencia fuera de la legalidad, cuando no condenada penalmente. La transición ha desmontado por completo esa orientación. Así fue eliminando sucesivamente la prohibición de difusión de anticonceptivos, el delito de adulterio, la prohibición del divorcio, la discriminación entre hijos nacidos dentro y fuera del matrimonio, la desigualdad jurídica entre los esposos, etc. Con sucesivos cambios el sistema familiar ha quedado regulado de forma análoga a la de países de nuestro entorno.

El pluralismo se manifiesta desigualmente según clases sociales, regiones, niveles educativos, etc. Pero una dimensión del pluralismo familiar probablemente adquirirá notoriedad a corto plazo. Se trata del pluralismo incorporado por la población inmigrante. España se ha convertido en país de inmigración recientemente. Y este aspecto puede producir efectos en el ámbito familiar. Puede suscitarse más de un problema de integración social y legal. ¿Qué ocurrirá, por ejemplo, con la poligamia —entre adultos y libremente consentida—, que es una realidad social y legal en países de procedencia de inmigrantes? Lo cual nos lleva a una cuestión no planeada ni resuelta: el pluralismo familiar es, en realidad, limitado, pero ¿quién marca los límites y con qué legitimidad, en un sistema del que se exhibe como marca característica su ausencia de límites? No obstante, para plantearse estas cuestiones se necesita que la sociedad española inicie un debate sobre la familia en una sociedad democrática. Y éste es una de las más profundas carencias del sistema familiar en nuestra sociedad.

Cabe, por último, plantear si los cambios han sido sólo legales o también reales, es decir, con incidencia efectiva en los comportamientos de la sociedad española. No siempre estos dos aspectos vienen unidos ni sincronizados. No cabe dar una respuesta uniforme. Pero hay muchos datos que avalan que el reconocimiento del pluralismo ha suprimido la marginación e, incluso, la persecución contra comportamientos antes no admitidos. Igualmente ha favorecido la modernización en las estructuras internas de las relaciones de pareja e intergeneracionales. Sin embargo, la continuidad cultural de los rasgos básicos del sistema familiar parece poco alterada. Los estudios sobre la juventud son, tal vez, su mejor prueba al evidenciar que las orientaciones familistas de los jóvenes se mantienen arraigadas y lejos de versiones catastrofistas.

II. CONTEXTO DE LOS CAMBIOS FAMILIARES

Otro aspecto que conviene tener en cuenta es que todos estos cambios en la familia, además de la rapidez, se han producido en un contexto bien distinto, como ha sido la incorporación masiva de la mujer al *trabajo extradoméstico* (Iglesias de Ussel, 1994: 469-474).

Quizá convenga resaltar que más importante que el incremento de la tasa de participación de la mujer en trabajo extradoméstico —del que nunca ha estado ausente— deba destacarse que esa incorporación se ha producido con un mayor nivel de estudios y formación. La mujer se ha incorporado a puestos de mayor cualificación y con más edad. Y accediendo a puestos de trabajo estables, mejor remunerados y de alta categoría. Los cambios son, incluso, en el aspecto motivacional. En el pasado, la mujer accedía a puestos con baja retribución y con la finalidad —y por la necesidad— de obtener ingresos. Hoy, por el contrario, el trabajo constituye un componente esencial de su propia identidad y en la definición de la biografía vital de la mujer.

Se ha producido una feminización de numerosas ocupaciones muy rápidamente, como la sanidad y la enseñanza. Aunque en este sentido conviene recordar la advertencia de V. M. Moghadam, quien escribió que «es cierto que ha aumentado en todo el mundo el empleo de la mujer, pero también es cierto que ello coincide con una disminución del poder social del trabajo, el auge de los mercados de trabajo flexible y el deterioro de la condiciones de trabajo» (1994: 133).

La creciente incorporación de la mujer al trabajo extradoméstico tiene profundos efectos en el sistema familiar. Favorece la consolidación real —no sólo legal— del equilibrio de poderes y en la división de tareas dentro del hogar. Pero convierte en una opción real tanto la formalización, como la finalización de una relación de pareja por vía de separación o divorcio. El escenario total de la relación familiar se altera por completo con el acceso de la mujer al trabajo, en situaciones análogas al del varón. En sí mismo pues se trata de uno de los cambios más radicales que afectan a los protagonistas de la vida familiar y a la totalidad de su vida cotidiana. Y hay que decir que esta creciente incorporación al trabajo no ha generado una desafección de la mujer al matrimonio, ni tampoco unas elevadas tasas de divorcio en España.

Otro elemento de ese nuevo contexto la constituye el *movimiento feminista*, contestando las estructuras patriarcales de la familia y, con sus críticas, promoviendo cambios tanto en la legislación como en las costumbres sociales. Hoy existe un discurso crítico sobre la familia, articulado fundamentalmente en torno al movimiento feminista. Éste es un fenómeno nuevo en la sociedad española, donde nunca ha resultado accesible (por la censura, entre otros motivos) esa perspectiva crítica frente a la familia, tal vez con la excepción de ciertos momentos durante la II República. Pero, aunque el objetivo manifiesto de algunos sectores de dicho movimiento sea impugnar la familia como tal, sin duda las consecuencias reales están siendo impulsar el equilibrio general de distribución de tareas y atribuciones en las parejas y familias según sexo y, en menor medida, edad; y, por consiguiente, sus efectos parecen conducir al fortalecimiento real de la pareja y de la familia.

Antes se ha hecho mención a la transición política y, en un aspecto concreto, conviene resaltar sus efectos en los cambios en la situación de la familia. Los cambios en la regulación legal de la familia se han producido de manera escalonada, en múltiples cambios. Puede hablarse pues de la *transición a ritmo lento* también del cambio jurídico familiar. Esta sucesión de modificaciones —en lugar de haber emprendido la realización de un Código de familia— ha favorecido una percepción de permanente actualidad de la familia como cambio; y favorece la creación de una imagen de la familia como cuestión abierta, problemática. En lugar de una estrategia de ruptura, con la modificación total y simultánea, el cambio «en cascada» ha favorecido la reproducción de debates sociales que aparentan la permanente modificación de comportamientos sociales sobre la familia y a ésta como cuestión disputada colectivamente.

Esto ha sido muy importante pues los cambios de manera escalonada han podido alimentar en determinados sectores unas imágenes de la familia en situaciones de incertidumbre. Y no tanto por los propios contenidos de los cambios, sino por su aparición escalonada, en una secuencia que puede parecer indefinida, abierta, y, por tanto, como respuesta a una supuesta crisis de la familia o modificación sustantiva de comportamientos sociales.

A los efectos del cambio jurídico del sistema familiar escalonadamente, hay que añadir que se han utilizado los cambios familiares como *símbolos de los cambios sociales* en la transición. Esta utilización no tiene especiales costes y, sin embargo, genera imagen de modernidad una vez que ha emergido a la notoriedad pública. En una sociedad muy integrada a la europea, es más fácil y con menos costes innovar en materia de costumbres que en el de instituciones sociales. La modernización legislativa del sistema familiar se exhibía como símbolo de la radicalidad de un cambio que no se producía, pero se presentaba como real.

III.   ALGUNOS CAMBIOS SIGNIFICATIVOS

En la *nupcialidad* se ha producido un descenso muy importante desde 1975. Entre los factores más influyentes en este descenso se encuentran los económico-laborales. El que haya disminuido la nupcialidad desde 1975 no cabe atribuirlo a un súbito crecimiento del rechazo al matrimonio en la población. Se debe, sobre todo, a las elevadas tasas de desempleo y precariedad laboral entre los jóvenes. Si a ello se añaden los costes de la vivienda, el fomento de la política de vivienda en propiedad y no en alquiler, y la precarización de los contratos de trabajo, se evidencian las dificultades de asumir las obligaciones a largo plazo que comporta, por lo menos en su inicio, el matrimonio. Por eso en todas las épocas de auge económico las tasas de nupcialidad aumentan y en los de crisis disminuyen.

Existen discrepancias sobre la magnitud de la caída de la nupcialidad según la fuente de datos que se utilicen. Pero, sin entrar ahora en la polémica sobre la precisión de las fuentes, baste decir que desde 1975 el descenso de la nupcialidad es muy acusado, como se manifiesta en los datos del Movimiento Natural de la Población (INE, 1991: 74).

TASA DE NUPCIALIDAD
(Matrimonios por 1.000 habitantes)

1960	7,79
1970	7,36
1975	7,64
1980	5,88
1985	5,16
1990	5,55

Pero la polémica no se centra sólo en la magnitud de la caída. También en la interpretación de sus causas: si se trata de un descenso definitivo o si se debe a un retraso en el calendario; y, en ambos casos, las causas que desencadenan esa tendencia. Los indicios apuntan a que en España este descenso está más relacionado con un retraso en la edad de contraer matrimonio que con el aumento voluntario del celibato definitivo. Naturalmente, la cohabitación y el rechazo deliberado al matrimonio también se producen con mayor frecuencia que hace unas décadas, pero todo parece indicar que sus efectos en la magnitud del descenso en la nupcialidad es menor, hasta ahora, que las causas, por así decir, impuestas de tipo económico (Iglesias de Ussel, 1994a: 433-436).

Respecto a las *formas de matrimonio*, se constata que sigue prevaleciendo, sobre todo, la religiosa. Se trata además de la forma que recoge las preferencias mayoritarias del conjunto de la sociedad y, en particular, entre los jóvenes. Así, en el último informe de la Fundación Santa María sobre la juventud, un 64 por 100 de los jóvenes manifestaba sus preferencias por el matrimonio por la Iglesia, un 15 por 100 por el matrimonio civil y otro 15 por 100 por la unión libre (Elzo, 1994: 112-113; e Iglesias de Ussel, 1994a: 436-437).

Se trata de un rasgo, con mayor incidencia en España, pero bastante extendida en la sociedad europea. Ningún país ha logrado dotar al matrimonio civil de las solemnidades rituales propias de un rito de paso al que la población concede trascendencia. Eso explica el fenómeno advertido en otras sociedades, de parejas que contraen matrimonio religioso, pese a no tener voluntad de asumir sus componentes propios. Algo semejante puede estar ocurriendo en España, aunque el matrimonio civil ha crecido sustantivamente en una década y significan ya uno de cada cinco de los realizados):

FORMA DE MATRIMONIO

AÑO	CATÓLICO (%)	CIVIL (%)
1981	94,2	5,6
1985	83,3	15,0
1990	80,5	19,3
1992	79,2	20,6

Lo que se desconoce es en qué medida a cada tipo de matrimonio se siguen, o no, comportamientos familiares diferenciados. Es decir, si efectivamente se producen cambios significativos en la asignación de tareas y atribuciones entre la pareja, en las características —de edad, nivel educativo, social, etc.— de las parejas, en el número de hijos, en los estilos de crianza y socialización de los niños, la frecuencia de tensiones y rupturas, etc., según sea la forma de contraer matrimonio. Y estos aspectos, tanto en el momento de contraer matrimonio como en la secuencia ulterior de la relación de pareja. Sin embargo, respecto a todo ello, la información disponible es muy escasa todavía para poder disponer de afirmaciones sólidas.

El número de *personas solteras* también ha aumentado, sobre todo por el retraso general de la nupcialidad. El incremento de la soltería es muy rápido en tan sólo la década de los ochenta al noventa. La percepción social de la persona soltera ha cambiado en la sociedad. El matrimonio es ya una opción personal y no una necesidad para el desenvolvimiento de la vida cotidiana. La tecnología moderna, los alimentos prefabricados y la autonomía salarial favorecen también esta opción personal para varones y mujeres.

Sin embargo, las pautas del celibato siguen una tendencia histórica: entre los varones aumenta a medida que se desciende de clase social, mientras que entre las mujeres ocurre lo inverso: se incrementa al aumentar de clase. Lo que se advierte en todo caso de manera clara es que desde la transición se han producido cambios bruscos en la frecuencia de la soltería. En todos los grupos de edad, la década de los ochenta ha hecho ascender la soltería hasta los niveles existentes en 1970 sobre todo entre las mujeres.

VARONES

Edades	1970 (%)	1981 (%)	1991 (%)
15-19	99	98	99
20-24	90	81	90
25-29	46	36	57
30-34	19	17	25

MUJERES

Edades	1970 (%)	1981 (%)	1991 (%)
15-19	97	94	97
20-24	68	59	77
25-29	27	22	38
30-34	14	12	17

Los retrasos en el calendario nupcial —por el paro juvenil, problemas de vivienda, etc.—, el incremento de la cohabitación, el rechazo al matrimonio hoy más frecuente que en el pasado, explican el aumento de la soltería. Hasta el punto de que, incluso, el propio término produce ya desagrado, de manera análoga a lo que ocurre con el del noviazgo. Sectores que rechazan el matrimonio, rechazan también emplear el término «solteros» por considerar que tiene una connotación de expectativa previa al matrimonio, que es precisamente lo que rechazan.

Se ha producido un retraso en la *edad media de entrada al matrimonio*. En los países occidentales la tónica dominante a lo largo de este siglo había sido el descenso constante de la edad media de entrada al primer matrimonio hasta la década de los setenta, en que al aumentar la cohabitación finaliza esa tendencia. En España la cronología es diferente. Después de la guerra civil, se alcanza la edad más retrasada de 26,65 años. La tendencia a la disminución de la edad al primer matrimonio de las mujeres es más dilatada pues dura entre 1950 y hasta los primeros años ochenta alcanzando a los 23,11 años en 1981. Vuelve entonces a elevarse la edad de las primeras nupcias hasta alcanzar los 25,99 años en 1991, semejante a la edad de matrimonio en los años siguientes a la guerra civil. Así, cuando se inicia de nuevo el ciclo de aumento, en otros países europeos hacía una década que se estaba produciendo. Un proceso que es semejante entre los varones, aunque con edades medias más elevadas de matrimonio (Delgado, 1993: 128).

Pero los cambios en la edad de matrimonio tal vez no hayan hecho más que iniciarse. Las tensiones más significativas pueden venir en un inmediato futuro. Es la tesis sostenida por Anna Cabré (por ejemplo: 1994), quien augura tal grado de inversión de tendencias que pronostica el inminente fin del síndrome de la «crisis de la familia». La razón es la creciente desproporción de los efectivos masculinos y femeninos —generada por la diferencia de edad entre los esposos—, cuando éstos han nacido en períodos de rápida variación de la natalidad.

Pues bien, la brusca caída de la natalidad va a perturbar la posibilidad —salvo inmigraciones de otros países— que se mantengan las diferencias de edades, entre otros efectos. Así, por citar un ejemplo, los varones nacidos en 1978 superan a las mujeres nacidas en 1981 en un 29 por 100, mientras que los chicos nacidos en 1980 siguen superando a las chicas en un 27 por 100 (Cabré, 1994:

46). En esta situación los reajustes del mercado matrimonial son ineludibles a corto plazo. Y Anna Cabré ha resaltado que, desde esa caída brusca de la natalidad, las estrategias de readaptación afectan a todas las dimensiones de la nupcialidad:

1.   Variación en las *diferencias de edad* de la pareja, por reducción de la edad de matrimonio para el sexo deficitario y/o aumento de la misma para el sexo excedentario.
2.   Disminución de la incidencia de la *soltería* en el sexo cuantitativamente deficitario y/o aumento de la misma en el excedentario.
3.   Incremento de las *segundas nupcias* para el sexo deficitario, y/o disminución en el excedentario.
4.   *Sobreinmigración* del sexo deficitario y/o sobreemigración del sexo excedentario.

Cabe destacar la *prolongación de la estancia de los hijos en el domicilio familiar*. El período juvenil, caracterizado, entre otras cosas, por la dependencia económica y residencial de los jóvenes con respecto a su familia de origen, es en la actualidad muy prolongada en el tiempo y está incluso aumentando cada vez más. Es un rasgo singular de la sociedad española, la tardía emancipación de los hijos del hogar familiar. En el caso de las mujeres, incluso, la pauta tradicional vinculaba su salida únicamente con el hecho de contraer matrimonio. Aunque esta pauta haya quebrado culturalmente, la crisis económica conduce al mismo resultado por vías diferentes. Los jóvenes retrasan su emancipación como consecuencia de sus dificultades de inserción laboral, en un contexto de ausencia de medidas de ayudas sociales significativas. Las encuestas de juventud evidencian una independización muy tardía de nuestros jóvenes del hogar de sus progenitores: sólo a partir de los veintisiete años (veintiséis en el caso de las mujeres) son mayoría los jóvenes que se han emancipado.

Tenemos el *mínimo histórico de natalidad*. Tan importante como rápido descenso de la natalidad, producido en secuencias temporales más breves (y más tardíamente) que en el resto de los países europeos occidentales, ha colocado a la natalidad española en su punto más bajo del siglo XX. En términos absolutos y relativos, en la década de los noventa nacen menos niños, incluso, que durante la guerra civil (1936-1939), que, como todas las guerras, alteró profundamente la demografía (Iglesias de Ussel, 1994: 421-427).

Históricamente siempre han nacido más hijos de los deseados. Hoy nos encontramos quizá con que nacen menos de los deseados. Se ha pasado de 2,78 hijos por mujer en 1976, a 1,36 en 1990. La más baja de Europa, junto a Italia. Cuando aumenta el número de hijos en los países nórdicos. Se trata de un fenómeno sumamente preocupante en una sociedad democrática. ¿Cómo es posible que, en una sociedad democrática, no se lleguen a crear las condiciones adecuadas para que los ciudadanos puedan materializar sus aspiraciones legítimas?

En la caída de la natalidad una de sus fuentes se encuentra en el descenso de la nupcialidad y la reducción del número de parejas que aporten nuevos primeros y segundos nacidos, y el hundimiento de las familias de cinco miembros o más.

Pero también las dificultades de compartir hijos-trabajo mujer son apreciables. Todavía en nuestra sociedad las ayudas familiares son importantes para hacer compatibles los hijos y el trabajo extradoméstico de la mujer. «Safilos Rothschild escribió en 1971 que, en los países en vías de desarrollo, las funciones profesionales y el matrimonio se hacían compatibles en razón de la disponibilidad de trabajo doméstico barato y de la red familiar ampliada» (Moghadam, 1994: 130). Pero debe quedar claro que el trabajo de la mujer no es la causa del descenso de la natalidad. Lo evidencian los países nórdicos. Es donde más elevadas son las tasas de incorporación de la mujer a la población activa y, también, donde más elevadas son las tasas de natalidad en Europa.

El *divorcio* es el indicador más empleado para el examen de la desorganización familiar. Significa la disolución del matrimonio subsistiendo determinados efectos civiles para los hijos y, en su caso, económicos entre los cónyuges.

Existen en España dos tendencias manifiestas en la evolución del número de divorcios. Al principio aparece un número elevado —al plantearse situaciones procedentes de los años sin divorcio—, para descender levemente hasta 1986. Desde dicho año se invierte la tendencia, y reaparece un crecimiento sostenido, sin duda debido a la conversión de las separaciones en divorcios. Pero lo más destacable es que la tasa de divorcios en España se encuentra entre las más bajas de Europa, pese al carácter permisivo de la legislación que lo regula.

En las distintas encuestas de juventud la calidad de las *relaciones intergeneracionales* ha sido un aspecto ampliamente tratado. En todas ellas encontramos una elevada compenetración entre padres e hijos, que además parece presentar una tendencia hacia una mejora en las relaciones. La compenetración de los jóvenes es mayor con la madre que con el padre, pero buena con ambos. Ello no debe extrañar si tomamos en consideración la función expresiva que ha sido asignada y desempeñada por la madre en la familia nuclear en Occidente (Elzo, 1994: 99-107). En temas conflictivos como la sexualidad y la política, la estrategia que se adopta es el silencio como medio para permanecer en convivencia armoniosa en el hogar. Así desaparecen las cuestiones discrepantes de las relaciones abiertas entre padres e hijos.

IV. NUEVAS FORMAS DE ORGANIZACIÓN FAMILIAR

Junto al patrón de la familia nuclear se han desarrollado algunas formas de organización familiar que ya existían en tiempos pasados pero que ahora han cobrado relevancia, como son las llamadas familias monoparentales, los hogares de personas solas y las uniones de hecho o cohabitación.

Respecto a las *familias monoparentales* es nuevo el nombre, y la reivindicación de su legitimidad, no la realidad a la que se refiere; pero cambia —lentamente— la procedencia, por incrementarse el divorcio como fuente de monoparentalidad.

En 1992, significan 301.300 hogares, sustentados en su mayor parte (85 por 100) por mujeres. «La mayor frecuencia de familias monoparentales no debe atribuirse exclusivamente a los divorcios y separaciones, cuya proporción en España es la menor de Europa (0,6 por mil habitantes) después de Irlanda. Cabe recordar más bien el predominio de las mujeres mayores de sesenta y cinco años entre las que encabezan este tipo de hogares, muchas de las cuales son viudas» (Consejo Económico y Social, 1994: 162).

Este tipo de familias viene rodeado de una serie de problemas sociales, como es la feminización de la pobreza, ya que el 80 por 100 de estos hogares está constituido por mujeres con escasos recursos. Aunque los datos de que disponemos sobre los ingresos de los padres o las madres de las familias monoparentales en relación con los de las parejas casadas son escasos, algunos estudios sobre la monoparentalidad nos indican que actualmente se está produciendo una feminización de la pobreza. También presentan problemas en estos hogares el tema de la socialización de los hijos; el papel del padre está poco regularizado, sobre todo el de los padres divorciados.

Otro dato es el número de *hogares de personas solas*. En su mayor parte, consecuencia del envejecimiento, sobre todo en zonas rurales, y del incremento de población adulta soltera. Se trata de uno de los sectores en más rápida expansión y que genera, al llegar a la vejez, no pocos problemas sanitarios, de atención y de soledad, mal para el que la sociedad moderna tiene escasos recursos para hacerle frente. Se trata de un sector que crece a un ritmo muy elevado. Baste citar una estimación reciente: «Según la EPA el número de hogares unipersonales, que en 1981 rondaba el millón, ha llegado a alcanzar en 1993 la cifra de 1.462.000, marcando así una tendencia ascendente que probablemente se mantendrá en los años venideros» (Consejo Económico y Social, 1994: 162).

La novedad de las *uniones de hecho o cohabitación* estriba, sobre todo, en la huida de la clandestinidad. Pero en España parece más un comportamiento postmatrimonial, que prematrimonial. Se observan rasgos peculiares entre las parejas cohabitantes, como mayor nivel educativo y económico de la mujer que el del varón. Es previsible que aumenten las uniones de hecho. En 1991 no llegaban al 10 por 100 dentro del total de uniones estables, pero los jóvenes —en las encuestas, no tanto en sus comportamientos reales— muestran su preferencia por esta forma de convivencia. No obstante, quizá la principal singularidad de la cohabitación respecto a la de otras sociedades estribe en que en España la cohabitación se encuentre menos vinculada a la reproducción. Esto parece indicar que en España la cohabitación es una modalidad más diferente del matrimonio que en otros países. En países nórdicos con altas tasas de cohabitación, ésta tiene unas tasas de natalidad análogas a las de los casados; por consiguiente, ahí se diferenciarían menos esas dos modalidades de estructurar la vida de pareja.

V.   FAMILIA Y POLÍTICA SOCIAL

Sin entrar en la discusión sobre la delimitación de la política familiar, aquí la entendemos como el conjunto de medidas o instrumentos de política pública más o menos articulados, destinadas a facilitar y apoyar las funciones sociales que desempeñan las familias. La política familiar no es una política con contenidos económicos, necesariamente, ni de fomento de la natalidad, aunque esas dimensiones hayan sido las más habituales en España, tanto en la práctica como en las concepciones sobre su alcance.

La evolución de la política familiar desde el inicio de la transición democrática no puede ser entendida si no es en el marco de la importancia que el franquismo atribuyó al discurso —mucho más que a medidas efectivas de tipo económico— sobre la política familiar. Desde sus inicios, estableció un amplio conjunto de prestaciones sociales destinadas a implantar o, más bien, a imponer lo que se conoció con el nombre de salario familiar. Pero esos propósitos originarios del franquismo fueron paulatinamente postergados, sustituidos en la acción política por medidas de imposición de un tipo determinado de familia jerárquica, por la vía de regulación de derechos entre los cónyuges o entre padres e hijos, en el Código Civil; o incluso por la vía del Código Penal, en casos como el adulterio, amancebamiento o la prohibición de difusión de los anticonceptivos.

Desde la llegada de la democracia el objeto de las políticas públicas se ha desplazado hacia las condiciones sociales de los individuos. La familia deja de concebirse como un objeto de protección social específico, como una realidad diferente de las personas que la componen con unas funciones sociales básicas, cuya importancia social requiere un reconocimiento público. El abandono del modelo franquista de imposición de un determinado tipo de familia ha traído el rechazo, también, de la idea misma de la pertinencia de una política familiar, sin plantearse —como hubiera sido correcto, y es necesario— el ajustarla a la nueva realidad política, democrática y pluralista.

Se reformó con la democracia la legislación familiar, pero la protección social de las familias fue evaporándose, desapareciendo como propósito explícito gubernamental. Si nos fijamos en el recelo que produce en ciertos sectores políticos, parecería que la familia fuera la última institución social contaminada irremisiblemente por el franquismo. Y ello pese al compromiso explícito formulado por la Constitución, en cuyo artículo 39.1 se establece que «los poderes públicos aseguran la protección social, económica y jurídica de la familia», nunca sustantivamente desarrollado.

Las pruebas de esa desatención son innumerables. Y se encuentran, incluso, en la estructura orgánica de los distintos Ministerios. En el bien nutrido organigrama de la Administración Central, no se encuentra ni un solo órgano administrativo con competencias sobre familia. Es más, la Subdirección General de la Familia, existentes durante el gobierno de la UCD, fue suprimida, inmediatamente después de acceder el PSOE al Gobierno. Con lo cual España se convirtió en uno de los pocos países europeos que carecía de Ministerio, o de otra dependencia de rango administrativo inmediatamente inferior, con competencia explícita sobre la familia.

Esta actitud quedó atenuada, pero no eliminada, en diciembre de 1994, cuando a la Dirección General del Menor se le añadió el apellido de «y Familia», sin que ello haya alterado significativamente la orientación y actividad de dicha dependencia hacia su cometido primitivo: el menor. Es más, la propia exposición de motivos del Real Decreto 2.309/1994, de 2 de diciembre (*BOE* de 3 de diciembre de 1994), justifica explícitamente la nueva denominación, debido a las nuevas competencias de la Administración por la reforma del régimen de protección del menor, que introduce las figuras del desamparo y del acogimiento familiar, y no porque se cambie la orientación política sobre la familia.

En ningún momento de la exposición de motivos se justifica la medida por considerar a la familia como un campo propio, necesitado de una política pública específica. Todo lo contrario, el término «familia» se añade pero no por su propia consideración, sino por ser el lugar habitual de custodia de menores. Literalmente señala la citada exposición de motivos que las nuevas competencias de la protección de menores y las competencias asumidas por las Comunidades Autónomas son las que «hacen necesario modificar la denominación y las competencias atribuidas a dicho centro directivo (la Dirección General), adscribiéndole aquellas que inciden en la familia como institución en la que debe desarrollarse prioritariamente la protección del menor, así como la coordinación informativa en materia de menor y familia a través de los órganos de cooperación internacional». La familia aparece así como de rebote, porque a la hora de pensar en la protección de menores, parece obligado considerar a la familia. Es el niño quien arrastra al nacimiento burocrático de «la familia» en la estructura administrativa, en una especie de inversión de las leyes de la naturaleza.

La desatención política a la familia alcanza incluso a la poca relevancia que se concede a las fuentes estadísticas sobre la realidad familiar por parte de la Administración. España destaca, en este aspecto, por la poca calidad de su producción estadística referida a la familia, sin duda la peor de los países de nuestro entorno cultural. No se definen correctamente fenómenos familiares; no se registran adecuadamente nuevos fenómenos familiares; no se desagregan adecuadamente las informaciones publicadas; no se cruzan los datos disponibles con las características de los grupos familiares; apenas existen estadísticas nacionales con contenido sobre la familia, y las que se realizan cuentan con unos retrasos en su aparición verdaderamente espectaculares. Como ha escrito un especialista, «el inadecuado marco de fuentes estadísticas, así como la dispersión de éstas, han dado lugar a lagunas importantes en el conocimiento de aspectos básicos de la familia y su relación causal con otros fenómenos socioeconómicos» (Sánchez Vera, 1993: 106).

La poca relevancia concedida a la familia por la Administración Central también se evidenció durante el reciente Año Internacional de la Familia de 1994. Fue notoria la falta de relevancia institucional, de organización de actividades, de promoción institucional o, incluso, de publicidad vinculada a la conmemoración impulsada por la Administración Central. Ni siquiera el respaldo de su promulgación por un organismo internacional del rango de la ONU fue estímulo para, superando los recelos ante la familia, establecer una política global que era además uno de sus objetivos. El propio documento aprobado por la ONU proclama que «la familia constituye la unidad básica de la sociedad y, en consecuencia, merece especial atención. Por tanto, habrá que prestar a la familia protección y asistencia en la forma más amplia posible, de manera que pueda asumir plenamente sus responsabilidades en la comunidad» (ONU, 1991).

Por supuesto, la ausencia de una política familiar explícita y articulada, es ya *una* política familiar, sólo que lesiva para los intereses de la familia como grupo y de sus miembros.

El poder político aborda la familia desde una perspectiva neutralista, como una condición privada de los ciudadanos. El neutralismo es legítimo en lo que tiene de anulación de la discriminación de unas modalidades familiares respecto a otras. Pero es lesivo para las modalidades mayoritarias, que por mucho tradicionalismo que contengan, por ser mayoritarias, tienen derecho a ser protegidas específicamente en una sociedad democrática. Y es rigurosamente cierto que el proceso de acomodación legislativa a Europa se ha ido produciendo sólo en un tipo de innovaciones como el divorcio, la equiparación de los hijos nacidos dentro y fuera del matrimonio, la equiparación entre los cónyuges, etc., que nadie discute. Sin embargo, se han postergado o marginado todos los aspectos y medidas que involucran responsabilidades estatales que benefician a la familia y que se encuentran sólidamente desarrollados, también, en otros países europeos; ayudas económicas, compensaciones económicas por hijos, ayudas a las familias numerosas; reducciones fiscales por razón de matrimonio, etc. (González y otros, 1993: 60).

Incluso los pasos dados para implantar medidas de política familiar efectiva se han dado a regañadientes. Una prueba bien elocuente lo proporciona la modificación del tratamiento fiscal a la familia en la democracia. Para alcanzar la neutralidad fiscal del matrimonio —que no se sumen las rentas de los cónyuges a efectos impositivos— se necesitó su proclamación no por una ley, sino por una sentencia del Tribunal Constitucional de 20 de febrero de 1989. Y su declaración se realizó como consecuencia de una demanda interpuesta por un ciudadano español pero residente en el extranjero; con experiencia, por consiguiente, en el tratamiento fiscal de la familia y del matrimonio en Europa. El poder político se vio obligado a aceptar la supresión de unas medidas lesivas para los matrimonios, pero a remolque de una imposición judicial; sin aceptarlo previamente como instrumento de una política social global, ni como resultado de las demandas de otros partidos políticos que solicitaban dicha medida.

Las escasas medidas adoptadas en favor de la familia son resultado de un reduccionismo asistencialista de la política familiar. Es decir, se adopta un enfoque global de la familia únicamente cuando se percibe a ésta en situación de marginación social, como destinataria de ayuda por su situación crítica y conflictiva. Pero precisamente esta estrategia —justificada en sí misma para atenuar situaciones límites— enmascara que una política familiar tiene como destinatario al sistema familiar como totalidad y no a las situaciones de necesidad de la familia.

Y éste es justamente el paso que se rechaza dar; que es perfectamente legítimo y necesario una política global sobre la familia, sin restringirla a las situaciones de necesidad. Lo mismo que ocurre en otras esferas de la política social. Nadie da por válida una política de medio ambiente, por ejemplo, limitada a suprimir la contaminación; sino que se requiere la defensa de la calidad de vida, la promoción y defensa del medio ambiente, etc.

Pues bien, en lugar de seguir esa orientación, se marcha en dirección contraria. Disposiciones existentes con una finalidad de política familiar global —todo lo corta y restringida que se quiera—, se les ha eliminado esa voluntad global y han sido reconvertidas en una orientación asistencialista, de ayuda a la pobreza. Al subsidio por hijo a cargo —que hasta 1986 concedía 250 pesetas mensuales por hijo, con incremento entre 25 y el 35 por 100 si se trataba de familias declaradas numerosas— le suprimió su carácter contributivo, y se ha convertido, prácticamente, en un beneficio asistencial. Desde esa fecha, en efecto, se requiere que el beneficiario no perciba ingresos anuales —de cualquier naturaleza— superiores a un millón de pesetas (excluye incluso a los perceptores de dos salarios mínimos interprofesionales, entre los potenciales beneficiarios). Cuando la familia se encuentra en ese bajo nivel económico, la asignación por hijo a cargo es de 36.000 pesetas anuales, aumentando en situaciones de minusvalía (Borrajo, 1993: 177). Con lo cual a una tímida disposición de carácter global se le ha hecho perder su vocación originaria, quedando reconvertida en asistencialista, justamente cuando más se evidenciaba la carencia de medidas de inspiración de la política familiar defensora de la familia como tal.

El evidente recelo, e incluso rechazo, ante la familia por parte de la Administración Central, ha quedado atenuada por la intervención de ciertas Administraciones autonómicas. Más cercanas a las necesidades ciudadanas, han advertido con prontitud la necesidad de establecer políticas globales sobre la familia en sus territorios. Unas políticas que han venido acompañadas de la implantación de órganos administrativos con competencia en familia —incluso del máximo nivel como Consejerías— y la elaboración de programas completos de actuación sobre familia. Las Comunidades Autónomas de Cataluña, Galicia o Castilla y León constituyen ejemplos de programas de actuación global sobre familia en la esfera de sus competencias en sus territorios. El acierto de estas orientaciones no hace más que resaltar la notoriedad de la ausencia de una política global —sea de la orientación que se quiera, de derechas o de izquierdas— por parte de la Administración Central.

Esta situación es, a la vez, causa y resultado de la falta de presencia de la familia en el escenario público. Es verdaderamente paradójico que la familia carezca de protagonismo público en España, que es un país en el que los ciudadanos le otorgan extraordinaria relevancia. La familia es la institución más valorada; las redes familiares monopolizan gran parte de la interacción cotidiana; el ocio se articula en gran parte en función de estrategias de relación con la red familiar extensa; la familia desempeña un papel primordial en las estrategias de solidaridad en todos los acontecimientos que lo requieren —en caso de enfermedad, partos, necesidades económicas— para afrontar cualquier problema social sea el paro, la droga, etc. La extraordinaria densidad de la familia en la sociedad española contrasta con la no menos densa desatención por parte del sistema político. En una sociedad democrática, ¿tiene ello otro fundamento que un sesgo ideológico?

La supresión de la presencia pública de la familia es más relevante en la medida que su espacio ha sido ocupado por otros protagonistas. La mujer, los consumidores, la juventud o la vejez, entre otros, con la democracia han logrado insertarse en el escenario público. Pero la defensa de sus intereses en manera alguna son incompatibles con los de la familia, ni su protagonismo incompatible con el de la familia.

Naturalmente, la presencia pública de la familia podía haberse logrado mediante la movilización de las organizaciones familiares. Pero el asociacionismo familiar es en España —como todas las modalidades del asociacionismo— muy débil, y más aún al carecer del respaldo y preferencias en las subvenciones por parte de la Administración. Los grupos se encuentran escasamente articulados; hay incluso demasiadas asociaciones pero nada integradas y con intereses muy locales y para hacer frente a necesidades muy concretas vinculadas, en gran parte, a los problemas específicos de las familias con minusválidos.

El asociacionismo familiar, pues, en su estado actual carece de capacidad para imponer la presencia de los intereses de la familia en el escenario público y en la agenda de los actores políticos. Ni siquiera existe una revista, con gran difusión y calidad, que sea portavoz de las demandas e intereses del grupo familiar. El resultado es la ausencia de la familia del escenario público, precisamente en la sociedad en que la familia cuenta con más hondo arraigo. La consecuencia obligada de la situación es que la familia queda postergada como destinataria de las medidas protectoras por parte del sector público.

La sociedad cada vez es más consciente de la responsabilidad de los gobiernos para con la familia. En la encuesta de FOESSA aparecen como situaciones que requieren protección económica las siguientes (Iglesias de Ussel, 1994: 537-538):

1. Si la familia es numerosa (84,1 por 100).
2. Si tienen ancianos a su cargo (85,1 por 100).
3. Si hay deficientes mentales en la familia (93 por 100).
4. Si hay minusválidos (93 por 100).
5. Si cuentan con pocos recursos económicos (93,2 por 100).

Y entre el 75 y el 95 por 100 de los entrevistados considera que el Gobierno tiene mucha o bastante responsabilidad en tomar medidas en:

1. La atención a los ancianos.
2. Proporcionar viviendas a todos.
3. Facilitar el acceso de la mujer al mercado de trabajo.
4. Facilitar a la mujer el combinar trabajo-hijos.
5. Atención a los jóvenes que buscan trabajo.
6. Proporcionar adecuada atención sanitaria.

VI.   LA PERMANENCIA DE LA SOLIDARIDAD FAMILIAR

A pesar de todos estos cambios y de la creencia de una política social, la familia en la sociedad española goza de buena salud y sigue siendo un escenario de solidaridades. Y, como tal, un instrumento extraordinariamente importante para la cohesión social. Es tan importante su protagonismo, que puede decirse que la familia en España es el auténtico Ministerio de Asuntos Sociales. La familia es la que presta ayuda en caso de enfermedad, es la que se ocupa de la crianza de los hijos, del cuidado de los ancianos, la que sustenta en las situaciones de paro prolongado y la que carga con las consecuencias de todo orden en los casos de droga y de enfermedades gravosas como los casos de sida, y en gran medida la que asume tareas domésticas de los hogares de sus descendientes donde la mujer se ha incorporado al trabajo extradoméstico. Incluso las instituciones hospitalarias funcionan, en gran medida, por la red de apoyos y cuidados que los familiares suministran a los internados.

Con todo, la familia ha hecho gala, en un contexto tan cambiante, de una extraordinaria *capacidad de adaptación*, de resistencia. Pese al desafecto que se observan en las encuestas hacia múltiples formas de organización, de instituciones —sindicatos, partidos, burocracias, etc.—, y que también repercute en la familia, la familia mantiene su estima en las actitudes y aspiraciones de la opinión. La familia sigue siendo la institución más valorada por los españoles. En casi todos los sondeos sobre la jerarquía de valores, la familia aparece en primer lugar. El gran valor dominante propio es la familia, para el 45 por 100 de los entrevistados en un sondeo realizado en 1992, seguido muy de lejos por el amor (19 por 100) y el trabajo (16 por 100) (A. de Miguel, 1994: 479-480).

Se da, en definitiva, la paradoja de que después de una docena de años de gobierno socialista, donde la familia no ha sido destino prioritario de sus preocupaciones, cuando ha gozado de cierta difusión una imagen crítica sobre la familia y cuando se ha hecho un intenso discurso sobre la modernización, la familia no sólo mantiene su consistencia, sino que en la práctica —de manera no deliberada— ha visto reforzado su papel social. Son múltiples las manifestaciones de esta singular peripecia. Por ejemplo, por la alta incidencia del paro juvenil, se ha retrasado la emancipación de los hijos, ampliando la duración de su convivencia con los padres. La crisis política ha reforzado las tendencias hacia la privatización y al reforzamiento de los valores, de suyo ya importantes, familistas en la sociedad española. La familia ha intensificado su papel de protección social por el aumento de fenómenos como la drogadicción, el sida o las situaciones de pérdida de empleo, etc. Estas y otras muchas manifestaciones acreditan los sinuosos caminos de adaptación de esa milenaria institución que es la familia a un entorno cambiante y, en ocasiones, por las vías más sorprendentes.

3. LA RELACIÓN INFANCIA-FAMILIA EN ESPAÑA

On se perd toujours dans l'enfance: les méthodes d'e-
ducation, le rapport parents-enfants, l'enseignement, etc.,
tout céla donne un moi, mais un moi perdu.

JEAN-PAUL SARTRE

El objetivo de este capítulo es examinar —con carácter ex-
ploratorio en ocasiones y con los escasos datos disponibles— un
aspecto de las relaciones infancia-familia, al que se le ha prestado hasta el momento poca atención en España. Me refiero a los
efectos de los hijos en algunos aspectos de la relación matrimonial.

No se trata, por consiguiente, de pasar revista a todas las dimensiones de las infancia en la vida familiar. Ni tampoco de emprender
una loa a la paternidad y maternidad. Todo lo contrario. El examen
de las relaciones hijos-relación matrimonial parte de una óptica deliberadamente crítica o, si se prefiere, negativa. Es decir, intento detectar y desvelar las consecuencias perjudiciales para la dinámica de
la relación entre la pareja que introducen los hijos. Invito pues, desde ahora, a dejar al margen cualquier etiqueta de pesimista con que
se me quiera adornar. Soy naturalmente consciente de que se trata de
un enfoque parcial. Pero con un rango peculiar: se trata de una parcialidad deliberada, y exigida por el alcance de un capítulo. Tengo
que decir en mi descargo que hay además mucha parcialidad de signo contrario. Abundante literatura laudatoria sobre la infancia que,
de forma nada deliberada, ignora el aspecto complementario: las consecuencias críticas de los hijos en la vida familiar, que es el reverso
de la moneda.

Tengo que matizar igualmente que me refiero aquí a la familia
como unidad de convivencia legalmente vinculada. En ella, desde
luego, nacen la mayoría de los niños, cada año, en nuestra socie-

dad. Se trata, por consiguiente, de la más común; aunque otras formas de convivencia sean hoy más frecuentes que antaño, no las contemplo. Si bien tampoco excluyo que muchas afirmaciones les sean también de aplicación. Otra limitación importante es que en pocos casos he podido precisar mis referencias según clase social y, lo que no es menos importante, dimensión de la familia y rango ocupado por los hijos según sexo. La ausencia de investigaciones previas en España me lo impide.

Un aspecto —sólo en apariencia— sorprendente de los estudios sobre la infancia y la vida familiar es la reducida atención que se presta a la figura del padre. Digo sólo aparentemente por cuanto la infancia ha sido siempre cometido asignado exclusivamente a la mujer. De ahí que el sexismo en la división de tareas se prolongue también a la hora de su análisis. Así, la mayoría de las investigaciones sobre separación y privación de cuidados en la infancia se fijan en las relaciones madre-hijo, y para nada estudian el papel del padre. Se da por excluido que ha de quedar alejado en la crianza y cuidados, por ser materia que no le concierne. Esta tendencia a ignorar la influencia del padre alcanzó su cenit —y al mismo tiempo desarrollo decisivo— con la publicación en 1951 de la obra de Bowlby *Los cuidados maternos y la salud mental,* donde llegada a la conclusión que una larga privación de los cuidados maternos tiene sobre el carácter del niño pequeño efectos graves y duraderos. En consecuencia, resulta básico su crianza familiar y los cuidados maternos, reputando como perjudiciales los efectos de jardines de infancia, guarderías e instituciones semejantes. Por supuesto, la obra de Bowlby dio lugar a prolongadas controversias y a una oportuna puntualización de J. Mitchell (1976) mostrando su coincidencia temporal con las presiones para el retorno al hogar de la mujer tras la guerra mundial [1].

---

[1] La edición castellana de la obra de J. BOWLBY fue editada por la Organización Mundial de la Salud, Washington, 1954. Una década después la misma institución patrocinó la revisión crítica de las investigaciones realizadas sobre privación materna a cargo, entre otros, de M. Mead, Wootton, Lebovici y Ainsworth; véase *Privación de los cuidados maternos. Revisión de sus consecuencias,* OMS, Ginebra, 1963.

Para España véase el análisis de las consecuencias diferenciales de la privación de padre o madre, en la primera infancia o adolescencia, con datos sobre cuatro mil reclutas de 1965, de M. MARTÍN SERRANO, 1975, pp. 460-496; en algunos aspectos dicha privación tiene efectos marginales comparando con la incidencia de la clase social.

Pero ¿y la privación de cuidados y atenciones por parte del padre? Se acepta como hecho incuestionable, sin necesidad de plantearse sus efectos. Se postula tan sólo la disponibilidad absoluta de la madre para el hijo. Mientras tanto los varones quedan en un segundo plano, sin duda frustrando las gratificaciones de una nueva experiencia de sensibilidad en la relación padre-hijo. Esto es, por otra parte, lo más llamativo de una película tan exitosa como *Kramer contra Kramer*. No radica en el divorcio de los protagonistas, sino en el descubrimiento de la paternidad y las recompensas emocionales que dicho acontecimiento propicia, en un padre hasta entonces afectivamente de espaldas a su hijo. A este respecto convendría también recordar que un hecho tan censurado habitualmente como el trabajo extradoméstico de la mujer incrementa las relaciones padre-hijo (Michel, 1974: caps. 2 y 3).

En España tampoco parece que haya suscitado excesiva preocupación la escasa intervención del padre en la crianza infantil. Más bien lo contrario. Piénsese, por ejemplo, en el fomento de la emigración exterior, en buena parte de varones casados exclusivamente, y en las secuelas de costos familiares que ha debido comportar. Pero además las menores tasas de incorporación de mujeres casadas a la población activa, el peso de las ideologías tradicionales sobre la distribución de tareas en el hogar, la socialización diferencial por sexo orientando a la mujer hacia la vida doméstica han configurado el cuidado de los hijos, por lo menos mientras son pequeños, como responsabilidad exclusiva de la mujer. Salvando la limitación geográfica y de clase que contiene, entiendo que esta descripción resulta todavía válida; pese a su extensión la recogeré, pues detalla muy certeramente los mecanismos de exclusión del varón: «Los hombres de clase baja, para compensar una identificación masculina frágil, para alcanzar una reputación de macho entre sus compañeros, deben evitar todo contacto con el mundo privado que sea como "femenino". Esta evitación ética significa que el padre-marido debe evitar el contacto frecuente con la casa, y consecuentemente con los niños de ambos sexos, quedando como una figura evanescente en la sombra. No queremos decir que los padres de clase trabajadora sean emocionalmente indiferentes con sus hijos, o que sean malos padres; sino todo lo contrario. Son hombres sentimentales y orgullosos de su familia. Sin embargo, es también cierto que los mitos y las obligaciones del "machismo" les obligan a permanecer físicamente distantes y separados de las rutinas diarias de la casa. Así, en la clase baja, el patrón de dominación doméstica femenino y la responsabilidad durante la infancia son asegurados por una especie de negligencia masculina; y continúan minando la formación de identidades masculinas sólidas en las generaciones siguientes. La ausencia del padre en la casa, decretada por las normas sociales del machismo andaluz, incrementa más adelante las dificultades del hijo en sus intentos para desidentificarse de la madre todopoderosa. Y, así, el ciclo continúa» (Gilmore y Gilmore, 1978: 158).

Otros muchos aspectos de nuestra vida colectiva —prolongada duración de la jornada de trabajo, pluriempleo, horas extraordinarias, reducida implantación del horario continuado de trabajo, tiempo empleado en desplazamientos, etc.— impulsan también la desvinculación del padre con los hijos. En cualquier caso, es muy inferior al de la madre el tiempo que cotidianamente pasan en contacto con sus hijos. Las respuestas de niños de doce años son bien elocuentes [2]:

HORAS PASADAS CON PADRES
(Niños de doce años)

	Con padre	Con madre
Menos de una hora	6,0	1,2
De una a dos horas	27,7	8,0
De tres a cuatro horas	32,1	18,2
Más de cinco horas	26,2	67,9
No contesta	8,0	4,8
Total: 336		

Naturalmente el problema no se limita a la cantidad; la calidad de la relación puede operar subsanándolo. No obstante, los datos me parecen reveladores de los comportamientos que prevalecen en la sociedad española. Incluso la edad de los entrevistados, doce años, obliga a pensar que en edades más tempranas se

---

[2] EDIS, 1980, pp. 161-162. Por su parte, el 60 por 100 de los padres declara pasar poco tiempo con sus hijos; en «Los españoles, padrazos», *Cambio 16,* n.º 461, 5 de octubre de 1980, p. 44.

reduce la participación del padre y el tiempo dedicado a convivencia con sus hijos. La mencionada encuesta muestra además que cuanto peor se desenvuelve económicamente la familia, menos tiempo dedican los padres a sus hijos. No se piense, sin embargo, que esta convivencia viene condicionada decisivamente por las condiciones materiales de vida o el trabajo extradoméstico del varón. Influyen, desde luego. Pero sobre estas circunstancias se encuentra un hecho básico: asignación cultural de la crianza y cuidado de los niños como tarea específica de la mujer, y no de los padres, lo cual afecta también a la calidad de la relación. A lo sumo se propugna, y practica, que el marido debe «ayudar», nunca compartir por igual. Y no creo que en esta actitud se estén produciendo cambios sustanciales, especialmente entre los varones. En fin, cuando tanto se alude a las penalidades del divorcio bueno será recordar que, sin él, en buena parte los hijos se crían ya sin la presencia del padre.

I. LA IDEOLOGÍA SOBRE LOS HIJOS

Un acusado rasgo de nuestra sociedad lo constituye la gran importancia atribuida a los hijos en la relación matrimonial y a su papel como estabilizadores, e incluso mantenedores de la cohesión formal, en los matrimonios. Alguien, Carandell, lo expresó de manera lapidaria: «Existen en España, a propósito de los hijos, ideas muy claras. Los hijos unen. La mujer es un animal peligroso, hay que dejarlas embarazada» (1971: 95). Posiblemente sea en Unamuno donde se encuentren los más brillantes reflejos literarios de esta actitud, en concreto de la mujer, de situar a los hijos en el centro de su existencia [3].

Por supuesto, esta visión de los hijos no está circunscrita a España; existe, en efecto, una larga tradición intelectual que percibe la ausencia de hijos como causa de desunión matrimonial. En este sentido ya Aristóteles pudo escribir: «la amistad entre marido y mujer parece fundada en la naturaleza; el hombre y la mujer cohabitan, no sólo por causa de la procreación, sino también para los demás fines de la vida. Por otra parte, los hijos parecen ser un lazo

---

[3] Véase tratado, entre otros, en J. ROF CARBALLO, 1964; F. SCHURR, 1965.

entre ellos, y por eso se separan más fácilmente los que no los tienen: los hijos son, en efecto, un bien común a ambos, y lo que es
común mantiene la unión» (Aristóteles, 1990: 136). Muy posiblemente, cuando esta observación se formulaba era atinada. El tipo
de familia y el papel desempeñado por los hijos en ella se correspondían con las estimación de los hijos como vínculo de unión en
los matrimonios. Pero, como es sobradamente conocido por los estudios de Ogburn, no todos los elementos, materiales e inmateria-
les, de una cultura tienen un ritmo de cambio sincrónico. Y el papel asignado a los hijos tal vez constituya excelente ejemplo de un
acelerado cambio material, con persistencia de ideologías resultado de otras épocas.

La importancia atribuida a los hijos para la relación matrimonial no aparece, sin embargo, con el matrimonio, ni tampoco es
rasgo exclusivo de la mujer. Los numerosos estudios sobre la juventud y universitarios realizados en nuestro país, en todos aparece esta dimensión también entre los varones. Cuando se pregunta sobre las cualidades ideales de la novia, figura siempre en
los primeros lugares «amante del hogar y de los hijos». Lo de menos ahora es el tradicionalismo que esta orientación comporta, intentando evitar que la mujer asuma nuevos papeles sociales. Lo
relevante es que a edades tempranas estos entrevistados configu-
ren como expectativa básica del *rol* de la mujer su papel de madre que, en la posterior dinámica de la relación conyugal, su desenvolvimiento puede obstaculizar el logro de expectativas centradas
en la propia relación. En cualquier caso, ya desde los primeros estudios sobre natalidad se observaron diferencias significativas en
el número ideal de hijos deseados, siempre superior para las solteras. Como Díez Nicolás escribió, «el mayor tamaño ideal señalado por las solteras puede atribuirse al hecho de que su contestación responde a una idea más romántica y menos real de la
responsabilidad y dificultad que supone el criar y educar a muchos hijos; las casadas, por el contrario, al estar en contacto directo con estos aspectos de la vida familiar, puede que den una
contestación teniendo en cuenta más directamente la realidad de
la vida familiar de nuestros días» (1965: 102). Hay en todo caso
una expresión, habitual en nuestra sociedad, reveladora de esta
ideología natalista; a un matrimonio joven nadie le preguntará sobre si piensan o no tener hijos, tan sólo el momento —¿cuándo
vais a tenerlos?— considerado ineludible.

Similar orientación se constata en estudios referidos a población casada. Así, en una encuesta del Instituto de Opinión Pública en 1968 (1968: 319), el 62 por 100 de los entrevistados estaba de acuerdo con que «lo más importante no es el éxito propio, sino el de los hijos». En el de López Pintor y Buceta (1965: 133 y 178), el 29 por 100 de los varones y el 43 por 100 de las mujeres consideran que «los niños son lo más importante de mi vida». Otra encuesta de 1978 revela que para el 32 por 100 de los entrevistados tener hijos y con un buen futuro profesional es lo más importante que espera en la vida familiar. En fin, el 51 por 100 de los entrevistados en 1980 piensa que lo que asegura la más completa realización del individuo es la maternidad y la paternidad (*Cambio 16*, n.º 360, 1978, p. 87, y n.º 461, 1980, p. 43).

Esta tendencia se proyecta también para el supuesto en que aparezcan tensiones matrimoniales. Parece una verdad irrefutable que lo peor que a los hijos puede sucederle es la separación de sus padres, por muy tensas e incluso violentas que lleguen a ser esas relaciones. Se trata de un valor común aun cuando no existan estudios sobre este aspecto en España y los de otros países revelan que se trata de una creencia errónea. Pero veamos en todo caso algunos datos que la confirman. En la investigación de Díez Nicolás (1973: 50) sobre mujeres casadas de hasta 45 años, el 72 por 100 (es decir, tres de cada cuatro entrevistadas) están de acuerdo o muy de acuerdo con que «cuando hay hijos, los padres deben seguir viviendo juntos aun en el caso de que no se lleven bien». En el FOESSA (1976: 397), tan sólo el 15 por 100 está de acuerdo con que «el matrimonio no tiene por qué permanecer unido cuando se lleve mal, aunque haya hijos pequeños». En otra encuesta de 1977, para un semanario (*Cambio 16*, n.º 312, 1977, p. 32), el 80 por 100 de los entrevistados de uno y otro sexo entienden que «los hijos salen perjudicados cuando una pareja se divorcia». Los datos del Centro de Investigaciones Sociológicas de 1978 van en la misma dirección; el 37 por 100 responde que lo preferible para los hijos, si los padres se llevan mal, es que vivan juntos (CIS, 1978: 387).

Nadie puede discutir que la situación ideal para el niño es que conviva con una pareja cuyas relaciones sean armónicas. Pero si este supuesto no se da y existe, por el contrario, una relación conflictiva, está sobradamente comprobado que es preferible la separación a la convivencia con conflictos. Éstos son además percibidos con nitidez y sufridos por el niño desde su más temprana edad, y todo intento de enmascararlo es infructuoso. Me remitiré a un ejemplo aleccionador para los científicos sociales. Me refiero a la magistral biografía de Mitzman sobre Max Weber [4]. Percibió desde su infancia las incompatibilidades y tensas relaciones de sus padres y, esa vivencia, le ocasionó hondos conflictos personales con repercusión ulterior tanto en su vida personal, como en sus propias concepciones políticas y científicas. Yo mismo, examinando los procesos judiciales de nulidad y separación matrimonial, he observado un efecto, sin duda no deseado, de la ideología sobre los hijos unen al matrimonio. A menudo cuando la situación matrimonial ya es conflictiva, y sin posibilidad razonable de armonía, no faltan presiones (habitualmente a través de la mujer) para que intente estabilizar el matrimonio con un nuevo hijo. A la postre el matrimonio se separa, con lo cual el número de hijos implicados se incrementa.

Naturalmente estas creencias sobre el papel cohesionador de los hijos no son resultado del azar. Provienen del influjo religioso secular en favor de la natalidad (también para mantener el papel tradicional de la mujer) y que ha coincidido casi siempre con la postura del Estado. Ideologías natalistas [5] que se traducen en fuertes presiones, durante el proceso de socialización, encaminado a

---

[4] A. MITZMANN, *La jaula de hierro. Una interpretación histórica de Max Weber,* Alianza, Madrid, 1976. En este sentido, ya Freud había señalado que «el desacuerdo reinante entre los padres excita la vida sentimiental de niño y le hace experimentar, ya en la más tierna edad, amor, odio y celos. Luego la severa educación, que no tolera actividad alguna a esta vida sexual tan tempranamente despertada, interviene como poder represor y el conflicto surgido así en edad tan tierna del sujeto integra todos los factores precisos para la causación de una nerviosidad que ya no le abandonará en toda su vida» (en *Ensayos sobre la vida sexual y la teoría de la neurosis,* 5.ª ed., Alianza, Madrid, 1972, p. 42).

[5] La obra de GARCÍA LORCA *Yerma* plantea precisamente el tema del matrimonio sin hijos, aunque no pueda entenderse sin tener presente al mismo tiempo algo que —sólo aparentemente— no es el centro de su carga dramática: la profunda interiorización de la indisolubilidad matrimonial. Su ortodoxia es completa: «Yerma es un biotipo perfecto de la mujer que supedita de manera absoluta lo erótico a lo fisiológico, la sexualidad a la maternidad. Es curioso notar cómo coinciden aquí el más exigente sentido de la naturaleza como creación indefinida y el criterio tradicional de la Iglesia católica con respecto a la vida matrimonial. El acto amoroso sólo se justifica por un afán de paternidad [*sic*]. Yerma está transida de esta idea» (F. DÍAZ PLAJA, *Federico García Lorca,* 3.ª ed., Espasa-Calpe, Madrid, 1961, pp. 207-208).

que la mujer asuma como expectativa vital básica la maternidad y el matrimonio. En su apoyo vendrán, además, estereotipos como «los niños vienen con un pan bajo el brazo», sobre las consecuencias negativas de los hijos únicos, etc. Todo ello, en definitiva, en coincidencia con la ortodoxia católica respecto a la procreación como fin primario del matrimonio.

Con relación a los hijos únicos —de los que carecemos de estudios en España—, debe señalarse que los estereotipos peyorativos que se les atribuyen provienen del incumplimiento de la ideología natalista, más que de auténticos perjuicios sufridos por tales hijos. Por lo menos, en los casos que no se debe al divorcio o muerte de uno de sus padres. Aquí de nuevo tropezamos con la pervivencia de ideologías tal vez explicables en épocas de elevada mortalidad infantil y en donde la baja natalidad pondría en peligro la continuidad de la especie. O cuando una familia numerosa suponía una fuente de ingresos para la unidad familiar y base de apoyo para el logro de los hijos (y no, como hoy, en el esfuerzo individual). Frente a estas circunstancias, se mantienen los rasgos negativos respecto a los hijos únicos cuando han desaparecido por completo los fundamentos que dieron origen a esas ideologías. Muchos estudios han demostrado, en efecto, las ventajas que goza el hijo de una familia poco numerosa. En Francia, por ejemplo, cualquiera que sea el medio social de origen, el éxito escolar de los hijos aumenta cuando desciende la dimensión de la familia; relación que es más acusada a medida que baja el *status* ocupacional de los padres. Pero ha sido Blake quien pasó revista de las investigaciones sobre ventajas o inconvenientes de los hijos únicos, a igualdad de situación familiar y socioeconómica de los padres. Los hijos, y en menor medida las hijas, únicos cuentan con logros educativos superiores, mejores niveles ocupacionales, mayor satisfacción con su trabajo, optimismo y en los indicadores de felicidad y satisfacción personal mejores niveles. Tampoco su propia estabilidad matrimonial —medida según la tasa de divorcios— se ve acelerada negativamente. No existen diferencias con quienes proceden de otras familias reducidas con dos o tres hijos; aunque ambos cuentan con tasas levemente superiores a quienes proceden de familias más amplias. Por el contrario, en sus prácticas reproductivas son marcadas las diferencias. Los hijos únicos tienen y esperan tener menor número de hijos, aunque desaparecen en lo que se refiere al deseo de tener ellos mismos un hijo único. En definitiva, los datos son concluyentes respecto a las ventajas de las familias reducidas, incluidas las de hijo único, respecto a las numerosas [6].

Pudiera suponerse que tan marcada orientación respecto a los hijos proviene, o al menos se traduce, en la esmerada atención que se les presta en la sociedad española. Éste fue el juicio acuñado, con éxito ulterior, por Brenan al afirmar: «Es manifiesto que las relaciones de los jóvenes con los otros miembros de su familia se desarrollan con frecuencia sin sombras ni trabas. Y son gente que quiere mucho a los niños. Se ve a cada paso a un hombre joven bien vestido jugando con un chiquillo o haciendo carantoñas a una criatura sin la menor turbación. No se ve mucha timidez, por mucho que los novelistas españoles escriban de cortedades. En pocas palabras, se trata de una sociedad a la antigua —victoriana temprana o Segundo Imperio—, pero que comienza a desmoronarse» (Brenan, 1964: 220). O el desmoronamiento ya se ha producido, llevándose con él tan idílicas relaciones con los niños, o no creo en la validez actual de su observación. Me parecen escasos esos juegos y cuando se producen se trata, las más de las veces, de un «juego ostentario», desigual y expresión del domino del adulto sobre el niño. Es, me parece un juego con el niño, siendo el propio niño el objeto del juego, y en muy pocas oportunidades comparten un juego adultos y niños.

Por lo demás, existen numerosos indicadores en contra de esa supuesta valoración del niño. Y no me refiero tan sólo a la indiferencia —o lo que es peor: la naturalidad— con que se presencian malos tratos físicos [7] recibidos por los niños en calles y espacios pú-

---

[6] Las referencias citadas proceden de INSEE, *Donées Sociales,* París, 1974, pp. 136-137, y J. BLAKE, «The only child in America: Prejudice versus perfomance», *Population and Development Review,* vol. 7.º, n.º 1, 1981, pp. 43-55. Los estereotipos negativos sobre el hijo único, al igual que sobre las familias sin hijos, han sido también analizados por D. F. POLIT, «Stereotypes relating to family-size status», *Journal of Marriage and the Family* (en los sucesivos citado: *JMF*), vol. 40, 1978, n.º 1, pp. 105-117. Aspectos conexos a los hijos únicos aparecen también en la abundante bibliografía existente sobre el rango de los hijos: primero, intermedio, último, según el sexo, que repercute muy desigualmente sobre su suerte.

[7] Malos tratados que contaban además con todas las bendiciones jurídicas. Así hasta la reciente reforma, según el artículo 171 del Código Civil, el juez podía retirar la patria potestad al padre si trataba al hijo con «dureza excesiva», y el 420 del Código Penal, que sancionaba las lesiones y malos tratos al fijar las penas, establecía: «No están comprendidas en el párrafo anterior las lesiones que el padre

blicos. Piénsese, por ejemplo, en la insuficiente atención médica recibida por las madres durante el embarazo y parto; la inexistencia de centros de planificación familiar; en la ausencia en los primeros días de exámenes precoces sobre los trastornos metabólicos congénitos, fácilmente corregibles, que dan origen a la subnormalidad. Esto en cuanto a la salud física y que ocasiona una mortalidad infantil muy superior a la de Francia y Holanda, por ejemplo. Respecto a las cuantías de las prestaciones familiares por hijo, sabido es que son irrisorias y disminuyen sistemáticamente en relación al importe del salario mínimo; no sólo son las más bajas de Europa, su importe es un tercio inferior al país que las tiene más reducidas: Irlanda [8]. Se deduce, pues, que la grandilocuencia en las palabras sirve sobre todo para ocultar la mediocridad de los hechos.

No resulta en todo caso justificada la indiscriminada exaltación de los hijos —y en general de la ideología natalista—, cuando al mismo tiempo el Estado exige para la adopción un examen cuidadoso de las características e idoneidad de los adoptantes. ¿Cómo explicar las

causare al hijo, excediéndose en su corrección». M. FRAGA (en *Legitimidad y representación,* Grijalbo, Barcelona, 1973, p. 119) advirtió de las diferentes estrategias según clase social: «Los hijos de las familias populares —campesinas, obreras—, donde subsiste la figura del padre y los castigos físicos, propenden a tener menos desajustes y conflictos que los de las clases medias, donde la división de la autoridad a menudo desconcierta, y donde al utilizarse medios intelectuales de control los problemas tienden a interiorizarse y, por lo mismo, a la perturbación psicológica.» Ciertamente, la frecuencia de castigos físicos aumenta a medida que se desciende la clase social; M. FLAVIA OLIVELLA, «Investigación en programas de disciplina en el medio familiar», *Sociología y psicología jurídicas,* Anuario 1982, pp. 167-183, tanto según las informaciones de los niños —de once y doce años— como de sus respectivos padres. El castigo corporal ya fue señalado como uno de los rasgos de *La cultura de la pobreza,* Anagrama, Barcelona, 1978. Véase también M. E. SÁNCHEZ MOISO, «Padres torturadores», en VVAA, *Contra la tortura,* Fontanella, Barcelona, 1978, pp. 124-138. Para otros países, véase H. ERLANGER, «Social class and corporal punishment in childrearing: A reassessment», *ASR,* vol. 39, n.º 1, 1974, pp. 68-85, y la obra de I. GIBSON, *El vicio inglés,* Planeta, Barcelona, 1980. Por su parte, W. REICH (en *Materialismo dialéctico y psicoanálsis,* Siglo XXI, México, 1975, p. 120) ya observó que «todo padre proletario —las excepciones son contadas— se venga de su servicio de criado en la empresa con el niño, en la casa. Al menos aquí quiere ser dueño, quiere poder mandar y tener quien le obedezca. Si no es el perro, que sea el niño. Que el pegar a los niños pertenece a este renglón, es cosa obvia.»

[8] Véase al respecto E. GONZÁLEZ SANCHO, 1982: 353; también J. C. MARTÍN ANTÓN, 1979, pp. 59-64. Referida a la legislación sobre la maternidad en España y otros países, véase C. PAOLI, 1982: 33-49.

precauciones impuestas ante un fenómeno tan minoritario (afecta alrededor de 1.000 niños al año) y simultáneamente se da por hecha la total idoneidad de las familias de los centenares de miles de niños que nacen cada año? Esta indiferencia estatal ante la mayoría de los niños nacidos me parece particularmente esclarecedora. Aunque no debe olvidarse que hasta la Ley de 7 de julio de 1970, que modificó el Código Civil estableciendo en su artículo 173 el consentimiento de ambos cónyuges para dar un hijo en adopción, podía disponer de los hijos solamente el padre, aun en contra de la voluntad de la madres. Lo que desde luego bien poco dice del respeto, en la práctica, a la maternidad. Pero precisamente como reacción frente a la presunción de idoneidad de los padres, se ha propugnado por al profesionalización de esa tarea para que se asuman las funciones de crianza por cuenta ajena: «A fin de cuentas, la crianza de los niños requiere una competencia que no está en modo alguno al alcance de todos. Nosotros no permitimos que "cualquiera" practique cirugía del cerebro o, por igual motivo, venda acciones u obligaciones. Incluso el funcionario de menor categoría tiene que aprobar exámenes de competencia. En cambio, permitimos que cualquiera, con independencia de sus cualidades mentales o morales, trate de criar jóvenes seres humanos, con tal que éstos procedan biológicamente de él. A pesar de la creciente complejidad de la labor, la crianza de los hijos sigue siendo el mayor privilegio del aficionado» (Toufler, 1971: 258).

Se produce, en suma, la incompatibilidad radical entre los intereses reales de los niños y el mantenimiento del liberalismo inhibicionista estatal sobre su suerte. El Estado sólo interviene suspendiendo la patria potestad de los padres, en circunstancias límites (para adjudicarles un destino tan poco glorioso como el que les espera en las instituciones tutelares de menores). Es la grave alteración de las relaciones entre los padres y no la situación de los hijos, lo que desencadena la mecánica intervencionista. E igual ocurre en los procesos —eclesiásticos y civiles— de nulidad, separación o divorcio. El objeto de la prueba siempre son las relaciones matrimoniales y para nada juega el bien de los hijos. De ahí que no hayan faltado quienes propugnen[9] el divorcio forzoso en interés de los hijos.

Por otro lado, la virulencia de las ideologías natalista han enmascarado un aspecto de la cuestión sumamente importante. Sa-

---

[9] Ésta fue, por ejemplo, la propuesta realizada, durante el debate de la Constitución de la II República, por el método y diputado Dr. Juarros en favor de «crear

bido es que el control de la natalidad consiste en aquella acción destinada a evitar posibles embarazos no deseados y se basa en que la procreación es un derecho individual. Planificación familiar es un concepto más amplio y no se refiere sólo a técnicas anticonceptivas. Consiste en el derecho de toda persona (no implica pues uniones legales) a decidir libre y responsablemente el número y espaciamiento de sus hijos. Incluye el derecho de todo niño a ser un hijo deseado por sus progenitores y a desarrollar su existencia en condiciones materiales y espirituales adecuadas. Pero comprende tanto las conductas destinadas a evitar tener hijos, como para tenerlos. Se producen, por tanto, comportamientos encaminados al control de la natalidad, que es el único aspecto en donde se han centrado los alegatos contra los métodos eficaces y modernos en nuestro país. Y, sin embargo, un persistente silencio de los mismos grupos natalistas se observa respecto a medidas para solucionar la situación de los matrimonios sin hijos. Alrededor de un 10 por 100 de los matrimonios se enfrenta a la situación inversa: no tener descendencia, que, sin embargo, desean. Pese a ello no se ha facilitado sustancialmente la adopción, lo que por otra parte favorece un floreciente «mercado negro» de adopciones. Además, la Seguridad Social no cubre el tratamiento de la esterilidad y, menos aún, la inseminación artificial, aspectos que, para colmo, tampoco se estudian en las Facultades de Medicina. En definitiva, no parece que la preocupación por los hijos sea sustancial, salvo en lo que a proclamaciones verbales se refiere. Todo ello sin recordar su incompleta escolarización, ritmos escolares al servicio de intereses de los adultos, configuración de la ciudad y organización del espacio a espaldas de las conveniencias de desenvolvimiento de los niños, el lamentable estado de las instituciones de acogimiento de niños (hospicios), etc. Parecen satisfechos con promover que los niños nazcan, olvidando que, al cabo, en efecto nacen. Subsiguiente obligación ineludible, por parte de la sociedad, es ofrecerles una atención y calidad de servicios desconocida en España, comparativamente en situación muy desfavorable al resto de países de Europa. Pragmáticamente, nos limitamos a proclamar y defender los derechos de los niños en abstracto y a conculcarlos en la práctica.

---

un divorcio forzoso para aquellos casos donde los padres no quieren divorciarse, pero el interés de los hijos obligue a separar el matrimonio» (*DSCC,* 8 de octubre de 1931, p. 25).

Pero quisiera, para terminar, aludir al continuo silencio perceptible en la literatura apologética sobre la natalidad. Se trata de los hijos no deseados. Descargan los más negros presagios sobre las consecuencias del control de la natalidad, para la salud —física y espiritual— de la mujer, la dignidad de la pareja y la misma armonía y estabilidad de la familia [10]. Pero para nada mencionan la existencia de natalidad no deseada y sus consecuencias.

II.   LOS HIJOS NO DESEADOS

Se ha vinculado con demasiada frecuencia la ilegitimidad con la natalidad no deseada. Y, sin embargo, ni todos los hijos legítimos son deseados, ni todos los ilegítimos no deseados. En especial durante la década de los setenta en que se ha roto la tendencia secular a su disminución, el aumento de la ilegitimidad procede en buena parte, también en España, de uniones de hecho o mujeres que impugnan el matrimonio pero desean tener hijos.

En España, pues, el sector estratégico para analizar la natalidad no deseada debe centrarse en el matrimonio. Y todos los datos confirman las elevadas tasas de natalidad no deseada. Numerosos estudios han puesto de relieve las grandes dosis de discriminación legal y social de la mujer que todavía subsisten en nuestra sociedad; la sexista estructura de autoridad en la familia y división del trabajo; la socialización diferencial por sexo y, en general, el tradicionalismo de las relaciones intersexuales y conyugales. Circunstancias todas ellas que conducen inevitablemente a la elevada proporción de natalidad no deseada: «Los estudios de parejas casadas en las zonas predominantemente urbanas de los países industrializados y en desarrollo indican que cuanto más equitativa o no tradicional es la división del trabajo (incluida la adopción de decisiones) en el hogar, tanto más probable es que las parejas:

»*a)*   se comuniquen entre sí con respecto al sexo, sus preferencias en cuanto al tamaño de la familia y la planificación de los nacimientos;

»*b)*   den cuenta de un alto grado de satisfacción sexual;

---

[10] En torno a las ideologías sobre la natalidad en España, véase A. DE MIGUEL, *Sexo, mujer y natalidad en España,* Edicusa, Madrid, 1974.

»*c)*   expresen el deseo de tener una familia pequeña, y
»*d)*   practiquen una contracepción eficaz» (Naciones Unidas,
1975: 67).

Entre otras muchas investigaciones, la realizada por Díez Nicolás en 1972 sobre *Natalidad y planificación familiar* permite constatar la frecuencia de este fenómeno en la sociedad española. Sobre la
base de una muestra nacional de cerca de 2.000 mujeres casadas de
15 a 49 años de edad, sólo la mitad de las mujeres entrevistadas afirmaron que habían tenido su último embarazo cuando lo deseaban.
De igual manera, el 58 por 100 responde que su marido quería tener
un hijo cuando comenzó su último embarazo, y el 33 por 100 afirma que nunca habla con el marido sobre el número de hijos que quieren tener. La experiencia de trabajo extradoméstico de la mujer es
un factor diferencial importante. En efecto, la proporción de mujeres que querían tener su último hijo cuando lo tuvo, cuyo último embarazo comenzó cuando querían y que esperan tener los hijos que
quieren, en todos los casos es sustancialmente superior entre las mujeres que han trabajado, trabajan o esperan trabajar en el futuro [11].
La magnitud de la natalidad no deseada puede comprobarse
también en la *Encuesta de fecundidad: Metodología y resultados,*
llevada a cabo por el Instituto Nacional de Estadística en 1977, a
una muestra de cerca de 6.000 mujeres no solteras de 15 a 49 años
de edad en toda España. Pues bien, la proporción de embarazos no
queridos es alta: un 28 por 100 de las mujeres no deseaba su último embarazo. Por supuesto, la no deseabilidad del embarazo as-
ciende con la edad de las entrevistadas. Pero lógicamente importa

Número de hijos vivos	No deseaban el último embarazo (%)
Ninguno	1,5
Uno	10,7
Dos	24,3
Tres	38,9
Cuatro	46,4
Cinco y más	53,9
Total: 5.641	27,7

[11] Véase J. Díez Nicolás y J. M. de Miguel, 1981: 115-121 y 293. También
la natalidad no deseada es elevada en EEUU, en especial en la población negra;
véase K. E. Bauman y J. R. Udry, 1973, pp. 315-328.

más examinar las respuestas según el número de hijos tenidos y aquí se produce también una relación lineal; cuando aumentan se incrementa igualmente la proporción de mujeres que no deseaban su último embarazo (INE, 1978: 112, 180, 207 y 217).

Así pues, si a esta proporción, de cerca de un tercio de mujeres casadas que no deseaban su último embarazo, añadimos que el 61 por 100 no desea tener más hijos y pese a ello menos de la mitad afirma utilizar un método eficaz, la conclusión lógica es que el porcentaje de hijos no deseados de este grupo de mujeres se incrementará todavía más en el futuro.

Los datos mencionados, procedentes de investigaciones realizadas con toda solvencia científica, me parecen suficientemente elocuentes de la magnitud del problema. No se trata, en verdad, de un entretenimiento de sociólogos o demógrafos la natalidad no deseada. Todo lo contrario; tal vez sea muy escasa la atención prestada al fenómeno si lo comparamos con su extensión. Sobre todo por las consecuencias, al menos en otros países, que comparta para la relación matrimonial e incluso los propios hijos. En efecto, la contribución de los hijos a la estabilidad matrimonial está relacionada no con el número real de hijos, ni con el número deseado, sino con el hecho de que la pareja logre la natalidad deseada. A. Michel y F. Lautmann han demostrado la relación dialéctiva existente entre la calidad de la interacción en la pareja y el logro del número deseado de hijos. La comunicación conyugal, e inversamente: este éxito refuerza el acuerdo, comprensión, comunicación y satisfacción conyugal y, por consiguiente, la interacción conyugal. A media que el número real de hijos va excediendo al deseado, aumenta también el grado de tensiones y discrepancias entre la pareja [12]. Por lo demás, se han observado consecuencias negativas en el comportamiento del recién nacido si proviene de un embarazo no deseado y el síndrome de niños maltratados se produce, sobre todo, en este mismo grupo (Ferreira, 1968: 259-266; también Russell, 1968: 165).

En cualquier caso, tomemos la natalidad no deseada como causa o manifestación de falta de armonía o tensiones matrimoniales, lo que está claro es que tiene incidencia negativa en la ulterior dinámica de la pareja. Todo esto sin tener en cuenta un aspecto de sumo interés —y frecuencia, en mi opinión, en España— como es

---

[12] A. MICHEL y F. LAUTMANN, 1974: 304-306; R. F. WINCH, 1957: 357-358; HEATH y otros, 1974: 304-306.

si ese hijo no deseado resulta, precisamente, la causa del matrimonio en la pareja. Me referiré de inmediato a la cuestión. Antes quisiera subrayar un aspecto de los estudios sobre natalidad y su control en España. Hasta ahora me parecen centrados —tal vez en demasía— en el cómo y porqué de la contracepción. Al propio tiempo han sido suficientemente comprobadas las pautas modernas de fecundidad y su control que prevalecen en las cohortes más jóvenes. Acaso la disponibilidad de medios más modernos y eficaces, exigirá investigar sobre todo el porqué de la natalidad. Como ha escrito Bourgeois Pichat, la difusión de esos contraceptivos favorecerá la natalidad deseada decidida por los padres: «Antes que acontecimiento sociobiológico, el nacimiento de un hijo se convertirá en acontecimiento psicológico. Este cambio de naturaleza tendrá importantes repercusiones en la investigación: no bastará saber cómo llegan los hijos, será necesario saber por qué. Sin duda prácticas anticonceptivas totalmente eficaces, es materia todavía del futuro. Sin embargo, los recientes progresos nos han aproximado lo suficiente a esta situación para que la investigación haya tenido que orientarse, en sus perspectivas, hacia el "porqué" de la natalidad» [13]. Esta perspectiva parece cada día más urgente emprenderla para comprender, debidamente, la futura evolución de la fecundidad en nuestra sociedad.

III. EL MATRIMONIO POR LOS HIJOS

En un aspecto sí puede afirmarse con rotundidad que los hijos, si bien no unen a los padres, en ocasiones inequívocamente los atan. Es decir, los hijos son la causa del matrimonio. Me refiero a los matrimonios contraídos por la existencia de embarazo prematrimonial previo. La idea de que el acceso al matrimonio viene motivado por la libre decisión de la pareja —en cuanto al cónyuge y en cuanto al momento de realizarlo— no es más que una norma cultural (reciente, por lo demás) con numerosas quiebras en la práctica. Y ésta es una de ellas.

---

[13] J. BOURGEOOIS PICHAT, 1971: 35-36. Una indicación de interés nos la ofrecen las parejas que se someten a inseminación artificial, a resultas de la cual, a principios de 1981, ya habían nacido 150 niños en España; véase *Cambio 16*, n.º 486, 23 de mayo de 1981, pp. 50-56.

El matrimonio por razón de embarazo supone la ruptura de esa norma ideal por cuando puede: ocasionar un matrimonio hasta entonces no previsto por la pareja —*matrimonio provocado*—; o bien puede obligar a la pareja a adelantar su matrimonio de alguna manera previsto —*matrimonio adelantado*—. Y, con menor incidencia a nuestros efectos aquí, puede producirse el embarazo poco antes de celebrarse el matrimonio previsto, sin necesidad de alterar por ello los planes matrimoniales (Prioux, 1974). Por supuesto, numerosos factores condicionan la frecuencia de estos diferentes tipos de uniones en cada sociedad y, dentro de cada una, según la clase social. Así, la edad de matrimonio, actitud ante la ilegitimidad, comportamientos sexuales prematrimoniales, religiosidad, grado de difusión y eficacia de los métodos anticonceptivos utilizados, etc.

Pues bien, en lo que se refiere a España, debemos abordar la cuestión en tres dimensiones relevantes: en primer lugar, preguntándonos si la sociedad española impone como norma, caso de embarazo entre solteros previo al matrimonio, el matrimonio como solución obligada; en segundo lugar, examinaré la frecuencia con que se produce el matrimonio por embarazo y, por último, cuáles son las consecuencias que para la familia y, en particular, el matrimonio comporta este tipo de matrimonio por razón de embarazo. Veamos cada uno de estos aspectos.

En primer lugar, pues, si el comportamiento esperado caso de embarazo prematrimonial es el matrimonio. Se trata, desde luego, de una norma bastante extendida y que revela la persistencia de la observación de Malinowski [14] sobre el matrimonio no como licencia para las relaciones sexuales, sino para la paternidad. El matrimonio caso de embarazo previo puede afirmarse que es el comportamiento esperado, e incluso obligado, en la sociedad española. Quizá sea éste uno de los aspectos de las relaciones intersexuales en que menos cambios se han producido desde comienzos de siglo. Y posiblemente no sufra, tampoco, cambios drásticos en un futuro inmediato. Al contrario, la mayor libertad sexual parece asociada a la mayor frecuencia de este tipo de matrimonios y a la con-

---

[14] B. MALINOWKI, 1964: 3-19. Una interpretacion semejante es la de Simmel, para quien «el matrimonio, sea lo que fuere, es siempre y en todas partes algo más que el comercio sexual. Por muy divergentes que sean las direcciones en que el matrimonio trasciende del comercio sexual, puede decirse que ese trascender de lo sexual es lo que constituye al matrimonio» (1977: 102).

sideración de la obligatoriedad del matrimonio en este supuesto; al menos así lo revelan las estadísticas demográficas y los estudios de opinión para otros países europeos. Lo cual es compatible con la mejora de *status* legal de la madre soltera y los hijos ilegítimos, atenuación de la censura social y con la impugnación por grupos radicales entre el vínculo matrimonio-procreación.

Ni la norma cultural ni su puesta en práctica tiende a desaparecer y menos todavía en la sociedad española, en donde dista de encontrarse como hegemónica la mentalidad permisiva. En efecto, en diversos estudios se ha prestado atención a este tema. Aludiré únicamente a una encuesta, realizada en 1976, a una muestra de la población de los dos sexos con más de dieciocho años. Y se planteó intentando examinar las actitudes ante el matrimonio provocado. A tal efecto se preguntó a los entrevistados: «Si una pareja de amigos, que no son novios ni están enamorados, va a tener un hijo, ¿qué cree usted que deberían hacer?», y a continuación: «¿Qué cree usted que le aconsejan a ella sus padres en un caso así?», e igual pero referido a qué consejo se daba a los varones. Pues bien, en el caso extremo que se les planteaba —sin ser novios y sin estar enamorados—, más de un tercio de los entrevistados responde que la conducta adecuada no tiene otra salida, pese a todo, que el matrimonio. La norma cultural parece de aceptación general en lo que se refiere a la mujer. Cuatro de cada cinco entrevistados responden que, en tal caso, le aconsejarían que se casara. Y más de la mitad a los varones[15]. Parece claro, por tanto, la existencia de una clara expectativa de comportamiento que tras el embarazo impone el matrimonio de la pareja. Y para ello se articularán múltiples presiones, como han señalado los antropólogos en sus trabajos sobre comunidades rurales. En todo caso, además, la persistencia de esta norma puede deducirse también de la frecuencia con que se producen matrimonios por embarazo en la sociedad española.

En relación con la segunda cuestión, la frecuencia de embarazos prematrimoniales, contamos desde luego con numerosos estu-

---

[15] Los datos proceden de un estudio inédito sobre «Evolucion de la familia española», realizado para el IOP por J. Cazorla y J. Iglesias de Ussel en 1977; véase también mi artículo, 1982: 465-485. En otros países esta orientación está sólidamente asentada; así en Francia, el 40 por 100 de los varones y 35 por 100 de las mujeres entrevistados consideran que, caso de embarazo, el matrimonio constituye una obligación del varón; el 30 por 100 y 24 por 100, que el matrionio es la solución más conveniente, y el 25 por 100 y 35 por 100, que el matrimonio no es salida válida obligada y puede considerarse otras soluciones (L. ROUSSEL, 1971: 109).

dios sobre países de nuestra área cultural que revelan que son extraordinariamente frecuentes. Sin embargo, no voy a mencionarlos aquí por cuanto podría objetárseme que sus resultados no son extrapolables a España, debido a las diferencias en los comportamientos sexuales de la juventud, en la utilización de anticonceptivos y la despenalización del aborto (con la salvedad que la supuesta mayor permisividad de otros países, se compensaría con anticonceptivos y aborto más difundidos, reduciendo las diferencias entre otros países europeos y España).

Respecto a nuestra sociedad, sin embargo, en estudios de comunidades rurales, los antropólogos nos han alertado con insistencia sobre el embarazo prematrimonial, que dista de ser una práctica inhabitual. Pero en general han aludido a la presencia de motivaciones como el deseo de constatar el embarazo previo por el papel que el heredero desempeña en este medio, para obtener una dote más elevada como condición para la boda, para imponer a los padres un cónyuge que estiman no deseable o mecanismo para evitar los gastos de una boda reputada «normal», etc. Me parece, sin embargo, que, sin desaparecer por completo este tipo de causas, es preciso tener presente las ocasionadas por el cambio ocurrido en los comportamientos sexuales entre la juventud a partir de los años sesenta. Y respecto a ello existen indicios relevantes sobre la frecuencia de embarazos prematrimoniales. Siquiera sean aproximativos, merecen aludirse aquí.

Una primera pista nos la proporciona la evolución de la tasa de ilegitimidad en nuestro país. Como es sabido, ha venido descendiendo, con pocas salvedades, desde principios de siglo; sin embargo, en la década de los setenta se invierte la tendencia y comienza a aumentar. Y, sobre todo, aumentan los ilegítimos de madres menores de veinte años. Más que resultado de la impugnación del matrimonio o consecuencias de uniones de hecho, este incremento de la ilegitimidad me parece buen indicador de los cambios de comportamiento sexual y, en alguna medida, pueden preceder al matrimonio.

Un segundo aspecto a considerar se refiere a la edad del matrimonio. La tasa de nupcialidad desciende en la década de los setenta, pero la proporción de matrimonios contraídos por varones que cuentan con menos de veinte años (que ha tenido varias oscilaciones desde principios de siglo) aumenta sin cesar desde 1960 y, especialmente, 1979. Este dato lo considero sumamente ilustrativo, pues entiendo que, en su mayoría, involucran matrimonios por embarazo prematrimonial, sean provocados o adelantados. En efecto, ni las edades deseadas de matrimonio que revelan numerosos estudios, ni la situación profesional o de empleo, ni la concepción social vigente sobre la madurez exigida para el matrimonio, ni tampoco la exigencia de realizar con posterioridad el servicio militar (aunque una reciente reforma exime a quien tenga un hijo, si la mujer no cuenta con ingresos), ninguna de estas circunstancias favorece el matrimonio de varones con hasta diecinueve años, si no es como consecuencia de embarazo prematrimonial. Que, como se sabe respecto a otros países, inciden también sobre parejas muy jóvenes, aunque no sólo en ellos.

La tercera referencia corrobora los inicios señalados sobre la frecuencia de embarazos prematrimoniales. Me refiero a los datos suministrados por el Instituto de Estadística en la *Encuesta de fecundidad* realiza en 1977, sobre la base de un estudio entre mujeres no solteras entre 15 y 49 años. Y aquí ya los datos son concluyentes tanto en lo que se refiere a la frecuencia como a las edades jóvenes de las madres. Examina, en efecto, el intervalo entre el matrimonio y el primer nacido vivo entre mujeres casadas desde hace cinco o más años. La distribución porcentual según la edad de matrimonio es la siguiente:

INTERVALO ENTRE MATRIMONIO
Y EL PRIMER NACIDO VIVO
(En meses)

Edad del matrimonio	Negativo	De cero a siete meses
Menos de 18 años	1,5	14,5
De 18 años a 19 años	4,7	15,8
De 20 a 21 años	3,9	14,0
De 22 a 24 años	3,8	11,0
De 25 a 29 años	3,7	13,1
De 30 y más años	10,0	10,6
Total	4,1	12,8

FUENTE: INE: *Encuesta de Fecundidad. Metodología y resultados,* Madrid, 1978, p. 95. (Cada fila no suma el 100 por 100 al haber excluido aquí los intervalos superiores a siete meses.)

Obsérvese que se trata de intervalo entre el matrimonio y primer nacido vivo entre mujeres casadas desde más de cinco años en el momento de la encuesta, 1977, o sea, casadas hasta 1972, cuando, ya señalé, desde entonces se incrementan los matrimonios de varones y mujeres de menos de veinte años y, por tanto, el subsiguiente aumento escapa del ámbito de esta encuesta. Sin embargo, el intervalo negativo —es decir, primer hijo tenido antes del matrimonio— después de las mujeres casadas con más de treinta años, el más frecuente corresponde a las casadas entre dieciocho y diecinueve años. Y esta tendencia se refuerza en los intervalos de cero a siete meses. Son sobre todo mujeres casadas con menos de veinte años quienes tienen su primer hijo en ese plazo desde el matrimonio. Y en total casi un 17 por 100 de las entrevistadas tuvieron su primer hijo antes del octavo mes del matrimonio. En su mayoría pueden considerarse matrimonios por embarazo prematrimonial.

Ahora bien, este tipo de embarazos ¿ocasionan matrimonios provocados —es decir, no previstos por la pareja— o matrimonios adelantados— es decir, previstos pero no en ese momento—? Resulta importante considerar este punto, pues las repercusiones ulteriores en el sistema familiar pueden ser significativamente diversas. En este aspecto, sin embargo, por la ausencia de estudios al respecto, ninguna afirmación concluyente puede efectuarse. En mi opinión, hasta la década de los sesenta se trata sobre todo de matrimonios provocados, sin que existiera entre la pareja relación afectiva estable. Y ello porque en contextos tradicionales la tolerancia con las relaciones sexuales del varón fuera del noviazgo, me parece superior a la del noviazgo [16]. Por tanto, puede suponerse que los embarazos prematrimoniales eran más frecuentes fuera de dicha relación, aunque también daban lugar a ilegítimos o abortos provocados. En una fase de transición y consolidación de la permisividad, como la actual, me parece que cambia la tendencia por el aumento de los matrimonios adelantados; es decir, en

---

[16] En sentido contrario, Víctor PÉREZ DÍAZ señaló que, en el medio rural, «no se piensa que los novios esperen tanto tiempo. Se imagina más bien una actividad sexual completa. Y prueba de ello es la difícil salida matrimonial de las muchachas que, al cabo de cierto tiempo, rompen su noviazgo. Se cuenta con tal actividad, pero relegada al margen de la sociedad, fuera de su campo de visión. La comunidad la sabe o la supone; pero no puede admitirla públicamente» (1966: 96).

parejas con relaciones afectivas estables o en uniones de hecho sin objetivo matrimonial (al margen para nuestros efectos aquí, también aumentan los hijos de parejas o mujeres que desean hijos rechazando el matrimonio). Pero, aunque sean más frecuentes los adelantados, continúan produciéndose asimismo, en menor medida, provocados.

He examinado la existencia de normas culturales que imponen como solución obligada el matrimonio, cuando se produce embarazo prematrimonial, y hemos visto su frecuencia en la sociedad española que, hoy en día, fundamentalmente, corresponde al adelantado. Trataré ahora de examinar sus consecuencias respecto al matrimonio.

¿Cuáles son, pues, las consecuencias del embarazo prematrimonial para el matrimonio? De entrada, es preciso recordar que las relaciones sexuales prematrimoniales carecen de efectos negativos ulteriores en el matrimonio. Pero la cuestión puede ser diferente si a consecuencia de esas relaciones se produce un embarazo y el subsiguiente matrimonio. En este caso los hijos atan, pero todo parece indicar que no por mucho tiempo, ya que la inestabilidad matrimonial y las rupturas son particularmente frecuentes.

En todo caso lo que numerosos estudios referidos a otros países [17] han comprobado es que el divorcio es mucho más frecuente entre matrimonios contraídos a consecuencia de embarazo previo que entre quienes su primer embarazo fue posterior al matrimonio (aunque todavía tienen tasas más elevadas de divorcio las mujeres cuyo primer hijo fue ilegítimo). Dentro del grupo de mujeres con embarazo prematrimonial, se producen más divorcios cuando el matrimonio se retrasa hasta muy poco antes del nacimiento esperado (lo que ocurre sobre todo en parejas jóvenes). En este caso, además, el matrimonio dura menos tiempo, pues el divorcio se produce antes. Cuando el embarazo prematrimonial se produce en un medio social o familiar tradicional, reduce también la estabilidad

---

[17] Sobre estos aspectos, véanse L. BUMPASS y J. A. SWET, *ARS,* vol. 37, 1972, pp. 754-764; COMISSARIAT GÉNÉRAL DU PLAN, *La famille,* Hachette, París, 1975: 99; MINISTERE DE LA JUSTICE, 1973: 71-74 y 141-147; E. JAULERRY, 1971: 165-168; H. T. CHRISTENSEN y H. H. MIESSNER, *ASR,* vol. 18, n.º 6, 1953, pp. 641 ss. Para una revisión de la literatura sobre las consecuencias del embarazo para la mujer joven, M. VARELA OGANDO, 1982: 145-163.

y duración del matrimonio, más que si se produce en un contexto permisivo.

No obstante, tampoco puede concluirse que la inestabilidad matrimonial sea consecuencia obligada del embarazo previo. Estos matrimonios se encuentran en efecto ante numerosas circunstancias que facilitan la aparición de conflictos. Las presiones familiares y sociales a que la pareja se ve sometida en el breve plazo con que cuentan antes de contraer matrimonio y teniendo además que adoptar decisiones inmediatas de todo tipo; la frecuente crisis con las familias de origen; la erosión que sufre el principio de consentimiento, base teórica del matrimonio en nuestro sistema cultural; las edades jóvenes de la pareja y las dificultades económicas a que han de hacer frente; el inmediato nacimiento del hijo, que reduce casi totalmente el período de ajuste personal entre los cónyuges; el que favorezca los procesos de movilidad social descendente; el probable abandono, al menos temporal, de estudios u ocupaciones habituales. Por la concurrencia de alguno de estos factores, los matrimonios por embarazo —tan fomentados una vez aparecida la causa que los origina— cuentan con suficientes circunstancias adversas como para suscitar elevadas tasas de divorcio. Sólo un cambio muy sustancial del sistema de valores y actitudes sociales haría menos frecuentes en el futuro los conflictos en estos matrimonios y también los matrimonios tras el embarazo.

En la sociedad española dos factores han debido afectar particularmente la estabilidad de los matrimonios por embarazo. En primer lugar, por el rechazo de la pareja por las familias de origen que parece ser, y al menos ha sido, lo usual en la clase media y alta. En tal actitud prevalecen, evidentemente, consideraciones sociales de vulneración de la honorabilidad burguesa, sobre las religiosas. No es, desde luego, una sanción por el incumplimiento de un precepto religioso. Tampoco importa, contra lo que pueda suponerse, la relación sexual, sino su consecuencia —el embarazo—, que lo hace público. Por otro lado, en sociedades no permisivas y con elevadas dosis de tradicionalismo aparencial, a la reacción familiar por el embarazo se añade, con frecuencia, un mayor distanciamiento motivado por lo impensado y, en apariencia, impensable del acontecimiento. Como alguien, con un deje de ironía ha escrito, no es el libertinaje lo que ocasiona embarazos prematrimoniales: «Las chicas "fáciles", al igual que los ángeles, nunca quedan embarazadas. Esto les pasa a las chicas "buenas"; las chicas "fáciles" en general son demasiado precavidas para que esto les ocurra (Kaur, 1974: 300). Con este rechazo de la pareja por el sistema familiar, han debido ser muy frecuentes y bruscos los procesos de movilidad social descendente. Incluso en sociedades donde estos matrimonios cuentan con mayor ayuda de padres y parientes que los contraídos sin embarazo previo —fenómeno que no parece el habitual en nuestro país—, las desventajas económicas de aquéllos subsisten después de bastantes años de matrimonio (Coombs y otros, 1970, y Jorgensen, 1980).

En segundo lugar, no hemos tenido en cuenta los efectos diferenciales de estos matrimonios según medie, o no, una relación afectiva estable en la pareja; esto es, si son provocados o adelantados. Ya antes apunté como hipótesis el cambio de tendencia con incremento de los adelantados. Pues bien, parece que los provocados presentan mayores riesgos de desarmonía matrimonial por cuanto alteran la presunta libertad de determinación del momento de contraer matrimonio y la no menos presunta de elección de cónyuge. Todo ello sin olvidar que la estabilidad matrimonial, como ha señalado Mogey (1962: 435), depende más del momento en que se contrae que incluso de la elección del cónyuge.

IV. EL COSTE DE LOS HIJOS

No han faltado voces que cataloguen la disminución del número de hijos como muestra del egoísmo y comodidad de las parejas que, poco a poco, estuviera invadiendo nuestra sociedad. Sin embargo, nada más falso y rechazable que este tipo de juicios. Basta con un conocimiento superficial del pasado histórico para saber que, en todo él, nunca ha sido tan elevada como en nuestra época la carga —económica, material, afectiva, etc.— que supone la procreación y crianza de los hijos. Y, asimismo, nunca ha estado este proceso centrado de forma tan acusada en la familia nuclear y, en particular, la madre. Ni aquélla en los hijos.

Podrá discutirse si la dependencia y relación casi exclusiva, durante la primera infancia, de los hijos únicamente con dos adultos —sus progenitores— constituye el sistema de crianza más adecuado. Es relativamente reciente y muchos estudios niegan que sea el más conveniente. Nada tiene de azar por ello que la mística de la maternidad surgiera, y se consolidara, a partir del momento en que la crianza de los hijos comienza a conllevar serios problemas y dificultades a sus progenitores. La generalización de la familia nuclear, el paso de los hijos de ser una ayuda económica para la familia a implicar costes elevados, movilidad geográfica, urbanización, incipiente emancipación de la mujer, entre otros, fueron innovaciones sociales que acrecentaban la carga de la maternidad y paternidad. De ahí que aparecieran, como elemento amortiguador, toda suerte de compensaciones simbólicas de la realidad.

No en vano, la crianza de los hijos, tan sólo en lo material y para la familia, supone hoy un elevado coste. Por una parte, costes *indirectos*. Piénsese, por ejemplo, en las inversiones necesarias de mobiliario, vivienda, tiempo y similares. O en la reducción del consumo que ocasiona. O en la disminución de ingresos familiares por abandono —provisional o definitivo— del trabajo por parte de la madre (con la consiguiente frustración, con incidencia en la relación de la pareja), cuando se acrecientan los gastos y duración de las tareas domésticas. Más evidentes son todavía los costes *directos*: alimentos, vestidos, custodia y guarderías, atención sanitaria, educación y juegos, ocios, dinero para propios gastos, etc. Naturalmente, estos costes varían en función de clase social, edades de los hijos, medio rural o urbano de residencia, rango y número de hijos. En una familia de dos hijos el coste del primero es el doble del segundo; si aumenta disminuye el coste por hijo, pero aumenta el gasto total. Para una familia con un hijo en Estados Unidos se estima que el coste de crianza hasta los dieciocho años, absorbe entre el 40 por 100 de sus ingresos si es de clase baja y el 26 por 100 si es de clase alta. Referido a 1976, para España [18] se estimó que el coste mínimo diario de crianza de un niño de hasta dos años era de 200 pesetas; hasta cinco años, 300; hasta nueve, 350, y hasta catorce años, 400 diarias. Es decir, entre 6.000 y 12.000 pesetas mensuales por hijo

---

[18] La estimación de costes para España en F. VILLOTA, 1978: 115-123. La referencia a EEUU en L. y J. SCANZONI, 1976: 373 ss. Una estimación para Alemania en M. SPERR, 1974: 66. Véase también L. W. HOFFMAN y J. D. MANIS, 1979: 583-596, y V. A. ZALIZER, 1981: 1036-1057. Un planteamiento metodológico para el análisis del costo de los hijos en C. PRESVELOU, 1968: cap. 12; y su repercusión en el nivel de vida, A. MONNIER, 1977. Véase también FOESSA, 1995: 427 ss.

de coste mínimo hace seis años. E incluye exclusivamente parte de los costes materiales o directos. Si a ello añadimos los indirectos, relacionados con el cuidado y crianza del niño —en gran parte a cargo de la mujer—, el coste total del hijo alcanza una dimensión ciertamente elevada.

Desde luego, en nuestra sociedad, en virtud de las reducidas ayudas económicas estatales y la insuficiencia de servicios públicos, en que el coste de los hijos recae exclusivamente sobre la economía de la pareja, esta situación guarda notorias relaciones con el descenso de la natalidad. Cada vez es más cara su crianza y, de continuar, pronto se considerará al hijo como un lujo fuera de (para la mayoría) su alcance. Sin olvidar que dichos costos obligan a emprender readaptaciones en la economía doméstica (el pan que se asegura traen bajo el brazo no es manjar apreciado hoy en exceso) y reajustes entre los cónyuges. Ciertamente, muchas de las disputas matrimoniales por causa de los hijos —a las que luego me referiré— tienen sus raíces en la sombría perspectiva económica que éstos pueden llegar a significar. Debido, sustancialmente, a la ausencia de una política social decidida de protección a la infancia.

En todo caso, que la natalidad se encuentra condicionada por la evolución del coste económico de los hijos ha sido constatado para España. Así, en la ya citada *Encuesta de fecundidad: Metodología y resultados* (INE, 1978: 146-149), se preguntó, a mujeres casadas y no embarazadas que no desean tener más hijos, las razones por no desearlos. Una de cada tres alude, en concreto, a razones económicas, y es la mencionada con mayor frecuencia (36,3 por 100), a lo que habría que añadir el reducido porcentaje de quienes señalan circunstancias vinculadas a lo económico, como la vivienda pequeña o la carencia de guarderías. Esta actitud corresponde, sobre todo, a quienes cuentan con dos o más hijos y a las mujeres en cohortes de matrimonios más recientes; es decir, quienes cuentan con mayor potencial de fecundidad. Por ello la mitad de las entrevistadas responde también que el aumento de ingresos familiares sería la principal condición que pudiera hacerles cambiar de actitud respecto a la dimensión de la familia.

Que sepamos, la única aproximación al coste económico de los hijos se efectuó en 1976 en un estudio, para el entonces Instituto de la Opinión Pública, dirigido por el profesor Cazorla y yo mismo. Se les preguntaba en efecto a los entrevistados lo siguiente: «Si una familia como la suya tuviera otro hijo, ¿cuánto dinero de más tendría que gastar cada mes, aproximadamente, para poder vivir de la misma manera?»; los porcentajes son los siguientes:

Menos de 2.000 pesetas	6,3
De 2.001 a 4.000 pesetas	35,3
De 4.001 a 6.000 pesetas	26,6
De 6.001 a 8.000 pesetas	9,5
De 8.001 a 10.000 pesetas	3,0
Más de 10.000 pesetas	1,8
No sabe, no contesta	17,6
Total: 1.345	

Los entrevistados cuentan con una evaluación precisa del coste adicional de un nuevo hijo. Para el 60 por 100 ese coste se sitúa entre las 2.000 y 6.000 pesetas mensuales; insisto, referidas a 1976 (equivalentes a entre 14.000 y 40.000 de 1997). Las variables más discriminatorias son el nivel de ingresos y la clase social subjetiva. Y ambas operan, claro está, en la misma dirección. Al aumentar tanto los ingresos como la clase social declarada, lo hace también el porcentaje de quienes consideran cantidades superiores para mantener su nivel de vida con un nuevo hijo. Ni el sexo de los entrevistados ni, sorprendentemente, la edad introducen variaciones significativas, y no disponemos de los resultados según el número de hijos que ya cuentan. Poco importa, en definitiva, puesto que las cantidades reseñadas contrastan visiblemente con las 250 pesetas por hijo que se asignaban en concepto de ayuda familiar en ese mismo año.

En el pasado, el coste por hijo ha debido ser muy discriminatorio según el sexo. Sobre todo por la inversión en enseñanza, muy inferior para las hijas. Hoy tienden a igualarse por el incremento de estos gastos y la disminución de otros —ajuar, etc.—, antes específicos para la mujer (Rosenzweig, 1975: 269-272). Igualmente me parece que en el coste de los hijos, según la clase social, las diferencias relativas son más acusadas en la actualidad que en el pasado (con todo lo que comporta en la reproducción de la desigualdad social). Y en términos económicos también ha aumentado la inversión requerida para la crianza de los hijos; aunque como contrapartida se haya reducido en algunos casos el tiempo dedicado a algunas tareas. Los efectos de la publicidad han convertido a los niños en cauces de florecientes industrias alimenticias, juguetes, moda infantil, etc. Sin duda, la principal homogeneidad del niño con el adulto se produce hoy en el papel de consumidor, real o truncado. En todo caso, el deterioro de la situación económica familiar por los hijos repercute negativamente en la relación de la pareja. Los gastos de la casa son una de las principales causas de disensiones en el matrimonio. Por otro lado, que la ruptura matrimonial aumente, en otros países, cuando se desciende de clase social, guarda relación también con las adversas condiciones de vida que agravan los hijos. La ausencia de medidas públicas destinadas a corregir, o al menos paliar, esta situación obliga a pensar en la continuidad de las negativas consecuencias de los hijos en este aspecto.

V. LOS HIJOS Y LA RELACIÓN MATRIMONIAL

El estudio de las relaciones entre los hijos y los padres se encuentran viciadas como consecuencia de la hegemonía del mundo adulto. Contemplamos habitualmente el fenómeno desde la perspectiva no del niño, sino de sus padres. Salvo en la excepción de la creencia que une a los padres, nos preocupamos las más de las veces en nuestra influencia sobre los niños: en el logro educativo, práctica religiosa, actitudes políticas, etc. Esta orientación, al margen de comportar una visión del mundo desde el adulto, me parece insuficiente por completo. Las relaciones y condicionantes entre padres e hijos son mutuas, y de ninguna manera unidireccionales. Precisamente aquí voy a invertir el enfoque habitual para fijarme en la otra cara, en las repercusiones que los hijos van a ocasionar en la vida matrimonial. Porque, como se ha dicho, «igual si el hijo lo es del deseo que si lo es del azar, el niño va a alterar la vida de sus padres» (Sperr, 1974: 63). Pero ¿en qué aspectos?, ¿con qué consecuencias?

A nivel teórico Simmel examinó el fenómeno con agudeza y acierto. La llegada de un hijo introduce cambios mucho más relevantes que el meramente cuantitativo. Supone, en efecto, el paso de la díada matrimonial a la tríada: la pareja y el hijo. Con el cambio numérico van a alterarse las relaciones internas profundamente; cada uno de los elementos funciona como intermediario de los otros dos, desempeñando la «doble función propia de todo intermediario, que lo mismo liga que separa». Ésta es la mutación básica por cuanto las relaciones de dos tienen rasgos específicos que se transforman al pasar a ser de tres, pero, de continuar extendiéndose a cuatro o más miembros, «no siguen modificándose en proporciones correspondientes. Así, por ejemplo, el matrimonio con un hijo tiene un carácter totalmente distinto del matrimonio sin hijos; pero ya no se diferencia tanto del matrimonio con dos o más hijos. Sin duda, la diferencia que introduce en su ser interior el segundo hijo, es, a su vez, mucho más considerable que la que resulta del tercero. Pues el matrimonio con un hijo es, en cierto sentido, también una relación de dos miembros; los padres, como unidad, por un lado, y el hijo, por otro. El segundo hijo no es sólo un cuarto miembro, sino también, considerado sociológicamente, el tercer miembro de una relación, y produce los efectos de tal.» Por tanto, «la [relación] de tres se diferencia específicamente de la de dos hacia atrás, por decirlo así, pero no hacia adelante, pues ya no hay diferencia entre ella y la de cuatro o más elementos» (Simmel, 1977: 105-112; también Wolff, 1964: 122 y 326-330).

Simmel señala el doble papel desempeñado por el primer hijo que une tanto como separa y dirá, en conseguida metáfora, «del mismo modo que un puente, aunque une las dos orillas, hace perceptible la distancia que existe entre ellas». En efecto, entiende que la relación diádica tiene como rasgo básico la intimidad que, cuando nace un hijo, impide que continúe siendo la relación exclusiva que era y puede representar una amenaza o interferencia a la intimidad que «se interrumpe incluso en el matrimonio, tan pronto como ha nacido un hijo». Pues «en toda asociación de tres, por estrecha que sea, hay ocasiones en que uno de los tres es sentido como un intruso por los otros dos»; y este papel no corresponde necesariamente al hijo. Existe una abundante literatura clínica sobre el niño como rival. Las alianzas también pueden establecerse entre el hijo y uno de sus padres, convirtiendo al otro en intruso, pero en todo caso con quiebra de la pura reciprocidad imperante, hasta entonces, entre la pareja. De igual manera, el niño puede desempeñar la función de mantener unido el todo, vinculando a los otros dos: «Esto puede acontecer de dos maneras. O bien la existencia del tercer elemento crea, o fortalece, la unidad de los dos —como cuando el nacimiento de un hijo acrecienta el amor mutuo de los esposos o al menos del marido por la mujer—, o bien la relación de cada uno de los dos con el tercero crea un vínculo nuevo e *indirecto* entre ellos, como cuando los cuidados dedicados al hijo representan un lazo que trasciende del hijo mismo, y a veces consiste en simpatías que no podrían surgir sin esa situación intermedia» (Simmel, 1977: 99-116).

Simmel es ciertamente un teórico del desencanto que los hijos originan en la relación matrimonial. Sugiere que tienden a confundirse las intimidades cotidianas con una relación íntima, y paulatinamente las dimensiones más importantes de la personalidad van insertándose fuera de la relación conyugal. Porque no es el contenido de una relación lo que la hace íntima, sino la concepción mutua que la relación, en sí misma, es el lazo esencial de la díada. Sus pioneras reflexiones, justo es decirlo, han tenido efectiva comprobación en numerosas investigaciones ulteriores. Con unanimidad inhabitual en las ciencias sociales, todas ellas han revelado que los hijos introducen importantes cambios en la relación matrimonial susceptibles de originar conflictos. Y ya no nos referimos a las consecuencias económicas. La llegada del primer hijo ocasiona un rápido deterioro del ajuste matrimonial y, particularmente la mujer, experimenta un inmediato y significativo descenso de la satisfacción conyugal desarrollando sentimientos negativos respecto al matrimonio.

La llegada del hijo exige a los padres rápida adaptación a los nuevos *roles* de la paternidad y maternidad. Transición un tanto abrupta que va a ocasionar la modificación de las tareas domésticas, pautas de ocio, en las relaciones sexuales, además de requerir la atención y cuidados prioritarios al hijo. Su propia relación, a lo menos en términos de duración y provisionalmente, ha de quedar relegada a un segundo plano. Y esto ocurre, sobre todo, en el tipo de familia nuclear dominante en nuestra sociedad, y no en la familia extensa, pues hace recaer exclusivamente sobre dos adultos tan absorbentes tareas; en especial en el medio urbano. El informe FOESSA de 1975 puso de relieve las diferencias existentes en la ayuda recibida —de familiares, amigos y vecinos— para el cuidado de los niños según el tamaño del municipio, que se reduce en los de más de 100.000 habitantes (que agrupan a la mayor parte de la población). Cuando no se asignan exclusivamente a la mujer. María Ángeles Durán indicó que un hijo menor de tres años representa en la jornada de su madre más de dos horas y media diarias de dedicación, al margen de las restantes actividades. En todo caso es claro que el cuidado de los hijos pequeños requiere más tiempo que cualquier otra tarea doméstica. Por ello, sin duda, cuando la mujer lleva poco tiempo casada es el período crítico en que, en España, desciende el número ideal de hijos [19]. Sus consecuencias son particularmente críticas en las parejas donde la mujer trabaja fuera del hogar. Si lo abandona, la pérdida de ingresos y el asumir papeles tradicionales puede convertirse en foco de insatisfacción y tensiones en el matrimonio. Si por el contrario mantiene la actividad extradoméstica, la doble carga de trabajo (el doméstico no se distribuye igualitariamente entre la pareja, ni cuando la mujer trabaja) repercute además en la disponibilidad de tiempo.

La influencia de los hijos en la pareja en el curso de la vida fue certeramente analizado con sofisticada metodología por Harold Feldman (1971: 104-126). Mostró que la satisfacción conyugal decrece con la llegada del primer hijo, pero sigue en pauta oscilante. Es decir, decrece sistemáticamente hasta la adolescencia de los hijos, para luego aumentar de nuevo al nivel previo al contar con descedencia. Entretanto los aspectos emocionales del propio matrimonio declinan y son más frecuentes, por ejemplo, las conversaciones sobre temas «objetivos» o instrumentales (sobre la casa, noticias, temas culturales, etc.). Cambios no atribuibles a la duración del matrimonio, pues, siendo igual, los matrimonios con un hijo cuentan con un nivel más bajo de satisfacción que quienes no tienen. Encontró además que el tipo de relación existente entre la pareja antes del parto influye de manera decisiva. Los matrimonios con relaciones menos estrechas, menor grado de comunicación y más tradicionales en la división de tareas domésticas, en ellos el hijo aumenta el grado de satisfacción entre la pareja [20]. Sin embargo, en línea con lo señalado por Simmel, en matrimonios con estrechas relaciones durante el embarazo y alto grado de satisfacción y comunicación interpersonal, la llegada del hijo supone el deterioro

---

[19] A. DURÁN, 1972: 116, sobre el descenso del número ideal de los hijos; FOESSA, 1970: 478; FOESSA, 1975: 354. Contra lo que pudiera pensarse, la mecanización reduce más el esfuerzo físico que la duración de las tareas domésticas; para un análisis al respecto, J. B. ROBINSON, 1971: 143-154.

[20] SCANZONI, 1976: 373 ss.; N. GLENN, y S. MACLANAHAN, 1982: 63-73; H. ALDRON y D. K. ROUTH, 1981: 785-789; R. M. LERNER y G. B. SPANIER (eds.), 1978; E. B. LUCKEY y J. K. BAIN, 1970: 43-45. También en Estados Unidos se encuentra extendida la creencia en que tener hijos favorece la armonía y relación de la pareja; K. S. THOMPSON, 1980: 133-140.

de esta situación. Y esta dinámica puede devenir más drástica cuando el hijo no era deseado, el matrimonio se ha contraído por causa de embarazo o el hijo nace con minusvalías físicas o psíquicas, que afecta tanto a las relaciones internas como externas de la pareja[21].

Esta situación se traduce en las tasas de divorcio según el número de hijos. La divorcialidad de las parejas sin hijos guarda relación con la escasa duración del matrimonio y, en cualquier caso, no está claro si la baja fecundidad se debe a la ruptura o la alta tasa de divorcios a la ausencia de hijos. Por otro lado, las presiones apuntadas a favor del mantenimiento del matrimonio con hijos, operan aumentando su estabilidad pero no por la mejor calidad de la relación conyugal, sino por hacer a la pareja reacia al divorcio por sentido de obligación ante los hijos. El divorcio, pues, es más frecuente entre parejas sin hijos, pero porque es más fácil —psicológica, emocional y económicamente— plantearlo. Contrariamente a las creencias comunes, los matrimonios sin hijos —en especial cuando no desean tener hijos— muestran mayor ajuste y satisfacción entre la pareja. No en vano el énfasis en la familia y un número de hijos elevado, como fuente primaria de gratificación emocional, está relacionado —al menos en Estados Unidos— con mayor grado de alienación social, en cuyo caso la paternidad actúa como fuente de seguridad e identificación[22]. Alguna indicación, aunque indirecta, puede señalarse para España respecto a la dimensión de la familia que está en razón inversa a las posibilidades de obtener satisfacciones en áreas diferentes a los hijos. Comparando las Encuestas de Juventudes de 1960 y 1968, por ejemplo, se observa que el ideal familiar de vida disminuye a medida que el nivel de instrucción y el *status* ocupacional aumenta.

---

[21] S. HEWETT, 1970: especialmente cap. 4.º, y el artículo de R. MACALLISTER y otros en 1973: 93 ss. Que sepamos, esta cuestión no ha sido investigada en España, aunque algunas referencias pueden verse en A. BRAVO SIERRA, 1978: 313-321.

[22] Datos comparativos de estas encuestas en J. GONZÁLEZ ANLEO, 1969: 45 ss.; sobre la tasa de divorcios según número de hijos, BUMPASS y SWEET, 1972: 758, y B. THORNES y J. COLLARD, 1979: cap. 7.º; las relaciones entre natalidad y alienación en A. G. NEAL y H. T. GROAT, 1970: 460-473, y L. y A. DAY, 1969; la vinculación entre ausencia voluntaria de hijos y ajuste matrimonial, en S. K. HOUSEKNECHT, 1979: 259-267, y en H. FELDMAN, 1981: 593-601. De todas maneras es reducida la proporción de la población que desea no tener hijos, aunque esta actitud es más frecuente entre las mujeres, quizá porque en ellas recae la crianza; véase J. BLAKE, 1979: 245-258; sobre el papel de los hijos como mantenedores, que no de la armonía, del matrimonio, A. BOOTH y K. WHITE, 1980: 605-617.

Otras tendencias ya mencionadas también han sido examinadas respecto a España, aunque no, todavía, en análisis de matrimonios divorciados. Las discrepancias y tensiones más frecuentes entre la pareja provienen de temas económicos o de los hijos (que guardan entre sí, como vimos, estrecha relación). Su llegada puede traer consigo la salida al exterior de divergencias hasta entonces latentes, como en materia religiosa, educativa, social, ideológica, etc. La propia naturaleza total, y no segmentaria, de la relación entre padres e hijos multiplica las áreas de discrepancia potencial de la pareja. Y en un terreno donde no resulta fácil armonizar convicciones, ni lograr equilibrios, por el mismo alcance que el sistema cultural otorga a la crianza de los hijos.

En todo caso, ya el segundo Informe FOESSA de 1970 reveló que los hijos eran la principal fuente de discrepancias de la pareja. Así, el número de hijos que hay que tener, los gastos de la casa y el educar a los hijos constituyeron los más frecuentes motivos de desacuerdo (de un total de catorce) de las amas de casa en la semana anterior a la entrevista. La misma tendencia se aprecia en el ya mencionado estudio, de 1976, para el Instituto de la Opinión Pública. Aquí la mitad de los entrevistados responde que son muchos los cambios que la llegada de los hijos ocasionan en las relaciones de la pareja. Esta opción aparece sobre todo entre quienes declaran más práctica religiosa, más ingresos, mayor nivel educativo y clase social subjetiva más elevada. También entre los entrevistados menores de treinta y cinco años. Quizá porque buena parte de los mismos tengan hijos de corta edad y estén viviendo, por consiguiente, los cambios que producen en la relación de la pareja. Mientras que, pasada ya esa fase, entre los entrevistados con más edad pueden quedar desdibujados —o incluso idealizados— sus efectos. O al menos atribuir los cambios a circunstancias ajenas a los propios hijos. A los entrevistados que respondían que los hijos ocasionaban muchos o pocos cambios (el 60 por 100 en total) se les preguntó a continuación en qué consistían dichos cambios. Y la referencia más mencionada es crítica: para el 31 por 100 crean más problemas en el matrimonio. Interesaba también verificar la posible incidencia desigual originada según el sexo de los hijos. Por ello se les preguntó «en general quién cree usted que ocasiona más problemas y preocupaciones a los padres, ¿los hijos o las hijas?», con los siguientes porcentajes:

	Total	Varones	Mujeres
Los hijos	20,0	17,4	22,5
Las hijas	39,4	43,3	35,7
Por igual	37,9	36,8	38,9
No contesta	2,6	2,4	2,9
Total: 2.345			

Como se ve, las hijas son mencionadas por el doble de entrevistados que los hijos. Y la variable más discriminatoria es el sexo. Mientras los varones en primer lugar mencionan a las hijas, las mujeres opinan que crean problemas por igual. No resulta posible extraer una interpretación concluyente de estos resultados. Me inclino a pensar que en buena parte reflejan los prejuicios antifeministas, tan extendidos en la sociedad española. Pero otras apreciaciones son posibles. Los cambiantes contenidos del *rol* de la mujer o las mayores presiones hacia la sumisión y obediencia —y, en general, el más estricto control de su comportamiento— puede desencadenar a la postre mayor frecuencia de disputas generacionales y matrimoniales. No puede excluirse, por ejemplo, que las pautas de socialización diferencial de la mujer ocasionen en la fase de emancipación —por mitigada que sea— más roces y conflictos que la de los varones con la red familiar. Ésta es la conocida tesis de Komarovsky (1964); el tipo de socialización y dependencia familiar que se impone a la mujer dificulta su transición para el desempeño de *roles* adultos y favorece la aparición de tensiones con la familia de orientación.

Tampoco parece que se esté produciendo una evolución hacia menores dosis de conflictos o discusiones en el matrimonio a causa de los hijos. Buena prueba de ello es la investigación, de 1980, realizada por Salustiano del Campo y Manuel Navarro (1982: 118-122). La educación o el trato dado a los hijos, en efecto, para los varones como las mujeres entrevistadas, es el tema de discusión más frecuente entre el matrimonio y a continuación aparece «por cuestiones de dinero», lo cual pudiera guardar alguna relación también con los hijos que son, además, el tema de conversación más frecuente de la pareja.

La incidencia de la educación de los hijos en las tensiones matrimoniales creo que está sufriendo un espectacular incremento en la última década. Aun sin monografías al respecto, me parece una hipótesis muy plausible y de obligada mención aquí. Es un hecho conocido la espectacular explosión de demandas de enseñanza para los hijos, que trajo consigo la Ley General de Educación en el umbral de la década de los setenta. Demanda de educación ocasionada por las crecientes esperanzas depositadas en ella como instrumento de movilidad social y cultural. Estas aspiraciones desencadenaron, además, crecientes gastos de las economías familiares, por la insuficiencia de centros públicos, dispuestas a realizar esfuerzos desproporcionados para dar estudios a sus hijos. La enseñanza y rendimiento educativo de los hijos se ha convertido en uno de los acontecimientos más decisivos, también, para los padres. La insistencia en la educación por los padres —tal vez proyectando sus propias aspiraciones frustradas— se convierte en causa de conflictos entre padres e hijos y, a mi entender, con suma frecuencia también entre la pareja; en especial en los casos de fracaso escolar. Los cada día más frecuentes casos de suicidios infantiles o tentativas[23] constituyen un indicador de la obsesión paterna por la productividad escolar de sus hijos que no puede carecer de consecuencias en la propia relación matrimonial.

* * *

Los aspectos que he venido examinando me parece que imponen, cuanto menos, dos conclusiones con particular urgencia respecto a la sociedad española. En primer lugar, la necesidad de incrementar sustancialmente la atención prestada por los científicos sociales, de todas las especialidades, a la infancia. Son demasiadas las incógnitas y lagunas existentes respecto a un grupo social en tantas ocasiones catalogado como decisivo para el futuro de nuestra propia sociedad; frase habitualmente empleada para tapar nuestra ignorancia y que denota lo poco que en realidad, nos importa la infancia en cuanto tal, sin sesgos adultos. Lo decisivo, pues, no es el devenir, sino el propio presente de la vida de todas las generaciones durante su infancia. Y entiendo que su propia felicidad, bienestar y *status* social podrían resultar beneficiados con mayor

---

[23] P. ALCOBENDAS, 1970; también las breves referencias al tema en J. M. DE MIGUEL, 1973: 4.ª parte. Periódicamente aparece en la prensa información al respecto; véase el reportaje en *El País,* 6 de julio de 1977, p. 44.

atención que hasta el presente por parte de los estudiosos sobre esta fase de la vida.

En segundo lugar, es preciso instaurar —y empleo este verbo pues, hasta ahora, puede darse por inexistente— una decidida política oficial en favor de la infancia. No entiendo, por ejemplo que se catalogue como progreso social el que un porcentaje de cada gran obra pública se dedique a obras culturales y, simultáneamente, se realice sin para nada tener presente los intereses de los niños. Moldeamos así el espacio de espaldas y en contra de los intereses del desenvolvimiento de la infancia. Casos semejantes pudieran citarse en abundancia. Pero no son del caso. Trato, por el contrario, de subrayar la necesidad de una política vigorosa en defensa de la infancia, que incida en todos los ámbitos de la convivencia. Con repercusión en la política del gasto público sin duda; pero mucho más de fondo que las meras acciones económicas. Lo que no resulta admisible es que en una época, como la actual, las reivindicaciones y demandas de los distintos sectores sociales den como resultado la postergación indefinida de quienes no tienen voz.

Carecen en efecto de voz, en gran medida porque los adultos se la secuestramos y así los etiquetamos y definimos: «Es posible hablar con los niños —escribió Adorno (1973: 77)— mucho más madura y seriamente que lo que los adultos para ratificarse por ese medio a sí mismos su propia madurez, están dispuestos a reconocer.» Bueno será comenzar por restituirles, pues, la palabra. Y para ello nada mejor que evocar la lección recibida por un antropólogo estudiando una sociedad denominada, a veces despectivamente, primitiva. En el curso de su trabajo, el investigador preguntó a una madre si su hijo hablaba; le respondió en efecto que sí, e inmediatamente —cualquiera de nosotros— quedó confundido ante los sonidos «sin sentido» emitidos por el niño. Sabiamente, la madre puntualizó que el niño hablaba, pero que era *ella* quien no entendía lo que él decía. Ciertamente toda una advertencia a seguir.

4. JUVENTUD Y FAMILIA

Las relaciones entre juventud y familia suelen plantearse, muy polarizadamente, desde la óptica del escándalo o de la nostalgia. Con alborozo o tristeza se contemplan comportamientos juveniles que por su singularidad alcanzan notoriedad pública. Las rutinas cotidianas quedan así oscurecidas por lo público y espectacular. Pero además se enfocan bajo una ilusoria comparación con el pasado. Y se olvida que las relaciones entre los jóvenes y la familia —armónicas o no, es otra cuestión— se plantean en la sociedad actual en términos radicalmente diferentes al pasado. Ambos, la juventud y la familia, se desenvuelven hoy en contextos inexistentes en el inmediato pasado. Sobre todo en España.

El cambio de escenario es esencial para entender las relaciones entre juventud y familia. Cualquier comparación que prescinda del diverso marco en el que se desenvuelven, perdería capacidad interpretativa de la realidad. Sobre todo, como es el caso de España, si el proceso de cambio no ha sido —como en otras sociedades— lento y pausado: «Lo característico de la sociedad española no es la dirección de los cambios, ni siquiera su magnitud, sino la rapidez con que se ha producido» (A. de Miguel, 1990: 55). Y esa rapidez, no debe olvidarse, es de suyo uno de los elementos desencadenantes de tensiones y conflicto.

Por tanto, examinaremos en primer lugar —en los factores de conflicto— algunos aspectos de la singular posición de la juventud en la sociedad moderna con notorias repercusiones en sus relaciones familiares. Se trata del sustrato donde se enmarcan las relaciones intergeneracionales y condicionan sus tensiones o armonías. Con este análisis estaremos en condiciones de interpretar en una segunda parte —las actitudes familiares de los jóvenes— los comportamientos de la juventud en sectores estratégicos de la vida familiar.

I.   LOS FACTORES DE CONFLICTO

1.   LA COEXISTENCIA GENERACIONAL

La disparidad tiene su raíz, de entrada, en una razón demográfica. Son muchos los cambios demográficos que afectan a las relaciones generacionales. Pero el aumento de la esperanza de vida, de la prolongación de la vida y el retraso en la edad de matrimonio y procreación ha alterado el sustrato de las relaciones entre jóvenes y adultos. Estos cambios han producido una innovación importante: la coexistencia entre generaciones. Si en la sociedad actual se producen conflictos entre padres e hijos se debe a que conviven como adultos, incluso, tres generaciones. Esta situación constituye una experiencia reciente y generalizada hoy, pero no en el pasado.

En el pasado, la experiencia vital de la mayoría de la población se basaba en que la generación de los padres fallecía cuando los hijos alcanzaban su edad adulta. Unos sucedían a otros, sustituyéndolos incluso en la gestión de los bienes o el trabajo. Por consiguiente, además de otras diferencias relevantes, no existían las bases —la convivencia— para originar conflictos entre los jóvenes y sus progenitores. La demografía los separaba antes de poder entrar en conflicto.

Sin embargo, hoy está generalizado un fenómeno nuevo en la estructura social de los países desarrollados: viven juntos como adultos dos e incluso tres generaciones. Por tanto, surgen las tensiones ante los obligados reajustes entre las posiciones de ambos a los que obliga la convivencia. El hecho de compartir la experiencia de vida adulta puede generar conflictos en múltiples dimensiones inexistentes en el pasado. Pero de ahí no puede deducirse ni un idílico pasado ni un trágico presente, sino un contexto social radicalmente diferente en donde se insertan sus relaciones que en tantas ocasiones devienen conflictivas.

2.   LA TRANSICIÓN A LA MADUREZ

Nada tiene de sorprendente el conflicto generacional en la sociedad moderna. La estabilidad y homogeneidad cultural de las sociedades tradicionales eran los factores más importantes para explicar la armonía —al menos, la ausencia de conflictos abiertos— entre los jóvenes y sus padres. El rápido cambio social constituye pues un elemento básico en la dinámica intergeneracional. Además ese cambio se encuentra potenciado por la pluralidad de modelos ofrecidos por los medios de comunicación, la diversidad de subculturas disponibles y los intensos procesos de movilidad geográfica y social. En este contexto la transición a la madurez suscita tensiones y conflictos particularmente frecuentes [1].

a)   La cultura es tan compleja que el período de aprendizaje y dependencia se prolonga mucho más del de la madurez fisiológica.

b)   El reconocimiento de la competencia social no se produce de manera simultánea y homogénea. Hoy es sumamente difícil fijar la edad o la situación a partir de la cual al joven se le reconoce como adulto. Antes era fácil. En España, la incorporación al mercado de trabajo, el matrimonio, el servicio militar para los varones, el abandono del domicilio familiar, constituían símbolos compartidos de emancipación social. Hoy no existe congruencia —ni sincronía temporal— entre esos fenómenos, ni entre la mayoría de edad o la edad de responsabilidad penal. Las múltiples disparidades pueden llevar al joven a definirse como adulto en función de alguno de esos criterios. Mientras son definidos por los padres, u otros adultos, según los que les falte por adquirir.

c)   Nuestra sociedad proporciona poca institucionalización explícita de la progresiva emancipación de los hijos. Los reajustes de la relación padres-hijos —sus ritos, ceremonias y su momento— carecen de definición social compartida. Es una cuestión privada de cada familia e, incluso, dentro de ella individualmente en relación con cada hijo o hija. Las nuevas estaciones de la vida carecen de rituales y, por tanto, le parecen a cada persona algo que sucede a él o ella solos. Pero sin llegar a interpretarlo como parte de un modelo establecido. Esto obliga al desarrollo de estrategias particulares, con negociaciones fácilmente conflictivas.

d)   La probabilidad y la intensidad de los conflictos entre padres e hijos se ven favorecidos por el tipo de familia predominante en nuestra época. Frente a anteriores modelos, la familia nuclear

---

[1]   Seguimos aquí el esquema clásico enunciado por K. Davis, 1964: 104.

implica la convivencia exclusiva entre padres e hijos. Interactúan pocos miembros, atribuyendo gran importancia a los sentimientos, afectos y a la propia relación personal. Cuando las tensiones aparecen, tampoco existen otros miembros de la familia como mediadores. El conflicto se proyecta, sin elementos neutralizantes, al grupo familiar. No es sólo que la familia nuclear se fundamente en las relaciones afectivas. Cuando estas relaciones se perturban, afecta a la propia familia, cosa que no ocurría con la familia extensa. Además la diversidad de modelos de organización familiar hoy existentes, puede acentuar los conflictos entre padres e hijos. Tanto respecto al funcionamiento de la propia familia, como con relación a los comportamientos de los hijos sobre sus proyectos familiares.

3. LA AMBIGÜEDAD DE LA JUVENTUD

Otro elemento que genera conflictos procede de la propia ambigüedad de la juventud. La juventud no es una categoría biológica, sino social. Y no existen límites fijos de edad para la juventud. Las fronteras ni son temporales ni, lo que es más importante, precisas. Como recuerda Bourdieu (1984: 143), no se sabe cuándo termina la juventud, como se desconoce cuándo comienza verdaderamente la riqueza; la juventud —escribe— no es más que una palabra. Se trata de una construcción social, resultado de atribución de *roles* sociales cambiantes en el tiempo y el espacio.

Y en esta construcción social de la juventud se han producido cambios decisivos en el mundo contemporáneo. En el pasado el acceso al mundo adulto venía precedido de una breve fase de transición, tras la cual se accedía de inmediato, bruscamente, al mundo adulto. Hoy, sin embargo, el acceso al mundo adulto se produce tras una fase dilatada y sobre todo difusa. Ya no existen símbolos claros y colectivamente compartidos que identifiquen y definan a una persona como adulta. Nadie sabe con claridad cuándo es considerado plenamente adulto. El trabajo y el matrimonio, símbolos tradicionales, tampoco hoy cuentan con la relevancia del pasado.

Esta imprecisión en la definición social de la juventud ha transformado la percepción y la conciencia respecto a esa situación. La juventud ya no es percibida, ni subjetivamente vivida, como un momento adjetivo, transitorio y provisional. Hoy es todo lo contrario.

Se considera a la juventud como una fase duradera, continuada, con especificidad propia y susceptible de prolongarse casi indefinidamente. En ello ciertamente han influido notablemente los medios de comunicación de masas, al establecer a la juventud como modelo colectivo. En unas décadas, desde los años cincuenta, se han invertido las posiciones de los grupos de edad, y ahora ya son los adultos quienes imitan a los jóvenes.

Pero, al hacerlo así, quedan desbordados los límites específicos de la juventud, y se produce, por así decir, un secuestro colectivo de la juventud. Todo es joven, porque ser joven es una moda, porque «es grande ser joven», como dice el anuncio de unos grandes almacenes. La presión social se orienta pues a que el individuo se instale en la juventud, para que ya no viva esta fase de su vida como una situación transitoria de la que resulta conveniente salir cuanto antes. Todo lo contrario. Incluso cuando es notorio que ya no se es joven, se seguirán consumiendo símbolos externos de la perdida juventud: en el vestido, modas, músicas, etc.

Pues bien, esta situación crea las bases estructurales para el conflicto entre los jóvenes y la familia. En primer lugar, porque el reconocimiento o atribución del *status* del adulto proviene más que de modelos colectivos y, por tanto, generalizados socialmente, de procesos de negociación particulares. Cada familia establece sus propios procesos de negociación, en función de los elementos que les otorga relevancia simbólica. Con ello las posibilidades de discrepancia se amplían hasta el infinito. Pero, en segundo lugar, los conflictos pueden generalizarse por la discrepancia radical en las expectativas. Por parte de la familia la presión puede orientarse hacia la superación de la juventud. Mientras los jóvenes pueden orientar sus comportamientos a instalarse establemente en la juventud, que es además lo que se les ofrece como modelo cultural en la sociedad moderna.

La presión por la superación (de los adultos) choca inevitablemente con la presión por la permanencia (de los jóvenes). Si además se dificulta el acceso al trabajo —como ocurre con el paro, que afecta sobre todo al primer empleo de los jóvenes—, la propia sociedad instala estructuralmente a la juventud al margen de la sociedad adulta. En otras palabras, refuerza las divergencias de expectativas entre jóvenes y sus familias. En este contexto, el proceso de redefinición de *roles* tanto de los padres como de los hijos deviene estructuralmente conflictivo en la sociedad moderna.

4. JUVENTUD Y ESCOLARIZACIÓN

La escolarización ha impulsado importantes cambios sociales y afecta a la ambigua posición de los jóvenes en la sociedad moderna. Hasta tal punto que puede decirse que la construcción social de la juventud es, en buena parte, resultado de la expansión del sistema educativo. Como es sabido, la industrialización europea desde el XIX significó un apreciable aumento de las exigencias educacionales. Y como resultado de ello se incrementó también el período de dependencia económica respecto a la generación adulta y, por tanto, de subordinación. Es decir, el mundo contemporáneo se inaugura dilatando la fase de preparación, de entrenamiento para la vida adulta. Y la escuela, desde entonces, ha sido el instrumento para la prolongación de la fase intermedia previa a la vida adulta.

Pero la escuela ha sido mucho más que el instrumento de la prolongación de la fase preparatoria al reconocimiento pleno como adulto del individuo. Cuando se produce la educación de masas (desde la Segunda Guerra Mundial), la escuela se convierte también en el fermento para la aparición de esa conciencia de la juventud como situación en la que el individuo se instala (y no atraviesa), a que antes me refería.

En efecto, con la educación de masas los jóvenes —todos los jóvenes— viven un mundo constituido exclusivamente por sus iguales en edad. Desde muy temprana edad el individuo vive exclusivamente en contacto con personas de su misma edad en una sociedad escolarizada. Y, como es obvio, quienes nos influyen son quienes están en contacto con nosotros. Y la escuela constituye el instrumento para compartimentalizar por grupos de edad, separando a los individuos en función del año de nacimiento.

Incluso fuera de la escuela, cada vez es menos frecuente la relación habitual con personas de otras edades. Hasta la disminución de las familias numerosas, hace cada día menos habitual la relación con personas de otras edades. Cada oveja con su pareja, pero de la misma edad, parece ser la norma imperante en la sociedad contemporánea para los jóvenes. En gran medida, las barreras de clase o de raza han sido sustituidas en la sociedad moderna por las barreras de edad.

Con anterioridad a la expansión del sistema escolar, las barreras sociales se establecían en función de otros criterios: por nacimiento, sexo, clase social, medio rural o urbano, etc. Pero no en función de edad, como ya demostró en una obra clásica Aries (1970).

Como se ve, la sociedad suprime barreras, pero a medida que las sustituye por otras. Y una de las más rígidas que han surgido son las de edad. Las consecuencias de esta concentración de jóvenes con personas, exclusivamente, de su propia edad son importantes. El aislamiento entre jóvenes y adultos reduce la comunicación entre ambos y favorece la autonomía de los jóvenes respecto a su familia. Pero al propio tiempo refuerza la influencia del grupo de iguales en la orientación de la conducta juvenil. La disociación cultural con los adultos no puede sino acentuarse paulatinamente.

El sistema educativo ha originado también otros importantes efectos en las relaciones intergeneracionales. La expansión de la educación a toda la población —y, más todavía, su inicio desde edades más tempranas— ha reducido considerablemente el peso de la familia en la socialización primaria de los hijos. Es decir, la influencia familiar, desde la primera infancia, está matizada por otras agencias de socialización y ello posibilita hoy —y no en el pasado— el desarrollo de universos culturales divergentes, autónomos. Favorables ciertamente al cambio social y a la innovación cultural, pero también a distancia cultural entre generaciones.

Además la educación se ha convertido en la principal vía de paso del *status* adscrito del menor, al *status* adquirido del adulto. Pero las exigencias educativas han alterado la situación de la juventud. La prolongación de la escolarización y de los requisitos educacionales para acceder a puestos de trabajo bien retribuidos ha prolongado también la duración de la dependencia familiar, con las consecuencias conflictivas que genera. La independencia familiar de los jóvenes, medida en términos de convivencia familiar, es mucho más reducida en España que en otros países europeos; el diferencial es de quince puntos.

TIPOS DE CONVIVENCIA DE LOS JÓVENES
DE 15-24 AÑOS (%)

	Con padres	Solos	Con su pareja		Con varias personas
			Legal	De hecho	
CEE, 1982	70	5	13	5	7
España, 1984	85	1	8	1	5

FUENTE: Para la CEE, Encuesta «Les Jeunes Europeens 1982»; para España, «Encuesta CIS n.º 1434», octubre de 1984. Cit. en A. Espina Montero, 1991: 185-211.

Además, frente a la creencia en que la sociedad moderna ha prolongado la adolescencia, las exigencias educativas muestran lo contrario. A tenor de los rendimientos y de las exigencias que se plantean hoy sobre los jóvenes, impensables hace tan sólo unas décadas, se ha adelantado la fase adulta más que prolongado la adolescencia y la juventud. No en vano Dumazedier, que tanto éxito tuvo al divulgar la «civilización del ocio», ha podido definir nuestra época como la «civilización del trabajo escolar». El rendimiento escolar se ha convertido en una causa de conflictos familiares —entre padres e hijos— tan frecuente, como el trabajo lo es de conflictos laborales, al estar ambas actividades sometidas al principio de la productividad. Un factor de tensiones intergeneracionales inexistentes también en el inmediato pasado.

5.   TRABAJO Y FAMILIA

Hemos mencionado la separación entre jóvenes y adultos en la sociedad moderna. Pues bien, esas consecuencias están reforzadas por la separación también entre el mundo laboral y la familia. El divorcio de actitudes ante el trabajo entre generaciones está vinculado a las fronteras entre el mundo laboral y familiar.

En el pasado, la experiencia laboral y familiar se entrecruzaba e incluso se realizaban en el mismo espacio. Domicilio familiar y profesional se confundían o, en todo caso, el trabajo era visible para los hijos quienes —incluso desde la infancia— colaboraban materialmente en su realización. Es decir, aunque el trabajo constituía una responsabilidad paterna (y con menos regularidad de la madre) involucraba en la práctica a la totalidad del grupo familiar, que funcionaba como una unidad de producción. Con este sistema, la evolución de los hijos era paulatina y, lo que es más relevante, simultánea en la esfera social y laboral. Su tránsito hacia la vida adulta se efectuaba sin rupturas bruscas, sin saltos, por el incremento de responsabilidades familiares sincronizadamente.

Nada de esto ocurre desde la revolución industrial. Entre la actividad laboral y la experiencia familiar, las barreras son absolutas para la mayor parte de la población activa. El adolescente urbano evoluciona sin tener ningún contacto inmediato con el mundo del trabajo o de la profesión paterna y materna ni, en general, con ninguna ocupación. Es algo por completo ajeno a las experiencias vitales de los hijos. Y la falta de contacto constituye un obstáculo importante en el aprendizaje del papel del adulto. A esta situación se le ha atribuido, en numerosas ocasiones, importantes efectos en el deterioro de la imagen paterna en la sociedad moderna.

Además ha coincidido con el paso de una sociedad de *status* adscritos a otra de *status* adquiridos. En ésta, al ocuparse las posiciones sociales en virtud de esfuerzos y méritos personales, las habilidades propias sustituyen al marco de referencia familiar. Toda esta situación, en fin, refuerza las potencialidades de conflicto. Y, desde luego, están en la base del cambio de las actitudes ante el trabajo que revela la juventud actual contemplándolo instrumentalmente: como medio de obtención de salarios para hacer frente al consumo y al ocio. Es decir, rompiendo también muchos aspectos de la ética del trabajo difundida entre los adultos.

Estas divergencias ante el trabajo constituyen además un elemento de conflicto potencial en la interacción entre jóvenes y sus padres. Los estudios sobre la difusión de la cultura postmaterialista en España (F. Andrés Orizo, 1991: cap. 2) entre la juventud muestran que esos comportamientos han adquirido gran difusión entre la población juvenil. La precarización del trabajo y la multiplicación de las experiencias de trabajo ocasional —a menudo en sectores muy alejados de la cualificación de los jóvenes— alimentan el proceso tanto por no favorecer el desarrollo de la ética del trabajo, como por la insatisfacción y el rechazo de la experiencia laboral que genera.

6. EL PARO JUVENIL

Otra situación potencialmente conflictiva proviene de las dificultades de inserción de los jóvenes en la actividad económica. En España, como es sabido, la principal bolsa de paro está constituida por jóvenes menores de veinticinco años buscando su primer empleo. Y, como la crisis es prolongada, puede decirse que existe ya un importante sector de adultos con más de treinta años sin experiencia laboral o tan sólo con efímeras experiencia en sus vidas. En ellos, sin duda, las circunstancias conflictivas que hemos analizado se agudizan al prolongar la edad y la dependencia familiar.

La principal singularidad de la población parada en España, respecto a la CEE, es, precisamente, la alta incidencia de los parados jóvenes.

PARADOS EN HOGARES SEGÚN SITUACIÓN
FAMILIAR, 1986 (%)

	ESPAÑA	CEE-12
Marido	26,8	21,1
Mujer (esposa)	8,0	20,6
Cabeza de familia monoparental	1,4	4,0
Hijo/a	60,4	42,0
Persona no emparentada	3,4	12,3

FUENTE: Cit. en A. Espina Montero, 1988: 191.

Los datos revelan que la característica fundamental del paro en España es el elevado porcentaje de parados hijos que viven con su familia y también la muy baja proporción de mujeres casadas en paro, como consecuencia de su todavía menor incorporación a la población activa.

Las consecuencias de esta situación en lo que se refiere a la dinámica familiar han sido escasamente estudiadas en España. Pero, en lo que aquí nos importa, algunos efectos son notorios. La crisis económica obstaculiza el acceso a tres símbolos tradicionalmente privilegiados de la vida adulta: el matrimonio, el trabajo y el establecimiento en un lugar independiente de residencia. En conjunto significan la prolongación de la dependencia familiar, pero en objetiva situación de frustración personal. No es difícil imaginar la multiplicación de tensiones en la familia de origen, por la propia convivencia en la misma vivienda, así como las necesidades económicas de los parados y sus efectos en el nivel de vida de la unidad familiar.

Naturalmente, en paralelo a estos efectos, pueden producirse otros de signo opuesto. La crisis económica y el paro pueden contribuir también a revitalizar los lazos familiares, reforzando la solidaridad intergeneracional. Tanto para hacer frente a los efectos de la crisis, como para establecer estrategias familiares (y no individuales) para superarla. Existen, desde luego, indicios al respecto bastante significativos en España. Por ejemplo, el gran peso de la estructura de amistad, de la familia y el/los padre/s en la búsqueda y el logro del primer empleo de jóvenes[2].

Los efectos de la crisis, armonizadores y conflictivos, pueden además presentarse como procesos secuenciales dentro de la misma unidad familiar. O incluso proyectarse de una u otra manera según el tipo de interacción existente, previamente, entre los padres y cada hijo o hija involucrado en el paro.

7. EL CAMBIO DE *STATUS* DE LA MUJER

En España desde hace dos décadas ha tenido lugar, un rápido cambio en la posición social de la mujer. La equiparación entre los sexos se ha producido totalmente en el ámbito de la legislación. El cambio político e ideológico, el crecimiento de la economía —sobre todo el sector servicios— y la equiparación de los niveles educativos entre los varones y mujeres jóvenes han favorecido el rápido incremento de la incorporación de la mujer al trabajo extradoméstico. Al margen de que no exista una equiparación absoluta —los salarios son desiguales según sexo; la mujer se incorpora, sobre todo, a sectores en los que son mayoría; el nivel jerárquico al que acceden las mujeres sigue siendo inferior al de los varones, etc.—, desde distintos sectores de la administración pública hay una activa política de fomento de la equiparación entre los sexos en el mercado de trabajo.

Pero la discriminación subsiste en el plano de las costumbres, hábitos y actitudes de la sociedad. Tal vez sobre todo en la dinámica interna de la interacción familiar, en las relaciones entre padres con hijos e hijas. Los numerosos estudios sobre la vida cotidiana muestran en efecto la persistencia de grandes diferencias en el tiempo dedicado a tareas domésticas, hábitos culturales, horarios, etc., entre varones y mujeres (Durán, 1987).

---

[2] La impotancia de las estrategias familiares en la búsqueda de empleo ha sido constatada en numerosos estudios, como en VVAA, *Informe sociológico sobre la juventud española, 1960-1982*, 1984: 34 ss.; sobre el cinturón industrial de Barcelona, en J. MASJOÁN, J. CASAL. y J. PLANAS, 1990: 138 ss.; sobre Málaga, en F. REQUENA, 1990: 98 ss.

En el pasado, las situaciones conflictivas eran estructuralmente menos frecuentes. Existía, en efecto, congruencia u homogeneidad entre el discurso público y la vida privada: ambos eran discriminatorios contra la mujer. Sólo aquellas que rechazaban el impuesto destino doméstico suscitaban tensiones intergeneracionales. Pero la situación cambia por completo cuando la sociedad se orienta hacia la equiparación de sexos. Las leyes se modifican sin excesiva dificultad, y así ha sucedido. Pero las costumbres no se transforman por decreto.

Las situaciones de transición son, por consiguiente, las más proclives al desencadenamiento de conflictos. Ésta es la coyuntura actual de la sociedad española: la sustitución del discurso de la subordinación de la mujer y la paulatina hegemonía de la equiparación entre los sexos. Pero la asimilación del cambio se produce con mayor rapidez y profundidad en las nuevas generaciones que en la de sus padres, socializados en el modelo discriminatorio previo. Todas las encuestas que plantean aspectos relacionados con el papel de la mujer en la sociedad muestran las grandes disparidades existentes en función de edad (Cires, 1992: 425 ss.). Por tanto, los conflictos derivados por expectativas contrapuestas sobre el *rol* de la mujer han de ser particularmente frecuentes en la actual transición cultural de la sociedad española. Además, es muy posible que estos conflictos se presenten superpuestos a otros ya enunciados, ampliando, por consiguiente, su potencial de tensión.

* * *

Los factores analizados son suficientes para desvincular los conflictos entre padres e hijos de la mera perspectiva individual. Constituyen situaciones estructurales en la que ambos se encuentran involucrados. Por lo demás, tampoco es una cuestión de autoridad paterna o materna. No se trata de una cuestión de cantidad, sino de la combinación entre el grado de autoridad ejercida en la familia y el grado de su aceptación por parte de los hijos.

La permisividad paterna no garantiza por sí misma la ausencia de conflictos. La autoridad ejercida puede ser alta, media o baja; pero cualquiera de las tres puede tener una aceptación por los hijos, alta, media o baja. La interacción pues de ambas dimensiones será el regulador de conflictos entre padres e hijos. Y las dos están mediatizadas por el énfasis que el propio sistema cultural otorga a la autoridad paterna o a la emancipación respecto a dicha autoridad. De otro lado, el alcance de los conflictos e incluso su duración pueden venir dados tanto por la propia naturaleza de los conflictos, como por el grado de superposición con que se presenten. E igualmente por la existencia de estrategias alternativas, que puedan emplearse como factores de amortiguación o compensación de las tensiones.

Los conflictos entre padres e hijos no se presentan de manera homogénea en España, como en ninguna otra sociedad. Múltiples divisiones sociales los mediatizan. El medio rural o urbano de residencia, nivel de educación, profesión, ingresos o clase social. Todas estas diferencias están asociadas con prácticas específicas en la socialización de los hijos, muy poco estudiadas respecto a España. En la clase media y alta el proceso se orienta, fundamentalmente, a la internalización de las normas y los valores, mientras que la clase baja se centra en el control del comportamiento. En la medida en que esta socialización diferencial tenga éxito, puede reducir los conflictos en la clase media y alta en la fase de emancipación juvenil, por la previa interiorización de los valores. Pero puede aumentarlos respecto a la clase baja en la fase de aprendizaje; precisamente porque no se exige el mero comportamiento externo, sino la adhesión interior.

En último término la clase media y alta cuentan, desde luego, con mecanismos de control más eficaces, en virtud de su mayor impacto en la determinación del *status* económico y social de sus hijos. En la clase baja la posición social y los logros de los hijos guardan escasa relación con el mantenimiento de lazos familiares. Pero lo contrario ocurre en la clase alta y media. Aquí reside la paradoja, tantas veces subrayada, entre la invocación de la familia nuclear como la forma familiar más adaptada a la sociedad industrial y, al mismo tiempo, que las familias más prósperas en este sistema sean las más apartadas de esta estructura familiar. Esto explica además que el proceso histórico de nuclearización familiar se iniciara en la clase baja: contaban con menos imperativos económicos para el mantenimiento de sus alianzas familiares. Su suerte era un destino meramente individual.

¿En qué medida todas estas dimensiones condicionan la transitoriedad o permanencia de los conflictos? Nada se sabe al respecto en España, por falta de estudios sobre el tema. Todo parece indicar, sin embargo, que los conflictos son particularmente frecuentes, pero en gran medida transitorios. Por lo menos existen numerosos indicios en esta dirección. La frecuencia de contactos, el apoyo (económico, personal) en determinadas situaciones de los hijos, el ocio compartido en ciertas festividades o vacaciones, documentada en numerosas sociedades, apoyan esta interpretación. Quizá porque tras los conflictos se produce una reacomodación en las respectivas posiciones. O tal vez porque el propio conflicto entre padres e hijos constituye el mecanismo de emancipación y el nuevo rito de paso de la sociedad contemporánea. Si se quiere, el conflicto no es más que el sustituto funcional de los ritos de paso desaparecidos en la sociedad industrial.

II. LAS ACTITUDES FAMILIARES DE LOS JÓVENES

La percepción rupturista de la juventud española respecto de la familia puede matizarse sustancialmente también si examinamos las actitudes de los jóvenes ante los distintos aspectos de la vida familiar. Conviene estudiar, por consiguiente, estas orientaciones familiares de los jóvenes, según la reflejan las investigaciones empíricas sobre la sociedad española.

Así, la primera encuesta sobre la juventud española de 1968 reflejaba unas actitudes más armónicas que las que habitualmente se supone existen. Por ejemplo, los entrevistados señalan el «honrar al padre y la madre» como el mandamiento que les parece más importante. También consideran a la vida en familia como la actividad de la que esperaban mayor satisfacción en la vida. Los varones la situaban al mismo nivel que el trabajo o la profesión (en ambos casos el 35 por 100), mientras que las mujeres esperan mayor satisfacción de la vida familiar (el 55 por 100) que del trabajo (18 por 100). Preguntados más directamente «¿Cuál es tu ideal de vida?», las respuestas siguen la misma pauta. Entre los varones la respuesta más frecuente es «tener éxito en la profesión» (30 por 100), seguida de «casarme, tener hijos» (24 por 100). Ésta es la respuesta más frecuente entre las mujeres (el 52 por 100), seguida con gran diferencia de tener éxito en la profesión (12 por 100). Y tanto los varones como las mujeres mostraban un elevado grado de confianza en poder realizar ese ideal de vida (IOP, 1969: cuadros 4 a 8 y 34).

Es decir, mostraban unas orientaciones muy definidas hacia la familia y alta valoración de la relaciones intergeneracionales. Años después de esta encuesta, puede decirse que todo ha cambiado ciertamente. Pero todo permanece igual, al menos en lo sustancial. Múltiples datos demográficos y encuestas de opinión proporcionan numerosos argumentos en este sentido. Baste una evidencia. En 1984, el 80 por 100 de los jóvenes entrevistados consideran que el mandamiento que personalmente más aplican es el honrar al padre y a la madre. Un porcentaje más elevado, incluso, que el no matar (VVAA, 1985: 285).

Pero conviene examinar con detalle distintos aspectos de la relación juventud-familia, con objeto de comprobar en qué medida la juventud actual muestra actitudes o comportamientos de rechazo ante la familia. Es decir, si las generaciones jóvenes muestran actitudes impugnadoras de la familia o se encuentran insatisfechos en sus relaciones con la red familiar.

1.   LA NUPCIALIDAD DE LOS JÓVENES

La nupcialidad constituye un indicador estratégico para comprobar las actitudes de los jóvenes respecto a la familia. Revela, en efecto, si se mantiene o no la formalización de las relaciones heterosexuales, núcleo de la familia.

Examinar, además, la nupcialidad en la actualidad cuenta con mayor potencialidad interpretativa de la realidad social que en el pasado. Hace unas décadas pudiera aducirse que el matrimonio era resultado, en parte, de imposiciones sociales, presiones familiares o institucionales o atribuirse a que la vida colectiva estaba organizada en función de grupos más que de individuos. Incluso la nupcialidad venía impuesta porque la cohabitación acarreaba consecuencias negativas para quienes la practicaban y, más aún, en su descendencia, por la discriminación —legal y social— contra los hijos nacidos fuera del matrimonio.

Pero la situación cambia por completo cuando la regulación legal ha anulado todas las discriminaciones respecto a los hijos según su filiación, cuando ha desaparecido el rechazo a la cohabitación y cuando las relaciones heterosexuales de los jóvenes son libres y espontáneas. En este contexto, si se mantienen las tasas de nupcialidad es un indicador —más importante que en el pasado— de continuidad cultural, de aceptación de la institución de la familia.

Pues bien, los datos disponibles acreditan que no se ha producido el rechazo del matrimonio por parte de los jóvenes, en el contexto de los profundos cambios sociales, políticos e ideológicos producidos en España desde la transición política. Ha descendido la tasa de nupcialidad —el número de matrimonios por 1.000 habitantes— pero por la repercusión del paro juvenil —la mitad del paro es de jóvenes que buscan el primer empleo—, la reconversión de empleos fijos en temporales, carestía de viviendas, etc. El crecimiento de la cohabitación —que en numerosas ocasiones es una alternativa más que un rechazo al matrimonio— no se estima tan grande como para explicar el descenso de la nupcialidad y parece más frecuente después del primer matrimonio que en lugar del mismo [3].

TASAS DE NUPCIALIDAD (%)

Año	España	Alemania (R. F.)
1970	7,4	–
1980	5,9	6,3
1985	5,2	6,0
1986	5,4	6,1
1987	5,6	6,3
1988	5,5	6,5
1989	5,5	–

FUENTE: INE, *Indicadores sociales*, 1991, p. 74.

Si el descenso en la tasa de nupcialidad no muestra una caída importante, pese a las adversas situaciones socioeconómicas que la condicionan, algo semejante puede afirmarse respecto a las edades en que se contrae matrimonio en España durante la crisis económica. La secuencia es la misma en las mujeres y en los varones: entre 1975 y 1981 desciende algo, para aumentar bastante desde ese año:

---

[3] Estos aspectos pueden ampliarse en J. IGLESIAS DE USSEL,1987, y en A. CABRÉ y otros, 1991.

EDAD MEDIA AL PRIMER MATRIMONIO

Año	Mujeres	Varones
1975	24,16	26,89
1981	23,72	26,28
1986	24,87	27,47
1992	26,48	28,92

FUENTE: INE, *Movimiento Natural de la Población.*

Puede apreciarse que la disminución entre 1975 y 1981 es de mayor entidad en los varones que en las mujeres. Pero la recuperación posterior es menor en los varones. Hay, pues, menos brusquedad en la evolución de los valores medios en la mujer. Lo cual significa que se han aproximado las edades de los contrayentes. Un acercamiento que refuerza la tendencia al matrimonio por compañerismo, y que tampoco acredita la existencia de rechazos al matrimonio por parte de los jóvenes.

El descenso de la nupcialidad y el retraso en la edad de matrimonio, se corresponden con el descenso de la proporción de casados entre 1975 y 1986. Un descenso que es particularmente acusado en los grupos de edad de 20 a 24 años en el caso de la mujer, y en el de 25 a 29 en el de los varones, donde desciende más de ocho puntos porcentuales la proporción de casados.

Estos datos revelan de nuevo que, pese a la profundidad de la crisis de empleo y a su impacto en la nupcialidad, la magnitud de las alteraciones no parecen avalar ninguna hipótesis de rechazo por parte de los jóvenes del matrimonio y la familia. Pese a la modernización de las relaciones interpersonales, se siguen formalizando sobre todo en matrimonios, aunque dispongan los jóvenes hoy de alternativas a su alcance.

2. LAS RELACIONES DE NOVIAZGO

La adhesión de los jóvenes a los valores familiares puede contemplarse, igualmente, en la forma de estructurar las relaciones intersexuales previas al matrimonio. En el pasado, el noviazgo —con rígidas distancias entre los sexos— suponía el medio que posibilitaba unas relaciones estables y permanentes con una persona de otro sexo. Con el cambio de costumbres, hoy no es necesario acudir a estos subterfugios. Las relaciones heterosexuales son espontáneas, abiertas, frecuentes y, en gran medida, permisivas sexualmente. Y, sin embargo, desaparecidas las coerciones, los jóvenes continúan formalizando sus relaciones de pareja, y desde edades más tempranas que en el pasado, exigiendo fidelidad como requisito para la continuidad de la relación.

Numerosas encuestas sobre la juventud ponen de relieve, en efecto, la popularidad del noviazgo entre los jóvenes españoles. Son iniciados esos vínculos —llámese noviazgo o de cualquier otra forma— a edades tempranas, son duraderos, con exigencia de fidelidad entre la pareja y con expectativas matrimoniales. Además, las cualidades valoradas del novio o novia no han sufrido cambios drásticos en las últimas dos décadas. Si a ello se añade la baja edad deseada de matrimonio, puede concluirse que la cantera de futuros matrimonios dista ciertamente de encontrarse agotada.

3. LAS ACTITUDES ANTE LA NATALIDAD

Otro posible componente de ruptura generacional con el sistema familiar puede manifestarse en la natalidad. Pues bien, analizando ese indicador tampoco parecen advertirse rupturas con comportamientos de generaciones anteriores.

Las encuestas de la juventud desde 1960 a 1977 han analizado las actitudes ante esta cuestión (VVAA, 1984: 101-103). Y algunas conclusiones son relevantes. Así, los jóvenes que no desean hijos de su matrimonio representan un porcentaje insignificante que apenas varía en diecisiete años. Tampoco ha variado significativamente el porcentaje de jóvenes que señalan un solo hijo como meta deseada. La moda —es decir, el valor más frecuente— se mantiene en torno a dos y tres hijos, semejante a la población adulta. El cambio más notable se ha producido en el descenso de la familia numerosa; sólo el 6 por 100 de los varones y el 7 por 100 de las mujeres desean en 1977 más de cuatro hijos. La ruptura, pues, con la cultura natalista prevaleciente —en el ámbito público— hasta esa época ha sido total.

Estas tendencias se mantienen en encuestas posteriores. Los cambios de la década de los ochenta no parecen haber radicalizado las posiciones de los jóvenes. Se mantiene el deseo de tener hijos y la concentración del número de los deseados entre dos y tres hijos:

NÚMERO IDEAL DE HIJOS

N.º de hijos	1990	1981
Ninguno	1	–
1	5	2
2	49	36
3	25	30
4	9	15
5	2	4
6	1	1
7	0	1
8	0	0
9	0	0
10 o más	1	0
N S/N C	6	11

FUENTE: F. Andrés Orizo, *Los nuevos valores de los españoles*, p. 89.

Ahora bien, una cosa es el número deseado de hijos y otra el número considerado ideal para una familia española; se trata, respectivamente, de un ideal subjetivo y de un ideal objetivo no necesariamente coincidente. Y aquí se producen notorios contrastes según una encuesta de 1984 (Toharia, 1987: 46-49). Entre los varones y mujeres más jóvenes el número de hijos deseados resulta ser inferior al número considerado ideal, ocurriendo justamente lo opuesto entre los mayores de esa edad. Es decir, los jóvenes desean tener un número de hijos más bajo que el considerado ideal para el conjunto de la sociedad. Al margen de las consecuencias demográficas de estas actitudes, sin duda la crisis económica puede estar en el trasfondo de las mismas.

4. LAS RELACIONES FAMILIARES

Las distintas encuestas sobre la juventud han abordado numerosas dimensiones de las relaciones intergeneracionales, sin que tampoco puedan observase tendencias de ruptura graves.

A)   *Valoración de las relaciones entre padres e hijos*

Los estudios disponibles acreditan la existencia de unas relaciones entre padres e hijos satisfactorias [4]. En la encuesta de 1982 a jóvenes entre quince y veinte años, el 30 por 100 de los entrevistados manifestaba estar «muy unido a su familia», y un 58 por 100 adicional declaró llevarse «bien en general» con ella. Sólo un 11 por 100 define sus relaciones familiares como «distantes, frías, conflictivas o malas». Esta situación es ligeramente más frecuente en varones que en mujeres. Las diferencias son, sin embargo, más apreciables según la categoría ocupacional de los jóvenes. Entre los desempleados aumenta el porcentaje de quienes definen sus relaciones familiares en términos de tensión o conflicto, respecto a los que estudian o trabajan.

Comparando estos resultados con la encuesta de juventud de 1975, los datos son por completo similares. Es decir, muestran la consistencia de relaciones definidas como armónicas por los interesados de ambos sexos. Es más, uno de cada cuatro jóvenes se declaran absolutamente satisfechos con la vida familiar en 1982 (Ministerio de Cultura, 1984: 86). En una escala que va de uno (nada satisfecho) a cinco (absolutamente satisfecho), un 7 por 100 se ubican en los dos primeros números, un 25 por 100 en el tres (ni satisfecho ni insatisfecho), un 39 por 100 en el cuatro y el 35 por 100 en el cinco. De una quincena de aspectos propuestos en la encuesta, sólo supera a la vida familiar la puntuación otorgada a la salud y, muy levemente, las relaciones de amistad. La imagen, pues, que se deduce de estas encuestas es, incuestionablemente, el arraigo de los lazos paterno-filiales, que en manera alguna se percibe su debilitamiento.

Son los propios jóvenes también quienes definen en términos muy positivos su vida en casa. Preguntados sobre el grado de satisfacción con una escala entre uno (ninguno) y diez (muchísimo), sus respuestas son elocuentes. No sólo muestran un alto grado de satisfacción, sino que en la década de los ochenta aumenta la satisfacción media más entre los jóvenes que entre el conjunto de la población de España.

---

[4]   La información básica al respecto puede consultarse en J. J. TOHARIA, 1983: 55 ss.; MINISTERIO DE CULTURA, 1984: 56 ss., 86 y 91; VVAA, 1984: 88-89, 93 y 114 ss.

SATISFACCIÓN CON SU VIDA EN CASA (De 1 a 10)

	1981	1984	1990
Jóvenes de 15-24 años	—	7,02	7,18[a]
Jóvenes de 18-24 años	6,83	7,02	7,17[a]
Población total	7,43	—	7,58

FUENTE: F. Andrés Orizo, *Los nuevos valores de los españoles*, p. 64.
[a] Datos de 1989.

Estos datos parecen acreditar un nivel de satisfacción elevada en las relaciones familiares. Una tendencia apreciada en numerosos estudios empíricos y que se manifiesta con mayor contundencia todavía en la encuesta a los jóvenes de 1984. En ella, el 90 por 100 declaran que se sienten habitualmente en casa relajados, felices, seguros y confiados (VVAA, 1985: 159). Su propia definición de la situación, pues, es contundentemente positiva.

B) *Valoración de la autoridad de los padres*

La mayoría de los jóvenes españoles no tienen la sensación de haber sido tratados de forma estricta por sus padres durante la infancia. Un tercio de los entrevistados, en la encuesta de 1982, declara haber tenido unos padres muy o bastante estrictos. La mitad define esa época considerando a sus padres como no muy estrictos, y un 13 por 100 nada estrictos. Los datos parecen mostrar la emergencia de una norma cultural de relativa tolerancia o permisividad de los padres. Las diferencias, en efecto, son muy leves tanto en funciones del sexo, ocupación, tamaño de hábitat o edad de los entrevistados (Ministerio de Cultura, 1984: 59).

Esta misma cuestión fue planteada en 1980 a una muestra de la población adulta de la Comunidad Europea. Y los padres españoles aparecen claramente como menos estrictos que el promedio de los padres europeos: el 50 por 100 de los adultos considera que sus padres fueron con ellos muy o bastante estrictos, frente al 65 por 100 de los diez países europeos. La rigidez, pues, de las relaciones, además de ser inferior a la europea, decrece todavía más en la apreciada por los jóvenes españoles de 1982 (Toharia, 1983: 57).

C)   *Influencia en las decisiones familiares*

Las relaciones familiares cabe igualmente analizarlas examinando cómo valoran los hijos su intervención en las decisiones familiares. Si los jóvenes perciben escasos componentes de autoritarismo familiar, consecuencia obligada será que definan como participativa su inserción en el grupo. Así ocurre en gran medida.

Las encuestas de la juventud de 1977 y 1982 han abordado el grado de influencia deseada y real en las decisiones familiares (Ministerio de Cultura, 1984: 59-60; VVAA, 1984: 93 y 114). Entre el 65 y 75 por 100 de los varones y mujeres entrevistados en estas fechas consideran que debían tener bastante o gran influencia. Pero sólo un tercio, en 1975, al igual que en 1982, consideran que tienen bastante o gran influencia en las decisiones de su familia, y un 40 por 100 adicional que tienen alguna. Entre esas dos fechas se reduce la distancia entre la realidad (la influencia que tiene) el ideal (la influencia que cree debería tener). Y además, según la edad de los entrevistados, la influencia real aumenta sustancialmente con la edad. Entre quince y dieciséis años, declaran tener bastante o gran influencia el 27 por 100, pero se incrementa hasta el 40 por 100 en los entrevistados con diecinueve y veinte años.

D)   *Comunicación con los padres*

En cuarto lugar, otra dimensión básica es la comunicación con los padres. En muchas ocasiones se ha señalado que las buenas relaciones intergeneracionales se asientan no en la comunicación sino en el silencio. Es decir, sustrayendo de la interacción familiar aquellos elementos de diálogo potencialmente conflictivos. Se trata de una estrategia de acomodación inevitablemente presente cuando los interlocutores conviven bajo un mismo techo.

Las encuestas de la juventud permiten deducir que estas actividades están presentes. Ahora bien, sin despreciar esta interpretación, no cabe marginar otras. En concreto, alguno de los temas planteados en las encuestas parecen no suscitar problemas —ni tampoco conversaciones— quizá ni a los padres ni a los hijos, como las cuestiones religiosas. O los «problemas personales», como tales problemas, no tienen que estar tan generalizados como para ser objeto de conversación frecuente en la familia, etc.

En todo caso la encuesta de 1977 a jóvenes de quince a veinte años muestra que alrededor de un tercio hablan con gran o bastante frecuencia con los padres (Linz, 1978: 102-103). Los asuntos que más se tratan con los padres son por este orden: 1.º) trabajo, profesión o estudios; 2.º) amigos/as; 3.º) empleo del tiempo libre y diversiones; 4.º) actualidad y política; 5.º) religión, y 6.º) sexo. En todos los casos se habla más con la madre que con el padre, excepto en los asuntos de actualidad y política. Las mujeres hablan más que los varones no sólo con su madre, sino que lo hacen con el padre casi igual que los varones. Las mujeres hablan del sexo con su madre más que los varones con sus padres. Estos últimos hablan más de este tema con su madre que con su padre.

En la encuesta de 1984 a jóvenes entre quince y veintinueve años se mantiene la tendencia a la mayor relación con la madre que con el padre (Conde, 1985: 29, 53 y 169). Y en tres temas —religión, política y sexualidad— más del 50 por 100 de los encuestados manifiesta no conversar nunca con los padres. Pero esta encuesta introduce una cuestión no abordada en la anterior. Se trata del futuro personal de los jóvenes. Pues bien, la mitad de los entrevistados habla con frecuencia de esta cuestión con los padres. Pudiera atribuirse este elevado porcentaje a la incidencia de la crisis económica o al papel de la familia en el mantenimiento del *status* social. Pero también por considerar a los padres con privilegiada confianza, en una cuestión decisiva como es el futuro de los jóvenes.

En el estudio sobre los jóvenes de 1988 se analizan con mayor profundidad estos aspectos y tampoco parecen síntomas de quiebra intergeneracional (Ministerio de Asuntos Sociales, 1989: 78 ss.). Se observa que en la comunicación es más frecuente el acuerdo con la madre que con el padre, especialmente en las mujeres. Y, en general, el acuerdo con los padres —con uno, otro o ambos— es mucho mayor entre las chicas que los varones, en todos los campos temáticos.

La mayor parte de los jóvenes de los dos sexos —más del 50 por 100— están de acuerdo la mayoría de las veces con sus padres en dos tipos de cuestiones: la actividad actual —el trabajo o los estudios— y los planes para el futuro. Y obsérvese que el acuerdo se produce en dos temas con gran relieve para la emancipación e inserción social de los jóvenes. En dos cuestiones cotidianas —empleo del tiempo y las diversiones— tienen esos acuerdos la mayoría de las veces el 35 por 100 de los varones y el 40 por 100 de las mujeres. Y en porcentajes semejantes lo están sobre sus problemas personales. Y, por orden decreciente, las tres materias sobre las que menos grado de acuerdo existen son: las cuestiones de religión y moral; sobre cuestiones de política y, la de menor acuerdo, las relativas al sexo y las relaciones sexuales, en la que el 22 por 100 de los varones y el 24 por 100 de las mujeres declaran estar de acuerdo la mayoría de las veces.

Si se comparan los resultados de los estudios de 1984 y 1988, la tendencia general reafirma la tendencia a los acuerdos entre padres e hijos. En esos años disminuyen los desacuerdos totales y aumentan los niveles de acuerdo entre padres e hijos. El cambio es especialmente acusado en dos áreas temáticas: en el empleo del tiempo y las diversiones, y en los proyectos y planes para el futuro. Áreas donde ha aumentado también la frecuencia de la comunicación y el acuerdo con el padre, tanto en los hijos varones como hijas.

La tendencia, pues, es al aumento ligero de las situaciones de acuerdo en el conjunto de temas propuestos, y a la disminución de las situaciones de desacuerdo en ambos sexos. Lo cual sustenta la interpretación sobre los apreciables niveles de armonía en que se desenvuelven las relaciones entre padres e hijos en España.

E)   *El consenso normativo*

Un importante indicador de las relaciones intergeneracionales es el grado en que se comparten dentro de la familia normas y actitudes sobre aspectos básicos de la vida.

La encuesta de la juventud de 1982 revela que la transmisión normativa de padres a hijos es elevada en la sociedad española. Entre el 50 y el 55 por 100 de los entrevistados entre quince y veinte años comparten con sus padres las actitudes sociales, las normas morales básicas y las actitudes hacia la religión; un 34 por 100 las opiniones políticas, y un 25 por 100 las actitudes sexuales.

Estos datos cabe interpretarlos tanto en la dimensión de consenso como de ruptura que encierran, como con la botella, puede verse medio llena o medio vacía. Por ello mejor será contrastarlos con otros sobre la misma cuestión. La encuesta de valores europeos de 1981 muestra que, en la población adulta, las diferencias inter-generacionales son superiores en España que en el conjunto de la Comunidad Europea, pero las cuestiones están jerarquizadas igual. De mayor grado de acuerdo a menor: normas morales básicas; actitudes hacia la religión; actitudes sociales; opiniones políticas y actitudes sexuales. Prácticamente la misma secuencia que entre los jóvenes de quince a veinte años.

De hecho, en actitudes sexuales, opiniones políticas y actitudes sociales, los jóvenes españoles están más de acuerdo con sus padres que éstos respecto a los suyos. Es decir, la ruptura generacional no se acelera sino que se atenúa en estas tres generaciones. Lo cual revela que, pese al elevado ritmo de cambio social, las familias han debido desarrollar mecanismos de integración de manera bastante exitosa.

Ahora bien, el consenso normativo de los jóvenes es superior en otros países europeos que en España, según la encuesta europea de valores. Y los cambios políticos y sociales más recientes en nuestro país parecen incidir claramente. Las discrepancias normativas aumentan significativamente en la encuesta de juventud de 1984. Manteniendo constante la edad de los entrevistados, en todas las dimensiones desciende de manera relevante el grado de acuerdo[5]. La coincidencia con los padres es máxima entre los más jóvenes de quince años, reduciéndose al aumentar la edad en especial desde los diecinueve años. Y lo que más comparten esos entrevistados más jóvenes es el mundo más acusadamente privado: lo religioso y normas morales. Y parece que los desacuerdos se producen, sobre todo, en ese ámbito, pues en lo social y lo político las posiciones son más estables en las distintas edades hasta veinticuatro años. En lo ideológico, el autoposicionamiento hacia la derecha aumenta el grado de acuerdo con los padres; lo mismo ocurre con los católicos practicantes respecto a los indiferentes y ateos.

Los datos que hemos manejado revelan sin duda la existencia de desacuerdos crecientes entre generaciones, lo cual no implica conflictividad necesariamente.

---

[5] VVAA, *Juventud, 1984, op. cit.*, pp. 131 ss.; véanse también los datos de F. ANDRÉS ORIZO, *Los nuevos valores de los españoles, op. cit.*, p. 68, y CIRES, *La realidad social en España, 1990-1991, op. cit.*, pp. 474 ss.

F)   *Convivencia con los padres*

Las condiciones de armonía entre las generaciones se encuentran mediatizadas en España por la más prolongada convivencia entre padres e hijos en el mismo hogar. Como es obvio, la proximidad favorece la divergencia.

Los jóvenes españoles de quince a veinte años conviven, en efecto, con sus padres más que el resto de los europeos. Las diferencias son acusadas en los dos sexos pero, sobre todo, en las mujeres. Los datos de 1982 muestran la menor frecuencia en España, a esas edades, de jóvenes que viven con su cónyuge, solos o en pareja pero no casados. En todos los grupos de edad, más del 88 por 100 vive habitualmente con sus padres. La única excepción aparece en las mujeres de diecinueve y veinte años, y porque en un 10 por 100 se encuentran ya casadas [6].

Las dificultades de empleo juvenil dificultan, sin duda, la emancipación de los jóvenes del hogar familiar, al igual que la elevación del nivel educativo y la carestía de viviendas para jóvenes. Pero es que no parece tampoco que se desarrolle la norma de residir independientemente entre los propios jóvenes. Estudios del CIS de 1980 y 1984 revelan muy escasas variaciones [7]. Se les planteó a los entrevistados cuál era la situación más conveniente, para una chica soltera y para un chico con dieciocho años. La opción «seguir viviendo con los padres» es la mencionada por la mitad de los entrevistados (menores de veintinueve años) en ambas fechas, y respecto a los dos sexos.

Tampoco entrevistados más jóvenes parecen adoptar actitudes diferentes. En la encuesta de juventud de 1984, el 48 por 100 de los entrevistados de quince a veinticuatro años está de acuerdo con esta propuesta: «en cuanto gane lo suficiente para vivir, pienso salir de casa y vivir por mi cuenta, independiente de mi familia» (sin que esto signifique romper con ella). El 21 por 100 se manifiesta en desacuerdo y otro 20 por 100 ni de acuerdo ni en desacuerdo (VVAA, 1985: 210; Ministerio de Asuntos Sociales, 1989: cap. 2).

Estos últimos datos son, si cabe, más elocuentes, por cuanto no vinculan la emancipación a la edad como ocurría con la anterior, que

---

[6]   J. J. TOHARIA, *La situación demográfica y familiar, op. cit.*, p. 79.
[7]   Citado en F. CONDE, *Las relaciones personales y familiares de los jóvenes, op. cit.*, p. 173.

lo fijaba en los dieciocho años. Aquí, por el contrario, se asocia a la obtención de ingresos. Y, sin embargo, sólo el 48 por 100 se pronuncia por vivir independiente. Ciertamente revela la persistencia de la norma de la emancipación doméstica asociada al matrimonio, tradicionalmente imperante en la sociedad española. Y se corresponde con la ya vista satisfacción con la vida dentro del hogar familiar.

G) *El acceso familiar al trabajo*

La solidaridad en las relaciones entre generaciones puede constatarse también examinando el importante peso que las relaciones familiares juegan en el acceso de los jóvenes al mercado de trabajo; uno de los rasgos más notorios del importante peso del particularismo en la sociedad española. Las encuestas de juventud entre 1975 y 1982 evidencian que esas vías particularistas constituyen el principal modo de acceso al empleo de los jóvenes españoles. Y estos datos se corresponden con la ya constatada correspondencia o acuerdo entre padres e hijos en lo que se refiere a los planes de futuro y proyectos profesionales.

No se trata sólo que la mediación de algún familiar o amigo sirva para que los jóvenes encuentren empleo. Es que coinciden en el mismo lugar o tipo de trabajo. En efecto, en 1977 un 35 por 100 de los jóvenes afirmaba que había algún familiar trabajando con ellos. Y el porcentaje aumenta al 45 por 100 en 1982. La crisis de empleo puede estar reforzando las vías particularistas. En algunos grupos sociales, la proposición de jóvenes que trabajan con algún familiar supera los dos tercios, como ocurre con los hijos de directivos, empresarios y profesionales. También supera el 50 por 100 entre los hijos de empresarios agrícolas e independientes, y entre los hijos de trabajadores agrícolas.

Más de la mitad de los jóvenes que trabajan con un familiar lo hacen con el padre o la madre, y la mayoría del resto con algún hermano. Junto a las consecuencias de este fenómeno para los procesos de movilidad social, la solidez intergeneracional de la familia en las estrategias ocupaciones resulta notoria.

H) *Los comportamientos políticos*

Hemos visto cómo las opiniones políticas, junto a las sexuales, constituían el núcleo de mayores divergencias intergeneracionales.

Ahora bien, ¿se producen continuidades generacionales en la afiliación política o sindical?, ¿existen semejanzas en los comportamientos electorales de padres e hijos? No son posibles las respuestas taxativas a estos interrogantes, pero los indicios muestran importantes continuidades generacionales.

Los estudios de Maravall (1984) o Tezanos (1982), por ejemplo, han subrayado la persistencia intergeneracional de las simpatías ideológicas. La lealtad hacia la izquierda o hacia la derecha en general —más que el apoyo partidista— fue transmitida a través de la familia. La ausencia de debate político durante el franquismo, favoreció la percepción de la política mediante la experiencia familiar y las similaridades ideológicas intergeneracionales, al menos en los inicios de la transición política. Las continuidades generacionales son igualmente notorias en la afiliación a partidos y sindicatos. Lo mismo se ha observado, por Francesc Hernández, respecto al decisivo papel de la familia en el mantenimiento de continuidades ideológicas vinculadas al nacionalismo catalán.

Pero es que incluso la distancia política entre los jóvenes y sus padres globalmente no parece muy acusada. En un sector aparentemente proclive a la ruptura, como los universitarios, algunos estudios prueban que en la posición política de los jóvenes y sus padres existen evidentes analogías (Martín Serrano, 1984: 293).

* * *

Los datos que hemos aportado sobre las relaciones intergeneracionales permiten situarlas al margen de una imperturbable armonía, pero también lejos de conflictos radicales. Las imágenes, siempre más populares, de la ruptura generacional, ensombrecen una convivencia más apacible que tensa. Y ello a pesar de los intensos procesos de cambio social y político producidos en las últimas décadas en la sociedad española que, sin duda, han podido favorecer perturbaciones importantes. Si además estos cambios han impulsado la pluralidad de modelos familiares, más bien lo que sorprende es la escasa frecuencia de conflictos intergeneracionales. La continuidad cultural se ha mantenido al tiempo que se han producido rápidas adaptaciones por parte de los jóvenes y también de la generación de sus padres.

Quizá lo ocurrido debe interpretarse a la luz de las influencias de los hijos en los padres. La cara oculta de las relaciones intergeneracionales, que siempre se contemplan desde los adultos a los jóvenes, y no viceversa. Y, sin embargo, en épocas de intenso cambio social, la armonía familiar tal vez se mantenga o aún se incremente como consecuencia del influjo de los jóvenes en sus padres más que lo contrario. Esto puede haber ocurrido en el inmediato pasado en España. Tampoco puede olvidarse el influjo de la memoria histórica. La década de la protesta, en los años sesenta, puede haber fomentado los valores de la permisibilidad, tolerancia y respeto. O quizá, también, que en este aspecto la sociedad española se encuentra segmentada: los cambios en un sector de la población pueden haber favorecido la comunicación y armonía, y en otros sectores sociales agravado los conflictos.

En último término, tal vez lo singular sean las pautas ideales de la relación paterno-filial vigentes en nuestra cultura, que imponen unos objetivos de difícil logro. Un destacado escritor granadino —Francisco Ayala— ha abordado el problema con lucidez. Se pregunta si nuestras sociedades no han impuesto un condicionamiento histórico-cultural, como si fuera un dictado de la naturaleza. Y ello cuando las relaciones entre padres e hijos son, en el principio mismo, problemáticas al llevar consigo un elemento de recíproca incomprensión e incomunicación. Por esto nos muestra lo que tal vez sea la mejor conclusión: la incertidumbre: «La relación entre padres e hijos es tremendamente difícil y, con frecuencia, demasiado dolorosa. No sé si creer que aquellos sistemas educativos en que el contacto de la prole con sus progenitores quedan reducido al mínimo o incluso llega a ser nulo, son preferibles a la cría en una íntima convivencia que, sin embargo, está condenada a fatal comunicación» (Ayala, 1990: 61).

5. TRABAJO Y FAMILIA EN ESPAÑA

Analizar la relación familia-trabajo supone afrontar los vínculos globales durante toda la vida del ser humano, inmersos necesariamente —por activa o por pasiva— en ambas realidades. De hecho constituyen los dos espacios básicos que definen, e interconectan, lo público y lo privado. Lo público penetra en lo privado, en la familia, pero también lo privado, la familia, se deja sentir de múltiples formas en lo público, el trabajo: «Es en la familia primero y en el trabajo después donde los individuos configuran su personalidad a través de un proceso de socialización en el que, indudablemente, intervienen otros ámbitos (sistema educativo, medios de comunicación, grupos de referencia). Pero es en el mercado de trabajo y en el grupo familiar —los espacios públicos y privados por excelencia— donde los individuos pasan la mayor parte de su tiempo y, por tanto, donde el proceso de socialización se hace de forma más acentuada» (Coller, 1991: 94).

La configuración actual de los dos elementos de la relación —la familia y el trabajo— es fruto de los cambios sociales impulsados por la revolución industrial. Desde finales del XVIII se separan los lugares de trabajo y del hogar, se crea —con la creciente escolarización— a la infancia como universo separado del mundo adulto, obligando a los niños, al llegar a la adolescencia, a iniciar el camino inverso: a integrarse en el mundo adulto, y suprimiendo los ritmos temporales basados en el ciclo natural, sustituidos por el reloj, símbolo de la nueva civilización del trabajo industrial en la que el tiempo es, por primera vez, dinero (Iglesias, 1992). Un universo cultural que modifica —y en gran medida traslada a agencias especializadas como el sistema escolar— por completo los procesos de transmisión cultural y de socialización para el trabajo de los ciudadanos.

El mismo Parsons (1967) destacó en su concepción la relación familia-trabajo. Caracteriza a las sociedades modernas porque en

[133]

ellas, a diferencia de las sociedades preindustriales, existen instituciones sociales específicas distintas de la familia que asumen la organización de la actividad económica. Y a la familia nuclear la considera la más adaptada a la sociedad industrial, al posibilitar que el individuo busque con su movilidad geográfica las oportunidades laborales.

Aunque aquí mencionemos a la familia, en singular, ni existe tal homogeneidad en la realidad social, ni el impacto de la actividad es el mismo en cada una de las diferentes situaciones familiares. El trabajo representa un papel muy diferente según se trate de una familia nuclear o extensa, una familia monoparental o una familia de doble carrera, etc. Por más que centremos nuestra reflexión en las familias nucleares, cualquier traslación hacia otros tipos de familia requeriría matizaciones que no haremos aquí.

Tampoco resulta ocioso advertir que, en el caso del trabajo, tratamos siempre del extradoméstico. Tampoco consideraremos la organización de la economía informal, en la cual la familia suele desempeñar un papel central. Y el trabajo influye decisivamente sobre la vida familiar, al igual que en la totalidad de la vida del individuo. Salvo para una fracción pequeña de la población —rentistas, por ejemplo— el individuo construye su independencia económica —y su proyecto de vida en familia— en función de sus ingresos, que en la sociedad moderna dependen fundamentalmente de la actividad laboral. Cuando tratemos del trabajo, tendremos presente el trabajo por cuenta ajena en el sector industrial o de servicios. Y dejaremos de lado los empleos atípicos, como el trabajo a domicilio, a tiempo parcial, rotación del trabajo, trabajo de fin de semana, etc. (Piotet, 1987: 203 ss.), cuyas consecuencias en la vida familiar pueden ser muy diferentes a las aquí estudiadas.

Con el abandono de los espacios destinados a realizar el trabajo —sea en la fábrica, en el sector servicios o en la actividad agrícola— no concluyen sus lazos con el individuo. La vida entera se encuentra mediatizada por el trabajo, que configura toda la vida cotidiana de quienes tienen trabajo o de quienes carecen de él: los espacios de convivencia y ocio, las relaciones de amistad, los estilos de vida, los ritmos temporales, la duración de la convivencia familiar, los temas de conversación, e incluso las disputas entre los matrimonios. Sólo una pequeña fracción de población —en los dos extremos de la sociedad— queda al margen de sus dictados. Incluso para la estabilidad psicológica de los individuos, la actividad laboral es básica en una civilización del trabajo.

E igualmente sería necesario plantear el estudio de las relaciones entre el trabajo y familia, según las características del puesto de trabajo. El sector productivo donde se desarrolla, el nivel ocupacional que se cuenta, las características o habilidades específicas que requiera su desempeño, las características de la organización, la cultura del trabajo con que cuente la persona que ocupe el puesto de trabajo, etc.

Estas mismas salvedades resulta necesario plantearlas para referirse al otro polo de la relación: la familia. Las distintas fases del ciclo familiar constituyen una de las dimensiones básicas para considerar la relación entre trabajo y familia. El papel que desempeña el trabajo va cambiando en las sucesivas fases del ciclo familiar. Una misma situación laboral —un ascenso en el trabajo, un cambio de actividad, el paro, etc.— produce efectos sustancialmente diferentes según se produzca al inicio de la relación de pareja, con hijos pequeños en el hogar, o una vez que la descendencia se ha emancipado.

Además, en cada una de las fases del ciclo familiar, los posibles efectos del trabajo vienen condicionados no por cada puesto de trabajo, individualmente, existente en el hogar, sino por el conjunto de actividades laborales —lo que podíamos llamar a estos efectos como «el capital laboral»— disponible en el hogar que se trate. Los efectos del paro, por ejemplo, no pueden ser los mismos en hogares que cuentan una persona, o más de una, trabajando. Varían, sustancialmente, si el contrato de trabajo que origina el paro cuenta con unos meses de antigüedad, o con varios lustros, etc.

Son muchos los estudios que analizan cada uno de estos fenómenos, básicos en las sociedades modernas. Pero separadamente; se estudian como universos autónomos sin conexiones entre sí. La relación entre ambos —trabajo y familia— apenas ha sido contemplada. Lo cual no significa que se desconozcan sus vínculos mutuos. Pero se analizan —en un enfoque muy frecuente en los estudios sociológicos— cuando se producen situaciones de quiebra o ruptura, nunca de normalidad. Así, no se analizan las relaciones entre trabajo y familia, pero sí el impacto de la pérdida de trabajo, del paro, en la familia y no sólo en el individuo trabajador.

La relativa desatención de los vínculos entre familia y trabajo es más llamativa si consideramos que, incluso, la magnitud del mercado de trabajo ha estado muy condicionada por factores familiares. El trabajo doméstico impuesto a la mujer ha sido un condicionante que, históricamente, ha restringido su acceso al trabajo. E igualmente, su creciente incorporación genera reestructuraciones internas en la familia, tanto en la división de tareas como en sus relaciones de poder. Estos aspectos, al igual que el importante debate en Europa sobre los instrumentos para conciliar la vida profesional y vida familiar, no han logrado despertar toda la atención que el tema merece en la sociología española.

Sin embargo, son muchas las preguntas que podemos plantearnos sobre la mutua interdependencia entre ambos: ¿cómo repercute la duración de la jornada de trabajo —y su mayor o menor modificación o sincronización con otros miembros de la familia— en las relaciones familiares?, ¿qué incidencia tiene el estrés laboral en la comunicación de la pareja?, ¿cómo altera el paro a la dinámica de las relaciones familiares?, ¿existe correlación entre la satisfacción familiar y la laboral?, etc.

I.   EFECTOS EN LA NUPCIALIDAD

El trabajo repercute sobre el sistema familiar desde su propia génesis: la formalización del matrimonio. Si en el sistema de familia extensa la formación de nuevas parejas dependía de la red familiar, que era quien autorizaba el momento y la persona elegida para contraer matrimonio, nada de esto ocurre en la familia nuclear, que es el modelo más difundido en España. En la nuclear, la posibilidad de matrimonio viene condicionada completamente por los recursos económicos que proporciona, a la mayoría de la población, la actividad laboral. Esto no impide que la red familiar facilite ayudas y apoyos, incluso decisivos, para iniciar nuevos matrimonios; lo que ocurre con gran frecuencia en España al igual que en otras sociedades.

Durante muchos años, este condicionamiento laboral del matrimonio, tenía incluso carácter formal al ser necesario, en ciertos casos, un *requisito de autorización previa*. Los miembros de determinados cuerpos de funcionarios —por ejemplo, los diplomáticos o los militares— han necesitado autorización previa para contraer matrimonio, condicionada por el expediente que se elaboraba sobre la idoneidad de la candidata deseada. Este tipo de requisitos ha sido ya eliminado de la legislación española, pero pone de relieve que, ni siquiera en la elección de pareja, la separación entre trabajo y familia es tan brusca como puede sospecharse.

Pero en ciertos sectores se produce, incluso, la situación opuesta: existen regímenes de incompatibilidades por razón de parentesco y vínculo matrimonial o equivalente, para el desempeño de determinados destinos. Es el caso de los jueces y magistrados. El artículo 391 de la Ley Orgánica del Poder Judicial prohíbe, en efecto, que pertenezcan a una misma Sala «Magistrados que estuvieren unidos por vínculo matrimonial o situación de hecho equivalente, o que tuvieren parentesco entre sí dentro del segundo grado de consanguinidad o afinidad». Y otros preceptos extienden esa incompatibilidad a los órganos judiciales que dependan unos de otros y a los jueces respecto a los fiscales y a los secretarios y personal judicial de ellos dependiente.

Estas previsiones aconsejan fijarse como primera manifestación del trabajo en la nupcialidad, en su influjo en los procesos de selección de pareja. En España se ha insistido en numerosas ocasiones en la centralidad del trabajo y la tendencia a seleccionar amigos entre los del mismo gremio o actividad (A. de Miguel, 1976: 126). Pues bien, el mismo fenómeno ocurre en los procesos de selección de cónyuge, sometidos con gran frecuencia a procesos de *endogamia profesional*. Las relaciones de pareja surgen en la proximidad espacial; también, por tanto, entre los compañeros de trabajo y actividad. Es una de las bases de la homogamia en todas las sociedades, que contrarresta el principio de la libertad de elección que, llevado a sus últimos extremos, puede producir efectos desestabilizadores de las relaciones de pareja. En la práctica, la universidad o la empresa es el lugar habitual de selección de cónyuge (Iglesias, 1987: 34 ss.), en un porcentaje muy elevado de casos. Una situación sin duda todavía más frecuente en los procesos de selección de pareja de los divorciados.

Los datos disponibles muestran gran estabilidad en el índice de endogamia profesional, calculado como la relación porcentual entre el número de esposas de cada profesión y el total de esposos de la misma profesión. En conjunto, alrededor de uno de cada cinco matrimonios es endogámico en los años ochenta en España, pero con gran dispersión según actividades:

ÍNDICE DE ENDOGAMIA PROFESIONAL, 1980-1986

	1980	1981	1982	1983	1984	1985	1986
Todas las profesiones	19,7	20,0	19,6	19,0	18,9	18,7	19,0
Profesionales, técnicos	35,1	36,5	39,0	40,3	41,4	43,4	45,7
Directivos Admón. Públ. y empresas	3,4	3,2	4,5	4,7	4,3	4,3	3,9
Personal administrativo	30,3	29,6	28,3	27,1	28,1	27,5	28,0
Comerciantes, vendedores	13,4	13,1	14,3	13,7	13,8	13,8	13,8
Personal de servicios	12,4	12,9	13,0	13,7	14,6	15,9	15,3
Agricultores, ganaderos	1,3	1,4	1,7	1,8	1,9	1,8	2,1
Trabajadores producción	17,3	18,4	17,0	15,5	13,7	12,3	11,5
Estudiantes	40,1	41,5	40,0	41,7	42,8	43,6	43,8
Jubilados, pensionistas, rentistas	15,4	17,2	15,0	16,0	17,4	19,4	19,8

FUENTE: INE, *Indicadores sociales*, 1991, p. 75.

Los datos muestran la existencia de arraigadas fronteras en las relaciones sociales que dan lugar a matrimonios. Sobre todo algunos sectores, como los estudiantes o profesionales o técnicos, se relacionen sobre todo dentro de cada círculo, a tenor de la alta endogamia que cuentan.

Naturalmente la crisis económica —que precisamente dificulta el acceso de los jóvenes al primer empleo— ha debido reducir la frecuencia con que se selecciona pareja entre los compañeros de trabajo. Pero otros efectos del descenso de empleo no son menos relevantes. Al ser la familia nuclear la más difundida en la sociedad española, las altas tasas de paro juvenil afectan en otra decisiva forma: *reduciendo la nupcialidad*. En efecto, el paro, al impedir la emancipación económica de los jóvenes, obstaculiza la formación de sus relaciones de pareja. El muy rápido descenso de la nupcialidad desde 1975 no tiene explicación si no es por el gran incremento del paro.

El paro, ciertamente, no es el único factor desencadenante de la reducción de la nupcialidad —también incluye el aumento, ligero, de la cohabitación juvenil—, pero sí el más decisivo. Los jóvenes, como muestran múltiples estudios, desde tempranas edades, tienen relaciones heterosexuales muy formalizadas, que si no concluyen en matrimonio es por la ausencia de empleo y, por ello, de recursos económicos (Iglesias, 1987). La carestía de las viviendas y su reducido mercado de alquiler dificultan aún más la salida matrimonial de las relaciones afectivas estables de pareja. El paro y la inseguridad de empleo —otra consecuencia de la crisis ha sido la destrucción de contratos indefinidos en el mercado de trabajo español— operan en el mismo sentido dificultando la materialización de proyectos matrimoniales de los jóvenes españoles.

La brusca caída del empleo, no es obstáculo para que simultáneamente haya descendido la edad de matrimonio. Ocurre aquí el mismo proceso que en el mercado de trabajo: la segmentación. Unos sectores de la población entran en el mercado de trabajo y contraen matrimonio a edades cada vez menores, como resultado de la modernización de las relaciones de parejas entre jóvenes. Y, simultáneamente, otros sectores de la población quedan excluidos del mercado de trabajo —donde sólo acceden ocasionalmente, en puestos marginales, sin relación con su formación previa y sin perspectivas de continuidad—, sin posibilidad de autonomía económica y de contraer matrimonio. Esto origina la coincidencia entre fenómenos aparentemente contradictorios: el descenso de la nupcialidad y el de la edad de matrimonio.

En otro aspecto repercute el trabajo en la nupcialidad: en la *estacionalidad*. Los matrimonios se celebran con grandes variaciones mensuales, motivadas por razones laborales. Y su evolución histórica registra con mucha precisión los cambios en la estructura económica y ocupacional de la sociedad española. En particular, la desvinculación de los matrimonios del ciclo agrícola y su relación con la generalización de trabajos en el sector industrial y de servicios.

En el trabajo de Jesús de Miguel, en que analiza la tendencia secular en los ritmos de la nupcialidad en la sociedad española por meses, se observa claramente ese influjo de la actividad laboral. De él se deduce que «entre 1947 y 1948 el máximo de matrimonios, que secularmente había correspondido a noviembre, se traslada a octubre. Una década después, aproximadamente, y entre 1956 y 1957, el máximo [mensual] se traslada a septiembre, que empieza a ser el verdadero comienzo del año (cada vez más un "año escolar" por la universalidad de las vacaciones de verano) desplazando a enero en esa primacía. Otra década después, y entre 1968 y 1969, se accede a una nueva traslación, hacia agosto. Indudablemente lo que parece buscarse en el matrimonio son los meses de tranquilidad y de holgura económica. Antes —hasta mitad del siglo— los matrimonios se realizaban cuando se obtenía el dinero de la cosecha y se tenía tiempo libre. Ahora se llevan a cabo después de las pagas extraordinarias (julio, diciembre) y en vacaciones (de verano, invierno, Semana Santa)» (J. de Miguel, 1973: 133).

En conclusión, pues, tanto la frecuencia de los matrimonios, su momento en el año, así como la propia persona con la que se contrae matrimonio, están profundamente condicionados por la actividad laboral. Ciertamente, el matrimonio es un asunto de la vida privada (aunque con gran número de consecuencias públicas). Pero la actividad laboral se nos aparece como uno de los múltiples condicionamientos sociales, ajenos a la mera libre disposición entre los individuos, y con gran peso para su puesta en práctica.

II.   TRABAJO Y NATALIDAD

En la sociedad española la natalidad es, sobre todo, matrimonial, aunque hayan aumentado considerablemente los hijos nacidos fuera de matrimonio desde 1975. Y también, dada la baja fecundidad, la mayor parte de los nacidos anuales proceden de los nuevos matrimonios; son primogénitos por la caída de la prolificidad (A. de Miguel, 1992: 63).

En este contexto, los efectos examinados de la actividad laboral en las tasas de nupcialidad influyen igualmente en la natalidad. Al descender la nupcialidad como consecuencias de las desigualdades de empleo, lo hace también la natalidad.

Y el desplazamiento de la estacionalidad de la nupcialidad —del ciclo agrícola al de las vacaciones en los sectores industrial y de servicios— también ha alterado la estacionalidad de la natalidad en la sociedad española. Afecta a los ciclos de alumbramiento según meses (J. de Miguel, 1973: 146 ss.), que el transcurso del siglo ha descendido las diferencias entre los meses (como consecuencia del control de natalidad) y, por consiguiente, a los ciclos de concepción.

Si estas alteraciones en la estacionalidad de las concepciones y de los alumbramientos son conocidas, nada se sabe de los cambios en la estacionalidad semanal de la concepción. Debe haberse incrementado el peso de la actividad laboral en los cambios de esta estacionalidad. Lo poco que se conoce respecto a las prácticas sexuales de los españoles, muestra que está muy condicionado por el trabajo. Los fines de semana es el doble de frecuente que los días laborables (Malo de Molina, 1992). El conocido dicho *Chi non lavora, no fa l'amore* ha perdido su validez, aunque haya adquirido popularidad musical. Trabajo y amor aparecen, más bien, antagónicos.

Pero la relación más conocida entre la natalidad y trabajo es la que se produce entre el trabajo de la mujer casada y fecundidad. Naturalmente esa relación debiera matizarse en función de numerosos condicionamientos de la actividad. Por ejemplo, según los niveles ocupacionales y educativos, sectores de actividad, etc. Muchos de los efectos que suelen asociarse a la actividad, vienen en realidad condicionados por estos y otros comportamientos diferenciales, como la edad de matrimonio según actividad.

Además, el estudio de las prácticas en fecundidad no resultaría completo si se tienen presentes, únicamente, variables relacionadas con la mujer. Todas ellas interactúan con las del varón para dar lugar a los comportamientos reproductivos efectivos de cada pareja.

Las precisiones anotadas pretenden resaltar la extrema dificultad de conocer el peso real de las distintas variables en la natalidad diferencial. Dificultad a la que debe añadirse que ese peso es dinámico, es decir, la influencia de una variable puede ser muy acusada en un momento determinada de la evolución demográfica, y difuminarse a continuación. E, igualmente, de manera distinta al inicio que transcurrido años de la relación de pareja.

En gran parte esto es lo que ha ocurrido. El trabajo de la mujer —no el de mera subsistencia y sobre todo si es con altos niveles de formación— acelera procesos de cambio globales. Opera como adelanto de mutaciones sociales en momentos de transición demográfica. Por tanto, aunque la opinión pública (CIS, 1988: 211) considere que el trabajo de la mujer repercute, más incluso que el uso de anticonceptivos, en el descenso de la natalidad, no es por la actividad, sino por los rasgos socioculturales donde se inserta.

En el inmediato pasado, en España, el trabajo de la mujer ha retrasado, concentrado y reducido la natalidad. Pero de manera atenuada. Díez Nicolás, que ha estudiado con detenimiento la cuestión, concluye que «la evidencia disponible parece indicar que la experiencia laboral de las mujeres casadas influye sobre su natalidad, pero más a nivel de actitudes que de comportamientos. En efecto, ya hemos señalado que el promedio de hijas e hijos esperados, deseados y considerados ideales, es inferior entre las mujeres que han tenido experiencia laboral. Sin embargo, en el comportamiento real las diferencias son considerablemente menores, ya que la diferencia existente entre un grupo y otro de mujeres por lo que respecta a número de hijas e hijos vivos, y número de embarazos, se puede atribuir en parte a que las mujeres con experiencia laboral han estado casadas menos tiempo, lo cual se debe, a su vez, a que son más jóvenes. En cualquier caso, la supuesta influencia "negativa" que el trabajo de la mujer casada puede tener sobre la natalidad no parece muy justificada» (Díez Nicolás y De Miguel, 1981: 296).

La evolución de la fecundidad, en la fase de descenso histórico de los años ochenta, parece confirmar nuestra tesis sobre que el principal efecto de la actividad de la mujer es adelantar —anunciar, pudiera decirse— procesos que se generalizan a continuación. Persiste en efecto la diferencia en la fecundidad, algo más elevada en las inactivas en todos los grupos de edad, si examinamos los nacidos por cada 1.000 mujeres casadas en cada grupo de edad y actividad.

FECUNDIDAD MATRIMONIAL SEGÚN ACTIVIDAD
Y EDAD DE LA MUJER

	15-19	20-24	25-29	30-34	35-39	40-44
Casadas activas:						
1975	220	234	225	115	42	13
1986	140	135	156	102	39	9
Casadas inactivas:						
1975	455	365	251	144	74	28
1986	434	248	159	79	33	10

FUENTE: A. de Miguel, 1992, p. 57.

La actividad continúa marcando diferencias en la natalidad —ya se sabe, no necesariamente generadas por la actividad aisladamente— en todos los grupos de edad. Siempre es más elevada en las inactivas que en las activas: «En consecuencia, se puede apreciar que la práctica del control natal se ejerce mucho más cuando la mujer casada trabaja fuera del hogar» (A. de Miguel, 1992: 57).

Puede apreciarse, sin embargo, una singular excepción en ese descenso de la natalidad de las activas: en los grupos de edad de treinta o más años, cambia de signo la tendencia y, en 1986, es más elevada la fecundidad en las activas que en las inactivas. ¿A qué se debe tan sorprendente dato? Posiblemente se trate del influjo de la natalidad de los segundos matrimonios de divorciados y/o natalidad primeriza de mujeres de altos niveles ocupacionales que, para acceder a dichos niveles, retrasaron la formación de parejas y el tener descendencia.

Es muy probable, además, que los efectos del trabajo en la natalidad no sean sólo —ni siquiera principalmente— cuantitativos. Es necesario plantearse otras dimensiones de la relación entre natalidad y actividad. No es otra que si, además de en el tamaño, sus efectos son también diferenciales en la natalidad deseada o no deseada. Una respuesta para la que no es suficiente conocer las prácticas diferenciales en el uso de medios de control de natalidad, según actividad, y sobre lo cual los datos disponibles son escasos incluso en la encuesta de fecundidad. En todo caso el examen de los efectos de la actividad en las tasas de fecundidad en un momento determinado, pueden atenuarse al tiempo que se incrementa su repercusión en la natalidad deseada o no, y en la natalidad fuera del matrimonio.

III.   ESTRATEGIAS FAMILIARES DE EMPLEO

Aunque la sociedad española pueda catalogarse moderna, no quiere decir que los rasgos que teóricamente se asocian con la modernidad social se den, al completo, en todos los sectores sociales. El acceso al empleo constituye una buena prueba.

En principio, cabe esperar que, en una sociedad moderna, los principios del mérito, del libre acceso y competitividad serían los que dieran acceso a los bienes sociales, entre ellos el empleo, en función de criterios universales de idoneidad y no por motivos personales.

Pero, en la práctica, la estructura de la amistad y los particularismos de múltiple signo mediatizan esos criterios universales y abiertos. Pues bien, en ese filtro, en el paso de la competición abierta para todos, a la selección en concreto, la familia representa un papel muy importante. No me refiero a la influencia familiar en las oportunidades educativas o en el rendimiento académico de los hijos, que están en el origen de las oportunidades ocupacionales de los hijos.

El grupo familiar desempeña un papel básico en las estrategias de inserción concreta del individuo en un puesto de trabajo en concreto. Y, lo que es aún más relevante, en un sistema de educación de masas, a medida que se generalizan los títulos académicos, vuelven a adquirir peso e influjo factores extraprofesionales: la apariencia física, la apariencia y desenvolvimiento personal, las relaciones personales y amistades, etc. Factores susceptibles todos ellos de generar nuevas desigualdades, difíciles de ser controladas.

Y en España todo parece indicar que actúan de manera importante. La red familiar juega un papel decisivo en la búsqueda y logro de empleo, sobre todo cuando esos familiares tienen trabajo. Una situación que genera nuevas desigualdades sociales, entre familias que tienen trabajo —y ayudan a sus parientes a entrar en el mercado— y quienes se encuentran fuera del mercado de trabajo y se ven además imposibilitados de apoyar los esfuerzos de otros familiares para acceder.

Es un hecho que los sistemas particularistas son los que priman para la búsqueda y logro de empleo en la sociedad española. Una tendencia que incluso se agrava con la crisis económica. El análisis comparativo de las encuestas de juventud de 1975, 1977 y 1982, muestra esa tendencia (VVAA, 1984: 34-36) al particularismo como principal modo de acceso de los jóvenes, frente a las vías universalistas. Igual ocurre en la encuesta de juventud de 1984, donde el 24 por 100 de los jóvenes declaran que son la familia y los padres y el 34 por 100 las amistades, el medio por el que logran el empleo (Montoro, 1985: 143).

Esta tendencia se muestra persistente en diversos sectores y regiones muy diferenciadas de nuestra sociedad. Así, se constata en el estudio de Requena (1990: 98 ss.) sobre Málaga. Los jóvenes buscan su primer empleo sobre todo por los mecanismos formales (anuncios, oposiciones, oficina de empleo), pero lo encuentran sobre todo gracias a los informales: 26 por 100 por familiares y 31 por 100 por amistades. Los adultos, los padres, mediante el acceso a las redes de amistad fraguadas a lo largo de su vida y accediendo fuera del entorno familiar, y los hijos utilizando directamente la red familiar, única red de relaciones sociales accesible.

Estos datos procedentes de una ciudad de servicios coinciden con los de una ciudad industrial como Barcelona, donde presumiblemente cabe esperar que, por la movilidad geográfica y su nivel de desarrollo, las pautas universalistas de acceso al empleo sean más firmes. Pues bien, todo lo contrario: la familia aparece todavía más importante para el empleo de los jóvenes. Además, este hecho se acentúa en los jóvenes del cinturón industrial, donde en algunos municipios alcanza el 70 por 100 el porcentaje de los jóvenes que acceden por vía familiar. En todos los casos supera el 50 por 100, pero hay ligeras diferencias y la familia aumenta su peso en el acceso a trabajos sin contratos, mientras que las instituciones públicas, los anuncios y la búsqueda puerta a puerta incrementan su peso como vía de acceso a empleos con contrato (Masjoan y otros, 1990: 138 ss.). La familia parece representar un papel importante como medio para facilitar experiencia laboral que es imprescindible para acceder a empleos fijos.

El particularismo como vía de acceso al empleo se percibe en sectores concretos, como el de titulados universitarios. El 8 por 100 lo ha encontrado por amistades o contactos familiares; el 15 por 100 por amistades o contactos personales; a los que hay que añadir el 4 por 100, que se coloca en empresa o negocio familiar (EDIS, 1988: 111). Pero no se crea que el particularismo constituye una vía para los privilegiados. La misma práctica se encuentra el extremo opuesto de la pirámide social. Los inmigrantes extranjeros en Cataluña acceden al mercado por el mismo mecanismo: el 36 por 100 logra su primer empleo en Cataluña por un pariente, y otro 11 por 100 por un amigo o conocido (Solé y Herrera, 1991: 37).

En el caso de la mujer directiva de empresa, un estudio del Instituto de la Mujer revela que el 51 por 100 de las directivas españolas en empresas privadas consiguió el puesto por amigos o relaciones familiares o profesionales. Sólo el 27 por 100 accedió mediante un concurso de selección con pruebas objetivas (diario El País, 26 de junio de 1989). Unas vías particularistas que posiblemente sean todavía más altas en el caso de directivos varones.

Las pruebas aportadas acreditan el carácter familiar del empleo y no meramente individual. Sería necesario conocer su grado de eficacia en cada sector o nivel ocupacional. También si las estrategias familiares van perdiendo peso o ganándolo en el transcurso de la biografía laboral de sus hijos. Incluso su eficacia según trabaje uno o los dos miembros de la pareja. Estudios sobre Francia han verificado que, en el caso de parados, un tercio de quienes encuentran empleo lo hace gracias a sus relaciones personales o familiares. Los más favorecidos son quienes tienen a sus dos padres trabajando, que multiplican así la red de informadores y apoyos utilizables (Marpsat, 1991: 64). Este mismo estudio muestra que, entre quienes encuentran empleo, el 19 por 100 tenían un miembro de la familia trabajando en la empresa que les contrata.

Éste es el otro aspecto que acredita la insuficiencia del enfoque individual o personal de la búsqueda de trabajo. Son evidentes las estrategias familiares de empleo. Pero el peso de la familia no termina ahí. El individuo termina trabajando, codo con codo, con sus propios familiares con una frecuencia muy alta.

En España esta convivencia en el trabajo no sólo se produce entre las profesiones liberales o en la ayuda familiar. Es en la totalidad del mercado de trabajo. Incluso han existido convenios colectivos firmados por entes públicos, en los que el ser familiar de algún trabajador ya de la empresa figuraba expresamente como mérito puntuado para acceder a cualquier vacante.

Con esta cultura particularista y estas previsiones legales, no sorprende la frecuencia con que se produce la convivencia en la misma empresa. En 1977 el 35 por 100 de los jóvenes afirmaba que había algún familiar trabajando con ellos. Y en 1982 aumenta al 45 por 100. Una tendencia que «ilustra el proceso de reforzamiento de las vías particularistas al extenderse la escasez de empleo para los jóvenes. Además, en algunos grupos sociales la proporción de jóvenes que trabajan con algún familiar supera los dos tercios, como ocurre con los hijos de directivos, empresarios y profesionales. También supera el 50 por 100 entre los hijos de empresarios agrícolas e independientes, y entre los hijos de trabajadores agrícolas. Más de la mitad de los jóvenes que trabajan con un familiar lo hace con el padre o la madre, y la mayoría del resto lo hace con algún hermano. Quiere esto decir que se sigue "heredando" en buena medida la orientación profesional entre los jóvenes de ambos sexos» (VVAA, 1984: 36).

Aunque con efectos sólo entre el matrimonio y no intergeneraciones —entre padre e hijos—, el compartir la misma actividad laboral no sólo es una difundida práctica, sino una situación nada ajena al derecho. La legislación española cuenta, en efecto, con numerosas previsiones, en la Administración pública o las empresas públicas, respecto al «turno de consorte»: el derecho preferente, respecto a otros pretendientes de la plaza, a ocupar una plaza en el mismo lugar en el que resida el cónyuge.

Se trata de un privilegio con gran arraigo en la legislación de funcionarios españoles, pero que además el Tribunal Constitucional ha establecido, en repetidas ocasiones, su legalidad. Distintas sentencias (examinadas en García Trevijano, 1992) han aceptado que la Administración utilice ese criterio para la provisión de destinos entre quienes ya han ingresado. Y lo fundamenta en el mandato constitucional no sólo de «protección de la familia, sino muy especialmente en razones de eficacia en la prestación de servicios públicos, que permiten al legislador reconocer al vínculo matrimonial entre funcionarios la relevancia suficiente para atribuirle un trato diferenciado en relación con los funcionarios solteros o casados con personal no funcionario» [1].

IV. LOS EFECTOS EN LA ACTIVIDAD

La situación familiar influye también en la actividad laboral, y viceversa. Más adelante recordaremos la existencia de normas que imponían la excedencia de la mujer al casarse. Se aceptaba sólo el trabajo de las mujeres solteras y, por consiguiente, el matrimonio conllevaba por mandato legal, automáticamente, la pérdida del empleo.

Esto ha desaparecido, pero no se crea que el estado civil es irrelevante a efectos de empleo. Si no hace perder el empleo, en ocasiones sí hace lograrlo. Existen ofertas de trabajo, explícitas, destinadas a matrimonios. También de los altos puestos ejecutivos del sector servicios están excluidos, en la práctica, los solteros —contemplados con sospecha salvo si son religiosos—, al reputarse con mayor garantía a los casados. Que ninguno de estos dos fenómenos se encuentre cuantificado —en ocasiones, ni siquiera se plan-

---

[1] Sentencia del TC 200/1991, de 28 de octubre (*BOE* n.º 284, suplemento, de 27 de noviembre de 1991, p. 7).

tea abierta o formalmente— no debiera llevarnos al error de despreciar su alcance práctico.

Pero el estado civil cuenta con importantes consecuencias laborales en virtud de pautas culturales asentadas en la población. En España se encuentra firmemente enraizada la aceptación del trabajo de la mujer soltera. Incluso si, como era tradicional, se incorporaba a edades más tempranas que el varón y, por consiguiente, con menos cualificación y, por ello, oportunidades ocupacionales.

Pero una de las limitaciones, que ha estado muy extendida, respecto al trabajo de la mujer, era en función de su compatibilidad con las obligaciones familiares (atribuidas muy desigualmente entre marido y mujer, como es bien sabido). La discriminación en el trabajo nunca ha sido, centralmente, en función del sexo, sino en función del estado civil. Las actitudes de la población muestran reparos ante el trabajo de la mujer si es casada. Y, desde luego, el recelo se convierte en rechazo si la mujer cuenta con hijos pequeños. En 1984, sólo un tercio de los entrevistados (38 por 100) se muestra de acuerdo con el trabajo de una mujer casada con hijos pequeños. El 65 por 100 si éstos son mayores; el 77 por 100 si es casada sin hijos y si es recién casada aprueban que trabaje el 75 por 100. Sin embargo, la práctica totalidad (94 por 100) lo admite si es soltera (Beltrán y otros, 1987: 227).

Los hijos y el estado civil constituyen condicionamientos básicos de las actitudes ante el trabajo de la mujer. Es muy firme la atribución del cuidado de los niños a la madre y, sobre todo si son pequeños, se contempla muy negativamente el trabajo de la mujer. Un reciente estudio lo muestra y distinguiendo según las edades que puedan tener los niños:

ACTITUDES ANTE EL TRABAJO DE LA MADRE
SEGÚN EDAD DE LOS HIJOS

Años niños	Muy positivo	Positivo	Indiferente	Negativo	Muy negativo
< 1	—	4	12	55	21
De 2 a 5	—	9	21	49	13
De 6 a 12	1	19	37	29	7
De >12	3	26	44	16	5

FUENTE: CIS, 1991, p. 111.

Ni aun en las edades más elevadas, son más de un tercio los que se manifiestan de manera clara en favor del trabajo de la mujer. Y, desde luego, las actitudes, si se cuenta con hijos menores de cinco años, son marcadamente hostiles. La crianza de los hijos se asigna a la madre, y por eso se rechaza por grandes sectores su trabajo si cuenta con hijos pequeños. Incluso en el supuesto de que los dos miembros trabajaran, pero la mujer ganara más, la población mayoritariamente entiende (el 47 por 100) que debe ser la mujer, en lugar del marido (el 34 por 100), quien debe quedarse en casa a cuidar al hijo (CIS, 1990: 275).

Estas actitudes, bastante estables en la sociedad española, han alterado la composición de la población activa en España, manteniendo la tasa de actividad de la mujer muy por debajo de otros países europeos. Pero como consecuencia de cambios culturales, en el nivel de formación y educación de la mujer, posiblemente también por los efectos directos o indirectos del paro, el influjo del estado civil en la población joven tiende a disminuir muy rápidamente. La tendencia es a asemejar la biografía laboral de las mujeres y varones jóvenes. De continuar, hará que cada vez más el matrimonio y el contar con hijos origine menos abandonos temporales de la mujer casada. Quizá por eso, los permisos establecidos legalmente por maternidad —hoy solicitables también por los padres— tenderán a aumentar su duración para facilitar la compatibilidad entre los cuidados a los hijos y actividad laboral.

Es preciso añadir que los vínculos familiares tampoco son ajenos al supuesto contrario al contemplado, es decir, al cese de la actividad. Pero no por razón de paro, que se verá luego, sino como resultado de conflicto de trabajo. Reiterada jurisprudencia laboral establece, en efecto, que el trabajador responde de las actuaciones de las personas que convivan con él. Por consiguiente, es partícipe de las consecuencias de los incidentes originados por los familiares que no trabajen en la empresa si no los trata de impedir. Y, con arreglo a esta interpretación, se producen sanciones laborales por insultos del cónyuge de la persona que trabaje a la empresa [2]. Igualmente, el Estatuto de los Trabajadores de 1980, en su artículo 54, contempla el despido disciplinario si se producen ofensas verbales o físicas del trabajador al empresario, a las personas que

---

[2] Véase, por ejemplo, una reciente sentencia comentada en *Actualidad Laboral*, n.º 30, agosto de 1992, p. 1808.

trabajan en la empresa o a los familiares que convivan con ellos. En los dos casos, aparecen nexos entre trabajo y familia más allá de los vínculos jurídicos directos establecidos en un contrato de trabajo.

Pero las relaciones entre familia y actividad es también necesario contemplarlas en los efectos de la actividad en la familia. Al margen de sus repercusiones en la natalidad, prácticamente nada se sabe de la socialización diferencial. Pero tienen que producir efectos relevantes. En países próximos, se ha advertido la estrecha relación entre las prácticas educativas de los padres según el sistema de valores propio de su medio laboral (Kellerhals y Montandon, 1991: 230 ss.). Los padres de *status* social elevado, cuya profesión implica la manipulación de signos y amplio recurso a la iniciativa personal, impulsan la autonomía de sus hijos. Por el contrario, los padres obreros, cuyo trabajo supone la manipulación de cosas y están sometidos habitualmente a vigilancia, ejecutan trabajos concretos y repetitivos, exigen a sus niños sobre todo orden y obediencia.

Algunos efectos semejantes pueden suceder en España. Tanto la experiencia laboral del padre como de la madre generan procesos de socialización diferenciados. Sobre todo la experiencia laboral de la madre tiene que inducir dinámicas peculiares. Así, según estudios del Instituto de la Mujer (1992: 73), alrededor de los tres años de edad las niñas y los niños acuden por primera vez a un centro escolar. Pero, si la madre realiza un trabajo remunerado, la edad media se reduce a dos años aproximadamente. Y estas diferencias cuantitativas son, seguramente, el iceberg de los cambios cualitativos, que son, todavía, insuficientemente conocidas en España.

V.   LA RELACIÓN PARO-FAMILIA

A los efectos de la pérdida de trabajo en la familia se les ha prestado atención desde hace décadas. Incluso por parte de los propios legisladores, al *condicionar el empleo al estado civil*. Durante mucho tiempo han estado en vigor en España normas legales que imponían —aun en contra de la voluntad de la mujer— la excedencia forzosa de la mujer desde el momento de contraer matrimonio; el caso de las empleadas de la Compañía Telefónica tal vez fuera el más conocido.

Pero no son estas previsiones legales —hoy ya suprimidas de nuestro ordenamiento jurídico— las que vamos a analizar. Las pérdidas de empleo por cualquier circunstancia propia de las relaciones industriales —despido, expediente de crisis, conflictos laborales, etc.— son las que nos interesan considerar en sus efectos sobre la familia.

Lo que ocurre es que, en la práctica, el estado civil no es ajeno a la frecuencia del desempleo. El mercado de trabajo prima con el empleo al varón casado y penaliza a los varones solteros y mujeres casadas. Baste una muestra entre 1977 y 1988: «El desempleo se incrementa entre los solteros en un 296,7 por 100, y entre las casadas en un ¡1.450 por 100!, mientras que entre los casados sólo se incrementa en un 63,7 por 100 durante el período estudiado» (Coller, 1991: 102).

Y esas relaciones fueron contempladas por las ciencias sociales muy tempranamente. Ya el estudio clásico sobre el paro de Mirra Komarovski (1940) abordó, como cuestión central, el paro en su dimensión familiar, examinando a los padres, madres e hijos mayores de familias afectadas por el desempleo en los años treinta en Estados Unidos. Y vinculó sus efectos perturbadores, al tipo de dinámica interna que prevaleciera, antes de producirse el paro, en la relación familiar. En aquellas familias cuya estructura de autoridad estuviera basada en la aportación económica del marido, los efectos del paro eran mucho más desestabilizadores que en las que estaba basada en el afecto. A menor rigidez interna, mayor capacidad de adaptación a una situación de pérdida por parte del marido de su papel de proveedor económico de la familia. La crisis profundizaba dinámicas anteriores: las familias que marchaban bien antes de la Depresión, llegaban a estar hasta más unidas, mientras que las que tenían dificultades de relación la crisis la agudizaba.

Naturalmente, las consecuencias del paro cambian según la antigüedad en el empleo y la duración del desempleo, actitudes hacia el trabajo, incluso según su magnitud en la comarca o región donde se encuentre el individuo, o el alcance de la protección social subsiguiente. Pero, sin acudir a estas y otras matizaciones, la pérdida del empleo instala al individuo en una atmósfera cotidiana que repercute en toda su vida cotidiana y familiar. Torregrosa (1985: 531-532) ha sintetizado las consecuencias de la pérdida del empleo remunerado en los siguientes aspectos:

1. Consecuencias económicas. La pérdida del empleo ocasiona descenso en los ingresos, incertidumbres respecto al futuro, reducción del consumo e, incluso, cambios en los estilos de vida.

2. El paro quiebra la estructura temporal que regula la actividad cotidiana de los individuos, desapareciendo como marco de referencia.

3. Con el paro desaparece el contexto interpersonal y comunicativo del trabajo, y el individuo queda sin las experiencias y contactos compartidos con personas de fuera de la familia.

4. Con el paro se ve alterado un componente central del *status* social y de la identidad personal del individuo.

La nueva constelación en la que el parado se desenvuelve produce, estructuralmente, el incremento de la dependencia con su red familiar, probablemente con relaciones caracterizadas por su mayor intensidad emocional. De ahí que sea una situación proclive tanto al desarrollo de la solidaridad y apoyo, como a la de tensiones o conflictos familiares.

En todo caso, se trata de unos efectos inscritos en un proceso. Ya en los años cuarenta Bakke observó que se producen diferenciadamente en cinco fases: la primera, de ajuste, en el momento de pérdida del empleo; la segunda, de equilibrio inestable, cuando en respuesta al paro se adoptan las decisiones familiares, que implican reajustes en su dinámica interna: incorporación de la mujer al trabajo, modificación en la gestión interna de la familia, etc.; la tercera, de desorganización, es la etapa crítica en la que puede producirse la ruptura en cuyo caso finaliza el ciclo, pero se trata de una fase de recrudecimiento de tensiones por las reacciones derivadas de la pérdida de *status* y de erosión de la autoridad familiar; la cuarta, de reajuste experimental, en la que, si no se ha producido la ruptura, se consuma el cambio de dirección de la familia en favor de la madre; y la quinta, el reajuste permanente, en el que se estabiliza el nuevo equilibrio interno de la familia, siendo asimilados los nuevos niveles de vida por todos los miembros de la familia (cit. en García Martínez, 1986: 981).

En España, en la década de los ochenta, la característica fundamental del paro no es sólo el elevado porcentaje de parados hijos que viven con sus familias, sino también la muy baja proporción de mujeres casadas en paro, como consecuencia de su todavía menor incorporación a la población activa. En contraposición, es más *alta la proporción de hombres parados que son cabeza de familia*. Pero en conjunto hay más cabezas de familia o cónyuges con empleo que en otros países europeos. Los datos lo muestran con rotundidad:

PARADOS EN HOGARES SEGÚN LA SITUACIÓN
FAMILIAR, 1986 (%)

	Cabeza de familia	Mujer	Cabeza de familia monoparental	Hijos	Persona no emparentada
España	26,8	8,0	1,4	60,4	3,4
CEE, 85 [12]	21,1	20,6	4,0	42,0 [a]	12,3 [a]
EEUU, 85	18,7	16,6	9,3	35,5	19,7

FUENTE: A. Espina, 1988, p. 191.
[a] Excluida Dinamarca.

Los parados en España son más jóvenes que en otros países, al afectar en mayor porcentaje a hijos, cuyo paro proviene de las dificultades de acceso al primer empleo. Por tanto, sólo algo más de un tercio —el 36,2 por 100— de los parados formaban parte de una pareja o eran cabezas de familia monoparental. Unas cifras que en la CEE alcanza el 45,7 por 100.

Pero para examinar el grado de repercusión social y familiar sería preciso conocer en qué medida coinciden o no los parados en el mismo hogar, y en qué porcentaje cuentan en cada caso con subsidios y/o pensiones los parados. Sobre el primer aspecto se puede verificar con la tasa de la incidencia del paro en los hogares. En algo menos del 10 por 100 de los hogares, todos los activos están parados:

HOGARES CON AL MENOS UN ACTIVO
POR SITUACIÓN DE ÉSTE (%)

	Todos activos parados	Al menos la mitad activos parados	Todos activos ocupados
España	8,03	20,39	74,77

FUENTE: *Boletín Estadístico de Datos Básicos*, n.os 8-9, 1992, p. 194.
Datos en base a EPA, 2.º trimestre de 1992.

Alvira y García (1986: 44), con datos de encuesta, elaboraron la tipología de hogares españoles según la incidencia familiar del paro. Sus resultados muestran que, con relación a los activos, las familias se distribuyen de la siguiente forma:

A)   Familias sin problemas de empleo: 69 por 100.
B)   Familias en que el cabeza de familia trabaja, y con problemas de empleo de sus familiares: 18 por 100.
C)   Familias donde el cabeza de familia está en paro: 13 por 100.

La mencionada investigación aportaba además otra revelación importante: los hogares en que el cabeza de familia trabaja y algún miembro está sin empleo —familias del tipo B— disponen de unos equipamientos domésticos y una situación económica sólo ligeramente peor que la de hogares sin problemas —de tipo A—, pese a que muy pocos hijos cobren el seguro. Las diferencias acusadas se producen con las familias cuyo cabeza de familia está en paro. Unos efectos coincidentes con los de Castillo (1987: 150 ss.) basados en la Encuesta de Equipamiento de Presupuestos Familiares.

Con arreglo a estos datos, una conclusión se impone: la familia ha constituido el mecanismo más difundido para la integración social del paro. Las tasas de conflictividad social hubieran sido mucho más elevadas, de no haber contado con el importante soporte del apoyo familiar, con consecuencias difícilmente imaginables.

1.   LA PROLONGACIÓN DE LA CONVIVENCIA PADRES-HIJOS

Si el paro afecta, sobre todo, al acceso de los jóvenes al primer empleo, su primera consecuencia en que *ha prolongado la fase de convivencia entre padres e hijos*, de suyo más elevada que en otros países europeos. La falta de trabajo quiebra con los mecanismos sociales de emancipación doméstica de los jóvenes. Máxime cuando el incremento del paro ha coincidido con aumentos muy elevados en el precio de viviendas en propiedad y alquiler. La salida del hogar está vinculada directamente al trabajo y, de hecho, en Francia al menos (Herpin, 1990: 31), en todas las edades la proporción de jóvenes que continúan viviendo con sus padres es mayor entre los parados que entre quienes tienen trabajo.

Posiblemente, la prolongada convivencia de padres con hijos de edad ya madura y en situación de paro, puede haber favorecido la tolerancia y permisividad ante formas de vida de los hijos, no siempre compartidas por sus padres. Pero, en todo caso, ese importante papel de amortiguador social de la familia, reforzado en época de crisis, no se produce sólo en términos económicos.

Aunque en España los científicos sociales y los políticos no suelen percibir las importantes funciones redistributivas y de protección social que sigue desempeñando la familia en la sociedad moderna, éstas adquieren toda su notoriedad cuando se dan altas tasas de paro. La familia proporciona entonces una red de apoyo social básica para evitar la desintegración psicológica del parado en una sociedad fundada en el trabajo.

Pero los efectos y alcance de la red familiar son todavía más amplios, como han sabido señalar Alonso y Castells: «El reparto del salario entre un mayor número de miembros de la familia se refleja estadísticamente en la concentración de un mayor número de individuos en los tramos de menores ingresos. Por ende, aquellos individuos que no han podido entrar en el mercado de trabajo y no han dispuesto de ese apoyo familiar, son los que han tenido mayor propensión a caer en la pobreza y en la marginación: hogares unipersonales sin cualificación profesional, familias monoparentales, sobre todo aquellas encabezadas por mujeres, jóvenes expulsados o huidos de sus hogares, constituyen el punto ciego del sistema, aquel al que no llega ni el mercado de trabajo, ni el sistema público de protección, ni la trama social de apoyo familiar; es en esos márgenes donde se agostan las vidas y se muere un poco esta sociedad» (Alonso y Castells, 1992: 126).

2. EL ABANDONO TEMPORAL DEL TRABAJO

El paro modifica igualmente los comportamientos con relación al mercado de trabajo de la mujer casada. En un aspecto me parece notoria esa vinculación: respecto al *abandono temporal del trabajo por parte de la mujer casada*, durante la crianza de los hijos, o por otras circunstancias familiares. Ésta ha sido una pauta muy tradicional· en la sociedad española y, en menor medida, también en otras europeas. Numerosas encuestas han puesto de relieve el importante porcentaje de población favorable a que la mujer no trabaje cuando tiene hijos pequeños.

Estas actitudes se han modificado muy considerablemente. Tanto el crecimiento de la tasa de incorporación de la mujer a la población activa, como su continuidad después de tener hijos, guardan relación con los cambios sociales y culturales en la posición social de la mujer en España en las últimas décadas. Pero también con las expectativas de empleo del conjunto de la población.

No sólo el paro, sino la psicosis de paro —la muy generalizada sensación respecto a la incierta continuidad de todos los puestos de trabajo— acrecienta como consecuencia la rigidez del mercado de trabajo. Su fluidez, las entradas y salidas condicionadas por circunstancias familiares, se restringe. En otras palabras, la creciente continuidad de la mujer casada en el mercado de trabajo no está motivada, exclusivamente, por la equiparación de las carreras laborales entre varones y mujeres. Son las incertidumbres y dudas sobre las posibilidades del retorno, las que en muchos casos influyen también en el no abandono temporal del trabajo por parte de las mujeres casadas. Y, si estos efectos se producen con relación al abandono temporal de trabajo, más notorio son respecto al impulso a entrar en él de mujeres casadas.

3. CAMBIOS EN LA FAMILIA

El paro favorece el equilibrio entre la pareja. Desde luego, al *impulsar la incorporación de la mujer al trabajo extradoméstico*, incluso a través de la economía sumergida, donde predominan las mujeres. En tal caso, al convertirse la mujer en proveedora de recursos económicos para la familia, cambia por completo el fundamento estructural de su relación de pareja.

Como consecuencia del paro, también la dinámica de la vida cotidiana de la pareja se concentra, en mayor medida, en la esfera doméstica. Los resultados de distintas encuestas lo acreditan. Una de las primeras actividades donde se reorienta la vida del parado varón y su empleo del tiempo es hacia la casa. En la encuesta sobre el paro de 1985 (CIS, 1985: 360), los entrevistados en situación de inactividad, además de buscar empleo, un 35 por 100 de los varones declaran que se ocupan más que antes de perder el trabajo *en la realización de labores del hogar.*

Si a estas consecuencias se añade que una de las estrategias que se adopta para hacer frente a la crisis económica por el paro es *el reforzamiento de los apoyos por parte de la familia* —restableci-miento de la convivencia en el mismo hogar, apoyos económicos, reforzamiento de las estrategias de búsqueda de empleo, etc.—, se comprenderá la ambivalente estela de efectos que el paro desen-cadena dentro de la casa: por un lado, impulsa el reforzamiento de los lazos familiares, equilibra la estructura de autoridad entre la pareja, pero todo esto, obligado por las condiciones laborales, cons-tituye al mismo tiempo un importante motor desencadenante de conflictos en la pareja y con su red familiar. Desde luego, sus efec-tos negativos se incrementan con la duración del paro y con la coincidencia en el paro de los dos cónyuges (Herpin, 1990: 41).

Sería necesario examinar en qué medida los efectos de cohesión o de conflicto se producen en los distintos medios sociales. En al-guna ocasión, se ha formulado la hipótesis de que en las familias con rentas más bajas, más afectadas por la flexibilización del mer-cado, reforzarán sus mecanismos de solidaridad. Mientras que los estratos de mayor renta, con más nivel profesional y cultural, be-neficiados de la movilidad, acentuarán la tendencia hacia la inde-pendencia personal y hacia la modernidad entendida como el afian-zamiento de los valores individuales (Rivas y Vara, 1989: 451).

Salvo los aspectos que luego se tratarán del divorcio, no se ha examinado esta cuestión en España. Pero la hipótesis que parece más lógica es justo la contraria a la mencionada. Los mecanismos de cohesión y solidaridad parecen superiores al ascender de nivel social. Con la clase aumentan también los trasvases de recursos —y no sólo los económicos— de padres a hijos. Por tanto, se acre-cientan los intereses que vinculan a ambos. De ahí que quepa aven-turar que los efectos de la crisis tenderán a reforzar la solidaridad al aumentar la clase, y no lo contrario. El mismo efecto vendrá por la prolongación de los años de formación y estudios, que profun-diza la dependencia de los hijos con los padres al aumentar la cla-se social.

La respuesta familiar a la crisis no se limita a la fase de eman-cipación de los hijos o de búsqueda de trabajo. Va más allá de la separación de los hijos, transformando ese proceso. Por ejemplo, alterando los comportamientos patrimoniales y de gestión econó-mica del presupuesto familiar. Así, la crisis ha prolongado la fase de preparación y de estudios de los hijos hasta edades más avan-zadas y, con gran frecuencia, con elevados costes económicos dado el proceso de privatización o de precios de mercado practicados por instituciones públicas para las enseñanzas de postgraduados.

Los efectos de la crisis muy posiblemente estén propiciando un cambio en los comportamientos patrimoniales de las familias, antes y después de la emancipación de los hijos. Se produce en las familias «un adelanto de herencia, un adelanto en el trasvase de renta y patrimonio que tradicionalmente se produce tras el fallecimiento de los padres»; e igualmente para hacer frente a la instalación profesional o de vivienda de los hijos: «Es entonces cuando, frecuentemente, las familias responden con prestamos a bajo o nulo interés o, en otros casos, con el reparto del patrimonio, bien directamente (donación de viviendas, por ejemplo), bien enajenando otras propiedades para obtener liquidez y traspasarla a los hijos ya "independientes"» (Rivas y Vara, 1989: 450). Unos comportamientos que, además de la crisis, por razones fiscales pueden haberse generalizado en sectores con altos recursos patrimoniales y económicos.

Pero los cambios no sólo son de padres a hijos. También se han desencadenado respuestas inversas, de hijos hacia padres, desconocidas en España hasta la crisis económica. Así, se ha constatado la aparición de «herencias negativas», una especie de pacto de gestión de rentas. Los padres apoyan la instalación de los hijos y éstos traspasan renta a sus padres cuando dejan la vida laboral activa: «El descenso del valor de las pensiones, la desaparición de algunos de los mecanismos de seguridad social y la descapitalización que hubieron de soportar para adelantar la transmisión del patrimonio, pueden dejar a los padres a merced de la solidaridad filial. El círculo familiar de resistencia a la crisis se cierra de este modo» (Rivas y Vara, 1989: 451).

Posiblemente estos comportamientos sean todavía muy minoritarios en la sociedad española. Pero reflejan la diversidad de estrategias con que cada grupo social, cada clase, cada segmento de población con arreglo a las específicas tradiciones familiares y culturales, afronta la crisis y la incertidumbre propia y de su descendencia. En muchas ocasiones, como ocurre con las «herencias negativas», reintroduciendo en los sectores urbanos, del sector servicios, los aparentemente más innovadores, conductas ancestralmente practicadas en los medios agrarios, al implantar una especie de familia troncal consensuada. En ellos, la mejora a uno de los hijos a quien se confiaba la explotación y posterior herencia de las tierras, llevaba aparejada la obligación de cuidar a los padres y hermanas solteras. Como se ve, la crisis del Estado de bienestar puede llevar a descubrir la gran novedad de nuestro pasado.

Estos aspectos se refieren a la dimensión horizontal de la familia —entre la pareja— o con la red familiar, padres o hermanos. Sin embargo, están por analizar los efectos directos de la situación de *paro en la crianza y socialización de los hijos.* En concreto, en qué medida la crisis genera la agudización de comportamientos discriminatorios por razón de sexos respecto a los hijos. Es muy probable que así esté ocurriendo. El más fácil acceso de la mujer al mercado de trabajo —en tareas no cualificadas—, puede precipitar su acceso al empleo. Esto quiebra uno de los principales cambios en las pautas de su acceso a la población activa, que se hace ahora con más cualificación y, por consiguiente, con mayor posibilidades retributivas y de carrera laboral.

Pero *el paro afecta igualmente a la natalidad.* Al menos en la opinión pública está muy sólidamente asentada la convicción de que el paro altera las pautas de reproducción. Los datos del Centro de Investigaciones Sociológicos (CIS, 1988: 212) así lo acreditan. La mayor parte de la población, y más aún los parados, cree que el paro ocasiona que se tengan menos hijos (87 por 100), que se retrase el momento de tener hijos (87 por 100) o que se decidan a no tener ningún hijo (67 por 100).

La Encuesta de Fecundidad de 1985 (INE, 1987: 747), sobre la base de una muestra de mujeres en edad fértil, también reveló las mismas tendencias. Incluso las mujeres que manifestaron que no querían tener más hijos, una de las razones aducidas en primer lugar (por el 4,50 por 100, a las que se podría añadir el 11,96, que aduce como motivo «razones económicas», que en parte engloba a anteriores) era por tener al marido parado y por necesidad de encontrar trabajo fuera del hogar. Unos porcentajes que se incrementan en las mujeres casadas.

En todo caso, los efectos reales del paro en la natalidad sería necesario examinarlos con arreglo a las variables que condicionan la natalidad y, en cada caso, medir el impacto del paro. Además de tener presente quién o quiénes son los parados —el marido, la mujer, ambos—, los efectos del paro vienen mediatizados por los hijos ya tenidos, religiosidad, la edad de las mujeres paradas o cónyuges de parados, etc.

Los efectos del paro se manifiestan igualmente *en la estabilidad matrimonial.* Naturalmente la relación entre ambos fenómenos no es independiente de otros aspectos de la dinámica familiar: contar o no con hijos y su edad, duración del matrimonio, etc. Al parecer, la experiencia del paro es particularmente crítica cuando los dos miembros de la pareja se encuentran en paro. Igualmente, la presencia o no de hijos tiene efectos diferenciales según el sexo del parado. No tener hijos convierte al matrimonio en más susceptible de ruptura cuando el parado es el varón. Pero no cuando es la mujer quien busca empleo (Herpin, 1990: 38).

En España estos efectos no se han analizado. Pero algunos datos disponibles parecen indicar tendencias algo distintas a otros países Así, si los estudios sobre divorcio revelan la existencia de una relación inversa entre la clase social y la ruptura matrimonial —independientemente del criterio para determinarla (ocupación, ingresos, estudios)—, en España por el contrario la relación existente es directa: aumentan los divorcios al ascender de nivel social (Borrajo, 1990: 61 y 155).

Estos datos pueden significar que las pautas de la ruptura y los efectos del paro sean diferentes en España a los que se dan en otras sociedades vecinas. Pero, con relación al conjunto de la población, las personas separadas y divorciadas tiene unas tasas de actividad muy diferentes. Las mujeres trabajan en una proporción dos veces superior al conjunto de la población femenina, mientras que la tasa de actividad de los varones divorciados es semejante a la del conjunto de la población masculina. Sin embargo, también es muy superior el porcentaje de parados, separados y divorciados en relación a la población total, tanto en mujeres como en varones (López Pintor y Toharia, 1989: 32). Un dato que puede provenir de que, efectivamente, las tasas de divorcio son muy altas entre los parados, o bien de que el divorcio empuja a la inmediata búsqueda de trabajo para hacer frente a la crisis económica que comporta. Lo importante sería conocer en qué medida cada una de estas interpretaciones influye en los distintos sectores sociales.

6. VIVIENDA Y FAMILIA

> Nada contribuye más a crear sentimientos elevados en
> un pueblo que el tipo amplio y abierto de sus viviendas.
>
> JOHN STUART MILL

I. FAMILIA, VIVIENDA Y HOGAR

La innegable importancia económica de la vivienda, su impacto en el urbanismo, la involucración de múltiples instancias administrativas y económicas en su regulación, fomento o autorización, han generado —junto al tratamiento arquitectónico— una consideración casi exclusivamente económica, financiera, fiscal o administrativa de la vivienda. Pero esos enfoques son notoriamente insuficientes en la pluralidad de aspectos implicados en la vivienda. Que este reduccionismo ocurra en España donde se sabe, por ejemplo, que el principal determinante del fenómeno migratorio de los sesenta hacia Europa fue el ahorro para adquirir una vivienda (Kade, 1970: 95), revela la necesidad de sacar el tratamiento de la vivienda del ámbito de los especialistas que, hasta ahora, han monopolizado su estudio.

Y dicho enfoque es erróneo, por insuficiente. Existen, en efecto, otros múltiples aspectos de importancia, cuando menos semejante, en el análisis de la vivienda. Sus efectos en la salud, la psicología humana o el equilibrio psíquico, por ejemplo, no pueden quedar marginados por la relevancia otorgada a las implicaciones económicas de la vivienda.

Si bien existe una larga tradición, por lo menos desde Montesquieu, que considera el comportamiento humano afectado y condicionado por el medio ambiente físico, por el contrario se ha prestado poca atención a los efectos ocasionados por las pequeñas áreas, en especial la vivienda. La desatención es, pues, correlativa. Tam-

poco desde la órbita de la sociología de la familia se le ha prestado atención relevante a las implicaciones de la residencia en la dinámica de la vida de sus miembros.

Pero es toda la vida cotidiana la afectada por su diseño y em-
plazamiento. Así se ha descrito en alguna ocasión: «La residencia
determina, en gran parte, la escuela a que acudirán los niños, las
tiendas donde se irá a comprar, las relaciones de vecindad, la iglesia que se frecuentará y los compañeros de juegos infantiles. La
casa puede definir de una vez para siempre el nivel social de una
familia, dentro de la comunidad en que convive. Fija, desde luego,
el medio social en que la familia absorbe sus pautas culturales. Puede ligar la familia a las limitadas oportunidades de una comunidad
particular o ampliarlas» (Abrams y Dean, 1970: 263). Es, pues,
determinante en el ritmo vital de una persona o grupo y, sin embargo, estamos habituados a considerar la vivienda desde sus implicaciones estéticas, urbanísticas, económicas, etc., pero no en sus
efectos en las interacciones de sus ocupantes. Existe mayor conciencia en la importancia del medio ecológico, que en la del específico nicho particular en el que transcurre la mayor parte de nuestra
vida.

Existen en efecto múltiples aspectos de la psicología colectiva y valores sociales o políticos involucrados en la relación del individuo con el hábitat que lo cobija. Incluso según cual sea la ti-
tularidad jurídica —propiedad o alquiler— de dicha ocupación.
No es un secreto, por ejemplo, que el franquismo impulsó la política de vivienda en propiedad como un instrumento de conservadurismo y estabilidad social. Los esfuerzos laborales y económicos necesarios para abonar la compra, restringían la
disponibilidad para otras ocupaciones y, así, los riesgos de la contestación política. En 1958 el entonces Ministro español de la Vivienda, defenderá explícitamente la política del fomento de la vivienda en propiedad, basándola en que con los nuevos propietarios
se cambia la mentalidad política de éstos, haciéndolos más conservadores «con lo que se hace política anticomunista» (cit. en
Fonseca, 1965: 74).

Sin embargo, sería un error considerar esta orientación como
una interpretación peculiar, únicamente para consumo interno de
la sociedad española. Ocurre justo lo contrario; en términos muy
semejantes se le otorga relevancia ideológica en muchos otros países. Recuérdese que la privatización de viviendas municipales en

Inglaterra ha sido uno de los principales componentes de las reformas efectuadas por el gobierno de Margaret Thatcher durante su mandato. Pero el fomento de las viviendas en propiedad ha sido una constante de los gobiernos laboristas y conservadores, desde la Segunda Guerra Mundial. Y la política de vivienda ha estado orientada hacia las necesidades de la familia nuclear, aunque no haya cesado de incrementarse la magnitud de otras formas de familia (Watson, 1987: 130-135).

Lo mismo ocurre en países como Estados Unidos, donde la cuestión se suscita en los momentos más importantes. En el primer debate en televisión, durante la campaña electoral por la presidencia en 1989, el candidato demócrata —Dukakis— reiteró su denuncia de aplastamiento bajo Reagan de las clases medias. Pero el fundamento de su argumento radicaba en que esas clases tienen dificultad para comprar una casa, lo que forma parte del *sueño americano*: «¿Quiere usted convertirnos, señor Bush —le espetó como suprema afrenta ante los televidentes— en una nación de inquilinos?» El alquiler convertido así como una forma degradante de ciudadanía [1].

Pero no sólo el régimen jurídico de la ocupación genera efectos sociales. Tampoco el lenguaje es inocente. ¿Cuántas veces se habrá repetido que el destino de la mujer es el «hogar»? Hay en ello un uso que no es rigurosamente estadístico del término «hogar». Para el INE el hogar se define como «la persona o conjunto de personas que ocupan en común una vivienda familiar o parte de ella y consumen alimentos y otros bienes con cargo a un mismo presupuesto» (INE, 1983: 15).

El uso habitual se encuentra, en efecto, más próximo a las evocaciones que genera la definición que aparece en el *Diccionario ideológico de la lengua española*, en el que «hogar» es «sitio donde se enciende la lumbre en las cocinas» o, en sentido figurado, «vida de familia». En este último sentido, hogar ya no es primariamente un espacio, sino una interacción.

En la práctica, en España el uso del término «hogar» tal vez no sea más que una enfática denominación para encubrir la no menos histó-

---

[1] Citado en el diario *El País* de 27 de septiembre de 1988, p. 3; por lo demás, las implicaciones políticas de la propiedad-arrendamiento de la vivienda fueron examinadas ya por F. ENGELS en *Contribución al problema de la vivienda,* Ediciones en Lenguas Extranjeras, Moscú, 1970.

rica carencia de viviendas en condiciones dignas, la falta de equipamientos adecuados, con una superficie insuficiente y en un hábitat urbano sin servicios. Esas connotaciones negativas desaparecen empleando el término «hogar» —que enfatiza unas relaciones interpersonales cálidas— y, sin embargo, se manifiestan con el uso de «vivienda»; de ahí que quede postergado salvo en la terminología económica.

En todo caso lo que es innegable es que son numerosas las dimensiones del término «hogar». Como señalan Abrams y Dean (1970: 256), la palabra «hogar» comprende diversos elementos:

1.   El hogar puede ser una *posesión* en la que pueda invertirse el ego familiar y una buena parte de sus ingresos.

2.   El hogar puede ser un lugar donde es posible expresar *el gusto y la propiedad personales*, no sólo a los ojos de los demás, sino a los de uno mismo.

3.   El hogar puede ser una *máquina* para facilitar la vida personal, realizar las actividades familiares y aligerar la rutina cotidiana.

4.   El hogar puede ser un lugar de retiro para la *vida privada*, para un *relajamiento* espontáneo y para una *expresión* auténtica, no inhibida, de los *sentimientos*.

5.   El hogar puede ser un *bastión emocional* contra las amenazas y las inseguridades de un mundo demasiado grande, demasiado complicado donde los hombres pueden competir con otros para abrirse paso. Las fuertes tensiones del trabajo y el temor al futuro hacen necesario contar con un refugio: el «hogar».

6.   El hogar puede ser el *centro de las actividades familiares* y de la interacción con los amigos. Puede estar rodeado de la atmósfera ligera de los recuerdos de la infancia, de las «viejas costumbres» o de alguna otra significación profunda.

II.   LA VIVIENDA Y LA DINÁMICA FAMILIAR

Otro equívoco que se plantea al analizar la relación entre familia y vivienda proviene de una consideración restrictiva de la situación y necesidades de la familia en materia de alojamiento. Y ello en un doble plano: por una parte, por fundamentarla en una concepción estática de la familia y, por otra, por una concepción restrictiva de la composición de la familia.

La consideración estática genera graves disfunciones tanto para los usuarios como para los planificadores de recursos de alojamiento. El supuesto básico de la consideración estática supone percibir de una manera uniforme —en el transcurso del tiempo— las necesidades de alojamiento de una familia. Y, si eso pudo ocurrir en el pasado, hoy carece de todo fundamento. Una misma relación de pareja atraviesa en la actualidad situaciones y necesidades más divergentes en el transcurso de la duración de su propia unión, que si en el pasado hubiera contraído varios matrimonios sucesivos durante la vida de la misma persona. Es decir, la diversidad de situaciones objetivas hoy supera a las diversidades personales del pasado. Y habitualmente se perciben las necesidades de alojamiento de una manera estable, lo que contrasta con la dinámica real de la vida de la pareja.

Cada una de las etapas del desarrollo de la familia a lo largo del ciclo vital modifica el tamaño de la familia, las relaciones interpersonales, las posiciones familiares, los objetivos de familia y las necesidades de alojamiento y de servicios comunitarios. Incluso si ello no conlleva movilidad geográfica. Los profundos cambios en la vida de pareja van a afectar de manera directa a las necesidades de alojamiento durante su relación. Las secuencias fijadas del ciclo vital son suficientemente expresivas de esa diversidad de demandas respecto a la vivienda:

1.   Comienzo de la familia o pareja.
2.   Familia con infantes (el hijo mayor hasta treinta meses).
3.   Familias con hijos preescolares (el hijo mayor entre treinta meses y seis años).
4.   Familias con hijos escolares (el hijo mayor entre seis y trece años).
5.   Familias con adolescentes (el hijo mayor entre trece y veinte años).
6.   Familias «plataformas de colocación» (desde que se va el primer hijo hasta que lo hace el último).
7.   Familias maduras (desde el «nido vacío» hasta la jubilación).
8.   Familias ancianas (desde la jubilación hasta el fallecimiento de ambos esposos) (Campo, 1983: 186).

El extraordinario cambio de necesidades de alojamiento en el transcurso de una misma relación de pareja hace patentes las disfunciones que conlleva otorgar primacía a la política de propiedad respecto a la de alquiler, como todavía ocurre hoy en España. Ello obstaculiza gravemente el ajuste entre las necesidades de la pareja y su vivienda, que afecta de manera negativa a su propio bienestar y a la fluidez global del sistema. El caso más notorio —y frecuente— lo constituyen ancianos solos habitando viviendas con una superficie desproporcionada para sus necesidades y, a menudo, para sus disponibilidades económicas respecto al mantenimiento requerido por sus elevadas dimensiones. Que en España, por ejemplo, los no activos cuenten con una superficie útil por miembro en el hogar, de 31,1 metros cuadrados mientras que la media nacional es de 22,8, denota el mal ajuste existente entre las necesidades y el espacio disponible, sin duda por la rigidez de la vivienda en propiedad (INE, 1983: 186). En todo caso, las cambiantes actividades, ocupantes y condiciones de vida en el curso del ciclo vital constituyen una dimensión que es hoy imprescindible para definir, interpretar y programar una política de vivienda que aspire a satisfacer las necesidades cambiantes de los ciudadanos. Efectuar una decisión de compra con carácter definitivo al inicio de la relación de pareja sólo conducirá a desajustes en alguna de las ulteriores fases que habrán de atravesar en su convivencia.

III. LAS FORMAS FAMILIARES Y LA VIVIENDA

Pero, junto a la limitación que comporta la interpretación estática de la familia, otra insuficiencia proviene de entender que en la sociedad actual las demandas de vivienda por parte de las familias son homogéneas. No nos referimos a que las familias difieran en sus demandas de vivienda como resultado de factores de clase, de gustos o incluso extensión de la familia. Se trata de las diversidades de demandas derivadas de ausencia de homogeneidad en las formas familiares en la sociedad moderna.

Posiblemente no haya existido nunca esa homogeneidad, que, en muchas ocasiones, se da por hecho que quiebra hoy. Más bien lo que está ocurriendo es que se hacen públicos —y hasta se reivindica su legitimidad— comportamientos que con anterioridad contaban con censuras sociales e incluso sanciones penales.

En este aspecto, muy posiblemente hayan cambiado más radicalmente las actitudes sociales que los comportamientos colectivos. Pero en todo caso hoy existe un creciente número de situaciones de convivencia que no se corresponden con el estereotipo familiar —que se refiere a la familia nuclear; la pareja más su descendencia y, a lo sumo, algún pariente— ni con sus necesidades específicas de alojamiento. Y esas situaciones de un creciente volumen de población en las sociedades modernas no cuentan con actuaciones urbanísticas específicas.

Bonvalet (1990: 284) ha destacado cómo la aparición de nuevas formas de vida familiar, en los distintos países europeos, ha cuestionado las políticas de vivienda esencialmente fundadas en la familia tradicional. La diversidad de familias y la multiplicación de etapas del ciclo familiar generan una nueva movilidad residencial y, posiblemente, incrementan las demandas de alojamiento a las cuales las políticas públicas no pueden dejar de dar respuesta.

Baste citar un caso. El divorcio modifica e incrementa, al mismo tiempo, las necesidades de alojamiento. Genera el incremento de la demanda de viviendas —al pasar la pareja a ocupar dos viviendas— y altera el tipo de alojamiento necesario para residir tras la ruptura.

Lo mismo puede decirse respecto a las pautas de emancipación de los jóvenes respecto a la familia de origen. En España la crisis de empleo —que, como se sabe, afecta sobre todo al primer empleo de los jóvenes— ha restringido considerablemente la residencia independiente, pero en un inmediato futuro se incrementará. Y el aumento será sustancial; el porcentaje de varones y mujeres de diecinueve y veinte años que viven solos en la Europa comunitaria es entre dos y tres veces mayor, respectivamente, que en España (Toharia, 1983: 79). Pero, en todo caso, tanto su dilatada fase de convivencia familiar —a unas edades con demandas propias de privacía en la residencia familiar—, como el posible adelantamiento futuro de su emancipación residencial, es preciso tenerlos presentes no sólo para las actuaciones de política de la vivienda, sino para el ajuste de las demandas futuras de residencia por los ciudadanos.

Pues bien, se produce en la sociedad actual un gran número de situaciones atípicas desde el punto de vista de la visión de la familia en su forma nuclear. Y cada una genera demandas de alojamiento que no son equiparables a ella. Las madres solteras, la separación o el divorcio, la cohabitación —que se ha advertido también en España que propende al alquiler—, la viudedad, o el nuevo matrimonio tras el divorcio. Y a ello habría que añadir las divergencias involuntarias en la trayectoria del ciclo vital, bien sea por muerte prematura de uno de los esposos, o la de un hijo que resida con los padres, o los matrimonios sin hijos. Todas esas circunstancias alteran las necesidades que se proyectan sobre el alojamiento.

Es preciso resaltar la importancia de las diversidades familiares, pues las actuaciones urbanísticas están mediatizadas por completo por la apreciación de otras especificidades. Lo que ocurre es que se tienen en cuenta, únicamente, las diversidades de clase social. Pero no se percibe que éstas no son mayores que las familiares en la sociedad contemporánea, en lo que a vivienda se refiere.

La importancia de estas diversidades familiares radica, además, en que en la sociedad moderna no pueden contemplarse las situaciones familiares como trayectorias excluyentes. Cada vez más se incrementa el numero de personas que, en algún momento concreto de su vida, cuentan con necesidades de alojamiento diferentes a la de la familia nuclear. Y también se multiplica el número de situaciones ajenas a la familia nuclear que un mismo individuo experimentará. Desde el inicio de su vida adulta —con su emancipación de la residencia familiar—, hasta la emancipación de sus propios hijos y su jubilación, y sin mencionar situaciones de divorcio o madre soltera, las condiciones reales de su existencia cuentan con unas variaciones —con repercusión en el alojamiento— impensables por completo hace sólo una generación en España.

Y, es más, muchas de estas formas familiares se acomodan mejor con el *status* de alquiler. Entre otras razones porque permite ajustar de una manera más dinámica las necesidades de alojamiento a otro tipo de necesidades, tanto laborales como de relación personal. Así, según Bonvalet (1990), el arrendamiento facilita satisfacer las necesidades que generan de proximidad con la familia extensa. Las madres solteras, las mujeres que trabajan y que acuden a la ayuda de los padres para cuidar a los nietos; los divorciados para quienes la proximidad geográfica es una de las condiciones para posibilitar la relación con los hijos; la relación de la familia nuclear con la familia extensa; la atención y cuidado de las personas ancianas, etc., todo ello exigirá una política de vivienda que preserve esa aspiración de proximidad, Y para satisfacerla el arrendamiento proporciona una mayor flexibilidad.

ESTRUCTURA Y TAMAÑO DE LOS HOGARES
EN ESPAÑA, 1981

	% hogares	% personas	Personas por hogar
HOGARES SIN NÚCLEO	13,47	5,2	1,32
De una sola persona	10,25	2,90	1,00
De dos o más personas	3,22	2,12	2,33
HOGARES CON UN NÚCLEO	83,12	89,10	3,79
Matrimonio sin hijos solteros	17,93	10,85	2,14
Matrimonio con hijos solteros	58,08	72,22	4,39
Padre solo con hijos solteros	1,28	1,12	3,10
Madre sola con hijos solteros	5,83	4,91	2,98
HOGARES CON DOS O MÁS NÚCLEOS	3,42	5,88	6,09

Los datos recogidos del Censo de Población de 1981 permiten verificar las anteriores afirmaciones sobre las diversidades familiares en la sociedad española. La forma de convivencia más difundida es la de matrimonio con hijos solteros, la que se corresponde con la familia nuclear. Son los destinatarios de las políticas de vivienda. Pero obsérvese que significa algo más de la mitad de los hogares y agrupa a tres de cada cuatro ciudadanos. Es decir, fuera de ellos quedan sectores importantes de la población (Flaquer y Soler, 1990).

En primer lugar, aparece el 18 por 100 de los hogares y 10 por 100 de la población, que son matrimonios sin hijos solteros; una realidad familiar ajena a esas modalidades de vivienda.

En segundo lugar aparece un 13 por 100 de los hogares (y 5 por 100 de la población) que corresponde a hogares sin núcleo, que en su mayoría son hogares de una sola persona. Los porcentajes pueden considerarse reducidos. Pero adviértase que los hogares solitarios son los que tienen mayor incremento en la década desde el Censo de 1970: un 37 por 100 en términos relativos. En gran medida se corresponde con hogares donde residen personas con más de sesenta y cuatro años, que continuarán creciendo como resultado del proceso de envejecimiento de la población española.

Y en tercer lugar aparecen las familias monoparentales, padre o madre sola con hijos solteros, sobre todo encabezadas por mujeres que constituyen el 6 por 100 de los hogares y el 5 por 100 respecto a la población. E igualmente con tendencia a incrementar su importancia en el futuro (Iglesias, 1988).

En conjunto los datos censales reflejan la necesidad de contemplar las necesidades de vivienda de una manera más heterogénea de lo realizado hasta ahora. Las modalidades de organización familiar son hoy más diversificadas que en el pasado y todo indica que seguirá incrementándose su importancia, aproximándose a la magnitud que cuentan en otros países europeos. Y este dato origina la necesidad de diversificar —e incrementar sustancialmente— las medidas de política social destinadas a la población y, de manera significativa, las que guardan relación con la política de la vivienda.

IV.   VIVIENDA Y NUPCIALIDAD

La vivienda constituye un importante condicionante de la nupcialidad, sin duda una de las más relevantes industrias mantenidas por particulares —y sin subvenciones públicas— de la sociedad moderna.

Se ha producido un muy brusco y continuado descenso de la tasa de nupcialidad (número de matrimonios por 1.000 habitantes) desde 1975. Pero, entre la multiplicidad de factores que han ocasionado esta evolución, en España ha de resaltarse sobre todo la influencia del paro juvenil, que es el sector más afectado por la crisis de empleo.

En muchas ocasiones se ha asociado la evolución de la nupcialidad con la pérdida de atracción del matrimonio en la sociedad española. No parece suficiente esta interpretación, y existen numerosos datos que la invalidan. Los jóvenes con gran frecuencia mantienen, por ejemplo, relaciones de noviazgo con valores homogéneos a los del matrimonio tradicional (exclusividad y exigencia de fidelidad mutua, que incluye ahora también al varón, mientras dura la relación afectiva). Pero sobre todo hay otro dato aún más inequívoco: quienes se casan (que son menos) lo hacen a unas edades cada vez más jóvenes. El descenso de la nupcialidad es pues correlativo con el de la edad de los contrayentes. Y este doble hecho no parece avalar el distanciamiento juvenil del matrimonio, sino su obstaculización por otro tipo de factores. Naturalmente esta afirmación no significa desconocer la existencia de la cohabitación en la sociedad española, ni sus efectos en el descenso de la nupcialidad. Sin embargo, debe advertirse que no parece haber adquirido la magnitud que cuenta en otras sociedades; aquí todavía parece un comportamiento más frecuente después de la ruptura de una relación (y explicaría la baja nupcialidad de los divorciados) que previa a la misma. Y en todo caso su magnitud no parece explicar la del descenso de la nupcialidad. Quizá lo que sí pudiera afirmarse es que se están diversificando de manera sustancial las trayectorias vitales de los jóvenes. Pero en términos generales la crisis de empleo ha afectado más al descenso de la nupcialidad, que al auge de la cohabitación[2].

Pero este contexto de empleo juvenil no hace sino engrandecer el impacto de la vivienda sobre la nupcialidad. Los problemas económicos para hacer frente al alojamiento constituyen uno de los principales obstáculos para la nupcialidad de los jóvenes en la sociedad española. La escasez de viviendas en alquiler incrementa todavía más las dificultades, al imponer la coincidencia entre los proyectos matrimoniales y la adquisición de una vivienda en propiedad.

Esta singularidad de la política de la vivienda en la sociedad española —la ausencia de un mercado de vivienda específico dirigido a parejas jóvenes sin hijos y en alquiler— impone igualmente una peculiar muestra de solidaridad intergeneracional. La principal manifestación de apoyo de la red familiar al proyecto matrimonial de los jóvenes se materializa en el apoyo financiero a la adquisición de una vivienda.

Los condicionamientos económicos de la nupcialidad se observan especialmente en la solución al problema del alojamiento. En el reciente estudio del centro de investigaciones CIRES (1990) sobre matrimonio y parejas se percibe claramente el protagonismo del grupo familiar en la búsqueda de vivienda. Se planteó a los entrevistados que han vivido en pareja cómo resolvieron su alojamiento cuando empezaron a vivir juntos. El tipo de

---

[2] Para un estudio sobre la cohabitación y sus características en España, véase Cabré y otros, *La cohabitación en España. Un estudio en Madrid y Barcelona,* CIS, Madrid, 1988 y FOESSA, 1985.

casa donde iniciaron su vida matrimonial arroja los siguientes porcentajes:

1.	En casa alquilada, con dinero propio	29,8
2.	En casa de familiares, compartiendo la vivienda con ellos	19,6
3.	En casa comprada con ahorros propios	15,5
4.	En casa comprada con dinero familiar	5,5
5.	En casa alquilada con dinero familiar	1,3
6.	Otras	2,8

FUENTE: CIRES, 1990.

Algo menos de un tercio de los entrevistados declara haber alquilado la vivienda con dinero propio. Es el comportamiento más frecuente. Pero, a continuación, aparece que uno de cada cuatro entrevistados responde involucrando a sus familiares en la solución de su alojamiento en una u otra forma. Un 20 por 100, residiendo con sus familiares; un 5,5 por 100, comprándola con dinero familiar, y el 1,3 por 100, alquilada con dinero familiar.

Desde un punto de vista sociológico, estos datos muestran la enorme importancia de la red familiar en la nupcialidad, y el influjo de sus actitudes en posibilitar u obstaculizar los propósitos matrimoniales de la pareja. E igualmente el protagonismo de la vivienda en el proceso de decisión, por su relevancia económica. Si se considera el peso que, al menos tradicionalmente, ha tenido una cierta seguridad de empleo y la disponibilidad de un cierto grado de recursos económicos —hoy quizá más atenuada en términos simbólicos que reales— en los procesos de decisión matrimonial, y a ello se añade la carestía del mercado de viviendas en España, es preciso concluir admitiendo sus efectos negativos sobre la nupcialidad. Aunque la magnitud de dicho efecto no sea posible, hoy por hoy, establecerla.

V.   VIVIENDA Y RELACIONES FAMILIARES

Otro ámbito relevante de análisis es examinar en qué medida la vivienda condiciona el tipo de relaciones internas de la familia. Y su importancia es central, como consecuencia incluso de procesos de transformación social que le afectan directamente.

A uno de ellos es ineludible referirse, por su trascendencia. Se trata del auge de la privacidad y a la relevancia que ha adquirido este importante fenómeno en las últimas décadas (Béjar, 1988). El culto a la vida privada, el individualismo e incluso el narcisismo —y su correlato necesario: el desplazamiento de lo público— generan la revalorización del espacio doméstico y la creciente importancia de la vivienda para las relaciones familiares.

En España existen ya ciertas manifestaciones del peso que va adquiriendo lo doméstico y la atención al hábitat privado. Buena muestra de estas tendencias es el auge de ciertas industrias y sectores comerciales centrados en el ámbito doméstico: desde decoración, a revistas sobre interiorismo, empresas de remodelación de viviendas, etc. No son meras manifestaciones de un determinado nivel económico, o al menos no son sólo eso; son también nuestras de un cierto basculamiento de las actitudes colectivas hacia los espacios interiores, al mundo privado.

Porque no debe olvidarse que la tendencia en el pasado ha sido en España justamente la contraria: la preminencia de la vida en el exterior de la vivienda, lo que aún continúa ocurriendo en mayor medida que en otras sociedades. Muchas circunstancias han generado esta situación. La jornada de trabajo sigue siendo superior a la de la mayoría de los países de la Unión Europea. La jornada de trabajo partida —muy poco difundida en Europa— alarga la permanencia impuesta fuera del domicilio al duplicar los desplazamientos cotidianos. La existencia de una pauta de ocio externo —y separado según sexos— tradicionalmente tampoco favoreció la atribución de importancia al ámbito doméstico, que permanece aún bastante impermeable a observadores ajenos a la propia familia. Que las tareas domésticas y la casa hayan sido responsabilidad específica de la mujer, en una sociedad sexista como la española, tampoco favoreció el atribuir a la vivienda un papel relevante en el pasado.

Estos factores han estado asociados —como causa y consecuencia, simultáneamente— con la tradicional falta de calidad de las viviendas, escasez de equipamientos domésticos y poco *confort*, una singular peculiaridad de la sociedad española: «Uno de los aspectos menos racionales del consumo familiar en España es la relativa incomodidad de las viviendas, relativa al dinero que se gasta fuera de ella. Tenemos así casas más bien incómodas, pero un desusado gasto en vacaciones, en "segunda residencia" (que suele ser todavía más incómoda que la primera), en hostelería [...]. En definitiva, la casa no termina siendo algo íntimo y familiar, como lo fue en otros tiempos la casa solariega. Sólo los vascos tienen esa noción de que la casa es algo más que la parte física, el edificio» (A. de Miguel, 1990: 72).

Bien como causa o como consecuencia de esa baja calidad de la vivienda, la vida extradoméstica del español ha sido más intensa que la privada, y ésta ha sido preservada con mayor hermetismo. Ya lo escribió Baroja con su habitual acidez y perspicacia. En boca de un personaje femenino extranjero pone estas atinadas observaciones sobre España; «Éste es un pueblo con dogma, pero sin moralidad; con gestos, pero sin entusiasmo; con franqueza y sin efusión. No lo comprendo bien. Gran parte de su manera de ser creo que procede de la falta de hogar. La calle les parece a estos meridionales el pasillo de su casa; hablan a las novias en la calle; discuten en la calle; para la casa no guardan más que las funciones vegetativas y la severidad» (Baroja, 1968: 114).

La reflexión de Baroja es oportuna evocarla por cuanto es un autor a quien le preocupó particularmente el influjo de la casa en los comportamientos sociales. En otro lugar, al indicar mejora de las condiciones de trabajo de los estudiantes —ahora los jóvenes tienen cuarto de estudio, señala— destaca los efectos de la introducción de la luz eléctrica: «En uno de aquellos clásicos comedores de hace más de cincuenta años —escribe en sus *Memorias*— con su papel un poco ajado, con alguna estampa o algún cromo en las paredes y su lámpara mortecina y triste, no se podían tener más que ideas descentradas y románticas» (Baroja, 1978: 572).

Posiblemente estos condicionamientos del hábitat doméstico guarden alguna relación con algunas peculiaridades de la sociedad española. El peculiar papel de la mala calidad de la vivienda como instrumento para enfriar las relaciones interpersonales y, por consiguiente, para amortiguar la radicalidad del conflicto, entre otras cosas por la reducción del tiempo de convivencia dentro de la casa. Esto ayudaría a interpretar cómo el distanciamiento generacional o matrimonial es mucho más frecuente que las rupturas. Éstas son neutralizadas por la falta de intensidad de las relaciones interpersonales y su postergación por la actividad extradoméstica separada.

En todo caso es ahora, en las dos últimas décadas, cuando la demanda de calidad del medio donde se habita se percibe con claridad. Es una muestra de la búsqueda de relaciones de privacidad más profundas que antaño. A esto se asocia el señalado auge de las empresas centradas en las viviendas. Es una manifestación de las crecientes demandas centradas en calidad del medio que habitan los españoles.

El protagonismo de la vivienda como uno de los factores de incidencia en la dinámica de la pareja puede constatarse en diversos estudios empíricos. Los datos de la década de los ochenta son buena prueba de la creciente relevancia que se le otorga.

IMPORTANCIA DE UNA SERIE DE FACTORES
PARA LA FELICIDAD DE LA PAREJA

(Porcentajes que consideran muy o bastante importante
cada factor)

	Europa	España		
	1981	1981	1987	1990
Respeto y cariño mutuo	98	96	97	97,5
Fidelidad	97	96	96	98,2
Entendimiento y tolerancia	97	95	96	97,3
Relación sexual satisfactoria	94	90	92	93,0
Gustos e intereses comunes	87	88	89	84,0
Tener hijos	84	94	85	92,8
Ingresos adecuados	86	85	84	93,8
TENER UNA BUENA VIVIENDA	85	79	72	89,8
Compartir tareas domésticas	68	61	65	80,1
NO VIVIR CON FAMILIA POLÍTICA	78	70	62	83,7
Ser del mismo nivel social	59	69	55	60,2
Compartir creencias religiosas	52	66	55	56,2
Compartir posiciones políticas	35	50	37	34,6

FUENTE: CIS, *Relaciones interpersonales. Actitudes y valores en la España de los 80,* Madrid. Los referidos a 1990: CIRES, *Encuesta sobre matrimonios y parejas,* Madrid, 1990.

Los datos españoles muestran un significativo cambio de orientación. En una primera fase, entre 1981 y 1987, se percibe un acusado descenso de la relevancia otorgada a la vivienda como factor de felicidad.

Pero, en la encuesta de 1990, se produce el cambio de tendencia, incrementándose considerablemente el porcentaje de los entrevistadores que atribuyen gran importancia a la disponibilidad de una vivienda de calidad. Parece como si las opiniones españolas, en este punto, se asemejaran a las europeas, con algún retraso (si es que, a su vez, las europeas no cambian de nuevo entre 1981 y 1990). La misma tendencia se manifiesta en la otra cara del mismo fenómeno del alojamiento: la evolución de las opiniones respecto a la importancia atribuida a no vivir con la familia política. También en esta cuestión, los años noventa marcan el cambio en la tendencia, aproximándose a las que prevalecían en Europa una década antes, que le otorgan más relevancia.

Los datos de encuestas de opinión, pues, señalan la creciente importancia atribuida a la vivienda, reflejo de esa revalorización de la vida privada que mencionábamos. Y estas tendencias son detectables en muchas otras dimensiones de la vida colectiva. La novela de Miguel Delibes *Cinco horas con Mario* supone un excelente testimonio de la importancia obsesiva que se atribuye a la mejora de la vivienda, por parte de una mujer de clase media en una ciudad media en los años sesenta. Una obra tan valiosa por su calidad literaria, como por su interés sociológico, y en la cual la protagonista ansía sobre todo la adquisición de una vivienda de mejor calidad.

Si el cambio de tendencia es, por consiguiente, perceptible, la importancia de la vivienda en la dinámica de las relaciones interpersonales de la pareja no hará sino incrementarse: «La nota más distintiva de estos años finiseculares es la obsesión por una vida doméstica cómoda. Esto va a representar el definitivo enterramiento del mito de la tradicional austeridad española. Durante mucho tiempo los españoles se han preocupado muy poco de invertir en la comodidad del hogar. Ya empieza a notarse el cambio, por ejemplo, en la reciente expansión de obras de arte menores para la decoración doméstica; ya empieza a crecer la circulación de las revistas que se ocupan del hogar. Ahora sí que es el momento de empezar a tirar la casa por la ventana» (A. de Miguel, 1990; 78).

Pues bien, la creciente demanda de calidad de vida doméstica será uno de los factores desencadenantes de perturbación en las relaciones interpersonales de la pareja. En especial, en un contexto social —tantas veces señalado en la España actual— de ostentación de la riqueza, que generará dosis de insatisfacción. Una situación que favorece el aumento de la disparidad entre la situación real y la deseada de vivienda, con una dinámica que ya fue advertida por Marx cuando escribió que: «Sea grande o pequeña una casa mientras las que la rodean son pequeñas, cumple todas las exigencias sociales de una vivienda. Pero, si, junto a una casa pequeña surge un palacio, la que hasta entonces era casa se encoge hasta quedar convertida en una choza» (Marx, 1968: 47).

VI. RUPTURA FAMILIAR Y VIVIENDA

Resulta particularmente oportuno examinar la relación entre ruptura familiar y vivienda en España. Y ello porque durante mucho tiempo la incertidumbre sobre la asignación de la vivienda del matrimonio fue una circunstancia que obstaculizaba el planteamiento de demandas de separación matrimonial. De hecho, tuvo que suceder un trágico acontecimiento para impulsar una reforma en el Código Civil y dar seguridades al mantenimiento de la residencia por la mujer.

El suceso fue llevado a la palestra pública por un artículo periodístico titulado «Domicilio conyugal» —aparecido en el diario *Abc* en 1953— por una abogada feminista, Mercedes Fórmica. En él se describía el asesinato cometido en Madrid por un marido contra su mujer, quien no había solicitado la separación ante el temor a quedarse sin domicilio donde vivir si lo asignara el juez al marido. Era el juez civil quien resolvía esta cuestión como trámite previo a la interposición de demanda de separación del matrimonio religioso. La gravedad del suceso y la resonancia del artículo llevaron a la modificación legal favoreciendo la atribución del domicilio conyugal a la mujer.

Aunque se trata, ciertamente, de un caso límite y la legislación ya ha sido modificada, nos sitúa ante un nudo de problemas relevantes: la incidencia de la vivienda en la ruptura de la relación familiar. De una manera directa o indirecta, la cuestión parece guardar manifiestas relaciones.

Existen además datos bien elocuentes al respecto. Así, en la Encuesta de Fecundidad de 1977 (INE, 1978: 149, 223 y 753-759) se examinaba —entre las mujeres casadas que no deseaban tener más hijos— qué circunstancias podrían hacerles cambiar de opinión. Pues bien, el contar con «mejores condiciones de vivienda» aparece como la cuarta condición más citada por las entrevistadas; aspecto que podría estar involucrado en las referencias también de la necesidad de mayores ingresos familiares. El «tener una vivienda pequeña» aparece igualmente como una de las principales razones para no desear tener más hijos, en las entrevistadas de la misma Encuesta de 1985. Y, lo que es más relevante, son sobre todo mujeres residentes en ciudades grandes (con más de 50.000 habitantes) y más jóvenes —es decir, donde se encuentra el mayor número de mujeres fértiles— las más proclives a pronunciarse de esta manera.

La vivienda, pues, incide en la dimensión de la familia. Hasta tal punto que se ha podido escribir, metafóricamente, que, de la misma forma que los líquidos toman la forma del recipiente que los contiene, «los arquitectos se han convertido en los verdaderos legisladores de la familia» (Carbonnier, 1971: 159). Es naturalmente un giro literario, ya que entre otras razones no son los arquitectos quienes determinan el espacio habitable por la población ni, por tanto, el tamaño de la familia. Pero ello no obsta para constatar que el número de hijos —de manera directa y por sus efectos en las condiciones económicas y de vivienda de la familia— es una de las cuestiones que mayor grado de tensiones matrimoniales suscitan en la pareja. Esto se comprobó ya en España en el segundo *Informe FOESSA*, en 1970 (p. 616).

Por otro lado, la dimensión de la familia influye igualmente en el hacinamiento en la vivienda. En este punto, es preciso señalar la existencia de una especie de «construcción legal del hacinamiento» como consecuencia de las medidas en favor de la promoción de viviendas sociales. Como es sabido, en España la promoción de viviendas sociales —es decir, destinadas a los sectores de clase baja— se ha regulado sobre la base, principalmente, de medidas limitativas de la superficie de la vivienda. Pero esta política choca con lo que se sabe de la natalidad diferencial por clases sociales en España: aumenta la natalidad cuando se desciende de clase. En otras palabras, tiende a perpetuarse la situación.

Existe, pues, una contradicción objetiva entre las crecientes necesidades de superficie a medida que se desciende de clase, y una creciente disminución de la superficie que se destina para sus ocupantes. Sin duda, un hacinamiento, por así decir, estructural. Debe ser un problema que afecte a un sector importante de la población española. De hecho, la media nacional de superficie útil por miembro del hogar en las viviendas sociales es de 16,5 metros cuadrados, muy próximo al límite establecido en 14 metros (INE, 1983: 201).

Sin embargo, el hacinamiento no es un concepto unívoco. En su acepción más generalizada, se entiende que se produce cuando reside más de una persona por habitación en una vivienda, que es el criterio del Censo de Estados Unidos. Pero, en ocasiones, se entiende que se produce hacinamiento cuando hay más de una persona por dormitorio únicamente, excluyendo otras piezas con que cuente la vivienda. Un tercer punto de vista enfoca el problema desde el punto de vista del uso de las habitaciones para finalidades distintas a la que están destinadas, por ejemplo, cuando el cuarto de estar se emplea como dormitorio, etc. Y, en fin, un cuarto aspecto considera el hacinamiento en relación al aislamiento de las habitaciones; es decir, cuando el tránsito de una pieza a otra requiere atravesar una tercera, suprimiendo la intimidad de los residentes, se producirá hacinamiento aunque no se cumpla ninguna de las condiciones anteriores (VVAA, 1970: 243-244).

Pues bien, los distintos enfoques revelan la diversidad de aspectos involucrados en la relación del individuo con su hábitat y con cualquiera de dichos indicadores o el de metros cuadrados por persona el hacinamiento afecta gravemente a la vida personal. Genera la inevitabilidad del contacto entre personas y la imposibilidad de controlar la presencia de otros. Además, en un hogar con hacinamiento, donde las actividades diarias de cualquiera pueden ser fácilmente observadas por otros, los aspectos más íntimos del ego de una persona están expuestos y ésta carece de zonas de retaguardia, que el análisis de Goffman sugiere que es importante tanto para el mantenimiento del ego, como para el desempeño efectivo de las actividades de uno[3]. En realidad, no es nada nuevo; lo

---

[3] W. R. GOVE y otros, *American Sociological Review,* vol. 44, n.º 1, 1979, pp. 59-81, donde se examinan los efectos del hacinamiento en las relaciones interpersonales. Por supuesto, la determinación de umbrales patológicos en la superficie de la vivienda no está exenta de críticas. Por ejemplo, Reimer sostiene la imposibilidad de verificar la necesidad de una determinada superficie por cada miembro de la vivienda, un mínimo de habitaciones, determinados servicios, etc. Y en otras ocasiones se ha señalado que no es el individuo, considerado aisladamente, quien necesita una determinada superficie, sino como miembro de una determinada cultura; por tanto, esas necesidades están en permanente variación y el mejor indicador lo constituye la diferencia entre la situación real y su modelo ideal; véase al respecto S. REIMER, «Arquitectura para la vida familiar», en VVAA, Buenos Aires, 1964: 226, y M. GÓMEZ MORÁN, 1977: 603 ss.

escribió ya Mirabeau al establecer que «los hombres son como las manzanas, amontónalos y se pudrirán».

Para quienes habitan en esas circunstancias, resulta difícil pensar que pueda cumplir con las dos funciones básicas que ha de satisfacer la vivienda: por un lado, aislar al hombre de su contorno y, por otro, contribuir a la superación de ese aislamiento favoreciendo su inclusión en grupos primarios (Baranov, 1922: 17). El hacinamiento imposibilita el desarrollo de la vida familiar y afecta, en último término, a toda la vida social, promoviendo una «cultura de calle». El hecho adquiere relevancia mayor en la sociedad actual, precisamente por la importancia que la relación interpersonal cuenta para la estabilidad de la relación matrimonial, que ese mismo hacinamiento imposibilita.

En España, además, la situación de hacinamiento puede estar significativamente incrementada —por lo menos en términos subjetivos— por la incidencia de la crisis de empleo en los jóvenes, que ha bloqueado sus procesos de emancipación del domicilio familiar, y por el descenso de la tasa de nupcialidad. O al menos ser dilatado el período de convivencia, hasta edades en que las necesidades sentidas de espacio posiblemente se incrementen sustancialmente. No cuenta la misma necesidad de espacio una familia compuesta por dos adultos y varios hijos adolescentes, que cuando también son adultos los hijos.

El influjo de estas circunstancias sociales prueba que las necesidades de vivienda no pueden formularse sólo con indicadores que genéricos de superficie o número de habitaciones, sin matizar según las circunstancias de edad o actividad de sus ocupantes. Los datos de convivencia con los padres entre los jóvenes españoles y europeos (Toharia, 1983: 79), en el año 1982, evidencia la convivencia familiar más frecuente en nuestro país:

JÓVENES QUE VIVEN CON SUS PADRES (%)

Años	Varones		Mujeres	
	España	Europa 10	España	Europa 10
15-16	96	97	97	93
17-18	98	95	95	89
19-20	88	83	81	64

Pero, al examinar las relaciones entre vivienda y ruptura, no debe olvidarse que se trata de unos nexos que se superponen a los efectos de clase social. Ésta, es obvio, condiciona el tipo y superficie disponible de vivienda. La correlación entre ambas dificulta determinar lo que son efectos directos de la vivienda o bien de clase social, manifestada incluso a través de tensiones por la vivienda. Lo que es curioso constatar en todo caso es que, en España, las *Estadísticas judiciales*, cuando recogen los datos de los Tribunales Tutelares de Menores mencionan al hacinamiento como uno de los factores causantes del comportamiento delictivo del menor (junto a otros factores ilustrativos de la ideología de los responsables, como las segundas nupcias).

Sin llegar a las situaciones extremas provocadas por el hacinamiento, las tensiones por razones económicas son una de las más frecuentes causas de disputas en los matrimonios. En este sentido los costes de adquisición, de financiación e impositivos de la vivienda tienen que estar alimentando sustancialmente esas tensiones por razones económicas. Por ello aunque no sea el espacio o la vivienda la generadora de las tensiones, sí las implicaciones económicas necesarias para hacer frente a ese espacio.

Se trata, en suma, de la función decisiva del medio ambiente en la dinámica de la relación familiar. Lo dejó escrito, en una de sus *Empresas* Saavedra Fajardo: «Casi es tan imposible criarse bueno un príncipe en un palacio malo, como tirar una línea derecha con una regla torcida.»

7. TIEMPO Y FAMILIA *

Pese a la relevancia de la dimensión temporal, ésta, sin embargo, ha estado al margen del desarrollo de la sociología de la familia. Los análisis sociológicos —teóricos y empíricos— han marginado, en la inmensa mayoría de los casos, el tiempo como factor constitutivo de la estructura familiar. Y ello aunque incluso conceptos tan básicos, como, por ejemplo, el de cohorte, pudieran haber servido para trascender hasta una interpretación global del influjo del tiempo en el sistema familiar. Y, si la familia es un tiempo compartido, su desenvolvimiento se basa en una serie de proyectos articulados temporalmente.

Por ello mismo, lo que resulta sustantivo para interpretar el desarrollo de este enfoque es plantearse cuáles han sido los condicionamientos sociales que han impulsado la creciente relevancia que le es otorgada por los científicos sociales. Algunos factores, por su relevancia, deben ser examinados.

I. SINCRONIZACIÓN TEMPORAL

La sincronización de actividades es la primera circunstancia que es preciso mencionar. Ha sido en el siglo XX —y, en España, fundamentalmente en su segunda mitad— cuando se ha alterado la experiencia ciudadana del tiempo como resultado de la difusión de innovaciones técnicas que han permitido utilizar todo el ciclo diario, y no sólo las horas del sol. En este proceso el agente decisivo ha sido la electrificación del alumbrado. Con la electricidad, en efecto, el alumbrado se hace a bajo coste y con procedimiento fácil y rápido su encendido y apagado. Más aún, la electricidad ha

---

* Escrito para una investigación conjunta con Inés Alberdi y Lluís Flaques, 1995, inédita.

proporcionado intensidad y estabilidad al alumbrado una vez encendido. Las modalidades de iluminación del pasado pierden difusión por sus riesgos y, sobre todo, por la escasa intensidad de la luz que generaban (Iglesias, 1987b).

Con la mejora del alumbrado y su generalización, la experiencia privada y pública del tiempo se transforma por completo. La difusión en los espacios públicos —vías urbanas, parques, jardines— y en los espacios privados —en el interior de los hogares—, del alumbrado, convierte lo que históricamente había sido una imposición de la naturaleza en una opción que cada individuo —y en cada familia— ha de realizar: sus opciones cronológicas cotidianas. Y, por consiguiente, al desaparecer la estandarización de las actividades, hace necesario la sincronización de los usos del tiempo por parte de cada grupo social y por cada miembro de la familia.

La potencial disponibilidad de la totalidad del ciclo diario —las veinticuatro horas son ya de uso potencial de manera cómoda— es una experiencia muy reciente en todos los países desarrollados. De hecho, en España el proceso de expansión ha finalizado tan recientemente, que después de la transición política ha concluido la electrificación de las últimas localidades que carecían de suministro. La ampliación de horarios de emisión de las cadenas de televisión, la proliferación de locales nocturnos en el medio rural recientemente, e incluso la masiva audiencia que reciben los programas de radio de media noche —dedicados al deporte— evidencian los recientes cambios en los usos horarios de la sociedad española.

Pero esta misma tardía electrificación ha hecho que la experiencia humana de acomodamiento a los fenómenos de sincronización de actividades sea, igualmente, muy reciente. No han sido desarrollados, por consiguiente, los procesos de socialización pertinentes ni, en todos los casos, se han asimilado los usos de la multiplicidad de horarios disponibles para una misma actividad. La aparición de problemas, incluso, de orden público con motivo de la regulación de cierre de establecimientos frecuentados por jóvenes, acreditan las dificultades de aceptación de las regulaciones temporales en nuestra sociedad que suelen, también, ocasionar tensiones intergeneracionales.

En todo caso, la aparición dentro del sistema familiar de la necesidad de sincronización entre las actividades de sus distintos miembros se ha visto —también muy recientemente— acrecentada porque se ha incrementado el tiempo disponible por los individuos —llámese libre o de cualquier otra forma— como consecuencia de otras tendencias sociales. Así, por ejemplo, por la disminución de la jornada de trabajo; la tecnificación doméstica, que permite acortar la duración de las tareas del hogar; la disminución del tamaño familiar y el acortamiento del período intergenésico de nacimiento de los hijos (que concentra las tareas de crianza de menor número de años); el aumento de las vacaciones e, incluso, la existencia de un importante colectivo de parados subsidiarios.

Todos estos factores hacen que hayan surgido muy recientemente los problemas derivados de la multiplicidad de usos potenciales del tiempo; una experiencia por completo novedosa en la historia familiar y que ha aparecido en nuestros días. Los individuos han escapado a los determinismos temporales que le imponía la naturaleza y la sociedad —por las jornadas de trabajo, ausencia de jubilación, etc.—, y han de hacer de la jornada un cúmulo de decisiones de usos específicos del tiempo. Y, si viven en familia, esas decisiones requieren ser coordinadas —o tenidas en cuenta— con las del resto de miembros del hogar.

II. ACCESO AL USO DISCRECIONAL DE TIEMPO

Otra circunstancia singular y reciente que convierte en problema la relación tiempo y familia es la reciente multiplicación de actores con acceso al uso discrecional del tiempo.

Históricamente, la escasa electrificación y el consiguiente sometimiento del individuo a los ciclos temporales naturales hacían muy corto el tiempo de uso potencialmente discrecional. La larga duración de las jornadas de trabajo y otras circunstancias sociales restringían el tiempo disponible para la libre determinación, hasta límites muy reducidos para la generalidad de los ciudadanos. El tiempo disponible se basaba más en la ausencia de oportunidades vitales cotidianas, que en las horas diarias susceptibles de utilizarlas para cualquier actividad.

Pero lo relevante a nuestros efectos ahora es que, globalmente, sólo un sector muy minoritario de la sociedad se encontraba legitimado para la libre determinación de sus actividades temporales. Exclusivamente los varones —y a las avanzadas edades en que alcanzaban su autonomía— contaban con legitimidad social para articular sus proyectos de actividades cotidianas en el transcurso del día. La sociedad imponía a las mujeres y a los jóvenes la rígida reglamentación de sus actividades cotidianas, sin margen significativo para sus iniciativas personales. Ser mujer o ser joven era, antes que cualquier otra cosa, llevar una vida ferreamente reglamentada, carecer la oportunidad de determinar temporalmente su vida, tener una existencia pre-escrita (por otros).

Pero éste no es el caso de la sociedad actual. Los varones adultos han dejado de tener el monopolio de la libre determinación de sus actividades diarias. Hoy gozan sus mismas prerrogativas, con pocas excepciones, las mujeres y los jóvenes de los dos sexos, pero sobre todo los varones. Es decir, se han multiplicado los actores que en cada sociedad organizan y estructuran sus actividades, libremente elegidas; el escenario público aparece repleto de individuos —de todas las edades y de los dos sexos—, con múltiples oportunidades vitales y haciendo uso de sus heterogéneas opciones.

La proliferación de los actores protagonistas de las libertades horarias multiplican, como es obvio, las dificultades de sincronización respecto al pasado. E igualmente quedan ampliadas las circunstancias generadoras de tensiones y conflictos en la familia, como consecuencia de la multiplicidad de tiempos —vividos o deseados— por sus distintos miembros. Si a ello se añade la reciente introducción de estas diversidades en nuestra sociedad, cabe concluir que serán relativamente frecuentes las tensiones derivadas de esta coexistencia de actores protagonistas de las libertades temporales. En todo caso, las dificultades de sincronización de los miembros de la familia quedan multiplicadas y, por ello, los elementos desencadenantes de las tensiones familiares.

III. LA MULTIPLICACIÓN DE ACTIVIDADES

Pero lo singular de la sociedad no es sólo que hayan accedido a las libertades de determinación de sus jornadas cotidianas sectores como las mujeres o jóvenes que, con anterioridad, veían restringidas esas posibilidades. Ese fenómeno ha sido simultáneo en el tiempo con la ampliación de las oportunidades vitales en la sociedad moderna, para todos los actores que hoy protagonizan el escenario social.

Todos los sectores sociales —sean varones, mujeres o jóvenes— cuentan hoy con una multiplicidad de oportunidades vitales y de actividades cotidianas, desconocidas en el pasado histórico cuando los varones adultos monopolizaban las libertades sociales.

Pero esa multiplicidad de actividades cotidianas es, también, otro de los elementos que dotan de problematicidad al tiempo y, al incidir en el sistema familiar, convierte en necesario sus consideración en nuestros días.

El individuo hoy cuenta con tal magnitud de alternativas —culturalmente legítimas— para materializar cotidianamente, que las dificultades de la sincronización y de la articulación son numerosas en todos los sectores sociales. Piénsese, por ejemplo, lo que significa la incorporación de la mujer al trabajo extradoméstico —que ha crecido considerablemente desde la transición política—, para la armonización horaria de la pareja y de la vida familiar. Un elemento absolutamente significativo, sobre todo cuando se produce en contextos urbanos, donde los problemas de desplazamientos y de los horarios —de la jornada de trabajo y también de los comercios— dificultan no poco el desenvolvimiento fácil de la vida cotidiana.

Al multiplicarse las oportunidades vitales —para varones y mujeres y jóvenes, simultáneamente—, las posibilidades de que entren en conflicto las opciones específicas de cada miembro de la familia, así como las dificultades de establecer fórmulas de sincronización, se acrecientan sustancialmente respecto a un pasado histórico llano y sin sorpresas en los diseños temporales y de actividad de cada individuo, según su ubicación social. Pero en la sociedad actual, al ofrecer posibilidades simultáneas de trabajo y de ocio, de relación interna o externa a la familia, de actividad productiva o improductiva, etc., las dificultades de armonización temporal han hecho su aparición con fuerza.

IV. LA QUIEBRA DE LOS RITMOS FAMILIARES

La preocupación teórica por el tiempo y la familia ha sido incentivada, igualmente, por las manifestaciones que se perciben de quiebra de los ritmos temporales familiares, tradicionalmente asentados.

Ninguna sociedad del pasado ha contado con absoluta uniformidad en los ritmos temporales en los acontecimientos familiares.

Pero cada grupo social contaba con unos tiempos normativos o ideales, con cierta precisión, que regulaban la secuencia de acontecimientos y el momento adecuado en que debían plantearse. A los ciudadanos les correspondía articular sus proyectos vitales de acuerdo con esos marcos normativos. Los acontecimientos del ciclo vital estaban determinados temporalmente con cierta precisión; la sociedad fijaba los momentos adecuados para formalizar una relación de pareja; para contraer un matrimonio; para la descendencia; para la emancipación de los hijos, etc.

Naturalmente, por muy preciso que fueran esos marcos normativos, junto a esos tiempos normativos o ideales, existía una cierta diversidad de prácticas reales, derivadas tanto de la elasticidad de las prescripciones normativas, de la pluralidad de los sistemas fijados por los diferentes grupos sociales, como por la existencia siempre de comportamientos desviados respecto a los mandatos culturales prevalecientes en cada grupo social. Pero esas diversidades en las prácticas reales no obscurecen la existencia de los marcos normativos conocidos por el conjunto del grupo social.

Lo singular de las últimas décadas no es que haya aumentado la frecuencia de la pluralidad de los ritmos temporales. El fenómeno es más profundo pues alcanza a la erosión —hasta la desaparición— de los esquemas culturales que imponían unos modelos temporales determinados. No es que haya muchas prácticas diversas, es que no hay modelos comúnmente aceptados. Todas las prácticas gozan de sus esferas particulares de legitimación.

El trastocamiento de los ritmos familiares afecta a prácticamente todos los acontecimientos del ciclo vital. El matrimonio, el cielo reproductivo —nacimiento del primero al último hijo—, la emancipación de los hijos, la finalización del matrimonio, etc., han visto alterados sus momentos o cuestionada la existencia de una determinada secuencia de acontecimientos. Incluso la inversión de la secuencia del ciclo vital —primero se tienen los hijos y, en su caso, después se contrae matrimonio— cuenta con legitimidad en la sociedad y ha desaparecido toda discriminación jurídica por ello.

Junto a las alteraciones de los ritmos familiares, la percepción de quiebra se acrecienta por otro fenómeno también reciente y novedoso. En el pasado existía una pequeña diversidad de prácticas, pero se aceptaba la existencia de una única trayectoria biográfica. Hoy, sin embargo, junto al aumento en la diversidad de las prácticas, se repiten también las trayectorias. Las experiencias del ciclo familiar, como consecuencia del divorcio, se reproducen. Las segundas nupcias vienen acompañadas, en no pocas ocasiones, por la repetición de las fases del primer matrimonio, pero en edades muy diversas a las estandarizadas: de nuevo se tienen hijos, etc. Y algo semejante pudiera decirse de los matrimonios a edades elevadas de mujeres de altos niveles ocupacionales, cuyo retraso del matrimonio y de la reproducción ha sido, en muchas ocasiones, condición para poder alcanzar sus altos niveles ocupacionales.

Todo ello ofrece una perspectiva carente de parangón en el inmediato pasado, de una absoluta heterogeneidad de ritmos familiares. Más aún, los que se reivindican —y buscan su legitimidad públicamente— son precisamente aquellos que difieren de los establecidos en el pasado, las innovaciones sociales. La familia aparece así, para muchos, como desprovista de esquemas normativos temporales, carente de estandarización de usos. Favorece una imagen desprovista de estilos temporales compartidos. Y estas incertidumbres incitan a la reflexión por los especialistas en sociología de la familia.

V. LA PRIVATIZACIÓN

El proceso de privatización en las sociedades desarrolladas y el énfasis en las relaciones interpersonales de la pareja como condición para la estabilidad matrimonial constituye otro elemento que ha dotado de relevancia a la dimensión temporal en la familia.

La estabilidad matrimonial viene condicionada en la sociedad actual por la calidad de la relación entre la pareja. Los elementos afectivos y amorosos que dan lugar al inicio de la relación son determinantes para su mantenimiento. Estos elementos, suscintamente aludidos, sobre la importancia de la calidad de la relación de pareja para su continuidad, es básica para interpretar la importancia central que han alcanzado los elementos temporales en las relaciones matrimoniales.

Cuando el matrimonio —en el pasado— se organizaba jerárquicamente, con la hegemonía del varón, la articulación temporal de la familia quedaba sometida a las imposiciones del marido, auténtico jefe de familia. Pero, con la equiparación entre los sexos y su democratización interna, las relaciones interpersonales adquieren una relevancia sin precedentes en el pasado. De hecho, ya en el primer *Informe FOESSA* de 1970, se advirtió la alta frecuencia de tensiones matrimoniales originadas por el empleo del tiempo.

En la estructura de las relaciones interpersonales, los elementos temporales adquieren gran protagonismo. Pero no se trata de que aumenten las demandas de tiempo a emplear conjuntamente por la pareja, sino que se suscitan demandas de calidad, también en el tiempo dedicado a la interacción interpersonal entre la pareja. Pero no existe supeditación entre ambas. La intensidad de la relación temporal puede ser alta, media o baja, mientras que la calidad percibida de la relación puede ser buena, regular o mala, tal y como se expresa a continuación:

INTENSIDAD DE RELACIÓN TEMPORAL

Calidad de la relación	Alta	Media	Baja
Buena	+ +	+ −	+ 0
Regular	− +	− −	− 0
Mala	0 +	0 −	0 0

Del cruce entre la intensidad temporal de la relación y la evaluación de la calidad de la relación por los miembros de la pareja, surge una tipología de nueve categorías, aplicables tanto a la relación matrimonial como a la intergeneracional. La situación puede alcanzar particular virulencia y conflictividad cuando coincide una relación temporal intensa y mala calidad sentida por uno o los dos miembros de la pareja; son candidatos inequívocos al divorcio o a la ruptura. Puede estar extendida la situación inversa —buena calidad pero con una relación temporal escasa—, que puede encubrir, sin embargo, unas actitudes dispares por el otro miembro de la pareja, que reduce el tiempo en común, precisamente como estrategia para no evidenciar una mala relación latente.

Ha de advertirse que, en la percepción de la dedicación temporal y de la calidad de la relación, pueden existir disparidades entre la pareja. El marido o la mujer —al igual que los hijos respecto a sus relaciones con sus progenitores—, cada uno cuenta con su propia percepción temporal y una evaluación propia de la relación. Por eso no basta con el conocimiento de las actitudes individuales. Para percibir las dinámicas de la conflictividad se necesita detectar la heterogeneidad de los mapas temporales, verificar las disparidades existentes entre los de cada miembro de la interacción. Y, por supuesto, no se trata de un componente estático, sino dinámico. En cada fase del ciclo vital cada miembro de la relación puede modificar sus posturas en uno u otro aspecto.

Pero el cuadro de doble entrada nos sitúa ante otra realidad no menos sustantiva para comprender la dinámica del tiempo en la vida familiar. El tiempo dedicado a la relación —sea mucho o poco— no se inicia al concluir el tiempo obligado, del trabajo o la obligación. No es una situación mecánica, de vasos comunicantes de uno a otro tipo de tiempo. La calidad de la relación influye también en la decisión sobre el tiempo dedicado a la relación interpersonal. La cantidad viene condicionada por la calidad. Y, por consiguiente, las estrategias de gestión de la relación interpersonal pueden ir dirigidas a restringir el tiempo en común, precisamente para que no aumente el deterioro de la relación. Muchas prácticas sociales de ocio separado entre matrimonios en España pueden estar vinculadas con esa estrategia de preservación de la relación sobre la base, precisamente, del alejamiento cotidiano entre sus miembros.

VI. LA PERCEPCIÓN DEL TIEMPO FUTURO

Es un hecho que las sociedades modernas han roto, prácticamente, sus vínculos con el pasado. La tradición es un elemento superficial y ya no comporta un mandato sobre el presente. Se parte de la base de que el presente debe contener innovaciones, en sociedades sustentadas en el incensante cambio social.

Frente a la hegemonía del pasado, las sociedades actuales se encuentran orientadas al presente y, sobre todo, el futuro. Desde la planificación a las agendas, el futuro se encuentra permanentemente en la secuencia de acontecimientos de la actualidad.

Esta multiplicación de horizontes temporales es fuente, de suyo, para alimentar situaciones de tensión matrimonial. La armonización entre las perspectivas es, sin duda, más complicada por su propia multiplicación, respecto a la épocas en las cuales el horizonte temporal estaba dominado por la sola presencia del pasado. Pero el horizonte temporal no constituye un valor universal, para todas las opciones y cuestiones. Cada miembro de la pareja puede encontrarse orientado a una u otra —pasado, presente o futuro—, según la naturaleza de la cuestión o la actividad. Los conflictos, pues, pueden darse no sólo por la heterogeneidad de enfoques prioritarios entre uno y otro, sino por cuál sea el que prevalezca en cada decisión concreta sustantiva para ellos.

Pero no es una cuestión, únicamente, de la potencialidad conflictiva de las orientaciones culturales respecto al tiempo. Lo decisivo es que la dimensión en la que cada actor se ubique condiciona su orientación respecto al presente. La orientación respecto al pasado o al futuro significa una guía de acción para el presente. Este influjo del horizonte temporal constituye un elemento determinante para interpretar la evolución de las tasas de divorcio en las sociedades desarrolladas.

Si el divorcio aumenta no lo es sólo porque aumente el deterioro de la relación matrimonial, por el incremento del trabajo extradoméstico de la mujer y su consiguiente libertad de opciones, ni por el aumento de demandas a la relación de pareja respecto al inmediato pasado. Junto a ello, la quiebra de una relación de pareja es preciso ubicarla e interpretarla en el contexto de cambios profundos en la percepción del futuro.

Además de otras muchas consideraciones, las bajas tasas de ruptura matrimonial del pasado se fundaban en una percepción muy corta del futuro. Al poco de iniciada la relación matrimonial, el individuo —y sobre todo la mujer— percibía muy estrechos los márgenes que le ofrecía el futuro, que era además muy limitado temporalmente. No se encontraba en el futuro suficiente margen para reiniciar una experiencia vital, repetir una trayectoria biográfica ya recorrida.

Antes que una cuestión temporal —que lo era también— se trataba de una cuestión cultural: el individuo no percibía su horizonte temporal susceptible de enmendar decisiones familiares previas. Pero justamente esos dos soportes del anclaje —el cultural y el temporal— son los que han cambiado por completo hasta hacer del divorcio un comportamiento de naturaleza totalmente diverso al pasado.

La consideración del futuro determina estrategias de ruptura. Cualquier pareja encuentra, en un contexto de dificultades interpersonales, en su definición del futuro, la percepción de la posibilidad de enmendar el camino y emprender nuevos caminos. Pero no se trata que una cuestión cuantitativa —el aumento de la esperanza de vida— lo posibilite. Es sobre todo un cambio en la orientación cultural. El futuro, más prolongado, se percibe como susceptible de acoger nuevas iniciativas, cambios en la organización de la vida privada. El aumento, pues, del divorcio es resultado, también, de esa proyección del futuro hacia el presente.

Y no es el divorcio la única institución familiar condicionada por las definiciones personales del tiempo. La nupcialidad o la decisión de tener hijos son comportamientos mediatizados por las orientaciones de futuro asimiladas por sus protagonistas. Como otras muchas realidades familiares, son decisiones sustantivamente cargadas de compromiso no de presente, sino, antes de cualquier otra cosa, de futuro. Es la percepción del futuro la que regula el presente, que se transforma en acontecimiento en función de la definición operada.

Por consiguiente, la definición personal del futuro ubica en una nueva realidad al divorcio, al que objetivamente lo facilita. Mientras que decisiones como la de tener o no hijos en un determinado momento, o contraer matrimonio se encuentra mediatizado por la percepción subjetiva de un futuro, con mayor o menor optimismo. Y, también en estos aspectos, las posibilidades de disensión entre la pareja se han incrementado considerablemente.

En conjunto, los factores examinados evidencian la importancia reciente que ha adquirido la dinámica temporal en las relaciones interpersonales de las sociedades desarrolladas. Una dimensión que, si durante muchas décadas fue descartada por la investigación, lo era por la escasa relevancia que tenía en el contexto social del pasado. Pero estas dinámicas temporales han adquirido tal importancia para la calidad y, por consiguiente, la estabilidad de las relaciones interpersonales, que eso explica la atención creciente que viene —en la última década— prestándole la sociología general y, en particular, la sociología de la familia.

8. LA RUPTURA FAMILIAR

I. DESORGANIZACIÓN Y DISOLUCIÓN FAMILIAR

La familia, tal vez como la democracia o la religión, comparte esa ambivalente y sinuosa característica de ser percibida, en cualquier momento histórico, en situación de crisis, transición y dramática encrucijada. Siempre en constante perspectiva de cambio y dudoso futuro que parece venir ya. Desde hace dos siglos esta percepción dramatizada de la familia aparece, con abrumadora reiteración, en la literatura apologética y, a veces, también en la científica.

Pero, además, esta constante perspectiva de cambio es siempre negativa. El porvenir será siempre catastrófico. Regularmente nos anuncian su muerte o, por lo menos, su bancarrota: «Unos para alegrarse y pedir que se acelere su fin, otros para dar gritos de alarma y reclamar medidas de salvaguardia» (Stoetzel, 1954: 368). Los objetivos serán divergentes; la coincidencia residirá en contemplar a la familia en el siempre incómodo filo de la navaja.

Han sido tantas las voces que —por optimismo o pesimismo— han vislumbrado la última crisis ya de la familia que, de entrada, debe resaltarse la asombrosa capacidad de adaptación que ha hecho gala. Sus evidentes y profundas transformaciones no parecen haber causado la decadencia de la familia, sino su ajuste —bastante exitoso— a las nuevas y muy diversas condiciones culturales, sociales y económicas en las que se desenvuelve. Cuando menos, nadie puede negar que son dilatados sus estertores.

En realidad, a la visión crepuscular de la familia subyace abierta o larvadamente una interpretación idealizada del pasado. Un pasado reconstruido como plenamente armónico para la familia mediante la fácil fórmula de elaborar lo que Burguière (1975; también

Lebrun, 1975, y Aries, 1973) denominó «utopía retrospectiva de la familia». Una utopía que en ocasiones se fundamenta en las experiencias infantiles de sus portadores. Pero, cualesquiera que sean sus raíces, esa imagen irreal del pasado altera la percepción de la realidad presente, cuando se la compara con la supuesta armonía y estabilidad de la familia antigua que, además, era radicalmente diferente en sus funciones, estructura y dinámicas internas. En términos comparativos, la actual resiste con provecho la comparación. Lo que ha ganado en vínculos afectivos internos no puede medirse de manera rudimentaria sólo por la inestabilidad que puede generar.

El hecho cierto es que desde la Edad Media la familia ha estado en permanente transformación, sin cambios bruscos. Y esta permanente situación de mutación ha favorecido, como tema recurrente, su percepción en continua crisis, la nostalgia de la anterior situación familiar. Con razón ha podido escribir Goode que «aquellas personas implicadas en procesos de cambio social exageran a veces su carácter radical. Si en cada período histórico se hubieran realizado encuestas de opinión, probablemente nos habrían mostrado que los entrevistados pensaban que todas las viejas tradiciones estaban relajándose, aunque desde nuestra perspectiva las alteraciones de cada período parecieran pequeñas» (1963: 3).

En nuestros días la tan mentada crisis de la familia cuenta con un apoyo, aparentemente irrefutable. No es otro que el importante aumento de las tasas de divorcio. Desde luego, la frecuencia del divorcio ha aumentado de manera constante desde los años sesenta en todos los países europeos.

Se asocia, en efecto, el divorcio con la evidencia de que el sistema familiar no funciona bien. Esa perspectiva poco tiene que ver con el papel real del divorcio y sus causas en la sociedad actual. A nadie se le ocurre, hoy, legitimar y fomentar el matrimonio por motivos económicos o de clase. Al menos abiertamente. La sociedad comparte —desde no hace mucho tiempo— la norma de que han de ser los vínculos afectivos y amorosos los fundamentos del matrimonio. Y éstos, por su propia naturaleza, son frágiles, inciertos y sometidos a erosión. Cosa que no ocurría con las innumerables razones que a lo largo de la historia han llevado a las personas al matrimonio. Pero, desaparecidos sus cimientos económicos, el matrimonio se ha convertido en una cuestión meramente personal. Por tanto, si desaparecen las causas motivadoras del matrimonio, a lo menos el divorcio supone una respuesta coherente con las razones que motivaron el inicio de la propia relación.

Evidentemente, el divorcio —sobre todo, el proceso de distanciamiento previo que lo desencadena— comporta quiebra de expectativas, frustraciones, costes psicológicos y problemas de adaptación para la pareja. Pero nadie ha demostrado que sean superiores al mantenimiento de una relación con desavenencias. No resulta válido de las tasas de divorcio deducir la crisis de la familia ni del matrimonio. Más bien lo contrario: su extraordinaria aceptación y popularidad. En la mayoría de los casos, los divorciados repiten experiencias matrimoniales. Esto cuando no se inicia el divorcio porque ya se tenía decidida la persona con quien nuevamente pensaban casarse. De todo ello se podrán extraer las conclusiones que se deseen. Pero, desde luego, no significa un exponente de la decadencia del matrimonio, sino de su reestructuración mediante una alternativa legítima.

No deben ocultarse, en fin, las importantes funciones latentes de la exageración de la frecuencia y gravedad del divorcio. Bastante notorias, por cierto, durante el franquismo. Sirve, desde luego, como mecanismo para reforzar la estabilidad. Pero sobre todo permite situar el debate fuera de la familia, al fomentar la creencia que, cuando la familia no se divorcia, todo marcha bien. Manteniendo, todo lo artificialmente que haga falta, las apariencias de normalidad —como se hizo suprimiendo el divorcio—, el problema queda socialmente evaporado. Quienes pudieran emplear algún resquicio legal para dar salida pública a su conflicto habrán de contar con el estigma de su «anormalidad». Con lo cual se reforzaba el logro de la cohesión formal —y no real— del matrimonio por el fácil expediente de impedir su notoriedad pública.

Se han hecho análogos los conceptos de conflictos matrimoniales y el divorcio. Y no sólo entre el público culto, sino a menudo entre los propios especialistas. Sin embargo, dicha analogía dista de ser correcta. De hecho el divorcio tan sólo constituye una modalidad —relativamente infrecuente— de una realidad mucho más amplia, compleja y diversa que son los conflictos matrimoniales.

Existen sin duda razones explicativas de esa situación. Algo tienen que ver con la comodidad analítica de los especialistas y con el influjo en la opinión pública de ciertos datos estadísticos. En efecto, en los países con regulación legal del divorcio —ya prácticamente todos—, el volumen que alcanza se convierte en indicador exclusivo de la estabilidad matrimonial. Con ello un fenómeno judicial se transforma en exponente de la realidad matrimonial.

Esta operación reductora distorsiona la realidad, mucho más compleja y variada de lo que a la postre no es más que una controversia judicial. La distorsión alcanza su cenit cuando se establecen, como a menudo ocurre, comparaciones entre diferentes países, despreciando la diversidad de sistemas legales que facilitan o dificultan la presentación y tramitación de demandas de divorcio. Aceptando como indicador de la situación familiar el divorcio, bastarían unos cambios legales flexibilizándolo o dificultándolo para —aparentemente— modificar la realidad que revelan.

Estas reflexiones permiten situar la cuestión de los conflictos matrimoniales como un fenómeno más genérico que el del divorcio. De hecho los conflictos matrimoniales han de situarse en la órbita de la desorganización familiar, en la cual el divorcio constituye tan sólo una especie dentro de un género más diversificado y representativo de la verdadera situación de la familia y del matrimonio.

La desorganización de la familia puede ser definida como «el fraccionamiento de la unidad familiar, la disolución o quiebra de una estructura de *roles* sociales cuando uno o varios miembros no desempeñan adecuadamente las obligaciones propias de su *rol*»[1]. Desorganización familiar que no ha de ser equiparada a la desorganización del *sistema* familiar, ni al cambio del sistema familiar. Así pueden producirse elevadas tasas de divorcio —como ha ocurrido durante mucho tiempo en países árabes—, sin cambios significativos en el sistema familiar, ni desorganización en el mis-

---

[1] W. J. GOODE, 1961: 390. KONIG, por su parte, distingue entre desintegración y desorganización: «la desintegración concierne únicamente a las relaciones de la familia con la sociedad global; la desorganización, en cambio, afecta a la constitución interna del grupo familiar. Una desintegración extrema de la familia sienta premisas estructurales a las que puede seguir con una cierta regularidad la desorganización»; aunque la distinción diferencia en los procesos que rompen la estructura de la familia, los factores de naturaleza cultural (desintegración) y los generados en la interacción de los familiares interesados (desorganización), sin embargo, como bien apunta Ardigo la relación entre ambos tipos de fenómenos es incuestionable; A. ARDIGO, «La sociología de la familia», en F. ALBERONI, 1971: 653.

mo. E igualmente cambios en el sistema familiar pueden repercutir en las tasas de desorganización; pero no siempre incrementándolas: el descenso en el siglo XX del divorcio en Japón o de la ilegitimidad en América del Sur pueden ser dos excelentes muestras de ello. Por ello seguiremos el esquema analítico propuesto por Goode para examinar los principales tipos de desorganización de la familia:

1. La disolución de familia por separación, nulidad, abandono o divorcio.
2. Las familias vacías.
3. La ausencia involuntaria, por crisis externas.
4. Fallos involuntarios en su funcionamiento.

Con esta clasificación, de la que eliminamos la ilegitimidad, se pone de relieve que el desempeño continuado de los distintos *roles*, como subraya Goode, es imprescindible para la continuidad de una organización familiar. Además evidencia cómo las sociedades pueden estar sensibilizadas ante ciertas formas de disolución y no respecto a otras sociológicamente semejantes. Por ejemplo, la familia abandonada con relación a la de los presos. O puede proporcionar pautas de comportamientos claros en unos supuestos y otros no, como la viudez y el divorcio. O evitar cuestionarse sobre situaciones importantes, sin embargo, para los implicados como en las familias vacías. O centrarse tan sólo en uno de los participantes en la situación, por ejemplo el hijo ilegítimo, pero no en todo el grupo familiar. Esta perspectiva nos parece mucho más rigurosa como estratégica analítica, que la polarización en el problema del divorcio. Por ello la emplearemos para el examen de la realidad española.

II. SEPARACIÓN, ANULACIÓN, ABANDONO Y DIVORCIO

El primer tipo de desorganización familiar es la disolución de la familia cuando un cónyuge o ambos deciden dejarse mutuamente y así cesan de desempeñar sus obligaciones funcionales. Incluye, por tanto, una variedad de comportamientos: separación, anulación, divorcio y abandono de familia.

Dichos tipos no son excluyentes. Con frecuencia no suponen sino fases de un sucesivo distanciamiento de la misma ruptura matrimonial. Puede iniciarse con la separación de hecho y recorrer luego la separación legal, el divorcio y la anulación. El tránsito conlleva, desde luego, una «sobredosis judicial». Sin embargo, permite matizar la importancia tantas veces otorgada al divorcio, acontecimiento distanciado de la ruptura inicial por el itinerario previo y la propia duración de los procedimientos judiciales. Pero examinemos previamente los otros tipos de desorganización y su incidencia en la sociedad española.

1. SEPARACIÓN DE HECHO

Primero, pues, la *separación de hecho*. Puede tratarse del primer paso en la ruptura definitiva o tratarse de una crisis provisional —más o menos dilatada— que finaliza con la reanudación de la relación matrimonial. Pero, con carácter temporal o voluntad definitiva, implica el cese del desempeño de las obligaciones funcionales entre la pareja.

En España los sociólogos no han prestado atención a la separación de hecho. Y ello pese a su importancia estratégica como fase álgida del conflicto, en especial en los casos de ruptura definitiva. Se desconocen, pues, los procesos de inicio de la quiebra formal del matrimonio, sus pautas, los agentes mediadores, sistemas de apoyo e intermediación, estrategias de ruptura, etc.

La importancia de la separación de hecho es muy alta. Y posiblemente todavía más en España que en otros países europeos como consecuencia de la tardía regulación del divorcio. La ausencia del divorcio y las dificultades —legales y sociales— para plantear en el pasado la separación legal han debido canalizar las tensiones hacia la separación de hecho con gran frecuencia. Incluso, es probable que las bajas tasas de divorcio que se producen en España tengan algo que ver con la desconfianza a que las soluciones jurídicas sirvan para resolver problemas personales, íntimos, como es el final de un matrimonio. De ser así, la separación de hecho no debiera contemplarse —al menos para ciertos grupos o sectores sociales— como una categoría residual, sino sustantiva, lo que no ha ocurrido hasta el momento.

Las dificultades de tramitación de la separación legal hicieron, durante el franquismo, extraordinariamente frecuente la separación de hecho. En muchas ocasiones, los acuerdos privados de separación eran tramitados ante notario. Lo cual, sin embargo, no dotaba a dichos acuerdos de validez judicial en caso de discordias ulteriores. La legislación, en efecto, consideraba nulo cualquier pacto que suprimiera el deber de convivencia de la pareja. Aunque existan estimaciones sobre el volumen adquirido entonces por esta situación[2], no existen datos concluyentes.

Antes, pues, de la regulación del divorcio y la separación en 1981, la separación de hecho ha debido ser frecuente y con grandes tensiones, agravándose con el transcurso del tiempo. La ausencia de cobertura jurídica de la nueva realidad de la separación, con definición de derechos y obligaciones entre la pareja, han tenido que multiplicar los motivos de disputa. Las asignaciones económicas por hijos, la gestión de la sociedad legal de gananciales, la constitución de nuevas relaciones de pareja y ulterior descendencia, sin disolución de los anteriores vínculos matrimoniales, han debido generar, necesariamente, nuevos conflictos entre la pareja tras la separación.

En todo caso y pese a las dificultades para su registro estadístico, puede adoptarse como indicador útil de la situación familiar. Esta situación puede examinarse con los datos del censo de población, que, a partir de 1950, incluyen entre el estado civil el de «separado y legalmente divorciados». Dado que el llamado «divorcio legal» en toda esta época y hasta 1981 no incluía la posibilidad de contraer nuevas nupcias, y equivalía, por tanto, a la separación legal —cuyo número ha sido además muy reducido—, parece posible interpretar dicho epígrafe como análogo al de separación de hecho.

La población separada o divorciada aumenta de manera continua en las últimas décadas. En especial de 1960 a 1981, el incremento —con relación al total de la población— ha sido muy elevado, reflejando sin duda los profundos cambios en la sociedad y la familia española de este período. Son más las mujeres separadas o divorciadas, muy posiblemente por su menor tendencia a es-

---

[2] Para dos estimaciones sobre la base de encuestas de opinión véase S. DEL CAMPO y M. NAVARRO, 1985: 27 y 186 ss. Otra estrategia, basada en inscripciones de nacimientos extramatrimoniales, en J. PERÉ RALUY, 1974: 189-191.

tablecer nuevas relaciones de pareja. Los datos pueden verse a continuación:

POBLACIÓN SEPARADA Y DIVORCIADA

(En miles de habitantes y tantos por mil)

Año	Total		Varones		Mujeres	
1950	2,1	(0,1 %)	0,5	—	1,6	(0,1 %)
1960	25,6	(0,8 %)	8,2	(0,6 %)	17,4	(1,1 %)
1970	81,5	(2,4 %)	29,5	(1,8 %)	52,0	(3,0 %)
1981	241,7	(6,4 %)	94,7	(5,1 %)	146,4	(7,6 %)
1991	447,2	(11,5 %)	175,8	(9,2 %)	271,4	(13,7 %)

FUENTE: *Anuario Estadístico de España,* 1992, p. 80.

2. SEPARACIÓN LEGAL

En segundo lugar, la *separación legal*. Consiste en la declaración judicial del fin de la convivencia de la pareja, pero sin poner fin al matrimonio puesto que no permite de forma inmediata nuevas nupcias.

Durante el franquismo fueron los tribunales eclesiásticos quienes juzgaban las demandas de separación legal de la mayoría de los matrimonios, por la práctica imposibilidad de contraer matrimonio civil. Separación legal que siempre exigía el requisito de culpabilidad de uno de los cónyuges. Su regularización venía establecida en el entonces vigente Código de Derecho Canónico, que distinguía dos modalidades: la separación perpetua, fijando el adulterio —verdadero, perfecto, formal y cierto— de uno de los cónyuges como única causa para su obtención; y la separación temporal —por tiempo fijado en la sentencia por el tribunal— cuando se probaban malos tratos físicos o morales, abandono de familia, etc.

Por las numerosas dificultades legales y prácticas para la presentación de demandas de separación, fue muy poco planteada. En realidad, en dicha época, la separación legal era la cobertura necesaria bien para la disolución de los vínculos económicos del matrimonio —la sociedad legal de gananciales—, o la vía para obtener las asignaciones económicas y por hijos. En manera alguna cauce para dar salida a las rupturas matrimoniales. Por ello mismo la utilidad de las estadísticas de separación de los tribunales eclesiásticos —plagadas de deficiencias y omisiones además— resulta un indicador muy poco útil de desorganización familiar. Los datos[3], sin embargo, revelan el reducido número de demandas interpuestas —un 60 por 100 de separación temporal— y el aumento importante desde 1965. Aumento que fue espectacular en los finales setenta en las grandes ciudades: en Madrid o Barcelona se interponían cuatro veces más demandas que en toda España en los años sesenta.

La nueva regularización jurídica del matrimonio tras la Constitución de 1978 ha posibilitado cambios importantes en la separación legal. Concretamente la reforma de julio de 1981 del Código Civil regula, con orientación totalmente opuesta a la anterior, no sólo el divorcio, sino también la separación.

Para empezar, son los tribunales civiles quienes juzgan las separaciones de los matrimonios contraídos tanto de forma civil como religiosa. Pueden ser de dos tipos: el primero, la separación de mutuo acuerdo: necesita que haya transcurrido un año como mínimo de matrimonio, ha de acompañarse de un convenio regulador (con el régimen de visitas y estancias de los hijos con el cónyuge con quien no convivan, liquidación del régimen económico del matrimonio, atribución en su caso de pensiones, etc.) y basta con la intervención de un sólo abogado y procurador; el segundo, a petición de uno de los cónyuges en cualquier momento del matrimonio: por abandono injustificado del hogar, incumplimiento de los deberes respecto a los hijos, alcoholismo, cese efectivo de la convivencia conyugal durante seis meses libremente consentido, la condena a pena de privación de libertad por tiempo superior a seis años, etc.

Los datos estadísticos disponibles desde la entrada en vigor de la nueva regulación se refieren a sentencias ya pronunciadas de separación, lo cual subestima el volumen de conflictos canalizados a la separación legal aunque, al parecer, ligeramente por la celeridad con que se están tramitando judicialmente. La ley, en su primer año, fue aplicable durante los últimos cinco meses de 1981 únicamente. Para dotar de homogeneidad a los datos parciales de

---

[3] Algunas características personales y familiares de los matrimonios separados en tribunales eclesiásticos en Granada, entre 1938 y 1960, pueden examinarse en J. IGLESIAS, 1976: 135-147; la estadística de las separaciones presentadas ante los tribunales eclesiásticos puede consultarse en ALBERDI, 1979: 142.

dicho año con los restantes, aquí han sido reelaborados. Se ha estimado que los publicados no suponen sino las 5/12 partes de los que hipotéticamente hubieran podido plantearse de estar en vigor la ley durante todo el año. Con estas salvedades pueden examinarse los siguientes datos:

SENTENCIAS CIVILES DE SEPARACIÓN

Año	Por mutuo acuerdo	Por causas legales	Total separaciones	Eficacia civil de la separación canónica
1981	3.105- (18,8 %)	13.406- (81,2 %)	16.511	—
1982	5.810- (33,3 %)	11.626- (66,6 %)	17.436	1.071
1983	6.951- (35,3 %)	12.700- (64,6 %)	19.651	762
1984	8.610- (38,7 %)	13.614 (61,3 %)	22.224	484
1985	9.910 (39,6 %)	15.136 (60,4 %)	25.046	315
1986	11.205 (40,6 %)	16.348 (59,3 %)	27.553	244
1987	13.317 (42,7 %)	17.836 (57,2 %)	31.153	170
1988	15.075 (45,3 %)	18.165 (54,6 %)	33.240	179
1989	15.980 (46,1 %)	18.692 (53,9 %)	34.672	184
1990	17.124 (47,2 %)	19.148 (52,8 %)	36.272	—
1991	19.415 (48,8 %)	20.343 (51,2 %)	39.758	144
1992	19.661 (49,2 %)	20.257 (50,7 %)	39.918	131
1993	21.535 (49,5 %)	21.956 (50,5 %)	43.491	—
1994	23.368 (49,1 %)	24.178 (50,8 %)	47.546	—
1995	25.439 (51,5 %)	23.932 (48,4 %)	49.371	—
1996	27.227 (53,0 %)	24.090 (46,9 %)	51.317	—
1997	38.044 (55,2 %)	30.817 (44,7 %)	68.861	—

FUENTE: *Memorias* del Consejo General del Poder Judicial. Los datos de 1981 han sido reelaborados.

Aunque la secuencia temporal resulta todavía muy reducida para formular tendencias definitivas, algunas pueden resaltarse con toda su provisionalidad. En primer lugar, el aumento sostenido del número de separaciones. En una década se han duplicado las sentencias de separación, la tasa de incremento desde 1982 ha sido del 295 por 100, es decir, un ritmo muy alto. Sobre todo si, como parece probable, los datos de los primeros años están artificialmente aumentados por contener las situaciones que anualmente se producen de ruptura matrimonial, pero también los casos existentes con anterioridad y aflorados con la nueva ley. Teniendo en cuenta pues este hecho, el crecimiento en términos reales, de rupturas efectivamente producidas cada año, todavía ha sido más alto.

Otra consideración puede resaltarse. Han sido más frecuentes las separaciones por causa legal que las de mutuo acuerdo. Pero la evolución es clara en el sentido de equilibrar su número e, incluso, desde 1995 son ya más numerosas las de mutuo acuerdo.

El aumento de las de mutuo acuerdo puede significar un aumento de separaciones acordadas entre la pareja —por así decirlo, más «modernas»—. Pero igualmente pueden ser resultado de la más rápida tramitación judicial, por la ausencia de controversia en todos los aspectos materiales que comporta la separación. Por último, el descenso del número de solicitudes de eficacia civil de separaciones dictadas por tribunales eclesiásticos puede deberse al planteamiento progresivo de dichas causas ante los tribunales civiles. O bien que se trate de sentencias eclesiásticas dictadas antes de la entrada en vigor de la nueva regulación de la separación.

3. ANULACIÓN DEL MATRIMONIO

En tercer lugar, *la anulación del matrimonio*. Al igual que la separación legal, los procesos de nulidad matrimonial eran sustanciados durante el franquismo ante los tribunales eclesiásticos. La inmensa mayoría de los matrimonios tuvieron forma religiosa, entre otras razones por las dificultades para contraer matrimonio civil cuya nulidad, además, estaba regulada de manera todavía más rígida que la del matrimonio religioso.

La obtención de una sentencia de nulidad significa declarar el matrimonio inexistente, nulo, desde su celebración, aun cuando subsistan determinados efectos civiles para los hijos, en el aspecto económico, etc. De ahí que, al declarar la nulidad inexistente al matrimonio, se reestablezca el estado civil de soltero a quien con anterioridad se había casado. Podía obtenerse la nulidad por falta de consentimiento, existencia de impedimentos o no observarse la forma en el supuesto matrimonio.

La legislación canónica ha sido en España —pero no en otros países, lo que favoreció un fecundo turismo de anulaciones— aplicada con suma rigidez, con toda suerte de trabas procesales, retrasos y elevados costes. Si a ello se une la incertidumbre del resultado de la demanda y la necesidad de obtener dos sentencias conformes con la nulidad para que pudiera llevarse a la práctica, no ha de sorprender el reducido número de casos planteados ante los tribunales eclesiásticos: cuatro centenares en 1975.

En virtud del Concordato con la Santa Sede en 1953, las sentencias eclesiásticas eran directamente ejecutables sin necesidad de previo reconocimiento. A esta situación se puso fin en enero de 1979 con los acuerdos jurídicos entre España y el Vaticano. Desde entonces la legislación civil regula la nulidad y además ya no incorpora automáticamente las nulidades otorgadas por los tribunales eclesiásticos. En ese caso, las sentencias ecleciásticas —para adquirir eficacia civil— han de ser convalidadas por tribunales civiles (las Salas de lo Civil de las Audiencias Territoriales) si se declaran ajustadas al derecho del Estado.

Respecto a la nulidad ante los tribunales civiles puede ser solicitada por los cónyuges y, en ciertos supuestos, también por el Ministerio Fiscal o cualquier persona con interés legítimo. Las causas de nulidad civil son el matrimonio celebrado sin consentimiento o concurriendo alguna de las causas de prohibición expresa, el contraído mediante coacción o miedo grave, etc. Los casos sentenciados de nulidad civil y las decisiones de eficacia civil de nulidades eclesiásticas son los siguientes:

NULIDADES ANTE TRIBUNALES CIVILES

Año	Sentencias civiles	Eficacia civil de nulidad eclesiástica
1981	67[a]	–
1982	81	545
1983	36	562
1984	63	515
1985	53	613
1986	50	423
1987	48	386
1988	72	379
1989	83	359
1990	75	–
1991	79	270
1992	76	288

FUENTE: *Memorias* del Consejo General del Poder Judicial.
[a] Cifra estimada para la totalidad del año; el número real durante los cinco últimos meses fue de 28.

En ambos casos la evolución no sigue una pauta definida. Las sentencias civiles parecen aumentar desde 1988, mientras que la eficacia civil de la nulidad eclesiástica tiende a disminuir de manera sostenida. En realidad, las nulidades civiles tendrán siempre carácter residual. En una sociedad moderna, las hipótesis contempladas por la ley para las nulidades tienden a presentarse muy raramente; y, por otro lado, si lo que se busca es la posibilidad de contraer nuevo matrimonio, eso puede lograrse mediante el divorcio con trámites más livianos.

Sin embargo, en nuestra opinión, la eficacia civil de las nulidades eclesiásticas pueden volver a crecer. Por una parte, porque, como ha ocurrido en otros países —Italia, por ejemplo—, los tribunales eclesiásticos son más permisivos en las nulidades desde que se introduce el divorcio en la legislación civil. Por otro lado, el divorcio civil puede incrementar —y no reducir— las demandas de nulidad eclesiástica. Un importante sector católico de la población, una vez resuelto el matrimonio por el divorcio civil, puede, a continuación, desear regular también su situación desde el punto de vista religioso. Incluso sin paralizar ni retrasar un nuevo matrimonio meramente civil, sino para resolver problemas de conciencia y celebrar, con la nulidad eclesiástica, la forma religiosa de ese nuevo matrimonio civil.

4.   ABANDONO DE FAMILIA

Se trata de un mecanismo informal de alterar sustancialmente o poner fin al matrimonio desde el punto de vista material, al dejar de cumplir con las obligaciones derivadas de la relación. El vínculo matrimonial subsiste, pero sin cumplir los deberes. Debido a su gravedad, todas las leyes de divorcio estiman el abandono de la familia como una de las causas legales de divorcio.

Se trata de un fenómeno más frecuente entre los varones que las mujeres y, según algunos estudios, con alto grado de reincidencia. En muchas ocasiones se le ha etiquetado como «el divorcio de los pobres» por su mayor frecuencia entre la clase baja, con menos imperativos para regularizar legalmente su vida de pareja. Es, desde luego, más frecuente en la clase baja, pero no necesariamente un sustitutivo del divorcio. Y, aunque las reacciones ante este hecho sean diversas en cada clase, en Estados Unidos la probabilidad de abandono en todas las clases sociales es la misma que la del divorcio.

En España, el Código Penal, en sus artículos 487 y siguientes, regula el abandono de familia y niños por parte de quienes incumplan deberes de asistencia inherentes a la patria potestad, la tutela o el matrimonio. Se persigue por denuncia de la persona agraviada o, en su caso, del Ministerio Fiscal. El perdón del ofendido, aprobado por el Tribunal correspondiente, extingue la acción penal.

Un aspecto destacable es la diferente regulación existente en este punto entre las parejas de hecho y los matrimonios. Ambos tienen obligación de pasar pensión alimenticia si se separan los padres, pero, si no lo hacen, los hijos no matrimoniales no pueden perseguirlos penalmente, pues el artículo 487 bis del Código Penal contempla multas y cárcel por abandono de familia en los casos de ruptura del matrimonio —separación, nulidad o divorcio—, pero no para uniones de hecho.

Los datos contenidos en las estadísticas judiciales muestran que el número de condenados por el delito de abandono de familia es bajo, en torno a dos centenares anuales. Los condenados son sobre todo varones, pero con tendencia a equilibrar su número en función de sexo. El nivel de educación de los condenados corrobora la tesis del delito de pobres; tres de cada cuatro carecen de instrucción o cuentan con instrucción primaria. Pero las dificultades de prueba judicial a la que se enfrentan todos los comportamientos familiares, puede ser una de las razones del bajo número de condenados por abandono de familia. Por ello parece más representativo observar la estadística de denuncias:

DENUNCIAS POR ABANDONO DE FAMILIA

Año	Ante la policía	Ante la Guardia Civil
1989	6.129	1.708
1990	5.630	1.622
1991	5.386	1.457
1992	4.831	1.262
1993	4.979	1.562

FUENTE: Secretaría de Estado de la Seguridad, *Anuario El País,* 1995, pp. 150-151.

El número de denuncias es muy superior al de condenas, lo cual prueba que estos comportamientos son más frecuentes que lo que sugieren las condenas. Las dificultades de prueba pueden ser una razón, pero también que la presentación de la denuncia interrumpan los comportamientos de abandono.

Lo más significativo es el rápido descenso que se observa en el número de denuncias presentadas tanto en el medio urbano —competencia de la policía—, como de la Guardia Civil, que recoge las tramitadas en el medio rural. Posiblemente el endurecimiento de la persecución de estos comportamientos, las movilizaciones de la prensa y asociaciones feministas en su persecución o, incluso, la mayor sensibilización de la policía ante las denuncias, hayan sido los factores favorecedores de este rápido descenso. La difusión periodística de casos de encarcelamiento de varones por impago de pensiones puede estar favoreciendo cambios en los comportamientos y la consiguiente disminución de las denuncias.

5. DIVORCIO

En quinto lugar, *el divorcio*. Es el indicador más empleado para el examen de la desorganización familiar. Significa la disolución del matrimonio subsistiendo determinados efectos civiles para los hijos y, en su caso, económicos entre los cónyuges.

Salvo en el breve período durante la II República, el divorcio no ha existido en la legislación española. El franquismo suprimió el divorcio y los conflictos matrimoniales buscaron otras estrategias (nulidades, separación eclesiástica, separaciones de hecho).

En todo caso estos intersticios jurídicos han perdido relevancia con la introducción del divorcio primero por la Constitución de 1978 y la subsiguiente Ley de 1981. Puede solicitarse tanto si el matrimonio fue religioso como civil. Puede iniciarse de mutuo acuerdo con convenio regulador como para la separación, o por uno solo de los cónyuges, con o sin el consentimiento del otro: la principal causa es el cese efectivo de la convivencia conyugal. En tal caso se requiere un año, dos o cinco cuando el divorcio es solicitado por cualquiera de los cónyuges sin mediar otra circunstancia.

SENTENCIAS DE DIVORCIO

Año	Por mutuo acuerdo		Por causa legal		TOTAL
1981	8.760-	(38,5 %)	13.999-	(61,5 %)	22.759
1982	8.418-	(39,2 %)	13.045-	(60,7 %)	21.463
1983	7.540-	(39,1 %)	11.766-	(60,9 %)	19.306
1984	7.154	(40,5 %)	10.502	(59,5 %)	17.656
1985	7.431	(40,6 %)	10.860	(59,3 %)	18.291
1986	7.877	(40,9 %)	11.357	(59,1 %)	19.234
1987	8.629	(40,5 %)	12.697	(59,5 %)	21.326
1988	9.683	(43,1 %)	12.766	(56,9 %)	22.449
1989	9.935	(43,1 %)	13.128	(56,9 %)	23.063
1990	10.017	(43,2 %)	13.174	(56,8 %)	23.191
1991	11.892	(43,7 %)	15.332	(56,3 %)	27.224
1992	12.099	(45,2 %)	14.684	(54,9 %)	26.783
1993	12.796	(44,3 %)	16.058	(55,6 %)	28.854
1994	13.814	(43,8 %)	17.708	(56,2 %)	31.522
1995	14.895	(44,9 %)	18.209	(55,0 %)	33.104
1996	14.971	(45,9 %)	17.600	(54,0 %)	32.571
1997	20.601	(47,9 %)	22.392	(52,1 %)	42.993

FUENTE: *Memorias* del Consejo General del Poder Judicial.
[a] Las cifras de 1981 son estimadas a una hipotética aplicación de la ley desde el 1 de enero.

Existen dos tendencias manifiestas en la evolución del número de divorcios. Al principio aparecen un número elevado —al plantearse situaciones procedentes de los años sin divorcio—, para descender levemente hasta 1986. Desde dicho año se invierte la tendencia, y reaparece un crecimiento sostenido que se acelera en los años noventa, sin duda debido a la conversión de las separaciones en divorcios.

Además, en su mayor parte provienen de causa legal —y no por mutuo acuerdo—, con porcentajes muy estables los años considerados, aunque con tendencia a disminuir. Esto no significa necesariamente que se trate de divorcios controvertidos por la pareja. En efecto, las separaciones constituyen una vía para la obtención del divorcio. Al año de la interposición de la demanda de separación formulada por ambos cónyuges, por ejemplo, puede aducirse para el divorcio. De ahí que el aumento, ya visto, de las separaciones pueda suponer, en su paso ulterior, demandas de divorcio.

El creciente número de divorcios en los dos últimos años parece señalar un cambio de tendencia más marcada. Pero en conjunto el indicador del divorcio ofrece gran estabilidad en una década de cambios familiares importantes. El incremento de divorcios en todo el período considerado es del 100 por 100, un porcentaje muy inferior al contemplado en el caso de las separaciones legales.

¿Qué características tienen los divorciados? Se ha investigado poco al respecto. La primera aproximación fue realizada en una encuesta del Tribunal Supremo entre separados y divorciados durante 1981 y 1982. Aunque con limitaciones metodológicas importantes, tiene la utilidad de ofrecer, para los primeros años de aplicación de la ley, el perfil de las personas divorciadas: «Personas de edades medias, tirando a altas; con más de siete años de matrimonio cuando menos, con hijos —de uno a tres— más bien mayores y de clase media o media alta, aunque también hay obreros industriales» (Campo y Navarro, 1985: 222).

Borrajo (1990) analizó con detalle las peculiaridades sociodemográficas y familiares de los divorciados en los seis primeros años de vigencia de la ley de divorcio. La situación más frecuente es que sea la esposa quien presente la demanda cuando es una separación y el marido cuando se solicita el divorcio. Pero, a medida que aumentan las edades del matrimonio, aumenta el protagonismo del marido. Un elevado porcentaje que no han tenido descendencia (46 por 100) solicitan la separación de mutuo acuerdo, y, en general, el período de convivencia conyugal es más breve si no han tenido hijos: dos terceras partes se habían separado antes del tercer año de boda. La clase social objetiva parece ser la variable que más afecta a la duración del matrimonio; una pareja de clase baja tiene una probabilidad 0,237 mayor que su matrimonio sea de breve duración que otra de clase alta. Sin embargo, y en contra de lo que ocurre en otros países, se observa una relación directa entre la frecuencia del divorcio y clase social: aumentan los divorcios al ascender de nivel social. En el 90 por 100 de los casos la custodia de los hijos menores se otorga a la madre, y un 8 por 100 a el padre. Y, en esos seis primeros años de la ley, el divorcio afectó a el 2,1 por 100 de los menores de dieciocho años existentes en 1981 en toda España (también López Pintor y Toharia, 1989, y Ruiz Becerril, 1997).

RUPTURA MATRIMONIAL 1981-1991

Año	Por 10.000 habitantes		Por 100 matrimonios	
	Separaciones	Divorcios	Separaciones	Divorcios
1981	1,83	2,52	3,41	4,69
1982	4,74	5,99	9,25	11,68
1983	5,19	5,10	10,02	9,84
1984	6,00	4,64	11,56	8,94
1985	6,56	4,79	12,54	9,16
1986	7,18	5,01	13,25	9,25
1987	8,10	5,55	14,44	9,88
1988	8,62	5,82	15,18	10,25
1989	8,97	5,96	15,66	10,41
1990	9,36	5,98	16,45	10,52
1991	10,23	7,00	18,75	12,84

FUENTE: Ministerio de Asuntos Sociales, *Informe sobre la situación de la familia en España,* 1994, p. 123.

En todo caso, tanto respecto al número de habitantes como en función de cada cien matrimonios, los datos de la tabla anterior muestran el sostenido crecimiento de las rupturas matrimoniales en España; sobre todo de las separaciones y, en menor medida, de los divorcios. Pero por las relaciones existentes en su regulación —la separación como fuente de divorcio— el incremento de las separaciones alimentará el subsiguiente crecimiento de los divorcios. El ritmo de crecimiento se ha acelerado considerablemente y, de mantenerse, se aproximará a las tasas existentes en otros países europeos (Díez Nicolás, 1983).

III.   FAMILIAS VACÍAS

Como segundo tipo de desorganización familiar, Goode incluye las familias vacías. Se trata de familias cuyos miembros permanecen viviendo juntos sin separarse, pero mantienen mínima comunicación, contacto o interacción mutua, faltando el apoyo emocional entre sí.

Por la propia naturaleza de la relación, aparentemente estable, sólo caben aproximaciones a un fenómeno sin posible registro estadístico. Porque no se trata que el matrimonio se enfrente a periódicos conflictos y tensiones. Esto no debe interpretarse, por sí solo, como síntoma de crisis de una relación. Es en las relaciones más profundamente arraigadas, como advirtiera Simmel, donde más conflictos se producen, sin poner en peligro su solidez, sino profundizando sus vínculos.

Simmel ha descrito con precisión, también, la situación contraria consistente en la ausencia de conflictos pero por falta de intensidad en la relación, ausencia de contenidos y de verdadera comunidad de pareja: «La inseguridad que sentimos en estas relaciones, juntamente con el deseo de mantenerlas a cualquier precio, nos mueve a menudo a realizar actos de un extremado conformismo, nos incita a tomar cautelas mecánicas, evitando por principio toda posibilidad de conflicto. El que está bien seguro de que su sentimiento es irrevocable y absoluto, no necesita practicar tales condescendencias, porque sabe que nada puede conmover la base de la relación. Cuando más fuerte es el amor, mejor puede soportar los choques; este amor no teme las consecuencias incalculables del conflicto y, por tanto, no piensa en evitarlo. Así pues, aunque las desavenencias entre personas íntimas pueden tener consecuencias más trágicas que entre extraños, sin embargo, en las relaciones más profundamente arraigadas es donde aquéllas se dan con más frecuencia, al paso que otras relaciones, perfectamente morales, pero basadas en escasas profundidades sentimentales, viven en apariencia con más armonía y menos conflictos» (Simmel, 1977: 293).

No son frecuentes en este tipo de familias la violencia abierta o las disputas, pues sus miembros coexisten sin compartir su experiencia vital. Desaparece cualquier expresión de afecto y comunicación y, aunque la hostilidad sea grande, se proyecta hacia aspectos secundarios y accesorios respecto a la propia relación. Las trivialidades de la vida doméstica pueden ser su refugio. Raramente se producen violaciones de normas y usos sociales que delaten su situación interna. La honorabilidad aparente queda salvaguardada. Las obligaciones instrumentales —tanto la provisión económica como las tareas domésticas— se desempeñan con escrupulosidad, pero carente de toda manifestación espontánea de afecto. A pesar de todo, por consideraciones sociales, religiosas o por los hijos el divorcio queda excluido como alternativa [4]. La familia, en suma, consiste en un recipiente helado y vacío; el silencio, su salvación.

Por lo menos hasta la transición democrática, este tipo de matrimonios ha tenido que ser altamente frecuente en España. De suyo ya es elocuente que, hasta en el lenguaje, tradicionalmente la expresión «querida» se refiera a la relación extramatrimonial pero subsistiendo el vínculo legal del matrimonio. Y en numerosas novelas contamos con testimonios de la hondura del distanciamiento, ausencia de comunicación, abismo espiritual y emocional y ausencia de soporte afectivo, crónico entre parejas en las que, por otra parte, ningún signo externo podría haber desvelado su radical soledad compartida.

En el inmediato pasado, circunstancias por así decir estructurales han favorecido la proliferación de estos matrimonios. Para empezar, la ausencia de cauces institucionales, que, como el divorcio, posibilitan dar término a una experiencia truncada. Pero no sólo se trataba de obstáculos jurídicos. Presiones de todo tipo han enaltecido tradicionalmente que la mujer, con su automutilación emotiva y personal, pudiera mantener, dado el caso, cualquier fachada matrimonial. Junto a una concepción del individuo al servicio de la institución —propiciatoria de familias vacías—, ha divulgado una imagen ascético-masoquista del matrimonio. Sus componentes centrales serían la idea de carga, sacrificio, dureza. Una imagen austera cuyos fines y grandeza pueden ser perfectamente logrados en la desgracia. Mediante lo cual se conseguirá no tanto eliminar las aspiraciones de felicidad centradas en el matrimonio, sino que, cuando la desgracia aparezca, pueda apelarse a su inevitalidad y normalidad. Lo cual era profundamente eficaz para mantener esa cohesión formal y la subsistencia del matrimonio en cualquier hipótesis.

Una sólida red de presiones muy diversificadas han asentado una ideología, muy firme y vigente en gran medida, contraria a la ruptura cuando existen hijos. Lo cual ocurre en la mayoría de los matrimonios y, por tanto, se convierte en eficaz barrera para hacer explícito el conflicto a nivel colectivo. La firme creencia, constatada en numerosas encuestas, es que el matrimonio debe seguir

---

[4] W. J. GOODE, 1961: 440-442. Una brillante descripción de ese clima, irrespirable, de ausencia de efecto puede leerse en E. GIANINI BELOTTI, *Las mujeres y los niños primero*, Laia, Barcelona, 1984, pp. 43-54.

viviendo junto cuando se lleve mal si tienen hijos, sobre todo si son menores. Las consecuencias negativas para los hijos se otorgan a la ruptura, no a las causas que la generan. Pero con ello se colabora a perpetuar cualquier fachada matrimonial vacía de contenido.

La situación de la mujer ha tenido también destacado peso en la subsistencia de matrimonios vacíos. No nos referimos tan sólo a la secular conversión del matrimonio en destino histórico para la mujer en la sociedad española; tan fecundo, en su caso, para dotar de estabilidad formal a la pareja. Además la acusada desigualdad entre los sexos obstaculiza, si es que no imposibilita, el establecimiento de auténtica red de comunicación, sólo posible entre iguales. La reducida incorporación de la mujer, sobre todo casada y con hijos al trabajo extradoméstico —entorpecida, recuérdese, por prohibiciones legales, en especial para acceder a puestos bien remunerados—, la privaba del elemento básico para decidir sobre su propio futuro. Sin medios económicos propios, para una existencia independiente, no le cabía más salida que la subsistencia del matrimonio por ingrata que haya resultado la experiencia. Máxime cuando la propia ley la invitaba a huir de cualquier veleidad, protegiendo la continuidad del matrimonio con un medio elemental: regulando en términos muy lesivos para la mujer las subsiguientes pensiones económicas y no persiguiendo a quienes no las abonaban.

El juego de esta suerte de factores canalizaba hacia la continuidad de la pareja cualquier situación, por tensa que fuera. Pero intentar delimitar la dimensión alcanzada por esta realidad resulta tarea imposible. Todavía menos si es con carácter retrospectivo.

Con la regulación del divorcio y los cambios culturales y sociales sucedidos desde la transición política, ciertamente han desaparecido las bases sociales del mantenimiento de los matrimonios vacíos. ¿Significa eso que han desaparecido también los hábitos sociales que impedían dar salida legal, en la práctica, a situaciones de ruptura? Es dudoso que comportamientos largamente afianzados en los hábitos sociales de una sociedad dejen de producir efectos de manera rápida. Los cambios sociales, salvo en circunstancias revolucionarias, nunca son drásticos ni rápidos. Por ello, todo hace suponer que, en buena parte, subsisten sometidos a su lenta erosión.

IV. AUSENCIA INVOLUNTARIA

El tercer tipo de desorganización familiar del esquema de Goode consiste en la ausencia involuntaria de uno de los esposos. Lo esencial es que son circunstancias externas —y no la dinámica deliberada del propio matrimonio— las que repercuten sobre el sistema familiar. Son muy numerosas las causas que pudieran aducirse, pero entre ellas recoge Goode la disolución de la familia por muerte de uno de los cónyuges, estar en prisión, o la separación de la familia debido a guerras, catástrofes naturales o depresión económica.

Han sido muy poco estudiadas las repercusiones de estos acontecimientos en la dinámica familiar respecto a otras sociedades y, todavía menos, en España. Pero todos ellos exigen reajustes inmediatos en el seno de la familia y del cónyuge que continúa conviviendo con los hijos, pero sometido a esa circunstancia externa sobrevenida.

Tienen además una peculiaridad que obstaculiza o dificulta y agrava —por lo menos de manera inmediata— dicho reajuste: se trata de circunstancias que suelen presentarse inesperadamente. Así como el divorcio viene precedido de un proceso, a menudo dilatado, de alejamiento, separaciones y reencuentros, no es éste el caso que nos ocupa. Por tanto, el papel amortiguador y adaptador del tiempo en tales circunstancias no tiene que existir en la ausencia involuntaria. Donde además pueden producirse incertidumbres respecto a cuando concluirá. La situación y ajuste a la nueva situación puede depender según las propias dificultades del acontecimiento, de los recursos materiales y sociales con los que cuente la familia y de la misma definición de la situación dada por la familia.

Dejando para otro lugar la orfandad, una de las principales manifestaciones de la ausencia involuntaria es la ocasionada por la emigración por razones de trabajo; por cierto, circunstancia omitida a estos efectos por Goode. Desde luego, la emigración a Europa ha significado un importante elemento perturbador de las relaciones familiares, durante un dilatado período de tiempo para gran número de parejas españolas y sus hijos. Un coste, desde luego, no evaluado cuando sólo se esperaban las remesas de divisas para equilibrar la balanza de pagos. El precio fue la separación y desarraigo de miles de familias.

Muchos factores acentuaron los efectos familiares de la emigración a Europa de los años sesenta y setenta. Su naturaleza temporal, el alto porcentaje de varones casados, las dificultades a los reagrupamientos familiares sobre todo en Alemania, Suiza y, en mucha menor medida, Francia, principales destinos de la emigración. Los problemas de alojamiento y la voluntad de pronto retorno no hacían fácil ni la integración en el lugar de destino ni el reagrupamiento. Lo cierto es que trajo consigo como mínimo un período de separaciones de hecho de la familia de varios años, antes que las circunstancias posibilitaran el retorno o la reagrupación. Pero con esta separación «el sinsentido de una familia tal es bien claro: un cabeza de familia que trabaja y ahorra para una mujer y unos hijos que sólo son para él elementos que le mantienen atado a aquello mismo que le obliga a emigrar; mujer e hijos no pueden tener otro vínculo que el estrictamente económico, aun cuando idealógicamente y formalmente continúan dependiendo de su autoridad» [5].

Aun sin ley de divorcio, España ha sido la sociedad con mayor «divorcio de hecho» de Europa, si entendemos por tal la separación ocasionada por la emigración; sin duda, la principal fuente de ruptura familiar temporal de hecho en las décadas de los sesenta y setenta, y en una proporción muy superior a las tasas de divorcio de cualquier otro país. ¿Subsiste hoy la perturbación familiar ocasionada por la emigración por razón de trabajo? Aun después del retorno de emigrantes, subsiste pero de manera profundamente diferente y en dos sectores distintos.

Por una parte, las razones laborales mantienen sus efectos aunque ahora vinculadas a la creciente incorporación de la mujer al trabajo extradoméstico. Se trata del trabajo de los dos cónyuges en localidades diferentes, en ocasiones muy distanciadas. En sectores de clase media, se ha hecho frecuente esta situación en las últimas dos décadas, aunque sea imposible determinar su amplitud estadística. Uno de los cónyuges convive con los hijos, a donde los fines de semana regresa el ausente, o bien, si están muy alejados, se encuentran a mitad de camino más esporádicamente. Es lo que pudiera llamarse una especie de familia «intermitente» —regularmente incompleta y completa—, que a lo que parece, en muchos casos mejora la calidad de la comunicación y relación entre la pareja.

La otra fuente de perturbación familiar por la emigración es muy reciente. Se trata de la inmigración, fenómeno históricamen-

_____

[5] F. ORTEGA, 1981: 99-100 y 252-270; véanse también J. CASTILLO CASTILLO, 1980: 12 y 22, y D. BRISSET, 1981: 155.

te novedoso en España en su magnitud, clase social, países de procedencia y voluntad de permanencia. Ahora son los inmigrantes quienes se encuentran, en muchos casos, en situación de separación familiar como consecuencia de su actividad en España. Los estudios de Izquierdo sobre la inmigración legal e ilegal en la década de los ochenta han puesto de relieve el alto porcentaje de mujeres —un 40 por 100 en los permisos de trabajo concedidos y en las solicitudes de regularización— y de jóvenes entre estos grupos. Entre los asentados en Cataluña, un 28 por 100 se casó en su país de origen pero emigró sin ella (Izquierdo, 1992, y Solé y Herrera, 1991: 42).

V. FALLOS FUNCIONALES INVOLUNTARIOS

El esquema clasificatorio de Goode incluye, por último, los fallos funcionales involuntarios. Al contrario del punto anterior, se trata de los efectos de crisis internas sobrevenidas dentro de la familia pero no como consecuencia de alteraciones de la relación de pareja, sino que hechos distintos le repercuten. Comprende patologías graves de tipo físico, mental o emocional. No se requiere que produzcan separación entre los cónyuges. La presencia física puede subsistir, pero las alteraciones patológicas impiden desempeñar adecuadamente las obligaciones del *rol*. Alcanza igualmente a las repercusiones en los cónyuges de las mismas circunstancias cuando afectan a los hijos.

Tampoco se ha prestado suficiente atención por la sociología a estos problemas. Sin embargo, la alteración ocasionada en la dinámica familiar es profunda. En ocasiones sin posibilidad de paulatina adaptación por sobrevenir de manera brusca, por ejemplo por accidente. Las perturbaciones son graves en todo caso y afectan a todas las esferas de la vida personal y familiar produciendo cambios cualitativos en su organización. Las dificultades económicas, las crisis matrimoniales y los sentimientos de ansiedad y culpa —si la situación proviene de los hijos— pueden alterar, para siempre en muchas ocasiones, el ritmo de la vida familiar.

La crisis repercute tanto en la dinámica interior de la vida familiar, como en sus relaciones con el mundo exterior. Su presencia, como ha examinado Kew (1978: cap. 5; también Hewett, 1970), respecto al hijo minusválido, afecta de manera directa también a los demás hermanos de la familia. Pese a que habitualmente contemplamos la enfermedad como acontecimiento individual, su transcendencia es primariamente familiar. Kew muestra la notable repercusión económica en familias con hijo minusválido, el deterioro de la relación sexual de la pareja, limitación de la descendencia, las alteraciones del proceso de educación de los hermanos sanos y de las relaciones entre padres e hijos. Los cambios son profundos también en las relaciones entre la familia y el entorno social, obstaculizando y hasta impidiendo las relaciones sociales de la pareja. Las dificultades económicas y la atención prolongada que requieren aíslan de ocios y contactos externos a la pareja, confinándola en una progresiva soledad.

Naturalmente las consecuencias de este tipo de desorganización familiar viene mediatizada por el nivel económico, medio de residencia, práctica religiosa, ayuda de la red de parentesco disponible, tamaño de la familia, fase del ciclo vital en que se produzca, etc. Pero, en sí misma, la presencia de estas crisis perturban el desenvolvimiento de la familia, exigiendo reajustes profundos. Cuando estos reajustes vienen acompañados del descenso brusco de los ingresos familiares y la necesidad de hacer frente a nuevos gastos, los problemas de adaptación a las nuevas circunstancias serán sumamente importantes y graves.

El estudio del INE *Encuesta sobre discapacidades, deficiencias y minusvalías*, de 1987, permite estimar en torno a 200.000 las personas menores de quince años con discapacidades. El riesgo de verse afectado aumenta con la edad, que modifica también el tipo de discapacidades que les afectan (de las asociadas con la movilidad a las de ver, oír o hablar). El desglose por edades es el siguiente:

Grupos de edad	Personas con discapacidades	Tasa de prevalencia (%)
Menores de 3 años	13.708	1,38
De 3 a 5 años	29.339	2,18
De 6 a 14 años	157.836	2,79
Total menores de 15 años	200.883	2,51

FUENTE: A. Jiménez Lara, «Infancia y discapacidad», en *Congreso Internacional Infancia y Sociedad*, vol. 3, 1991, p. 388.

Algunos estudios han abordado los efectos familiares de la convivencia con minusválidos. Así, la proporción de minusválidos que residen en centros residenciales es, en todas las edades, muy baja. Más del 90 por 100 de los menores de quince años viven con familiares y con sus ayudas y cuidados. Más de la mitad de los familiares de minusválidos encuestados afirman que esas atenciones les impiden llevar una vida «normal» y les requiere varias horas de dedicación diarias, sobre todo si cuentan menos de seis años (INSERSO, 1988: 67 y 227).

Pero la amplitud de efectos de la enfermedad grave en el sistema familiar puede constatarse en un estudio efectuado a familias con menores con transtornos psíquicos de Madrid (EDIS, 1981). Se trata de familias que en el 70 por 100 de los casos cuentan de dos a cuatro hijos y otro 24 por 100 cinco o más. En la situación, pues, se encuentra involucrado un elevado número de hermanos. Si en su mayoría el primer diagnóstico se efectuó en un centro gratuito (sólo el 10 por 100 de pago), sin embargo el 36 por 100 termina por efectuar el diagnóstico en centros de pago con coste, en pequeño porcentaje, muy elevado. El tiempo invertido en visitas médicas es considerable; el 40 por 100 visitó seis o más especialistas con una duración media, en el 30 por 100 de los casos, muy prolongada. Máxime cuando, el tiempo de transporte, para cada visita, supera las dos horas en el 50 por 100 de los casos. Estas circunstancias ofrecen, desde luego, tan sólo el atisbo de un problema con muchas más ramificaciones de fondo. En especial porque en numerosos casos puede presentarse conjuntamente con otras circunstancias agravantes como la pobreza.

Los estudios mencionados evidencian la extraordinaria amplitud de consecuencias de las enfermedades graves en la dinámica familiar: desde las relaciones entre hermanos, el ritmo de la vida cotidiana, los costes económicos, las actividades del ocio de los cónyuges y hermanos, el tiempo de dedicación a los hijos. Todo el universo vital de la familia se encuentra condicionada por estas circunstancias graves de salud, que, caso de tratarse del sustentador principal del hogar, agravarán la situación al reducir los ingresos familiares.

VI.   MALOS TRATOS A LA MUJER

La creciente preocupación por los malos tratos a la mujer constituye un importante rasgo de la sociedad actual. Sin el rechazo cultural, difícilmente puede suprimirse la violencia en los comportamientos. Y este paso se está produciendo en las últimas décadas. ¿De dónde proviene este impulso al cambio?

Uno de los más relevantes cambios de los últimos veinte años ha sido la alteración de la relación entre lo público y lo privado. Los movimientos feministas actuaron en gran medida impugnando un secular pacto implícito en la sociedad de guardar silencio sobre la vida privada. Al igual que otros movimientos sociales, los feministas han llevado lo privado hasta lo público. Los malos tratos a la mujer en la familia —como la sexualidad, la realización de las tareas domésticas, la crianza de los hijos y de las hijas, etc.— no son más que un ejemplo concreto de este importante cambio.

Pero, si las fronteras entre lo público y lo privado se alteran, simultáneamente el ámbito privado aparece como una nueva esfera de la violencia potencial. Entiéndase bien, no es que los malos tratos fueran desconocidos en el pasado dentro de la familia. Todo lo contrario. Pero ahora surgen a la esfera pública, y la quiebra del equilibrio mencionado entre lo público y lo privado orienta buena parte de las tensiones sociales hacia el interior —y no al exterior— de la vida familiar. Y ello por múltiples razones.

Primero, por la propia transformación de la familia. En el tipo de familia nuclear no existen mecanismos inmediatos ni personas que puedan neutralizar ni amortiguar los conflictos ni las agresiones, si éstas aparecen. Cuando la familia era extensa —compuesta por varias familias nucleares—, otros miembros de ella podían desempeñar el papel de amortiguador de conflictos o canalizador de tensiones. Ahora, no. Por eso uno de los componentes habituales de las noticias de prensa sobre los malos tratos a la mujer en la familia es la sorpresa que produce a los propios vecinos y familiares inmediatos. Y, junto a la sorpresa, también la prolongada existencia de esos malos tratos. En el pasado ese desconocimiento no podía producirse; para bien o para mal, la red familiar era testigo de los acontecimientos cotidianos de la pareja.

La familia nuclear, pues, si bien posibilita una intimidad y una profundidad en la relación interpersonal desconocida en anteriores modelos familiares, no ofrece mecanismos de apaciguamiento cuando la relación se deteriora. Y en este sentido pudiera afirmarse que posibilita comportamientos más extremos, en lo positivo y —llegado el caso— también en lo negativo.

Pero en España esta situación se superpone a una peculiar coyuntura de transición. Nos referimos a la relación entre los sexos. Los comportamientos violentos y los malos tratos se incrementan en situaciones de transición. Cuando el código de comportamientos de los sexos se encuentra firmemente asentado en la sociedad, proporciona modelos de comportamientos claros a todos los integrantes de la sociedad: varones y mujeres. Cada persona aprende sin dificultad el papel que la comunidad le atribuye, precisamente porque existe consenso global sobre su contenido. Se consideran legítimos los contenidos de los papeles que el propio sexo debe desempeñar, pero también los que ha de representar el otro sexo.

Las situaciones de transición cultural constituyen, por definición, circunstancias propicias para el incremento de tensiones y, por tanto, para los malos tratos. Por una parte, por la propia ambigüedad de la situación. Las certidumbres desaparecen antes que se asienten los nuevos modelos culturales. Y, por otra parte, porque la propia transición cultural favorece el distanciamiento entre los comportamientos. El ritmo de adaptación puede no ser ni simultáneo ni paralelo; esto es, mientras un miembro de la pareja evoluciona en sentido de los nuevos valores que aparecen, el otro puede radicalizar su apoyo a los que desaparecen.

Todos los indicios avalan que esta fuente de tensiones se encuentra en la base de múltiples modalidades de malos tratos en la sociedad española actual. Pero es que además la familia se convierte en catalizadora de tensiones generadas fuera de su propio ámbito. Es lo que se ha llamado la «familia esponja»; en su propio seno, la familia absorbe, canaliza y desencadena tensiones originadas fuera de ella. Las graves tensiones generadas por la falta de trabajo o por su pérdida se traducen, en numerosas ocasiones, en agresiones y malos tratos hacia la mujer y hacia los niños.

Este tipo de malos tratos encuentra además apoyo en la tradición hispana del machismo o, si se prefiere, de la «masculinidad de protesta», de la que hablan los antropólogos (Gilmore, 1978). Se trata de una convincente explicación de la génesis de numerosas manifestaciones de violencia en nuestra sociedad. Este esquema teórico puede resumirse como sigue: un individuo se identifica con la persona que le parece más importante, la persona que percibe como poseedora de los recursos que él necesita. Si durante los dos o tres primeros años de su vida un niño está constantemente con su madre, y ve poco a su padre, que rara vez se ocupa de él, se identificará intensamente con su madre y no con su padre. En suma, si es un chico tendrá una identificación sexual cruzada. Si, posteriormente, su vida se desarrolla en un mundo claramente denominado por el hombre, se verá inmerso en el conflicto y desarrollará una intensa necesidad de rechazar su primitiva y subyacente identificación femenina. Este conflicto de identidad puede conducir a un premeditado intento de demostrar su virilidad manifestado en la preocupación por la fuerza física y las proezas atléticas, o en la tendencia a dar pruebas de osadía o valor, o en una conducta violenta y agresiva, es decir, la masculinidad de protesta.

En muchos componentes de la subcultura adolescente predominante en la sociedad española, parecen encontrarse rastros de la masculinidad de protesta que desencadenan comportamientos violentos también en el matrimonio, Y, en especial, en contextos de cambios en el sistema de valores, como antes señalábamos.

Pero, si la sociedad actual genera numerosos comportamientos violentos y, en particular, malos tratos a la mujer, el reverso de la moneda es que produce igualmente rechazos a esos mismos comportamientos violentos particularmente acusados.

Nuestras sociedades se fundamentan en el rechazo a la violencia. Ninguna sociedad del pasado se encuentra más distante de la exaltación de la violencia que la actual. Y ello no porque la humanidad haya devenido más pacífica, sino por la innecesariedad de la fuerza física y la violencia para la supervivencia. Ni para el trabajo ni para la subsistencia, la fortaleza constituye hoy en día una necesidad al menos en los países desarrollados. Se trata de una reciente novedad histórica que rompe con la hegemonía del vigor físico para la vida colectiva. Pero, desaparecida ésta, nuestras sociedades contemplan con recelo cualquier modalidad de uso de la fuerza. A veces incluso la legalmente definida como legítima. Y en este contexto los malos tratos a la mujer genera profundo rechazo.

Numerosas encuestas de opinión acreditan este rechazo a la violencia. Por ejemplo, los malos tratos entre los cónyuges es una de las más aceptadas causas de divorcio en todas las sociedades europeas y, por tanto, en España. Se considera irremisiblemente quebrada una relación que ha estado atravesada por la violencia y los malos tratos. Es un rechazo a una situación que estructuralmente no se asimila en la sociedad moderna.

En la sociedad española existe además una extendida creencia en la alta frecuencia de malos tratos a la mujer; dos de cada tres entrevistados consideran que se producen con mucha o bastante frecuencia. Se percibe que aumenta la frecuencia a medida que desciende de clase social, también entre las residentes en núcleos urbanos más que en los núcleos rurales.

FRECUENCIA PERCIBIDA DE MALOS TRATOS (%)

	Mucha	Bastante	Poca	Ninguna
Las mujeres	20	48	17	1
Los hombres	2	9	49	26
Mujeres clase baja	30	43	10	1
Mujeres clase media	5	35	38	4
Mujeres clase alta	2	14	42	20
Mujeres zonas rurales	12	34	26	5
Mujeres de ciudades	8	42	25	4

FUENTE: CIS, *Las mujeres españolas*, 1991, p. 153.

Pero además ese rechazo a los malos tratos y a la violencia se acrecienta cuando se produce en la esfera privada. Precisamente por la opacidad de esa vida privada, cuando la violencia aparece se acrecienta la alarma. Tal vez porque se magnifica su alcance por la indefensión existente en la vida privada. Revelada la existencia de esa situación de malos tratos, se rechaza por una doble gravedad. Por una parte, por la propia naturaleza de los hechos y la repugnancia cultural que ocasionan. Pero, por otra, por la propia privacidad de la situación en que se generan los malos tratos. La inaccesibilidad pública produce una total indefensión y facilita la gravedad de los hechos.

Precisamente al ser el ámbito privado el medio habitual de los malos tratos a la mujer, la dificultad de perseguir esos comportamientos es máxima. Aquí residen las inhibiciones a denunciar los malos tratos por parte de las mujeres. Y todavía mayores son las dificultades de probar los hechos cometidos. Y ello sin tener en cuenta la hostilidad que genera, todavía en muchas ocasiones, la denuncia de los hechos por la víctima. Al menos la mitad de los entrevistados en algunos estudios (CIS, 1991: 155), opina que una mujer que denuncie malos tratos de su pareja debe tener poca o ninguna confianza en la actuación de los poderes públicos. Esto explica que se estime que sólo se interpone una denuncia por cada diez situaciones de malos tratos. En España, desde 1984, en que comenzaron a recopilarse los datos, el número de denuncias se encuentra estabilizado con pocas oscilaciones, desde un mínimo de catorce mil denuncias. En su mayoría, se trata de malos tratos físicos y psíquicos, a continuación los físicos —separados artificialmente de los psíquicos— y en tercer lugar los psíquicos.

DENUNCIAS POR MALOS TRATOS CONYUGALES
POR TIPO

	1988	1989	1990	1991	1995
TOTAL	15.523	17.738	17.224	17.089	16.122
Malos tratos psíquicos	3.776	4.722	4.644	4.839	4.882
Malos tratos físicos	5.598	5.837	5.203	5.023	4.441
Malos tratos psíquicos y físicos	6.149	7.179	7.397	7.227	6.799

FUENTE: Ministerio del Interior, Secretaría General Técnica, reproducidos en Ministerio de Asuntos Sociales, *Boletín Estadístico de Datos Básicos*, n.º 8-9, 1992, p. 182, y n.º 25, 1996, p. 106.

Pero esos datos de manera alguna reflejan el alcance del problema. Es únicamente la punta del iceberg. Ocultos permanecen no sólo los casos que se viven ocultos, sin ayudas de las que se van implantando paulatinamente también en nuestra sociedad: casas de acogida, refugios, etc. Son los dramas en soledad. Pero es que los datos ni siquiera revelan la magnitud del problema ni sus características: la superposición de violencias —a la mujer, a los menores, etc.—; la yuxtaposición de problemas —alcoholismo, malos tratos, paro, etc.—; la duración o continuación en los malos tratos; la violencia de los malos tratos; la herencia de comportamientos violentos; la influencia de la situación laboral y el grado de precariedad económica; presencia o no de hijos; la duración y clase de relación de pareja. O aspectos esenciales para establecer políticas de protección a las afectadas: el conocimiento de los procesos de aparición y de los casos de desaparición de los malos tratos; y los factores que favorecen el abandono de una relación abusiva (tipos de apoyo que lo impulsan, influencia de las disponibilidades de vivienda, recursos económicos, información, etc.). En definitiva, la verdadera trama de los malos tratos en la sociedad española que continúan siendo desconocidos.

VII. MALOS TRATOS A LOS NIÑOS

La humanidad ha convivido con los malos tratos a los niños durante un dilatado pasado en el que, impunemente, todas las formas de crueldad han sido practicadas. La historia de la educación es difícil establecerla sin la correlativa de los procedimientos aversivos utilizados. La creciente sensibilización ante el problema —desde el siglo XIX y sobre todo en el actual— ha venido acompañada con la superación de la concepción material de los malos tratos, hasta el punto de que comienza a elaborarse el derecho de los niños al «divorcio» de sus padres causantes de malos tratos[6].

Aunque son muy complejas las realidades que hoy se subsumen bajo el rotulo de malos tratos, el acuerdo es unánime en el sentido de no restringirlos a los malos tratos físicos. La definición más aceptada de mal trato es «toda acción u omisión no accidental que compromete o impide la seguridad de los niños y la satisfacción de sus necesidades físicas o psicológicas básicas» (Jiménez Morago, 1993: 136; también Toro, 1978: 141). Con arreglo a esta definición, se han establecido tipologías de los malos tratos:

TIPOLOGÍA DE MALOS TRATOS

	ACTIVOS	PASIVOS
FÍSICOS	Abuso físico Abuso sexual	Abandono físico
PSÍQUICOS	Mal trato psíquico	Abandono psíquico o emocional

FUENTE: I. Gómez de Terreros, *El mal trato infantil en nuestro medio*, 1993, p. 26.

---

[6] Este derecho de los niños se ha reconocido ya en algunas sentencias en Estados Unidos, analizadas en B. SARABIA, 1992: 91 ss.

La tipología recoge la diversidad de comportamientos encuadrables dentro del mal trato. Tanto en su modalidad —activa o pasiva—, como en su forma —física o psíquica—, una de las dificultades básicas para determinar su alcance es que, en la mayor parte de los casos, requiere ser detectada por terceras personas para poder ser atendidos los niños y perseguidos los adultos responsables. Por ello el protagonismo de los médicos, de los servicios sociales y escolares es esencial en su descubrimiento; entre un 10 y un 20 por 100 se estima que se detectan. Pero esto favorece que en gran parte queden sin registro ni sanción estos comportamientos. De hecho algunos —como el abandono emocional— dejan de manera inmediata muy escasas manifestaciones externas, son difícilmente detectables y por consiguiente, perseguibles.

Por otro lado, cada tipo de mal trato puede variar según su gravedad, su duración o continuidad, edad de inicio, el número de adultos que lo producen al mismo niño, la concurrencia de varios tipos de malos tratos contra el mismo niño, y del mal trato con otras circunstancias sociales (pobreza, drogadicción, etc.). De los numerosos estudios, sobre todo realizados por médicos, se pueden señalar algunas conclusiones generales. El tipo de mal trato más frecuente que revelan los estudios es el abandono. Le sigue el mal trato emocional. El mal trato físico ocupa el tercer lugar, aunque sea el que más transciende a la opinión pública y el que más se identifica con la idea que socialmente se tiene del mal trato. Por último, el abuso sexual que es el que más dificultades presenta en cuanto a su detección [7].

Las dificultades para detectar los malos tratos y la imprecisión de los comportamientos específicos subsumibles dentro de dicha categoría hacen que no existan estadísticas fiables y que los datos disponibles haya que aceptarlos con cautela. La existencia, históricamente, de tolerancia social a los malos tratos a los niños —al menos en alguna de sus modalidades, o mejor, finalidades de dicho comportamiento— ha mantenido elevados esos comportamientos y, lo que es peor, tolerados socialmente. Por ello las estimaciones más prudentes —incluyen los malos tratos físicos o

---

[7] Recogemos aquí el análisis de la bibliografía sobre el mal trato realizado por J. JIMÉNEZ MORAGO y otros, 1993; pueden consultarse igualmente el número monográfico de la revista *Infancia y Sociedad*, n.º 2, 1990, dedicada a los malos tratos, y F. CASAS AZNAR, 1991: 371 ss.

psíquicos, abusos sexuales o no haber recibido de sus familias los cuidados más elementales— estiman en unos 25.000 los niños que en 1990 recibieron algún tipo de atención de los Servicios Sociales por haber sufrido malos tratos[8].

La opinión mayoritaria es que son más frecuentes los malos tratos a la mujer, y que hay un número semejante de malos tratos a los niños y a los ancianos. El 29 por 100 de los entrevistados conoce algún caso de malos tratos a mujeres, el 17 por 100 a niños y el 16 por 100 a ancianos. Sin embargo, la evolución de estos comportamientos se percibe muy semejante entre estos tres grupos. Y la opinión es negativa; un sector importante considera que, en los últimos diez años, estos malos tratos están creciendo. Uno de cada cuatro entrevistados considera que han aumentado los malos tratos en los tres grupos; un porcentaje igual entiende que han disminuido, y en torno al 30 por 100 opina que se mantienen igual de frecuentes (CIS, 1991b: 154 ss.).

Respecto a la magnitud que tiene el problema en España, la opinión generalizada es que los menores afectados por malos tratos —abandono, falta de atención adecuada, etc.— son bastantes (44 por 100) y muchos (25 por 100). Participan de esta opinión, en mayor medida, las mujeres, quienes tienen estudios de bachillerato o superiores y entre los grupos de edades más jóvenes (dieciocho-veinticinco años). Y si esta opinión es mayoritaria, todavía más difundido se encuentra el juicio sobre la necesidad de endurecer las leyes que sancionan estos comportamientos. En concreto, interrogados para valorar la legislación española, más del 85 por 100 de los entrevistados se manifiesta en favor de una legislación más estricta sobre malos tratos a los hijos, abandono de los hijos, prostitución de los hijos y explotación de los hijos (CIS, 1991a: 75).

VIII.   ORFANDAD

La orfandad constituye uno de los más significativos ejemplos de la cierta discrecionalidad con que se definen los problemas sociales. Quizá por afectar a la infancia —cuyos intereses y voces

---

[9] Los datos proceden del Director General de Protección Jurídica del Menor y recogidos por la prensa (diario *El Sol*, 2 de marzo de 1991); de los niños atendidos, 11.000 fueron ingresados en centros de internamiento y 1.500 adoptados.

son usurpados por adultos— quedan ocultos socialmente sus problemas inmediatos. Y la situación se enfoca —exclusivamente— desde la óptica de los adultos. En concreto, de la parte de la pareja superviviente, sobre todo de la mujer, como prueban la existencia de asociaciones de viudas y las referencias a su problemas en programas de partidos políticos y la falta de atención institucional específica al problema.

Es, en efecto, la óptica matrimonial la que monopoliza la reflexión sobre las consecuencias de la muerte de uno de los padres en el grupo familiar. Y, sin embargo, las consecuencias intergeneracionales de la desaparición del padre o la madre son importantes cuando involucran a menores.

La familia nuclear aislada y con escasa relación con el entorno incrementa los efectos de la orfandad en los menores respecto al pasado reciente. La familia extensa protegía de las repercusiones de la desaparición de uno de los padres —por cualquier tipo de circunstancia: fallecimiento, abandono, divorcio—, haciendo más activas las relaciones con los otros adultos presentes en el contorno inmediato. Éstos podían desempañar los papeles de los adultos desaparecidos, atenuando sus efectos en el desarrollo de los menores. Pero, desaparecido o siendo muy minoritario este tipo de familia, la falta de políticas públicas específicas dirigidas a la protección de los huérfanos —como ocurre en España— tiene que estar haciendo más adversa su suerte.

Aunque la variable de clase social sea importante, es muy probable que los efectos de la orfandad estén muy vinculados con la accesibilidad de la red familiar. Los intensos procesos de movilidad geográfica acaecidos en la sociedad española pueden, por consiguiente, haber impedido el despliegue de las protecciones familiares más en sectores de clase obrera y baja que de la clase alta. Esto significa que son, en principio, los sectores, más desfavorecidos quienes tienen que hacer frente a la situación de familia incompleta como a su dinámica ulterior, en circunstancias muy adversas.

La orfandad, además, no sólo ha de producir efectos desde el punto de vista intergeneracional, padres-hijos. Otra dimensión relevante son los efectos horizontales, es decir, en las relaciones entre hermanos. La orfandad a edades tempranas del hijo tiene que reducir el número de hermanos existente en el grupo familiar. Lo cual reduce también la posibilidad de encontrar apoyos y ayudas por parte de los hermanos.

Las diferencias en la esperanza de vida según sexo —más alta en las mujeres— y las edades de matrimonio —más elevada la de los varones que las mujeres, con carácter general—, hacen mucho más probable que, en los menores, la orfandad se produzca por fallecimiento del padre que de la madre. Los datos de la Encuesta Sociodemográfica de 1991 (véase la tabla siguiente) muestran, en efecto, la más temprana desaparición de los padres que las madres de los entrevistados. Y, lo que es más importante, que un número elevado de personas ha atravesado por esa situación familiar a edades tempranas en la sociedad española.

ORFANDAD: EDAD AL FALLECER LOS PADRES (%)

	Huérfano de padre	Huérfano de madre	Huérfano de ambos
Viven	53,8	65,7	69,5
Fallecidos	46,2	34,3	30,5
Edad:			
Menos de 5 años	2,0	1,1	0,1
De 5 a 9 años	2,5	1,2	0,3
De 10 a 14 años	2,8	1,3	0,4
De 15 a 19 años	3,2	1,4	0,5
Más de 19 años	35,8	29,4	29,1

FUENTE: INE, *Encuesta sociodemográfica 1991*, pp. 157 ss.

Es mucho más frecuente el fallecimiento de los padres que de las madres a edades tempranas de sus hijos; dos veces más entre los menores de quince años. Pero, en conjunto, el fallecimiento de uno o de ambos progenitores antes de los quince años es una experiencia extendida en la sociedad española. Y, aunque el porcentaje de huérfanos de ambos padres es muy bajo —el 0,8 por 100 de los entrevistados con menos de quince años—, sus efectos en las oportunidades vitales de los menores han tenido que ser necesariamente acusados, por la ausencia de políticas protectoras más allá de la concesión de pensiones para su mera supervivencia física.

Los efectos económicos de la orfandad han tenido que ser muy acusados en la sociedad española y, por tanto, haber favorecido la movilidad social descendente, con todas sus consecuencias en los comportamientos de los miembros del grupo familiar. La escasa incorporación de la mujer al trabajo extradoméstico, unida a la muy deficiente protección social, ha tenido que producir graves efectos económicos en las economías familiares cuando haya fallecido el padre. Y, por consiguiente, perturbaciones acusadas en la crianza y socialización de los menores que se ven afectados por esta situación. Unos efectos que tienen que estar siendo particularmente graves cuando la orfandad de los menores coincida con alguna característica adversa como minusvalía, pobreza, etc., acrecentando los efectos negativos para los menores de la orfandad.

No existe investigación reciente sobre esta materia en España. Pero el estudio de Martín Serrano (1975) ya evidenció el amplio espectro de consecuencias. Aunque analizó únicamente a los varones en el servicio militar, sus resultados ya mostraron que la orfandad era el primer factor determinante del destino social de los jóvenes. Cuentan con menos hermanos; en cada categoría de ingresos hay mayor proporción de huérfanos sin instrumentos de socialización (automóviles, teléfono, televisor); inician su actividad laboral antes; anticipan su noviazgo y su frecuencia, así como la edad de matrimonio; tienen hijos antes que los jóvenes con padres y, en importante proporción, siendo solteros; las relaciones con otros grupos se ven alteradas según carezcan de padre o de madre, etc.

Aunque no se ha replicado este estudio desde su aparición, sus conclusiones ponen de relieve los muy importantes efectos de la orfandad en el destino vital de los jóvenes, en el cónyuge superviviente y en la dinámica familiar.

IX.   LA PROTECCIÓN ANTE LA TENSIÓN

¿Cuáles son las actitudes sociales ante la presencia de situaciones familiares conflictivas?; más precisamente, ¿cuáles son las actitudes sociales si las tensiones familiares involucran a un menor?

Convertida la familia en el reducto privilegiado de la privacidad, no se aceptan interferencias a su desenvolvimiento interno salvo que, por la gravedad de su dinámica, puedan lesionar físicamente a alguno de sus miembros en especial si es menor. Pero los malos tratos en su sentido más amplio, que van desde situaciones de abandono afectivo a cuidados materiales, no se consideran susceptibles de ser mediatizados por intervención ajena a la esfera de la propia familia.

Es muy larga en efecto la tradición, incluso jurídica, que impide interferir y actuar con relación a la familia, salvo si se producen malos tratos con notoriedad. Y aun así, en el caso de malos tratos entre cónyuges, la justicia ha contemplado siempre como causa de inhibición la retirada de la denuncia por parte de la persona afectada, como si los comportamientos violentos pudieran desaparecer por la tolerancia o perdón de los dañados. Lo cual, además, ha sido en innumerables ocasiones causa de agresiones más violentas con posterioridad.

La *Encuesta FOESSA* de 1993 (Fundación FOESSA, 1994) corrobora esa dinámica inhibicionista ante la esfera privada de la familia. Se preguntó el grado de acuerdo de los entrevistados respecto a «Cuando los padres no educan bien a los hijos, el Estado debería intervenir aunque no haya malos tratos». Las respuestas están bastante equilibradas, aunque un porcentaje ligeramente superior se manifiesta en desacuerdo con la proposición (51,3 por 100, frente al 46 por 100 de acuerdo). No hay diferencias según sexo, ni en ninguna otra variable las posiciones se encuentran muy polarizadas. Pero es más frecuente la postura en favor del intervencionismo entre: los residentes en ciudades con más de 100.000 habitantes; quienes cuentan estudios primarios o sin estudios; a mayor práctica religiosa; se declaran de clase media baja y pobre; tienen más de cuarenta y seis y, sobre todo, de sesenta años; y entre los casados o solteros.

Esta última característica puede significar que la desconfianza reside no tanto en el intervencionismo externo, sino en que sea protagonizado por el Estado. Que los separados o divorciados, de hecho y también legales, sean los menos proclives a la intervención, puede proceder de la desconfianza en el acierto del intervencionismo público en las situaciones de tensión, precisamente por conocer las limitaciones del sistema público —sus normas y sus agentes— para actuar con relación a la familia.

En realidad, aquí reside el núcleo del problema. La familia nuclear es, de suyo, la menos transparente hacia el exterior. Respecto a formas anteriores de organización de la familia, es el modelo más hermético y con menor grado de permeabilidad externa. Y también el que, presentada la situación de tensión, ofrece menos alternativas tanto al conocimiento de los hechos, como al amortiguamiento de sus efectos. La convivencia de padre e hijos con abuelos, tíos, primos, atenuaba la repercusión de las tensiones en los hijos, e incluso los efectos de la orfandad.

En todo caso, sobre los límites de la intervención pública sí parece existir un alto grado de acuerdo. La intervención debe orientarse hacia el reforzamiento o sustitución de la familia, pero por otra familia. La sustitución por instituciones se encuentra claramente postergada como solución adecuada para la crianza de los niños sin familia. La *Encuesta FOESSA* de 1993 preguntó sobre cuál era la solución adecuada para la crianza de los niños sin familia. Lo más adecuado es la búsqueda de fórmulas familiares sustitutorias:

ALTERNATIVAS A LA CRIANZA DE NIÑOS
SIN FAMILIA (%)

1.	Ingreso en Residencias Educativas Especiales	11,2
2.	Ayudas especiales a sus familiares que les cuiden	32,9
3.	Promover la adopción de estos niños	42,6
4.	Tenerlos en otras familias temporalmente	4,0
5.	Que varios vivan en hogares, al cuidado de algún mayor	5,3

FUENTE: FOESSA, 1993.

Las dos soluciones más aceptadas son la instalación en una nueva familia, vía adopción, y prestar ayuda a sus propios parientes para que asuman la crianza de los niños que carezcan de familia. Tres de cada cuatro entrevistados se pronuncian por estas dos opciones. Merece destacarse que el acogimiento temporal —previsto en la legislación vigente— no es percibido como solución adecuada más que por el 4 por 100 de los entrevistados.

Pero, en la práctica, las madres o las familias se resisten a entregar a los hijos en adopción, lo que ocasiona que las demandas sean muy superiores al número de niños disponibles para adopción o acogimiento familiar, que es la asignación temporal de un menor en dificultad social a otra familia. Si bien desde su regulación en 1987 su utilización crece paulatinamente —por ejemplo, se ha pasado de 800 acogimientos en 1989 a 3.000 en 1993—, existe una creciente demanda no satisfecha de adopciones.

La demanda de adopciones es alta en España, lo cual está ocasionando efectos muy variados, desde un mercado clandestino de niños —en muchos casos, procedentes de otros países— para adopción hasta simulaciones de parto. Incluso existen indicios muy firmes respecto a la influencia de circunstancias sociales como desencadenantes —o, por lo menos, concurrentes— en la decisión de entregarlo para adopción. Así, un estudio efectuado en la Comunidad de Madrid [9] muestra que el perfil de las madres es el siguiente: son muy jóvenes —entre diecisiete y veinticinco años mayoritariamente—; tiene estudios primarios, poca cualificación y nivel de ingresos muy bajo con gran dependencia económica; el 80 por 100 son solteras.

La familia puede, por consiguiente, ser contemplada en situación de conflicto o lesiva para los intereses de los menores. Pero la alternativa definida como deseable es situar al niño en otra experiencia familiar y no fuera de ella. Si se quiere, otra prueba de la fortaleza de la familia.

* * *

El repaso dado a las diferentes modalidades de desorganización familiar en España permite concluir destacando, en primer lugar, su pluralidad. Es decir, la polarización de la situación familiar sobre la base del divorcio es, por de pronto, un error. Un error que oculta el verdadero alcance de la desorganización de la familia en España como en cualquier otra sociedad. Pero por ello mismo debemos preguntarnos si el fetichismo del divorcio es en verdad inocente. La respuesta, en nuestra opinión, es negativa. Proyectando la atención sobre el divorcio, pueden eludirse con fa-

---

[9] Los datos proceden de un estudio sobre las adopciones en los años 1988, 1989 y 1990 en la Comunidad de Madrid realizado por el sociólogo V. BARRIO, del que se da cuenta en la revista *8 de Marzo* (Comunidad de Madrid), n.º 9, 1993, pp. 29 ss. El estudio del CIS, *Actitudes y opiniones de los españoles ante la infancia*, Madrid, 1991, pp. 82 ss., revela las mismas tendencias sobre la dificultad de adoptar en España y el recelo ante el internamiento de los niños en centros. Respecto al acogimiento familiar, véase el número monográfico de la revista *Infancia y Sociedad*, n.º 6, 1990.

cilidad la amplia gama de medidas sociales necesarias para hacer frente a la diversidad de crisis familiares, con muy varia naturaleza y exigencias.

El divorcio así se convierte en eficaz instrumento para la ceremonia de la ocultación. La estrategia presta utilidad ciertamente a los gobernantes. Pueden exhibir como política familiar medidas parciales, irrelevantes y fragmentarias, sin abordar la verdadera magnitud del problema. Acaso, sin embargo, no sean los únicos beneficiarios. Sus efectos pueden llegar a los propios matrimonios, como un sedante y quién sabe si también lubricante: el mal comienza con el divorcio; en el otro lado de la frontera nada hay que cuestionarse porque todo va bien dada la ausencia de divorcio. ¿Cómo no evocar «el infierno son los otros»?

Sin embargo, pese a la multiplicidad de fuentes de desorganización y al aumento, en concreto, de las tasas de divorcio, no pueden, en nuestra opinión, interpretarse como crisis de la familia. Es difícil imaginar la desaparición de la familia, objetivo que ninguna revolución ha pretendido —al menos, de forma duradera—, ni logrado. La situación real es precisamente la opuesta: nunca ha sido más popular el matrimonio —legalizado o no, no es lo esencial— que en nuestros días.

Precisamente muchas de sus crisis surgen por tratarse de una relación demasiado importante para la pareja; por eso se cuestiona. Algo sin precedentes históricos. Su inestabilidad es el reverso de su grandeza. Ocurre, en definitiva con el matrimonio como con el automóvil. Todo el mundo sabe el elevado número de muertos que origina cada año. Pero también permite vivir con decoro a muchos más, incluso a costa de sus averías.

Que hoy existe una pluralidad de tipos de familias y diversas alternativas, frente al modelo patriarcal exclusivo de épocas precedentes, es indudable. Pero, por sorprendente que parezca, las divergencias en sus formas no siempre vienen acompañadas de correlativas diferencias en los comportamientos. Bajo el manto de la innovación puede esconderse mucho tradicionalismo, y viceversa.

9. LAS FAMILIAS MONOPARENTALES EN ESPAÑA: PROBLEMAS DE DEFINICIÓN Y ALCANCE

I. PLANTEAMIENTO

Pocas expresiones han adquirido tan fulgurante éxito en las ciencias sociales como la de «familias monoparentales». Desde luego, en el campo de la sociología de la familia no existe ninguna otra que haya logrado difusión internacional en un período de tiempo tan corto.

Hace dos décadas, cuando Benjamin Schlesinger publicaba en 1975 la tercera edición de su bibliografía anotada —*The One Parent Family. Perspectives and Annotated Bibliography* (1975)—, prácticamente no aparecen trabajos sobre este tipo de familias. Se trata, sobre todo, de estudios específicos sobre cada una de las situaciones de monoparentalidad, tales como la viudedad, divorcio, madres solteras, etc. Pero muy pocas referencias pueden localizarse de estudios globales con pretensión de articularlos como un tipo específico de familias. Tampoco abundan trabajos que, transversalmente, analicen la presencia de un rasgo en concreto en las diferentes situaciones de monoparentalidad.

Contemplada la evolución de la investigación en estas dos décadas, llama pues la atención el éxito de este concepto para referirse a la situación familiar de convivencia de uno o de varios hijos menores —generalmente menores de dieciocho años—, con uno solo de sus progenitores, sea padre o la madre, por cualquier causa. Un tipo familiar que finaliza por la llegada del hijo a la edad adulta, o bien por contraer el progenitor sólo nuevo matrimonio, pasando a configurar lo que se conoce como «familia reconstituida». El flujo de entradas y salidas a la situación de monoparentalidad en cada momento es lo que determina la magnitud del fenómeno en una sociedad.

La expresión ha ganado fortuna, desplazando a otras antes usuales, como «familias incompletas», «padre solo», «mujer sola cabeza de familia», «familias rotas», que, desde luego, no son lo suficientemente abarcadoras. Así, la expresión «familias rotas» no incluye a las madres solteras por ser una situación anterior —y no posterior— a la formación de una familia por matrimonio. Por otro lado, la expresión «familias incompletas» implica la falta de desempeño de su papel de uno de los padres, que no necesariamente ocurre en todos los casos de divorcio o separación.

Esta diversidad conceptual es prueba también de la pluralidad de enfoques y preocupaciones que se dirigen al examen de una situación que es objeto de creciente atención por parte de investigadores y poderes públicos. Pero el éxito de la conceptualización de las familias monoparentales no debe conducirnos a ocultar sus limitaciones. O, más bien, sus connotaciones implícitas. Que se quieran eliminar las implicaciones de desviación que tenían algunas de las denominaciones ahora en desuso, y que se quieran presentar las causas que dan lugar a la monoparentalidad como variaciones de tipos familiares, puede ser un propósito loable pero erróneamente materializado. Y algo de esto ocurre.

La principal es, sin duda, que dota de homogeneidad a la situación desde arriba. Es decir, estandariza la situación desde la perspectiva de los adultos, cuyas diversidades son las que dan lugar a la monoparentalidad. En realidad, debiera definirse desde la perspectiva de los menores —los hijos dependientes—, que son quienes cuentan con la única situación de homogeneidad: su convivencia con uno solo de los dos progenitores, cualquiera que sea la razón que lo motive, pero que generan condiciones de vida sumamente diversificadas.

En cierto sentido puede decirse que la expresión «familias monoparentales» sirve tanto para definir como para enmascarar. Y tal novedad enmascara, en primer lugar, la consistencia histórica del fenómeno que quiere denotarse. Favorece la creencia en que se trata de una cuestión de reciente aparición en las sociedades occidentales. Y nada más lejano de la realidad. Siempre han existido las situaciones hoy llamadas de monoparentalidad.

No existe prácticamente ninguna novedad sustancial en la situación a la que se quiere aludir. La sola innovación es terminológica, pero rupturas matrimoniales, viudedades o madres solte-

ras han existido siempre en el pasado. Es más, alguna de sus modalidades posiblemente tienda a reducir su frecuencia, no a aumentar. Los análisis realizados, por ejemplo por Goode (Goode, 1960),
sobre las muy altas tasas de nacidos fuera del matrimonio en el
Caribe —cuya incidencia baja por la difusión de medios de control de natalidad más eficaces a los disponibles en el pasado y el
cambio del papel de los hijos—, acreditan que la creciente atención a la monoparentalidad no siempre responde al aumento de su
magnitud. Se encuentra tan arraigada la situación en la historia,
que un estudio sobre la monoparentalidad en el siglo XVII en Ca-
nadá ha podido titularse con toda propiedad: *La monoparentalidad: un concepto moderno, una realidad antigua* (Legaré y Desjardins, 1991).

Pero la expresión no sólo induce a pensar en una falsa novedad
del problema. Optando por una definición que hace uso de un concepto grupal —esto es, familias—, se oscurece la dimensión más
relevante y posiblemente diversificada en la práctica, que no es otra
que la de los hijos. En este aspecto puede decirse que la expresión
«familias monoparentales» favorece la ocultación de los hijos y
permite, en la práctica, situar en primer plano la dimensión de los
adultos.

De ahí a canalizar la investigación de una manera muy preferente sobre los adultos hay sólo un paso, transitado habitualmente.
Es abrumadoramente más abundante —en todos los países, sin excepción— la investigación orientada al examen de la situación desde los adultos implicados, que a la de los menores insertos en estos grupos familiares. Y no sólo la investigación, sino también las
medidas de asistencia y protección social se dirigen a proteger a
los adultos directamente y, a través de éstos, a los menores. Sin
duda, una estrategia lícita, pero perfectamente susceptible de invertirse, si la atención prioritaria quisiera concentrarse en los menores.

La opción por esa definición grupal de «familias» monoparentales también oscurece y confunde en lo que se refiere a la realidad familiar. En puridad, lo que es monoparental es, propiamente, el hogar. Pero no necesariamente la familia. Ésta puede tener
una intensa red de relaciones, aunque no se asiente en la misma
unidad de convivencia. Sobre todo cuando la principal causa de la
monoparentalidad ya no es la viudedad, puede ser muy discutible
el acierto de introducir el concepto de «monoparental», al tener el

menor sus dos progenitores, aunque no habiten en el mismo hogar. Por ello no han faltado quienes señalen la necesidad de replantear la definición y orientarla en el sentido de los hogares (Lefaucheur, 1987 y 1988).

Pero, junto a estas connotaciones del concepto de familias monoparentales, una razón, imposible de omitir, explica el amplio eco alcanzado —en los científicos sociales y también fuera del ámbito científico— por los problemas de las familias monoparentales. Se trata de un problema que conecta de manera directa con una preocupación muy firme y con decisivos apoyos institucionales en las sociedades occidentales. No es otro que la situación de la mujer.

Las familias monoparentales están vinculadas a un problema en crecimiento en todos los países desarrollados: el de la feminización de la pobreza. Al estar encabezadas tales familias en su mayoría por mujeres, éstas son quienes han de hacer frente a las adversas circunstancias económicas —y de ocio, de interacción social, etc.— y quienes han de hacer frente a la responsabilidad de la crianza cotidiana de los hijos. En otras palabras, la situación de las familias monoparentales amplifica las desigualdades existentes entre los sexos. La vinculación entre este tipo de familias y el crecimiento de la pobreza en las sociedades desarrolladas es inequívoca. Baste un dato para acreditarlo: en Estados Unidos, el aumento experimentado por el número de familias pobres con un cabeza de familia mujer explicó el 84,1 por 100 del incremento neto del total de familias pobres en 1991 (Fundación Argentaria, 1992: 5).

La novedad histórica no es que las familias monoparentales sean encabezadas por mujeres. La mayor esperanza de vida de la mujer, el contraer matrimonio algunos años más jóvenes que los varones y que alguna de la circunstancia —madres solteras— no puede producirse en los varones han favorecido la presencia mayoritaria siempre de mujeres en este tipo de familias. Pero ese resultado continúa produciéndose, cuando hoy ya no es la viudedad el origen de la mayoría de los casos, sino la ruptura de uniones y las madres solteras, la principal fuente de monoparentalidad.

En todo caso, lo más destacable tal vez sea que, en proporción sustancialmente más alta que en el pasado, las mujeres implicadas proceden de clase media y media alta. Y, por consiguiente, ocasionan *bruscos descensos de clase social* e, incluso, de empobrecimiento. En particular, las madres solteras cuentan con una situación económica más baja que la monoparentalidad ocasionada por la ruptura matrimonial, y su situación desfavorable es mucho más duradera que el de las divorciadas (Duncan y Rodgers, 1987).

Por su propia naturaleza, estos procesos ocasionan —por lo menos con carácter inmediato— alto grado de desestructuración, agravada por la brusquedad con que puede desencadenarse la causa que origina la monoparentalidad. Los intensos procesos de movilidad social descendente padecidos por mujeres solas —a menudo con niveles educativos y salariales medios y altos, esto es, con altas expectativas— a cargo de familias con menores están en el fondo de los problemas que originan este tipo de familias, de la atención colectiva que reciben y de las políticas asistenciales configuradas para atenuar sus efectos negativos.

Sin embargo, aunque el concepto tenga limitaciones, su gran acierto es, sin duda, que aparezca formulado en plural. Con ello queda suprimida cualquier consideración uniformada de estas situaciones. Su característica básica es, en efecto, su heterogeneidad, el alto grado de variación entre las distintas situaciones dentro de cada país. Las diversidades son, en primer lugar, por la circunstancia que da origen a la monoparentalidad. Una docena de tipos pueden mencionarse, englobados en cuatro clases (Iglesias de Ussel, 1988: 28):

A) VINCULADOS A LA NATALIDAD
  1. Las madres solteras

B) VINCULADOS A LA RELACIÓN MATRIMONIAL
  2. Abandono de familia
  3. Anulación del matrimonio
  4. Separación de hecho del matrimonio
  5. Separación legal del matrimonio
  6. Divorcio
  7. Viudedad

C) VINCULADOS AL ORDENAMIENTO JURÍDICO
  8. Adopción por solteros

D) VINCULADOS A SITUACIONES SOCIALES
  9. Hospitalización prolongada
  10. Emigración
  11. Trabajo de la pareja en localidades distanciadas
  12. Encarcelación

Estos tipos de situaciones revelan la extraordinaria diversidad de causas que —en la práctica— dan lugar a la monoparentalidad en las sociedades occidentales. Lo cual acredita la importancia de separar, analíticamente, las dos dimensiones estructurales de la monoparentalidad: por una parte, la naturaleza del problema que *genera* la monoparentalidad y, en segundo lugar, el examen de las características específicas del *desenvolvimiento cotidiano* de las familias instaladas ya en la monoparentalidad. A su vez, cada una de ellas requiere un análisis de los *procesos* para su adecuada comprensión. Una misma situación de monoparentalidad puede venir precedida de varias causas o tensiones previas. Por ejemplo, la maternidad soltera es resultado de tres acontecimientos interrelacionados: «las prácticas sexuales prematrimoniales, el embarazo y nacimiento del hijo, y la decisión de la madre —voluntaria o no— de conservarlo y no entregarlo en adopción» (Sprey, 1975: 51).

Este planteamiento revela la extremada complejidad del análisis de los procesos que cristalizan en familias monoparentales. Pero las diversidades alcanzan a otras dimensiones que plantean múltiples desafíos al conocimiento de la realidad social. Sin pretensión de agotar la relación, algunos de los más relevantes deben mencionarse:

1.   El número de familias de cada tipo.
2.   El sexo y edad del adulto responsable de cada familia.
3.   El tamaño de la familia y, en particular, el número, edad y sexo de hijos dependientes implicados en cada tipo de familia.
4.   El grado de voluntariedad en la situación.
5.   La duración previa de la unión, en su caso, antes de devenir monoparental.
6.   El grado de permanencia o transitoriedad de cada tipo de familia.
7.   La frecuencia en la reconstitución de familias, según cada tipo de monoparentalidad.
8.   La frecuencia de cada tipo de familia monoparental, según clase social, nivel educativo y medio geográfico. Y sus tendencias evolutivas de crecimiento o disminución.
9.   Las continuidades generacionales en cada tipo de familias monoparentales.

10. La situación económica preponderante —y su duración— en cada tipo de monoparentalidad.

11. Las necesidades asistenciales y recursos disponibles para cada tipo de familia.

12. La repetición de experiencias de monoparentalidad en el transcurso del propio ciclo vital, tanto en la fase de hijo como en la de adulto.

II. LA MONOPARENTALIDAD EN ESPAÑA

Determinar el alcance de la monoparentalidad es tarea difícil de realizar, incluso si se elude la pretensión de comparar sociedades. A menudo existen definiciones estadísticas, inadecuadas para aproximarse al análisis del fenómeno. En muchas ocasiones hay dificultades para registrar correctamente aspectos de vida privada a la que no siempre se desea dar trascendencia pública. Además, tampoco las definiciones estadísticas están diseñadas para el registro y análisis de estos comportamientos. Las dificultades en la cuantificación conducen a subestimar el alcance real del fenómeno en la sociedad española.

Pero otra advertencia debe realizarse. La información estadística —muy restringida, como se verá— suministra la fotografía de la situación *actual de monoparentalidad.* Pero personas viudas o divorciadas pueden haber contraído nuevo matrimonio. O las madres solteras pueden igualmente aparecer ya como casadas en ese momento. La misma ocultación puede originarse al residir, con una frecuencia desconocida, los menores con otros familiares —tíos, abuelos, hermanos— o estar internados, con lo que aparecerían en hogares colectivos, y no como miembros de hogares monoparentales. A todo ello habría que añadir la entrega para adopción de los hijos de madres solteras —en porcentajes que pueden variar sustancialmente según sociedades, clases sociales, etc.—, que también eliminaría su posibilidad de configurar familias monoparentales. En este sentido, los datos estadísticos reflejan de manera estática unos comportamientos sometidos a flujos dinámicos muy intensos: «El número de familias que han sido o serán monoparentales representa un porcentaje más elevado del conjunto de familias que el que se encuentra registrado en un determinado momento. Se trata de una fase en transición, que es seguida por el matrimonio o nuevo matrimonio o, incluso, a largo plazo, por el acceso de los niños a la edad adulta» (Rodano y Cinciari, 1986: 18).

No obstante, las dificultades proceden también por el uso del mismo término, inadecuadamente, para registrar realidades diferenciadas y con distinta magnitud en la práctica. No siempre se distingue entre familias monoparentales, hogares monoparentales y núcleos familiares monoparentales. Muy claramente se han distinguido así: «Si bien únicamente las familias monoparentales tienen significación sociológica, a menudo su análisis tan sólo se hace posible a través de los datos transversales que nos proporcionan información sobre los núcleos y hogares monoparentales. Por *núcleo familiar monoparental* entendemos la presencia en un hogar de la configuración formada por un progenitor (padre o madre) con alguno de sus hijos solteros. Un núcleo monoparental puede constituir en sí un hogar independiente (y es entonces cuando nos referimos a un *hogar monoparental*) o bien puede estar formando parte de un hogar más amplio en el que residan otros núcleos o parientes. Es importante distinguir estos términos para ver las diferencias cualitativas de contexto y de vivencia entre los diversos tipos de monoparentalidad. Generalmente, las familias monoparentales encabezadas por un divorciado/a tienden a formar ese hogar monoparental "independiente". La monoparentalidad de las madres solteras suele configurarse dentro de un núcleo familiar más amplio y, por tanto, no forman propiamente un hogar monoparental sino un núcleo monoparental» (FOESSA, 1994: 519).

Pero, cualesquiera que sean las dificultades de determinación del alcance de la monoparentalidad en España, éstas se entremezclan con otras circunstancias probablemente singulares respecto a otros países europeos.

En primer lugar, se trata de una situación familiar que históricamente ha pretendido dificultarse su manifestación externa. Los medios han sido muy variados. En unos casos, mediante regulaciones jurídicas restrictivas —como con la prohibición, por ejemplo, del divorcio, sólo admitido en España entre 1932 y el final de la guerra civil, y desde 1981— o reprimida con medidas legales o presiones sociales, ideológicas o económicas muy diversas.

Únicamente a partir de la transición democrática de 1975 fueron eliminadas las trabas legales y comenzaron a plantearse públicamente las situaciones de monoparentalidad, reivindicando la legitimidad de los estilos de vida que subyacen a los diferentes tipos de familia. Pero el cambio político no sólo ha modificado el marco jurídico. También ha impulsado numerosos cambios sociales, que favorecen la adopción por los individuos de comportamientos que dan lugar a familias monoparentales. El caso de las madres solteras constituye un ejemplo elocuente. Por una parte, se han suprimido medidas legales anteriores que les afectaban negativamente (la prohibición de investigación de la paternidad, o la equiparación de derechos entre los hijos nacidos dentro o fuera de la relación matrimonial, por ejemplo). Pero al propio tiempo la sociedad, al liberalizarse y reducir censuras sociales, etc., ha incrementado las opciones vitales de las mujeres, aumentado en la práctica la frecuencia de las familias monoparentales constituidas por madres solteras. Esta doble dimensión de los cambios jurídicos y cambios sociales desde 1975 ha afectado de manera análoga en otras causas de monoparentalidad. Y ha hecho que esta situación haya alcanzado en la sociedad española una magnitud importante en corto período de tiempo.

La situación aludida significa que la aparición como problema de las familias monoparentales en España es muy reciente, a partir del cambio político de 1975. Pero esto, a su vez, comporta dos consecuencias importantes.

a)   Por una parte, genera considerable retraso de datos estadísticos disponibles respecto a otros países europeos. Su ausencia ha sido un instrumento del ocultamiento y de la marginación de estos comportamientos que se ha practicado históricamente. Únicamente desde 1975 se han adoptado medidas para subsanar esta deficiencia y se han impulsado las primeras investigaciones sistemáticas en este terreno.

b)   Pero el déficit no es sólo de datos estadísticos. También lo es de servicios sociales específicos, dirigidos a los distintos colectivos de familias monoparentales. La tradicional ocultación de esta situación se correspondía con la opacidad con que se desenvolvían las escasas iniciativas —privadas o religiosas— destinadas a apoyar a las personas implicadas, fundamentalmente mujeres. Sólo desde 1975 han comenzado a implantarse estos servicios públicos, y se apoyan acciones de movimientos y organizaciones voluntarias destinados a ofrecer cobertura a familias monoparentales.

Pero la rapidez con que la monoparentalidad ha crecido adquiere mayor importancia práctica porque se presenta en un contexto de caída —extraordinariamente importante— de la tasa de nupcialidad en España.

Son muchos los factores que inciden en el acelerado descenso de la nupcialidad en España. Algunos son de origen económico; así, la importante tasa de paro. Este indicador afecta sobre todo a jóvenes que buscan su primer empleo. Los importantes obstáculos que encuentran los jóvenes para acceder al mercado de trabajo sin duda han hecho reducir la nupcialidad. Pero también repercute, aunque en menor medida, el aumento de la cohabitación entre jóvenes. En todo caso, la nupcialidad ha descendido a mínimos históricos en la sociedad española y se mantiene hoy a un nivel inferior a la mayoría de países europeos.

El descenso de la nupcialidad hace que, en términos relativos, sea todavía más importante la constitución de familias monoparentales. Por consiguiente, aumenta su alcance relativo en la sociedad española, en relación a las familias biparentales formadas anualmente.

La brusca caída de la natalidad, condicionada en parte por la evolución de la nupcialidad, afecta de manera semejante a la monoparentalidad: aumentan los hijos que viven en situación de monoparentalidad, cuando se reduce la natalidad considerablemente. En otros términos: se incrementa el alcance relativo de las familias monoparentales en el conjunto de la sociedad española.

III. CARACTERÍSTICAS DE LAS FAMILIAS MONOPARENTALES

1. FRECUENCIA

La determinación de la *frecuencia* de las familias monoparentales se ve obstaculizada, además de por las razones aludidas, por el retraso en la aparición de los datos del Censo de 1991. Por eso, la comparación entre los anteriores Censos deja fuera de alcance la década de 1980, decisiva en esta dinámica. Pero, entre 1970 y 1981, los datos reflejan un crecimiento muy leve —en cifras absolutas— en el número de núcleos monoparentales. Y una leve disminución del porcentaje de núcleos monoparentales respecto del total de núcleos familiares; pasan de significar el 9,8 al 9,0 por 100 del total de núcleos familiares (FOESSA, 1994: 520). Pero, si se tiene presente que se desconoce la edad de los hijos dependientes de los núcleos y que, además, se trata de datos de hace más de diez años, ha de concluirse que se trata de una aproximación cuantitativa al fenómeno, que requiere datos más precisos.

Tampoco son suficientes los datos que proporciona el análisis específico de la Encuesta de la Población Activa para el Ministerio de Asuntos Sociales (en adelante mencionados como datos EPA). Entiende por familia monoparental la que la persona principal no tiene cónyuge y tiene hijos menores de dieciocho años a su cargo. La primera estimación, referida al tercer trimestre de 1989, cifraba en 288.700 las familias monoparentales con personas principales varones o mujeres. Y unos años más tarde, en el segundo trimestre de 1994, la muestra de la EPA incluía tan sólo 283.200 familias monoparentales. Descenso leve, en el que la agudización de la crisis de empleo y el aumento de la población desanimada, sobre todo mujeres, en la búsqueda de trabajo tienen parte de la explicación. Lo prueba la evolución contradictoria por sexo: el descenso total se produce por el descenso importante del número de casos que son varones la persona principal. Pero aumentan —quizá no tanto como en la realidad haya ocurrido— los registrados en que son mujeres las personas principales.

2. PERSONA DE REFERENCIA

En lo que existe coincidencia absoluta es en la tendencia y en la magnitud de la distribución de la monoparentalidad, *según el sexo* del adulto titular del hogar, lo que tradicionalmente se conocía como cabeza de familia. En torno a cuatro de cada cinco casos es una mujer, y alrededor del 20 por 100 de los casos son varones los adultos. Se trata de una tendencia coincidente con la pauta generalizada en todos los países europeos, donde son mujeres sobre todo las titulares de este tipo de familias.

Los datos parecen indicar, incluso, una tendencia al incremento del diferencial entre sexos. Aunque las definiciones no son homogéneas, merece resaltarse esta evolución que puede ser indicativa de los cambios que han tenido que producirse en la década de 1980. Los datos del Censo de 1981 muestran que en las familias monoparentales con al menos un hijo menor de quince años, en el 20,2 por 100 de los casos el cabeza de familia es el varón —el padre—, mientras que las mujeres —madres— aumentan hasta el 79,8 por 100 de los casos.

La misma tendencia se observa en una explotación específica de la Encuesta de Población Activa para el Ministerio de Asuntos Sociales. Según los datos del segundo trimestre de 1994, el porcentaje de familias a cargo de mujeres aumenta hasta el 87,0 por 100 de los casos. Unos porcentajes que reflejan incluso tasas de femenización más intensas que en otros países.

FAMILIAS MONOPARENTALES, SEGÚN SEXO
DE LA PERSONA PRINCIPAL (%)

Año	Mujeres	Varones
1989	82,3	17,6
1994	87,0	12,9

FUENTE: Datos de análisis específico de EPA para el MAS, en *Boletín Estadístico de Datos Básicos*, n.os 1 y 17.

3. SEGÚN EDAD DE LA MUJER

Los cambios en la distribución interna en las causas de la monoparentalidad tienen que estar «rejuveneciendo» a los titulares de este tipo de familias. Y así puede constatarse en los escasos datos disponibles de esta variable.

Los resultados de la explotación específica de la EPA permiten efectuar dos constataciones relevantes. Una, las edades menos elevadas son más frecuentes entre las mujeres que entre los varones. En segundo lugar, la evolución entre 1989 y 1994 parece contradictoria según sexo. Mientras que en el caso de las mujeres, la tendencia es a aumentar el porcentaje de las de menos edad (las clasificadas con menos de cuarenta y cinco años), en el caso de los varones ocurre lo contrario: se reduce el porcentaje de los que tienen esa edad entre esos años.

FAMILIAS MONOPARENTALES SEGÚN SEXO
DE PERSONA PRINCIPAL, SEGÚN EDAD (%)

Edad	1989		1994	
	Mujeres	Varones	Mujeres	Varones
Menor de 45 años	56,5	43,0	58,4	39,4
De 45 a 59	40,6	41,6	37,6	49,4
De 60 y más	4,9	15,3	3,6	10,9

FUENTE: Explotación específica de la EPA para el MAS, en *Boletín Estadístico de Datos Básicos,* n.os 1 y 17.

Los datos recogidos son muy insuficientes para extraer conclusiones definitivas. Pero parecen indicar el creciente peso de las madres solteras entre la monoparentalidad de las mujeres, que «rejuvenece» la estructura de edades de la mujer. Y, probablemente, los comportamientos diferenciales en la recomposición de hogares según sexo; de ahí que estén quizás muy diversamente representadas por causa según sexo. Los casos incluidos por viudedad tal vez sean, en términos relativos, más frecuentes entre varones que entre mujeres (aunque sólo sea porque la dispersión tiene que ser mayor entre las mujeres, por incluir una causa más, la de madres solteras). Estos factores pueden repercutir incrementando la frecuencia de las edades más elevadas de los varones.

4. CAUSAS DE LA MONOPARENTALIDAD

Respecto a las *causas* de la monoparentalidad, no existen datos específicos sobre el peso relativo de cada causa que lo generan. Sin embargo, hasta la reciente introducción de la Ley de Divorcio (y el número comparativamente bajo de demandas solicitándolo), pudiera fijarse, por orden decreciente, que eran las siguientes causas:

1. Viudos/as.
2. Separación de hecho.
3. Madres solteras.
4. Separación legal, divorcios.

Esta situación ha generado problemas singulares en la sociedad española. Tienen que haber sido muy numerosos los problemas económicos y de desenvolvimiento producidos. El elevado número de familias monoparentales causadas por separaciones de hecho, en el pasado sin ninguna cobertura jurídica, ni garantías para las personas involucradas (en su mayoría, como se ha visto, mujeres) para el cobro de prestaciones familiares, derechos de alimentos, etc., ha tenido que generar numerosas dificultades y conflictos.

Ni siquiera hoy existen datos sobre la frecuencia de la monoparentalidad según todas las causas que la ocasionan, y que antes aparecen clasificadas. Muchas carecen, en efecto, de registro específico para estos efectos, como puede ser la emigración que involucra separación familiar, u otras que de suyo son ajenas al registro como la separación de hecho, a lo sumo detectable vía encuestas.

El criterio con mejor registro y, por tanto, utilizado comparativamente se fija en el estado civil. Desde luego, es el que tiene más fácil el cuantificarlo, aunque quizá no sea necesariamente el más relevante. Si se analizan los resultados de la explotación de los datos de la EPA referidos a 1989 y 1994 —y referidos a las familias cuya persona de referencia son mujeres, únicamente—, se observan las transformaciones ocasionadas por la introducción del divorcio. Con arreglo a estos datos, son las divorciadas ya los casos más frecuentes, como puede verse:

	1989	1994
Divorciadas o separadas	39,6	47,4
Viudas	47,5	44,4
Solteras	7,1	8,7
Casadas	5,7	3,4

FUENTE: Explotación específica de la EPA para el MAS, en *Boletín Estadístico de Datos Básicos,* n.os 1 y 17.

Los datos, como se ha señalado, proceden de la explotación de la EPA. Esta fuente, sin duda, tiene que subestimar —en términos probablemente importantes— el número de las viudas, por su menor tendencia a acceder al mercado de trabajo en términos generales. Pero sus resultados muestran que, aunque con diferencias todavía pequeñas, son ya las divorciadas las que aparecen como el caso más frecuente de mujeres responsables de familias monoparentales. Una situación semejante a la que —desde hace un período de tiempo ya largo— es la que se constata en los países europeos occidentales (Francia, Gran Bretaña, etc.).

Estos datos confirman que la atención que se le presta en nuestros días a la monoparentalidad procede no sólo del incremento de su frecuencia, sino también de los importantes procesos de redistribución interna que se están produciendo en su causalidad. La pérdida de peso de la viudedad tiende a ser compensada con el incremento de la separación o divorcio. Si se quiere, las decisiones personales sustituyen al destino. La proporción de solteras refleja también esa orientación nueva en la monoparentalidad. Y, aunque no existan datos comparativos previos, evidencia el cambio de costumbres producido en la sociedad española desde la transición política.

5. NÚMERO DE HIJOS

Otro aspecto importante de las familias monoparentales es su incidencia en los niños. Se trata de una dimensión básica, por cuanto —no debe olvidarse— el discurso sobre los efectos de la monoparentalidad se centra en sus repercusiones en los hijos.

Pues bien, este tipo de familias cuenta con menos hijos que las familias completas. Esto se debe a varias causas: en primer lugar, al todavía menor peso de los divorcios, respecto a otras sociedades, que son matrimonios con natalidad más próxima a la media de la población española. Por otra parte, a las madres solteras, que en un 86,3 por 100 de los casos sólo cuentan con un hijo. Y por el importante peso de la disolución del matrimonio por viudedad que, por tener hijos menores dependientes para ser catalogadas como monoparentales, han de interpretarse como familias en que la viudedad ha interrumpido el calendario reproductivo de la pareja.

Si nos centramos únicamente en las familias monoparentales cuya persona de referencia es mujer, se percibe el bajo número de hijos menores de dieciocho años a su cargo. Y, lo que es más relevante, el rápido crecimiento de las familias con un solo hijo a cargo. Los datos del análisis de la EPA para 1989 y 1994 así lo acreditan:

FAMILIAS MONOPARENTALES CON PERSONA
PRINCIPAL MUJER, POR NÚMERO DE HIJOS MENORES
DE 18 AÑOS

Año	1	2	3	4	5	+5	TOTAL
1989	54,7	29,2	12,2	2,9	0,7	0,5	242,9
1994	64,3	27,7	6,4	1,5	0,2	0,3	246,4

FUENTE: Análisis de la EPA para el MAS. Los datos de 1989 corresponden al cuarto trimestre; los de 1994, al segundo.

Junto al aumento de familias con un solo hijo, los datos evidencian el descenso —muy brusco— en el porcentaje de casos con tres hijos. En los dos años analizados, la moda —el valor más frecuente— es el de las mujeres que cuentan con un único hijo, pero lo que resalta es la rapidez con que se está produciendo el incremento en el porcentaje. Por ello, dado que no se perciben alteraciones significativas en las causas que conducen a la monoparentalidad, hay que concluir que o se acorta la duración del matrimonio entre las divorciadas, o bien éste se produce en parejas con menor tamaño de familia que hace unos años.

En cualquier caso, lo que se ha de concluir es que el aumento de la monoparentalidad no viene acompañado por un aumento paralelo en el número de hijos que se ven envueltos en la situación. Los datos del Censo de 1991 permitirán determinar el alcance de los cambios durante esta década tan importante en este aspecto. Pero el Censo de Población de 1981 (FOESSA, 1994: 522) ya mostró que las diferencias entre las familias monoparentales y biparentales se encontraban, sobre todo, en la franja de dos o tres hijos. Mientras que las madres solas con un hijo representaban un tercio del total de los casos (32,2 por 100) en las monoparentales, en las biparentales no alcanzaban la cuarta parte del total (23,4 por 100).

MADRES CON O SIN CÓNYUGE, SEGÚN NÚMERO
DE HIJOS SOLTEROS Y MENORES DE 15 AÑOS (%)

	Madres solas	Madres con cónyuge
Madres con 1 hijo	33,20	23,40
Madres con dos hijos (el menor < 15 años)	29,70	38,10
Madres con tres hijos (el menor < 15 años)	18,97	21,80
Madres con 4 o más (el menor < 15 años)	18,00	16,70
TOTAL	227.060	4.899.541

FUENTE: FOESSA, 1994, p. 522, sobre la base del Censo de 1981.

6. LA PARTICIPACIÓN LABORAL

Los efectos de la monoparentalidad en la participación laboral
son igualmente significativos. Ya se ha visto cómo esta situación
familiar involucra, sobre todo, a mujeres. Pues bien, la ausencia
del cónyuge aumenta la probabilidad de participar en el mercado
de trabajo al igual que ocurre en otras sociedades. La tasa de actividad de las mujeres solas con hijos es mucho más alta, y esto sucede a todas las edades. Pero lo inverso sucede en el caso de los
padres: su actividad disminuye cuando carecen de cónyuge. La tasa
de actividad de las madres y padres con hijos menores de dieciséis
años era en 1981 la siguiente, según tenga o no cónyuge:

	Madres	Padres
Sin cónyuge	44,0	86,0
Con cónyuge	17,0	94,6

Los varones —contrariamente a lo que ocurre con las mujeres— trabajan, con menor frecuencia, cuando están al frente de una
familia, solos, que cuando comparten la vida familiar con una mujer. Las tasas de actividad, según causa de la monoparentalidad, no
pueden determinarse con precisión. Pero, en el caso de la mujer,

puede establecerse que la actividad de las madres solteras y de las divorciadas o separadas son mucho más altas que las de las mujeres con cónyuge presente en el hogar. Es la baja tasa de actividad de las viudas (y su elevado peso en el conjunto de familias monoparentales) lo que globalmente disminuye la tasa de actividad de las madres sin cónyuge.

La explotación específica de la EPA para el Ministerio de Asuntos Sociales prueba la rapidez con que se están efectuando los cambios en este tipo de familias, y los cambios en la distribución interna de las causas.

FAMILIAS MONOPARENTALES CON PERSONA
PRINCIPAL MUJER, SEGÚN ACTIVIDAD
Y ESTADO CIVIL (%)

	TOTAL	Solteras	Casadas	Viudas	Divorciadas/separadas
Activas, 1994	68,7	84,6	71,7	45,3	85,6
Inactivas, 1994	31,2	15,3	28,2	54,7	14,3
Activas, 1989	60,1	82,0	42,7	39,7	82,8
Inactivas, 1989	39,9	17,9	57,2	60,2	17,1

FUENTE: Explotación de datos EPA para MAS, en *Boletín Estadístico de Datos Básicos,* n.os 1 y 17.

Los datos acreditan el incremento general de la actividad, independientemente del estado civil de las mujeres. La actividad es siempre el comportamiento más frecuente, salvo en el caso de las viudas. Tanto en el caso de las solteras como las divorciadas su actividad es muy elevada. Probablemente se superponen los efectos del estado civil, como el de la edad o el nivel de educación, para incidir en tan altos porcentajes de incorporación a la población activa.

El número de hijos con que cuentan alteran la actividad de las mujeres titulares de familias monoparentales. Las que tienen un solo hijo cuentan con menos actividad que las que tienen dos o tres hijos, y que son quienes cuentan con más altas tasas de actividad.

Estos resultados revelan las difíciles condiciones de la vida cotidiana de las mujeres con familia a su cargo. No comparten la vivienda con otras personas ni, por consiguiente, las tareas domésticas, y probablemente se enfrentan con desventajas en el mundo laboral. Tanto por un acceso, en ocasiones, precipitado por la situación de monoparentalidad (como en el caso de las madres solteras), como por haber participado menos que el hombre en el trabajo extradoméstico con anterioridad. Además, la edad de la mujer con hijos y sin pareja es inferior a la del varón. Con lo cual la probabilidad de que la monoparentalidad interrumpa la formación previa al trabajo aumenta. Y, con ello, las dificultades de una promoción laboral en el futuro. También, pues, en este aspecto la situación de la mujer es más adversa que la del varón en situaciones de monoparentalidad.

7. NIVEL EDUCATIVO DE LA MUJER

El nivel de educación de las mujeres en situación de monoparentalidad tiene que encontrarse en profunda evolución, como corresponde al rápido proceso de equiparación de los niveles educativos por sexo.

Es significativamente inferior en las madres solas, que en las mujeres con cónyuge. Los datos de algunas encuestas importantes —el análisis de la *Encuesta sobre la situación laboral de la mujer,* realizada por el CIS en 1984 (Hernández, 1987)— muestran que casi la mitad de las madres solas tiene menos de seis años de escuela. Mientras que, entre las mujeres con pareja, sólo un cuarto ha estudiado menos de seis años. Las diferencias permanecen, pero disminuyen al considerar exclusivamente a mujeres con actividad laboral. El 24 por 100 de las activas sin cónyuge ha cursado menos de seis años de escuela, y el 14 por 100 de las activas, con cónyuge, los mismos años. El nivel educativo, por tanto, es siempre inferior en las mujeres sin cónyuge, con las consecuencias para la promoción laboral ya señaladas.

8. SOBRE LAS CONSECUENCIAS DE LA MONOPARENTALIDAD

La sociedad española se encuentra actualmente inmersa en un proceso de profundas transformaciones sociales. Entre ellas debe señalarse el aumento de las familias monoparentales. Pero el ritmo con que este aumento se produce es más rápido que el producido en otras sociedades europeas, que cuentan hoy con tasas más elevadas de familias monoparentales; pero después de una evolución más dilatada en el tiempo. La rapidez con que se ha incrementado este tipo de familias en España, ha sido sin duda una de las circunstancias que ha retrasado la puesta a punto de medidas sociales para hacer frente a sus problemas específicos.

En todo caso, es indudable que las circunstancias de las familias monoparentales son particularmente adversas, y la multiplicación de factores puede incrementar los problemas a los que deben hacer frente. Adversas por su reciente aparición y, sobre todo, porque sólo desde 1975 han comenzado a adoptarse mecanismos de protección específicos. Pero en conjunto la situación social de las familias monoparentales es todavía muy deficiente, por la concurrencia de varios factores. Entre ellos:

a)   La organización social se encuentra estructurada para desenvolverse desde la plataforma que proporcionan las familias biparentales. Situaciones de enfermedad, cuidado de los niños, gestión y organización doméstica, sobre todo en grandes ciudades, requieren una división del trabajo doméstico que la monoparentalidad hace recaer en exclusiva en un adulto, habitualmente mujer.

b)   Con mayor frecuencia, son mujeres con bajo nivel educativo.

c)   Cuentan con bajos niveles de renta. Y además, en los casos de separación legal y divorcio, no está suficientemente garantizado el cobro de pensiones y derechos de alimentación, ni que se establezcan en función de los ingresos reales del marido.

d)   Son mujeres que residen, prioritariamente, en el medio urbano, lo cual puede dificultar el apoyo familiar para el desenvolvimiento de la vida cotidiana de la madre sola.

e)   Entre la familias monoparentales, están aumentando las que tienen al frente una mujer joven, por divorcio y, sobre todo, por ser madre soltera. La repercusión de la monoparentalidad en mujeres jóvenes está siendo particularmente grave en la continuidad de su formación educativa, en su ulterior inserción en la población activa y, por tanto, en sus niveles de renta.

f)   Desde el punto de vista de la adaptación de los actores implicados en la situación, el tardío reconocimiento de las situaciones de monoparentalidad ha ocasionado un efecto particularmente proclive a las posteriores tensiones y conflictos. No existe —en la costumbre, más que en la legislación— una regulación específica de la situación del padre o madre ausente, con relación al hijo, con relación a la pareja con la que ha cesado de convivir, ni con relación a la red de familiares o amigos que formaban el ámbito de vida cotidiana de la pareja. Lo cual significa que la adaptación a la situación, y los procesos de negociación inevitables en la mayor parte de las situaciones de monoparentalidad posteriores a la ruptura, están sometidos a alto grado de incertidumbre, en un contexto —en muchas ocasiones— de hostilidad o tensiones larvadas. Lo cual muy probablemente haga de la monoparentalidad no el fin de un conflicto, sino su comienzo.

g)   Semejantes consideraciones cabe efectuar desde la perspectiva de los hijos, sobre todo si su experiencia de monoparentalidad la inician a edades tempranas. La sociedad estructura, idealmente, los procesos de socialización sobre la base de estructuras biparentales. Y no existen ni suficientes instituciones de ayuda, ni suficientes instrumentos culturales para hacer frente a la quiebra de ese supuesto implícito de biparentalidad. Y es de advertir que las causas en crecimiento son las que tienen más falta de normatividad social. La viudedad siempre ha contado con soportes de apoyo, más o menos explícitos, de la red familiar o vecindario; en gran parte porque se subsanaba una carencia, una desaparición. Pero, cuando un padre o madre se tiene pero no se tiene o no se puede contar con él, la situación no sólo es más ambigua para todos; es más proclive a dificultar las estructuras de apoyo de fuera de la red familiar inmediata.

h)   El desarrollo de servicios de apoyo específicos para las familias monoparentales se encuentra todavía muy limitado. Unos servicios que no tienen que centrarse en ayudas materiales o económicas; otras también son necesarias.

De hecho, las instituciones de acogida para mujeres solas han estado tradicionalmente en manos privadas, gestionadas habitualmente por órdenes religiosas. Y esos centros en gran parte han reforzado el aislamiento y marginación de la madre soltera. Desde 1975, sin embargo, se han potenciado los centros públicos.

El retraso relativo en la implantación de servicios sociales es una consecuencia directa del reciente cambio de la orientación legal en esta materia. Con la Constitución de 1978 es cuando se produce el giro de la orientación legal, para adoptar las tendencias predominantes en otros países europeos occidentales. A partir de 1978 se suceden los cambios en la legislación ordinaria, suprimiendo las anteriores discriminaciones contra las familias monoparentales. La nueva Ley de Filiación y de Divorcio de 1981, la reforma de la adopción de 1983, o la profunda reforma del Código Penal de 1983 han eliminado las discriminaciones jurídicas vigentes durante el anterior régimen político. Pero faltan no tanto medidas legales, como estrategias culturales y de solidaridad, para hacer frente a las circunstancias difíciles a las que habrán de hacer frente los menores como consecuencia de estos tipos de familia, de importancia creciente en la sociedad española.

10. FAMILIA Y POLÍTICA SOCIAL EN ESPAÑA, 1982-1996 *

I. UNA POLÍTICA NECESARIA

Pocas políticas públicas tienen un alcance socialmente tan generalizado como las políticas familiares. A la mayoría de los hogares en España les concierne las orientaciones de la política social en este campo. Su bienestar material y su seguridad de futuro están relacionados por las modalidades de la protección familiar. Sin embargo, pese al gran número de personas implicadas, se advierten circunstancias singulares en España, respecto al tratamiento que recibe la política familiar en otros países de la Unión Europea. Tanto la legislación como las orientaciones de la opinión pública muestran tendencias muy diferentes a las de nuestros vecinos, lo cual constituye un estímulo también para fijarnos en las raíces de las peculiaridades de nuestra política familiar. Estos hechos justifican una atención creciente por parte de los investigadores, y yo mismo me ocupé en el *Informe FOESSA* de 1994 (Iglesias de Ussel, 1994a) al tratar de la política familiar en España.

Abordaré la cuestión examinando cuatro aspectos. Primero estableceré la necesidad de una política de la familia en España. Después, la política familiar en España será comparada con la vigente en otros países de la Unión Europea, para poder evaluar las orientaciones y resultados de lo hecho. En tercer lugar, intentaré explorar los fundamentos de las orientaciones de las políticas familiares y, en cuarto lugar, señalaré las perspectivas de futuro en este sector. Con estas cuatro dimensiones se puede ofrecer un diagnóstico articulado de la política familiar en nuestro país.

* Discurso de ingreso como Académico correspondiente en la Real Academia de Ciencias Morales y Políticas; aparecido en *Anales de la Real Academia*, n.° 74, 1997, pp. 337-382.

El análisis parte de la constatación de un hecho comúnmente admitido: la importancia con que cuenta la familia en todas las sociedades —y de manera muy acusada en la nuestra— justificaría que, en esta década, se le haya dedicado una atención muy relevante por parte de los poderes públicos. La familia aparece en todos los estudios de opinión —y dentro de todos los grupos sociales— como la institución social más valorada; incluso entre los jóvenes es muy alta la satisfacción de sus relaciones familiares y es muy positivo el juicio que emiten sobre la calidad de sus relaciones con su familia.

Nadie desconoce el relevante papel de la familia española haciendo frente a viejos y nuevos problemas sociales, desde la droga al paro, sin coberturas económicas ni servicios sociales. Una situación que la convierte en el auténtico Ministerio de Asuntos Sociales de la crisis. Su actividad asistencial ha tenido, si cabe, mayor relieve como soporte de la crisis de empleo, sobre todo juvenil, actuando como colchón del conflicto social. En muchas ocasiones se ha resaltado este papel de la familia y su destacado papel distribuidor, entre adultos y jóvenes, de los recursos disponibles: «los dineros, los instrumentos de acceso a la seguridad social, la información sobre las oportunidades de empleo, el espacio disponible en la vivienda o las viviendas familiares. Ha hecho que todo pudiera ocurrir sin que la gente perdiera su autoestima, ni dejara de sentirse parte de un grupo y objeto de su preocupación. Lo ha hecho sin graves conflictos internos. Para ello, ha tomado pie en el largo proceso de reblandecimiento de la autoridad familiar que se llevó a cabo durante los últimos treinta años. La generación adulta actual, la primera beneficiaria de este reblandecimiento, ha transmitido esta pauta a la generación siguiente y creado un clima entre unos y otros de vivir y dejar vivir. La red de estas familias cuasi-extensas, donde se reúnen varios hogares semi-dispersos, ha permitido la supervivencia de una generación, y está también detrás de la experiencia de creación de empresas pequeñas y medianas en todo el país» (Pérez Díaz, 1996: 61).

Con este sustrato cabe esperar una intensa actividad política en este campo. Las circunstancias políticas, desde luego, la han hecho posible y posiblemente sean irrepetibles a corto plazo: se trata de un período temporal dilatado —casi quince años—; de un Gobierno siempre del mismo Partido —el PSOE—; siempre con el mismo presidente de Gobierno; y la mayor parte del tiempo con mayoría absoluta. Nunca se han advertido obstáculos externos al impulso de su política familiar. El saldo resultante, por consiguiente, resulta legítimo atribuirlo a una voluntad política deliberada.

Si desde el punto de vista político las circunstancias han sido idóneas para impulsar la política, la evolución social también ha favorecido su emergencia con fuerza. Pocas épocas históricas han reunido tantos factores impulsando a la reflexión colectiva y las respuestas públicas a las necesidades de la familia. Algunos merecen enumerarse.

1.   Porque estos años se enmarcan en un ciclo de cambios sociales de gran intensidad y rapidez. Unos cambios que han modificado los fundamentos mismos de la estructura social española y han alterado pautas seculares de una manera que hay que calificar de vertiginosa. Hasta el punto que, los cambios demográficos y económicos, que suelen ser de «onda larga» y poco propensos a cambios bruscos, han tenido, sin embargo, tal intensidad que han podido ser catalogados como «terremotos» en la estructura social (Beltrán, 1992: 136). Otros no dudan en considerar que «las transformaciones políticas, económicas y sociales ocurridas en España en las décadas recientes han sido asombrosas» (Reher, 1996: 359).

Baste mencionar el descenso —o, por mejor decir, el hundimiento— de la natalidad. En pocos años, España ha pasado de ser uno de los países con más elevada natalidad de Europa, a contar la más baja del mundo. Nadie supo pronosticar tamaño vuelco demográfico y social. Y, lo que es peor, cualquiera que —al final del franquismo— se hubiera atrevido a pronosticarlo, habría terminado expulsado del territorio de los cuerdos.

Anotemos otro cambio no menos relevante. Me refiero a los cambios inducidos en la situación social de la mujer y su creciente participación en la población activa. También en este aspecto los cambios han sido inusitadamente rápidos. Pero quisiera advertir que, en este caso, me parecen más significativos los cambios cualitativos que los cuantitativos. Hay cosas más importantes que el crecimiento del número de mujeres en la actividad laboral. Lo decisivo es que las mujeres que trabajan hoy —pero no tanto en el inmediato pasado— se integran en el mercado de trabajo con más edad; por consiguiente, con niveles educativos más elevados; sin voluntad de dejar el trabajo ni por razón de maternidad, ni mucho menos por causa de matrimonio; y que, en su caso, hacen de la actividad una carrera profesional con semejantes niveles de ambición y progresión que los varones. En pocas palabras: lo novedoso no es que haya muchas mujeres trabajando, sino que hay muchas mujeres mandando —en el trabajo— a varones. Y probablemente cada vez habrá más. La Encuesta Sociodemográfica (INE, 1991) revela que el número medio de años de estudios de las mujeres que trabajan es superior al de los varones.

Estos dos ejemplos del cambio social, con incidencia directa en el sistema familiar, ilustran su rapidez en dimensiones muy básicas de nuestra vida social. Pero también significan un impulso muy fundamentado para motivar la reflexión de los poderes públicos ante los cambios familiares, como ha ocurrido en otros países europeos.

2.   El segundo factor que habría impulsado el protagonismo de las políticas familiares ha sido las numerosas innovaciones legales introducidas en la regulación de la familia. La principal fue la regulación del divorcio en 1981, por primera vez desde la II República, por parte del Gobierno de la UCD. Una medida que, según algunos autores, afectó a la cohesión interna del partido y a sus resultados electorales (Iglesias de Ussel, 1990: 253). El desarrollo de esta innovación legislativa hubiera requerido desarrollo de políticas de mediación o de asesoría familiar, por ejemplo, que aún hoy carecen de cobertura pública en nuestra sociedad.

En numerosos ámbitos, la aparición de políticas de apoyo y de refuerzo hubieran justificado un gran protagonismo de las políticas familiares. Para encarar el crecimiento de viejos y nuevos problemas sociales a los que hace frente la familia, como para evaluar las innovaciones introducidas, hubiera sido esperable la intensificación de la acción pública en esta área.

3.   El tercer impulso proviene de la emergencia del pluralismo familiar. Desde luego, no se trata de que hayan hecho aparición ahora situaciones desconocidas en el pasado. Siempre ha existido cohabitación; madres solteras y nacimientos extramatrimoniales; divorcio y separación; hogares unipersonales y monoparentales; hogares complejos o familias reconstituidas.

¿Dónde radica, pues, la novedad? La novedad en la emergencia del pluralismo familiar y su singularidad proviene de tres circunstancias. Primero, por su simultaneidad: todas estas modalidades crecen —y crecen aceleradamente— al mismo tiempo en las dos últimas décadas. Segundo, por su coincidencia con un descenso muy brusco y rápido de la nupcialidad, que ha sido históricamente el principal procedimiento para articular la vida familiar. Y, tercero, por la reivindicación de legitimidad en el escenario público, que ha llevado a catalogar a alguna de las mencionadas como nuevas formas familiares. Y probablemente afectando a otras clases sociales, como ha sucedido con las transformaciones en la monoparentalidad en España. Gran parte de estas dinámicas generan nuevos problemas —por ejemplo, la feminización de la pobreza— y requieren la intervención estatal para atenuar los efectos negativos para los ciudadanos —empezando por los menores— e impulsar medidas de compatibilidad entre los *roles* profesionales y los familiares.

Estas tendencias de cambio también constituyen —por la novedad y radicalidad con que se han presentado— acicates para que los poderes públicos les hubieran dado respuestas adecuadas. Los cambios familiares convierten en anacrónicas buena parte de las presunciones familiares implícitas del Estado de bienestar. La presunción de un trabajo y una familia única y duradera en el transcurso de la vida va convirtiéndose en una experiencia vital cada vez menos difundida. Un conocido tratadista, Esping-Andersen, ha escrito al respecto que «el Estado de bienestar postbélico suponía una familia estable, basada en un sostenedor masculino, que garantizaba tanto una elevada fertilidad como la asistencia social extensiva dentro del hogar. Así pues, el Estado de bienestar delegaba en la familia el cuidado de los niños y los ancianos y concentraba su actuación en los riesgos que afectaban a los ingresos. A su vez, se suponía que esos riesgos eran marginales en los años activos (debido al pleno empleo y a los elevados salarios). En consecuencia, el perfil transferidor de los Estados de bienestar se concentró exclusivamente en dos colas (pasivas) del ciclo vital (el riesgo de pobreza ligado a los ancianos y a las familias con muchos hijos)» (Esping-Andersen, 1996: 355).

La heterogeneidad de situaciones familiares que hoy reclaman la atención de los poderes públicos generan nuevas necesidades de medidas concretas de política familiar. Pero no sólo eso: en conjunto implican todo un desafío para la política familiar justamente en el contexto del Estado de bienestar.

4. La expansión del Estado de bienestar. El decidido impulso a la política familiar también hubiera sido esperable como con-

secuencia del abierto compromiso proclamado por el Gobierno socialista para impulsar el Estado de bienestar. Como ha escrito Álvaro Espina —él mismo responsable político durante estos años—, «el Estado de bienestar se edifica sobre el pilar familiar» (1996: 240).

El escenario ha sido sumamente propicio, dado que la política familiar ha sido un rasgo impulsado precisamente por la socialdemocracia [1]. Siempre se han destacado las raíces católicas de la política familiar; recuérdese, por ejemplo, en España el pensamiento de Severino Aznar. Pero las políticas liberales nunca las han impulsado. Fue en los años treinta en Suecia, cuando dos destacados científicos sociales, Alva y Gunnar Myrdal, favorecieron su emergencia. La reivindicación de «el derecho de las madres a trabajar» la ampliaron al «derecho de las madres trabajadoras a tener una familia». Un giro básico para desarrollar la protección pública de la familia que ha sido siempre nuclear en la socialdemocracia y adquirió pleno vigor desde entonces hasta la década de los sesenta (Pitrou, 1984: 42; y Madruga, 1996).

Aunque modelos de regímenes de Estados de bienestar social, como el muy difundido de Gösta Esping-Andersen en *Los tres mundos del Estado de bienestar* (1993), marginan el papel de las familias y de las organizaciones privadas o semipúblicas —las redes informales de solidaridad— en la provisión del bienestar, en realidad Estado, mercado y familia son complementarios. Ninguno de ellos puede conseguirlo por completo sin contar con los demás. La familia —con el Estado y el mercado— es uno de los protagonistas decisivos de la sociedad de bienestar por lo menos en tres dimensiones (Montoro, 1997):

1) Como fuente de necesidades. Es en la familia donde suelen plantearse lo que luego, de forma agregada, constituirán las grandes necesidades sociales: educación de los hijos, mantenimiento de ancianos, salud de sus miembros, etc. En la familia nacen las necesidades sociales de bienestar, y esto acredita la necesidad de rescatar el papel de la familia.

---

[1] Resulta significativo al respecto que en Francia, al perder el poder el Partido Socialista, el nuevo Gobierno Chirac no mantuvo el Secretariado de Estado para la Familia (Pitrou, 1994: 68).

2)   En segundo lugar, la familia realiza actuaciones de bienestar con carácter iniciático y complementario. Asume la educación de los hijos en las primeras fases de sus vidas y, más tarde, complementa la de los centros escolares. De manera semejante actúa en materia de salud, vejez, etc. En ningún país ni sistema político, ninguna institución estatal suple por completo la acción familiar. Por el contrario, la familia suple o complementa al Estado en innumerables necesidades. Incluso en materia de salud [2], dentro y fuera de las instituciones hospitalarias.

3)   Como soporte completo de bienestar. La familia brinda bienestar a sus miembros, adaptándose a las necesidades cambiantes. La atención a los mayores, niños, la ayuda por enfermedad, la protección por paro —de pérdida de empleo y por acceso al primer empleo—, y en tantas otras ocasiones, se realiza por la red familiar, con una profundidad y una rapidez sin parangón con el Estado [3].

La importancia de la reflexión sobre la familia en el Estado de bienestar se ha visto, además, acrecentada por la concurrencia de tres factores nuevos que han generado cambios en la política familiar: las restricciones financieras debidas a la recesión económica; el creciente número y visibilidad de nuevas formas de vida familiar y alternativas como la cohabitación; y, tercero, las previsiones y las primeras constataciones del declive de la población debido a una tasa de natalidad muy débil (Dumon, 1987: 296). Estas

---

[2] Es un hecho tan notorio que algunas sentencias en España imponen a la familia obligaciones de colaborar en la atención y vigilancia de enfermos en el interior de instituciones hospitalarias.

[3] No parece correcta la vinculación que realiza Esping-Andersen de España con el modelo de la Europa continental de política social familiarista: «ideada para fomentar la formación de la familia y la fertilidad» (*sic,* 1996: 25), que da lugar a dependencias familiares —por el paro— y a desalentar activamente la formación de familias. Aunque por dos veces las asocie con España, ninguno de los contenidos de las políticas sociales familiaristas que pone de ejemplo se dan en estos años: elevados salarios, seguridad de empleo, desincentivación de la oferta de trabajo femenino tanto a través del tratamiento fiscal como por medio de una política social familiarista, etc. Precisamente las escasas medidas adoptadas en la última década han sido orientadas a favorecer los hogares con dos perceptores de rentas, con doble carrera laboral, que, según Esping-Andersen, es un rasgo específico de la política social nórdica, «asegurando así una fertilidad estable y hasta creciente» (p. 13), que, como es notorio, tampoco se ha producido en España.

circunstancias, presentes con mayor o menor gravedad en cada país de la Unión Europa, han activado también el debate sobre los víncu- los entre el Estado de bienestar y la familia. Y algo más todavía: ha trasladado alguno de los componentes del debate —los efectos del envejecimiento de la población en la estabilidad del sistema de protección social es el caso más notorio— desde los especialistas a la opinión pública.

Este debate se ha visto reforzado por una polémica —extraor- dinariamente viva— centrada sobre los efectos de las políticas fa- miliares en los comportamientos sociales. Me refiero, en concre- to, al debate respecto a en qué medida la legislación protectora —sea del paro, de las madres solteras— perpetúa los males que pretende querer reducir. En los países anglosajones (en castellano puede verse, por ejemplo, en N. Glazer, 1992: 31-53), en especial Estados Unidos, el debate, con grandes implicaciones políticas, ha tenido gran relieve sobre todo respecto a las ayudas a las familias donde no había padre: «Lo que los legisladores no previeron fue la posibilidad que la política, establecida para fortalecer a la fami- lia, en realidad, la hizo más frágil. Una mujer con sus hijos podría conseguir el dinero, o deshaciendo una familia intacta, o no for- mando una familia completa» (J. P. Fitzpatrick, 1993: 348).

El debate académico y político sobre el Estado de bienestar y sus problemas de consolidación ha constituido otro estímulo para impulsar las políticas de familia en España. Y, desde luego, el con- junto de factores aludidos —la intensidad de los cambios sociales; las innovaciones legales; el pluralismo familiar emergente; o el compromiso con el Estado de bienestar— hubiera justificado res- puestas públicas muy activas. El respaldo público a un sector tan estratégico de nuestro sistema social resulta esperable cuando la familia se inserta en un contexto tan cambiante.

Nos corresponde, por consiguiente, verificar ahora cuál ha sido la respuesta pública, cuál ha sido el alcance de las medidas en fa- vor de la familia adoptadas en este período de nuestro inmediato pasado. Fijémonos ante todo en los datos de la situación.

II.   LA SITUACIÓN DE LA POLÍTICA FAMILIAR

Examinar la situación efectiva de la política familiar significa verificar el grado de cumplimiento del mandato constitucional.

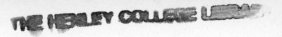

Como primer «Principio Rector de la Política Social y Económica», enumera en su artículo 39.1 la Constitución que «los poderes públicos aseguran la protección social, económica y jurídica de la familia. Los poderes públicos aseguran, asimismo, la protección integral de los hijos [...].» Un mandato que, de acuerdo con el artículo 53.3, debe informar en todo tiempo «la legislación positiva, la práctica judicial y la actuación de los poderes públicos».

Para comprobar cómo se ha materializado la política familiar en España, será conveniente precisar primero su concepto o significado, así como los instrumentos para poner en práctica esas políticas.

1.   LOS CONCEPTOS BÁSICOS

La definición clásica de política familiar ha sido formulada por Zimmerman como aquella que «incorpora el bienestar familiar como un criterio, es decir, que introduce consideraciones familiares y una perspectiva familiar en la arena política, tanto en el establecimiento de objetivos políticos como en la medición de resultados. Estos objetivos políticos en relación a las familias pueden ser explícitos e implícitos» (cit. en Madruga, 1996: 14).

Más brevemente, Dumon califica como política familiar «toda medida adoptada por el Gobierno para mantener, sostener o cambiar la estructura y la vida familiar» (Dumon, 1987: 291). Una definición semejante fue la acuñada por Kamerman y Kahn, para quienes política familiar es «lo que el Estado hace o deja de hacer en favor de las personas en calidad de incumbentes de *roles* familiares o para influir en el futuro de la familia como institución» (cit. en Iglesias de Ussel, 1994a: 525).

Pero la propia utilización del concepto «política familiar» expresa no sólo la legitimidad de la intervención de la «política», sino la aspiración de coordinar medidas, hasta entonces dispersas, destinadas a incidir en ciertos aspectos de los comportamientos familiares, progresivamente agrupados en un deseo de coherencia o apariencia de coherencia (Pitrou, 1994: 46).

Desde luego, toda política económica y social repercute directa o indirectamente en las familias. Aunque se diseñen las políticas en función de los individuos y no de las familias, se aboga por la consideración del individuo en un contexto familiar y a la familia en un contexto social. Por eso se distingue entre *política familiar* y el *enfoque o análisis familiar de las políticas*. Aunque no exista política familiar explícita, sí existe un conjunto de actuaciones que afectan directamente a las familias y que constituyen de hecho medidas de política familiar, aunque sea de forma tácita y descoordinada (Aylwin, 1993: 386). El enfoque familiar de las políticas implica una concepción global de sus intereses y evidencia que la familia ha logrado instalar su presencia y sus necesidades en la agenda pública del sistema político. Poner a las familias como foco de las políticas sociales significa hacer que esas políticas «se orienten a responder a las necesidades de las familias y a fortalecer la vida familiar. Se trata de que la unidad focal de las políticas no sigan siendo individuos aislados: mujeres, hombres, adolescentes, ancianos, sin considerar las familias que constituyen el contexto en que ellos viven» (Aylwin, 1993: 387).

Una perspectiva análoga, pero de contenido más restrictivo, es la que diferencia entre política familiar y lo denominado en el mundo anglosajón *family impact analysis*. El término designa el análisis de los efectos de las medidas gubernamentales en la familia, al margen de que se trate de medidas de política industrial, económica, social, regulación de jornada de trabajo, etc. La *política familiar,* por el contrario, es una noción esencialmente europea, que se remonta al período de la Primera Guerra Mundial, y se refiere a medidas que tratan de promover el bienestar de la familia (Dumon, 1987: 291). Se diferencia de la anterior distinción en que el enfoque o análisis familiar de las políticas conlleva una política familiar deliberada, mientras que el estudio del impacto familiar analiza los efectos de políticas que pueden carecer de objetivos familiares explícitos.

Una distinción básica es la que diferencia entre *política familiar explícita o directa* y *política familiar implícita o indirecta*. La primera cuenta como objetivo directo proteger, estimular o reestructurar formas particulares de familia. Mientras que la implícita es la que tiene en cuenta los intereses de la familia, pero sin crear un área autónoma de política. En ocasiones se añade una tercera categoría —*política familiar neutral o negativa*— que se corresponde con aquellos países que se niegan a interferir la vida familiar (Hantrais, 1994: 153).

Otras dos expresiones que se emplean indiferentemente, como *protección familiar* y *política familiar,* tienen, sin embargo, connotaciones distintas. La primera, protección familiar, puede expresar una orientación defensiva y de corto alcance en defensa de la familia y era más frecuente en los orígenes más remotos de la intervención pública en este campo. En numerosas ocasiones, esta misma expresión se utiliza para analizar la normativa reguladora de la familia en un sector concreto del ordenamiento. Mientras que la política familiar conlleva una estrategia global y directa de actuación en defensa de los intereses generales de la familia.

2. LOS INSTRUMENTOS

Los instrumentos de la política familiar son tan diversos como los de cualquier otra área de acción pública. Las *medidas de orden legislativo* constituyen el medio adecuado para establecer el marco básico de la política familiar. La regulación de la formación de las uniones, su disolución y sus efectos, relaciones entre padres e hijos, etc., quedan establecidas por el ordenamiento jurídico. Pero junto a esta dimensión existen *medidas de transferencia social.* En este ámbito se producen tanto transferencias monetarias —por el sistema fiscal, seguridad social, ayuda social, etc.—, como la disponibilidad de infraestructura social y de servicios —guarderías, asesorías familiares, servicios sociales, etc.— puestos a disposición de la familia (Dumon, 1987: 292).

Las dificultades para dar una definición unívoca, simple o universal se evidencian si atendemos a la multiplicidad de niveles de intervención de la política familiar. Un acreditado experto en sociología de la familia, Kellerhals, ha distinguido tres posibles formas de acción de las políticas familiares: *medidas destinadas a ayudar a superar crisis* temporales a las familias; *medidas destinadas a combatir* lo que los poderes públicos del momento consideran como *atentados a la integridad* de la institución familiar; y *políticas de bienestar destinadas a incrementar la cohesión,* la armonía y la salud familiar en su globalidad (cit. en Pitrou, 1994: 48).

Dumon ha señalado los tres instrumentos de la política familiar que han aparecido sucesivamente, y que coexisten en el tiempo. El primer instrumento fue *el sostén económico o financiero,* destinado a salvaguardar la base económica de la familia. Se desarrolló en Europa occidental después de la Segunda Guerra Mundial y las prestaciones familiares están concebidas como un salario indirecto. Los destinatarios de la política eran más los trabajadores que los necesitados. Estos instrumentos pueden denominarse «instrumentales» en la terminología de Parsons. Pero la política familiar ha ampliado los medios que emplea con otros dos instrumentos. Una se puede calificar de *política no material* o, en términos de Parsons, de *política «expresiva»* dirigida más bien al apoyo del bienestar de los miembros de la familia —centros de consulta matrimonial, cursos de educación sexual, apoyo en la ruptura matrimonial, etc.—, y la otra, con *medidas orientadas a sustituir parcial y temporalmente a la familia,* medidas —como guarderías— que descarguen a sus miembros de tareas familiares (Dumon, 1987: 293).

Un aspecto decisivo para entender la política familiar es considerarla como proceso. Un enfoque que implica tres aspectos fundamentales: 1) el nivel de toma de decisiones; 2) los actores de la política familiar, y 3) las modalidades de las tomas de decisiones (Dumon, 1995: 380 ss.).

1.   Respecto al *ámbito de la toma de decisiones,* coexisten varias instancias. En España las decisiones en política familiar provienen del poder central, de las autonomías y de los municipios. Si la legislación básica proviene del poder central y constituye el núcleo más decisivo de la política familiar, las autonomías y los municipios han adquirido creciente protagonismo, sobre todo en los aspectos asistenciales de la política familiar y en los programas de ayuda a situaciones de marginación familiar. La competencia autonómica en «asistencia social» —según el artículo 148.1.20.ª de la Constitución— atribuye a las autonomías un papel importante en los aspectos asistenciales de la política familiar. La creación del llamado «ingreso mínimo familiar» en diversas autonomías —destinado a ayudar a unidades familiares que carecen de medios económicos suficientes para atender las necesidades básicas de la vida— evidencia el protagonismo que ya desempeñan en algunas dimensiones de la política familiar las Comunidades Autónomas.

Las autonomías y los ayuntamientos, además, suelen contar en su organigrama administrativo con Direcciones Generales o Consejerías o Concejalías que, al margen de sus competencias específicas en familia, pueden estar favoreciendo la legitimación de estas políticas entre la opinión pública. Pero, junto al poder central, autonómico y local, es preciso añadir que la Unión Europea tiene también creciente relevancia en esta esfera. Tanto las directivas europeas —así, la relativa a la baja por maternidad— como algunas sentencias del Tribunal Europeo evidencian la relevancia de las instituciones europeas, por lo que se puede hablar de una incipiente «europeización» de la política familiar, como hace Dumon (1995: 382). Los impulsos a la coordinación —aunque no la armonización— de la legislación de los Estados miembros presiona también en favor de la aproximación entre los contenidos de la legislación de protección familiar.

2.   Respecto a *los protagonistas o actores de la política familiar* o agentes en la toma de decisiones. Si hasta ahora ha gozado de notoriedad exclusiva el protagonismo del *poder legislativo* y del *poder ejecutivo* en sus distintos niveles, en una sociedad democrática existen otros protagonistas a tener en cuenta.

Uno son *los tribunales,* cuyo papel es básico en la interpretación y, en ocasiones, la expansión de la política familiar. Los ejemplos son múltiples en la sociedad española. Ya durante el franquismo se admitieron ciertos efectos del divorcio en sentencias civiles; con posterioridad algunas sentencias reconocieron ciertos efectos a las uniones de hecho. Pero conviene recordar que la innovación más decisiva para la política familiar —que es la que permite la declaración del IRPF por separado a cada cónyuge— fue introducida en virtud de la sentencia del Tribunal Constitucional de 20 de febrero de 1989, que declaró inconstitucional el anterior sistema.

El segundo núcleo de protagonistas o actores de la política familiar proviene del *mundo empresarial* o, si se quiere, de la *concertación de los agentes sociales.* Las estrategias provenientes del mundo de la empresa son —y pueden ser cada vez más en el futuro— fuente de innovaciones y adaptaciones a las necesidades inmediatas de las mujeres y los hombres que trabajan en la empresa. Los convenios colectivos pueden articular respuestas a las necesidades familiares de los empleados. Muchos objetivos básicos de la política familiar —como facilitar la compatibilidad entre familiares y trabajo— pueden progresar sustantivamente con las medidas que se adopten junto al propio puesto de trabajo. En la práctica se sabe que en España se ha progresado poco por esta vía. Un estudio sobre los convenios colectivos interprovinciales durante el período entre 1967 y 1975 ofrece resultados desalentadores. Sólo un reducido porcentaje de convenios —el 14,4 por 100— preveía la existencia de alguna mejora directa de las prestaciones familiares legales, en su modalidad de pago periódico (cit. en Martínez Girón, 1992: 95). Una década después, los convenios firmados en 1987-1988 prestan una atención algo superior a los contenidos familiares, con ayudas acordadas por nupcialidad, natalidad, por ayuda familiar, etc. (Castiñeira, 1989).

El tercer protagonista de la política familiar puede ser *la propia familia*. Las organizaciones familiares desempeñan, en una sociedad democrática, un papel fundamental en la agregación de intereses del sector que integran. Igualmente en su actuación como grupo de presión, intervienen decisivamente en la definición de los problemas, en la elaboración de la agenda pública de la política familiar y en la difusión y sensibilización de las medidas en discusión.

3.   Respecto a *las modalidades de la toma de decisiones,* baste aludir que la tendencia es a que no sean ni rígidamente jerárquicas, ni promovidas desde la base, sino que el proceso de toma de decisiones requiere la negociación entre todos los actores, incluyendo las propias familias beneficiarias.

Otras clasificaciones diferencian entre tres tipos de intervención en la dinámica familiar: una primera consistiría en la *intervención legal*; la segunda sería de *naturaleza económica o compensanción pública de cargas familiares,* destinada a incrementar los recursos económicos de las familias en función de las cargas familiares que tengan. Y, en tercer lugar, la *intervención mediante servicios sociales,* que incrementa los recursos o capacidades de las familias para el desempeño de las funciones familiares (Meil, 1995: 68). Si las dos primeras modalidades —intervención legal y la de naturaleza económica— provienen fundamentalmente del poder central, son los ayuntamientos los que en España han implantado y, sobre todo, gestionan las redes públicas de servicios sociales de interés para la familia.

Los extremos mencionados acreditan la extraordinaria amplitud de la política familiar. Que sus aspectos más relevantes y manifiestos —contemplados en este trabajo— sean los provenientes del Estado y del marco legislativo básico no nos puede llevar a desdeñar sus múltiples fuentes y propulsores en una sociedad democrática.

La diversidad de herramientas conceptuales evidencia la amplitud y diversidad de contenidos y orientaciones de la política familiar. Una política que no cabe descalificar ni suprimir, fundamentándola en ninguna etiqueta predeterminada.

a)   La política familiar *no exige una orientación natalista.* Ni siquiera requiere que tenga, prioritariamente, objetivos o contenidos demográficos. Se podrá aducir que históricamente la preocupación demográfica ha tenido gran peso en los diseños de intervención de los poderes públicos. Pero con el tiempo se ha producido el mismo cambio en sus contenidos y objetivos que en cualquier otra área de acción pública.

Por otro lado, la situación demográfica ofrece un contexto diametralmente opuesto a un pasado con alto crecimiento demográfico y elevadas tasas de natalidad. Hoy el escenario ha cambiado radicalmente. Se es muy consciente del cambio en su dimensión colectiva: es saber común ya que España cuenta una tasa de natalidad de las más bajas del mundo. Pero la cuestión es, si cabe, todavía más relevante contemplada en su dimensión personal: en España —quizás por primera vez en su historia—, se tienen menos hijos de los que las mujeres desearían tener. La Encuesta de Fecundidad realizada por el INE en 1985 es inequívoca al respecto[4]. Y no los tienen por las adversas circunstancias sociales que rodean a la maternidad, crianza y mantenimiento de los hijos. Que las circunstancias sociales impidan la realización de deseos privados legítimos, constituye ciertamente una cuestión preocupante en una sociedad democrática.

b)   La política familiar *no puede reducirse a unos objetivos asistencialistas,* como ha ocurrido en España. La política familiar nació, en efecto, con unos contenidos específicamente asistencialistas, como una modalidad más de atención a los necesitados, teniendo en cuenta la situación familiar. Pero la política familiar tiene objetivos más amplios que atenuar las situaciones de pobreza y necesidad.

c)   La política familiar *tampoco requiere una concepción reduccionista de la diversidad familiar* existente en una sociedad, en un momento determinado. La política familiar puede abarcar todos los tipos de familia existentes en un país. Privilegiar un tipo determinado de familia, puede ser una opción política en un momento concreto (Aylwin, 1993: 386). Pero nada impone límites a la configuración de las políticas familiares en cualquier país.

---

[4]   Una de las pocas ocasiones en que se resalta este dato se encuentra en Fernández Cordón y Tobío, 1991: 67.

d)   La política familiar *tampoco requiere que sean las organizaciones familiares* quienes actúen como agentes activos de las políticas, ni como interlocutores privilegiados de los poderes democráticos. Actuarán como interlocutores o como legítimos grupos de presión, de igual forma que cualquier organización respecto a los asuntos de su interés. Pero, por muy implantada que se encuentre, ninguna puede sustraer la autonomía de los responsables elegidos por el pueblo y a los partidos políticos.

e)   *Tampoco resulta válido atribuir un sesgo conservador* a la política familiar como tal. Por su propia naturaleza, son los responsables políticos a quienes corresponde formalizarla y, por tanto, su contenido es susceptible de la misma diversidad de orientaciones —y de la misma distancia entre ellas— que cualquier otra área de la acción pública.

f)   La política familiar *no es incompatible con la liberación de la mujer,* que ha sido una de las causas de la atribución del sesgo conservador a estas políticas. En el pasado ha prevalecido como objetivo específico de la política familiar el mantenimiento de la mujer en el hogar. Pero nada obliga a mantener a perpetuidad esta orientación. Y es un hecho notorio que ningún país de la Unión Europea mantiene esta orientación.

g)   La política familiar *tampoco se reduce a un contenido económico.* Como toda política, lógicamente requiere dotaciones presupuestarias para su implementación. De hecho, el sostén económico y financiero de la familia —mediante beneficios fiscales o servicios sociales de todo tipo— fue la primera modalidad de política familiar en los años veinte en Europa. Pero desde entonces se han diversificado sustancialmente los modos de intervención pública sobre la familia hasta tener como objetivo la calidad de vida en la familia.

3.   LOS DATOS

El análisis de los efectos económicos de las políticas familiares viene condicionado por la extrema heterogeneidad de las fuentes de financiación y las desiguales definiciones de la población beneficiaria. Incluso dentro de la Unión Europea, existen problemas generados por las diferentes modalidades de articular las ayudas.

Políticas sociales de protección a la familia son las que el derecho o la cuantía de la prestación está establecida en función de la situación familiar del beneficiario, o bien porque las prestaciones tienen consecuencias directas en el bienestar y en el comportamiento de las familias (seguiré aquí la estructura y datos de López y López, 1996).

En conjunto forman una red muy compleja de prestaciones sociales explícitas e implícitas de carácter familiar:

PRESTACIONES FAMILIARES INCLUIDAS
EN EL SISTEMA DE SEGURIDAD SOCIAL

1. PRESTACIONES ECONÓMICAS

—Prestaciones por hijo a cargo.
—Prestaciones por maternidad.
—Prestaciones por muerte y supervivencia: auxilio por defunción; pensión de viudedad; pensión de orfandad; pensiones en favor de familiares.
—Otras prestaciones graduadas en función de la situación familiar:

• Prestaciones por desempleo en su nivel contributivo y asistencial.
• Prestaciones de jubilación en su modalidad no contributiva.
• Prestaciones de carácter asistencial.

2. PRESTACIONES DE SERVICIOS

—Asistencia por maternidad (sanitaria; excedencia por cuidado de hijos; reducción jornada laboral durante lactancia, etc.).
—Asistencia sanitaria por derechos familiares derivados.

El panorama presentado evidencia la extraordinaria dificultad comparativa de las estimaciones de las cuantías de la protección social. Una misma prestación —la de por hijos a cargo— puede diferir por la edad límite de los hijos, actividad (escolar o laboral) que realicen; o su carácter universal o restringido a familias con determinados niveles de renta. Pero únicamente en esta prestación, en el caso de tres hijos, en Francia equivale a algo más del 30 por 100 del salario mínimo, mientras que en España dichas prestaciones son ligeramente superiores al 5 por 100 de dicho salario (López, 1996: 42).

La conclusión unánime de todas las estimaciones comparativas es que España se encuentra situada a la cola de Europa en el gasto destinado a este tipo de prestaciones sociales, con una diferencia muy considerable (López, 1996: 57).

Los datos comparativos más elocuentes son los que valoran la intensidad de la protección social estimada en unidades de paridad de poder de compra (PPC). Fijándonos únicamente en la función de familia y tomando como media —el 100 por 100— la Europa de los Once, los datos referidos a 1988 son los siguientes (Barea, 1991: 82):

Bélgica	115
Dinamarca	181
Alemania	143
España	4
Francia	126
Irlanda	50
Italia	59
Luxemburgo	152
Países Bajos	131
Portugal	22
Reino Unido	118

Se acredita con esta estimación global la enorme distancia del apoyo a la familia en España, en relación con el que prevalece en toda Europa. Y no sólo son las más bajas. Además, su tratamiento fiscal es el menos beneficioso para sus perceptores. Así, respecto a las prestaciones familiares, España y Grecia son los únicos países que las someten a tributación y a cotización de la Seguridad Social. En el caso de prestaciones por maternidad, en siete de los doce países están sometidas a tributación, entre ellos España. Y, respecto a su cotización a la Seguridad Social, tan sólo tres países —uno, España— las consideran rentas sometidas a cotización (López, 1996: 54).

El esfuerzo en protección familiar en España puede ser menor incluso al de las bajas prestaciones, si en lugar de las prestaciones brutas nos fijamos en las prestaciones netas. Estos datos casi permiten decir que estamos ante una realidad virtual.

III. EL RECHAZO A LA POLÍTICA FAMILIAR

El profundo desnivel existente entre las prestaciones familiares en España y otros países de la Unión Europea acredita la falta de voluntad para implantar una política familiar efectiva. En el período de gobierno que examinamos, el desnivel no ha sido atenuado. Ni siquiera las intensas transformaciones en la estructura social y familiar ya examinadas han estimulado el giro radical en la situación. Se necesita, por tanto, intentar interpretar tan singular hecho en términos cuantitativos y de dinámica política, que revela el rechazo a cualquier desarrollo de la política familiar.

1. SESGO CONTRARIO A LA PROTECCIÓN A LA FAMILIA

La ausencia de todo tipo de estrategias políticas en favor de la familia ha sido demasiado duradera y generalizada para ser accidental. Sin una voluntad explícita de no articular un sistema específico de protección a la familia, no puede entenderse la carencia de políticas de familia durante más de una década.

La actitud contraria a la protección de la familia descansa en el generalizado equívoco que da por hecho la gran centralidad de la política familiar durante el franquismo. Una creencia sumamente discutible y que los análisis realizados por Campo permiten cuestionar (Campo, 1974 y 1995). Salvo en sus inicios, cuando se instauró el sistema de salario familiar, nunca desarrolló un sistema de protección económica directa importante de la familia. Y además fue perdiendo poder adquisitivo con la inflación hasta 1975. Desde luego, le otorgó un papel relevante en el discurso ideológico, en el establecimiento de medidas —incluso penales— que preservaban el modelo familiar ortodoxo. Pero no llegó a poner en vigor un sistema articulado de ayudas análogas por su importancia a las existentes en los países de nuestro entorno.

Este punto de vista ha sido sostenido por una conocida demógrafa y feminista, Anna Cabré, quien ha resaltado el permanente subdesarrollo de la política familiar en España, incluido durante el franquismo: «Es un hecho que en España no se ha manifestado, en los últimos treinta años, un interés particular por la política familiar, formulación que resulta incluso de mal tono en determinados foros; incluso en los años cuarenta, cuando bajo el franquismo sí hubo una política familiar tendente a fomentar la natalidad y mantener a la mujer en el ámbito doméstico, esta política fue incomparablemente más tibia que sus coetáneas alemana, italiana o francesa» (Cabré, 1990: 13).

El franquismo, desde luego, situó en el centro del universo simbólico a la familia, pero para relegarla en el plano real, económica e incluso institucionalmente. La familia fue catalogada como una de las vías de participación política, pero su estructura institucional siempre careció de los recursos que tuvo, por ejemplo, el municipio (piénsese en el Instituto de Estudios de Administración Local) o el sindicato, con Instituto de Estudios, múltiples recursos, editoriales, prensa y hasta un diario nacional. Incluso en el plano político, prácticamente no existen textos ideológicos que estructuren el discurso oficial sobre la familia, y sí los hubo y numerosos respecto al papel político —dentro del régimen— de los ayuntamientos o de los sindicatos. Buena prueba es que en la principal revista ideológica del régimen —la *Revista de Estudios Políticos*— prácticamente no apareció ningún artículo sobre la familia.

En todo caso es irrelevante que el franquismo otorgara, o no, un papel significativo a la familia, como explicación de su ulterior postergación. De haber existido esa activa política familiar, todavía mayor justificación —y urgencia— hubiera tenido implantar una política alternativa por parte de un gobierno socialdemócrata. La política familiar permite la misma diversidad de contenidos y objetivos que en educación, urbanismo, sanidad o cualquier otra política.

El rechazo a formular una política familiar descansa entonces en otros supuestos, que no es posible determinar con precisión sin conocer por dentro las estructuras de toma de decisión del partido socialista. Pero algunos indicios parecen sugerir la existencia de una decisión explícita contraria a formular una política familiar.

Tal vez sea una herencia ideológica de las ideas del movimiento del 68, pero dirigentes socialistas relevantes han mostrado su rechazo a cualquier política familiar, fundado en la creencia errónea en el contenido conservador *per se* de cualquiera [5]. Esta orienta-

---

[5] En la actitud recelosa ante la política familiar tal vez pese el movimiento de ideas de los años sesenta. Pero no se crea que se trata de una actitud percibida en España exclusivamente. En otros países se ha llegado todavía más lejos. Uno de los más acreditados expertos europeos advertía que, a principios de los años ochenta, «la palabra "familia" se ha convertido en sospechosa y la noción de pensamiento familiar o "familiarista" se ha vuelto contaminada, al menos en algunos países europeos. Así, en los Países Bajos, no conozco a ningún sociólogo que se atreva a definirse como sociólogo de la familia; ningún libro se publica con un título que mencione a la sociología de la familia: se prefiere el neologismo de «grupos primarios"» (Dumon, 1987: 295).

ción ideológica la ha explicitado un alto responsable político de esta década al señalar que en España «la política familiar resulta "políticamente incorrecta", dada la utilización abusiva de la familia como uno de los tres soportes básicos —junto al municipio y al sindicato vertical— del régimen de "democracia orgánica" establecido por el general Franco» (Espina, 1996: 240).

Existe un testimonio muy ilustrativo y preciso de esta creencia en el contenido conservador de cualquier política familiar. Un cronista de la vida política actual ha desvelado un revelador pasaje sobre las motivaciones contrarias a la política familiar del entonces vicepresidente del Gobierno, Alfonso Guerra: «En cierta ocasión, cuando presidía la Comisión de Subsecretarios que desmenuza previamente los asuntos que acaban en la mesa del Consejo de Ministros, el entonces secretario de Estado de Hacienda, José Borrell, planteó la reforma de ciertos aspectos fiscales relativos a las cargas impositivas de los matrimonios. Guerra se opuso y rechazó la propuesta de Borrell, sin prestar oídos a los argumentos del político catalán, que intentó hacerle ver que lo "progresista" y menos gravoso era su propuesta, frente a la de Guerra, que costaría a las arcas públicas varios cientos de miles de millones de pesetas. "No importa, porque parece lo contrario", fue la lacónica y significativa respuesta del vicepresidente» (Gutiérrez, 1992: 289).

Otra dirigente socialista, que ha tenido importantes responsabilidades en la delimitación de la política social, Matilde Fernández, en numerosas ocasiones mostró su desapego ante la posibilidad de impulsar cualquier política familiar. En el Congreso de Diputados en 1989, como ministra, llegó a argumentar que consideraba desacertado formular una política global, precisamente por los intensos cambios familiares que se estaban produciendo. Ante lo cual consideraba adecuado establecer simples ayudas a los distintos sectores que la componen (cit. en Iglesias de Ussel, 1994: 531).

Esta orientación la ha difundido en múltiples ocasiones. Poco después de cesar como ministra reiteró su posición de manera muy clara. En una entrevista (*Diario 16,* 20 de noviembre de 1994: 30-31), se le pregunta: «Y usted que predica una política de izquierdas ¿por qué no critica la política neoliberal de González?», la respuesta de la diputada socialista es la siguiente: «Me suelo enfrentar a las cosas que creo son más liberales del Gobierno. Por ejemplo, me he opuesto a que se aceptara esa enmienda de la derecha cristiana, de Unió Democràtica de Catalunya, que supondrá 40.000 millones de pesetas en los Presupuestos y que conlleva introducir los beneficios de la familia numerosa a aquellas que tengan tres hijos. Eso va dirigido a las clases medias altas y muy altas, no a las que menos tienen, porque sobre todo se dirige a las exenciones por matrículas en la Universidad y no hay demasiados hijos de trabajadores y de clases bajas que cursen estos estudios. Los hijos de las familias de las clases más desfavorecidas no van en su mayoría a la Universidad.»

Su respuesta no tiene desperdicio, por la trasparencia de la hostilidad larvada contra cualquier política familiar. Primero, por el ejemplo elegido. Que entre todas las decisiones gubernamentales posibles de políticas neoliberales, se mencione para rechazarla una de las muy escasas propuestas dirigidas a ayudas familiares, sólo puede explicarse por ese rechazo. De lo contrario, presentaría ejemplos de decisiones neoliberales que afectan a sectores más relevantes, sean en materia económica, de pensiones o de relaciones internacionales, por ejemplo. Segundo, por no plantear ninguna alternativa. La crítica se plantea contra el hecho —en sí mismo— de implantar una medida en favor de la familia, propugnando su supresión sin explicitar una alternativa socialista en favor de la familia. Se universaliza la crítica a la política familiar, por una medida concreta, pero no se sugiere otra medida en favor de la familia. Su postura es un rechazo sin alternativas. Y todo ello dejando al margen la exactitud de los datos aludidos sobre los costes de las medidas.

No deja de resultar pintoresco que la crítica la dirija contra el Real Decreto 1.801/1995, de 3 de noviembre (*BOE* de 4 de noviembre 1996), de ampliación de la familia numerosa a los que tengan tres hijos. Su exposición de motivos constituye un magnífico ejemplo de la no-política familiar: se hace pero, aparentemente, a disgusto. No se puede calificar de otro modo que en la exposición de motivos no aparezca ni un solo argumento familiar. No se habla de la necesidad de apoyar a las familias con tres hijos, la necesidad de compensar a la unidad familiar el impacto de los costes económicos de los hijos; la conveniencia de apoyar a los matrimonios con hijos, etc. La exposición de motivos no tiene ningún argumento, ningún juicio o reflexión, ni un solo renglón referido a la familia, cuando se adopta una medida sobre la familia. Es, ciertamente, otra constante de la política seguida por el Gobierno socialista durante estas décadas.

Inmediatamente trataré este punto, pero antes aduciré otra prueba y bien reciente. Se trata de la deliberación en la Subcomisión de Política Social del Congreso de Diputados en abril de 1997, que estudia la situación de la familia española y las propuestas para favorecerla. Aunque el PP es el partido en el Gobierno, el PSOE se muestra reticente a reducir los ingresos estatales con medidas de fomento familiar. Incluso en la oposición, si se trata de ayudas a la familia, se pronuncia por contener el gasto público. Con argumentos no aplicados a ningún otro sector social, su representante en la Comisión declaraba: «Las prestaciones económicas directas son interesantes. No estamos cerrados a que eso se produzca, pero pensamos que este país no es rico y no podemos tomar decisiones que signifiquen una carga excesiva para las arcas del Estado» (diario *El País,* 4 de abril de 1997). Sin duda resultará difícil encontrar tan numantina defensa del presupuesto público en supuestos distintos a las ayudas familiares.

2. FALTA DE RESPALDO ADMINISTRATIVO

La familia ha desaparecido del escenario social, en todas sus dimensiones. No existe como institución en la agenda pública. No se reputa que pueda tener intereses dignos de ser protegidos o tenidos en cuenta y ninguna referencia aparece a nivel público. Una actitud que se refleja en la dinámica administrativa.

A) *Estructura administrativa*

La primera manifestación se encuentra en la estructura administrativa. Pese a su frondosidad, el organigrama de la Administración Central ha carecido de cualquier unidad con rango de ministro, secretario de Estado, subsecretario o director general en que aparezca, específicamente, la referencia a la familia. Es más, fue suprimida la Subdirección General de la Familia, que existió con UCD en el Ministerio de Cultura y que sólo mucho más tarde reaparecería fusionando las competencias del menor y la familia. Tampoco han mostrado mayor interés en establecer unidades orgánicas de categoría de Direcciones Generales en Comunidades Autónomas gobernadas por el Partido Socialista.

Se trata de una singularidad. Gran número de países europeos cuentan con unidades, incluso ministerios, con denominación de «Familia» —en ocasiones con competencias también en juventud o vejez, etc.—. La creación de una unidad administrativa no es la única fórmula. La fórmula francesa es, incluso, más significativa. Existe un «Alto Consejo de la Población y de la Familia» (que sucedió en 1985 al «Alto Comité» de igual denominación), cuyo presidente es el de la propia República. Fue creado al tiempo del Código de Familia de 1939, suprimido por el Gobierno de Vichy, pero reorganizado inmediatamente después de la liberación por el Gobierno provisional de De Gaulle.

El Alto Consejo incluye una decena de personalidades, nombradas para tres años. Se encargan de informar al presidente de la República y al Gobierno sobre los problemas demográficos y sus consecuencias a corto y medio plazo y sobre las cuestiones relativas a la familia. Su misión es formular criterios sobre las cuestiones que se le plantean y proceder de manera permanente a una reflexión sobre la orientación a dar a la política de la población y la familia. El Alto Consejo forma grupos de trabajo, puede convocar personalidades exteriores cualificadas o utilizar e incluso suscitar estudios de los diversos organismos y servicios competentes (cfr. VVAA, 1992).

Con las variedades propias de las tradiciones administrativas de cada Estado, el hecho básico es organizar la intervención, respaldo y protección de los intereses de la familia como una actividad regular en el ejercicio de la gestión pública. El respaldo administrativo es muestra de una atención y, simultáneamente, medio para impulsarla. En España, la falta de cobertura administrativa ha tenido efectos muy negativos para los intereses de la familia.

B)   *Carencia de estadísticas de familia*

La ausencia de estadísticas familiares de calidad es una prueba elocuente de la desatención administrativa de la familia. La carencia de datos estadísticos constituye la materialización de la postergación pública de la familia. Y ocasiona serias dificultades para el avance en el conocimiento de la realidad social de nuestro país.

Disponemos de los datos estadísticos sobre la familia más escasos de la Unión Europea. Hay pocas, que aparecen tarde y son todavía menos las que contemplan variables familiares en su estructura. Es poco admisible, por citar un ejemplo, que con medios infinitamente superiores los servicios estadísticos, las Estadísticas de Divorcio de la II República tengan calidad muy superior que las que se publican ahora. Sin una voluntad de otorgar importancia a la familia, es muy difícil que se traduzca en medidas concretas.

Las deficiencias se mantienen pese a las demandas de mejoras procedentes de la Unión Europea y de las Conferencias Internacionales. La Conferencia Mundial de la Población ya aprobó diversas Recomendaciones instando a la mejora de las estadísticas y datos administrativos sobre la familia y población. La Recomendación 68 establece que «se insta a los Gobiernos a que reúnan, compilen y publiquen oportunamente toda la variedad de estadísticas del estado civil, así como otras estadísticas sociales y económicas, demográficas y conexas, necesarias para planificar y evaluar los programas demográficos y de salud, incluidos los de planificación familiar». Sobre este mismo aspecto la Recomendación 64 reclama la mejora de las estadísticas de migración y dice: «Se recomienda, además, que se estudie la migración en el contexto de la familia. A esos efectos, los Gobiernos deben estudiar la forma de perfeccionar sus censos nacionales de población, encuestas por muestreo o sistema de registro administrativo para obtener los datos y estimaciones necesarias sobre migración» (Conferencia Mundial de la Población, 1984).

La ausencia de estadísticas sobre familia es el reflejo material de la desatención política a la familia. A la vez, la falta de instrumentos estadísticos dificulta la configuración de la familia como grupo social con intereses propios. Aunque la actividad administrativa no crea la realidad, sin ella es más difícil su articulación como grupo y la difusión de sus singularidades y problemas.

3. MINUSVALORACIÓN DEL AÑO INTERNACIONAL
    DE LA FAMILIA

La Asamblea General de las Naciones Unidas —por Resolución 44/82, de 8 de diciembre de 1989— declaró 1994 Año Internacional de la Familia. La proclamación se inspira en principios que evidencian un compromiso muy amplio con la familia. Así establece que «la familia constituye la unidad básica de la sociedad y, en consecuencia, merece especial atención. Por tanto habrá que prestar a la familia protección y asistencia en la forma más amplia posible.» Establece que deberá abarcar a las necesidades de todos los tipos de familia, que «las políticas tendrán por objetivo fomentar la igualdad entre la mujer y el hombre en la familia y lograr que se compartan más plenamente las funciones domésticas y las oportunidades de empleo» (Naciones Unidas, 1991: 8). El acuerdo de las Naciones Unidas establece unos principios, unos objetivos y un programa de actividades para los Gobiernos muy amplio y con contenidos muy diversificados.

La decisión de las Naciones Unidas y el contenido del propio texto constituyeron, sin duda, una oportunidad excelente para poner en marcha una política familiar. Permitía dar un giro a la pasividad anterior, amparándose en el respaldo internacional que impulsaba esa actuación.

Pues bien, no se hizo. La conmemoración en España quedó desactivada, casi clandestina. Se realizó lo mínimo indispensable para poder asegurar que se celebraba, pero sin adoptar ninguna medida que diera verdadero impulso político —en ningún campo— a la política familiar. La falta de ambición en los objetivos establecidos por el Ministerio de Asuntos Sociales (Ministerio, 1994) se correspondió con la ausencia de actividades relevantes y con la huida de cualquier impacto ciudadano. Se conmemoró, pero con buscado sigilo y discreción. Si se compara, el respaldo institucional a dicho Año ha sido muy inferior al otorgado para la Conferencia Mundial sobre las Mujeres en Pekín en 1995 y a la anterior celebrada en 1985 en Nairobi.

Y todos los datos avalan que, si tuvo poco alcance la conmemoración oficial, menos todavía ha tenido el seguimiento de los programas hipotéticamente emprendidos. Así, en la *Memoria* del Ministerio de Asuntos Sociales de 1995 (Madrid, 1996), se declara que «la atención a los problemas de los menores y de la familia, como núcleo fundamental de desarrollo de las nuevas generaciones, constituye uno de los objetivos prioritarios que el Ministerio de Asuntos Sociales viene desarrollando desde 1990» (p. 51). Sin embargo, en las acciones realizadas en 1995 y descritas en la *Memoria,* no aparece ninguna medida o actuación dirigida a la familia como tal grupo, ni se menciona la continuidad de ningún programa emprendido con ocasión del Año Internacional. Entre la elocuencia en las palabras y la parquedad de los hechos, hay un desequilibrio demasiado acusado para no ser deliberado. Ni siquiera aparece realizada la Evaluación del Plan de Actividades del Año Internacional de la Familia, que constituía una de las tareas establecidas por el propio Ministerio para el Año Internacional de la Familia (Ministerio Asuntos Sociales, 1994).

La conclusión no puede ser otra: se renunció deliberadamente a dar un giro sustancial en la política familiar aprovechando la oportunidad ofrecida —y aun exigida— por el Año Internacional de la Familia. La posibilidad de innovar con las políticas o con las ideas quedó truncada. El Año Internacional de la Familia fue el del giro que nunca existió en política familiar.

4.   LOS PROGRAMAS ELECTORALES DEL PSOE

Los temas abordados en los programas electorales, de cualquier partido político, vienen condicionados por los problemas que en cada coyuntura están en el centro de la atención pública, tanto o más que por la proyección de futuro que cada programa pretenda plantear.

Esto significa que los primeros programas electorales del PSOE —en sus referencias a contenidos familiares— lo hicieron, sobre todo, posicionándose respecto a contenidos constitucionales y a eliminación de legislación procedente del franquismo. Por esta razón, sus contenidos son menos relevantes para lo que nos interesa aquí. Así, el Programa de 1977 —muy breve— hacía referencia al divorcio, matrimonio civil, igualdad en el matrimonio o a la planificación familiar. En parte esos mismos temas son planteados en el Programa de 1979, pero como propuestas de legislación de desarrollo de la Constitución recién aprobada. No obstante, respecto a la mujer, se pronuncia por «los servicios colectivos y sociales necesarios para que la vida familiar se pueda desarrollar con una verdadera igualdad de oportunidades, derechos y responsabilidades».

El Programa de 1982 diversifica los contenidos anteriores y concreta las posiciones. Establece un compromiso respecto a la Seguridad Social: «Se incrementarán de forma inmediata las asignaciones por hijos, utilizando a este fin las actuales asignaciones por matrimonio y cónyuge a cargo. A medio plazo, se revisará el actual sistema de protección familiar.» Aunque no para toda la población, sino respecto al sistema de Seguridad Social, se ofrecía un trasvase de recursos económicos de las asignaciones por matrimonio y por cónyuge a las asignaciones por hijos. Además, se anuncian diferentes programas para la infancia y situaciones de necesidad de las madres, al igual que sobre la creación de Centros de Planificación Familiar.

Con el Programa electoral de 1986-1990, se produce un cierto retorno a las propuestas jurídicas de aspectos básicos de la familia. Propone reformas del Código Penal para sancionar el abandono de familia, impago de pensiones derivadas de separación o divorcio, malos tratos a las mujeres y proxenetismo. También reformas del régimen jurídico del matrimonio (para divorcio y pensiones) y la ampliación a dos semanas el descanso por maternidad. Y reiteró el establecimiento de servicios de planificación familiar.

El Programa de 1989 contiene distintas propuestas sobre protección familiar. Anuncia su asistencialización a los sectores con escasos recursos. También, que la excedencia por cuidado de hijos menores de tres hijos, tendrá la consideración de cotizados a la Seguridad Social. Propone la elaboración de un Plan Integral para la Infancia. Y, en el apartado dedicado a la situación de la mujer, plantea medidas para reducir los obstáculos que conllevan las responsabilidades familiares para la participación en la sociedad, pero no viceversa.

En el Programa de 1993 aparece una significativa novedad: en el índice aparece ya el término «familia»: las personas mayores, la familia y la infancia. Pero, al margen de propuestas muy específicas con mejoras de las prestaciones de Seguridad Social —pensiones de viudedad, orfandad, etc.— y respecto a los derechos del niño, no hay medidas de protección familiar.

El Programa de las Elecciones Generales de 1996 tiene cambios sustanciales. El principal es que por primera vez aparece un epígrafe dedicado específicamente a la familia.

—Mantiene una orientación asistencialista, con ayudas para situaciones de necesidad.
—Resalta en las medidas y la reflexión la situacion de las «nuevas familias» —importantes, pero minoritarias—, sin tratar de las familias tradicionales, biparentales.
—Anuncia un Plan de Acción Integral para la familia, para articular los numerosos cambios legales que propone: apoyo fiscal a

familias con mayores a su cargo; mejora de eficacia judicial de los contenciosos familiares; especializar los juzgados de familia; ampliación del concepto familia numerosa; fomentar adopción internacional; y ayudas para guarderías.

—Anuncia una Ley de Parejas de Hecho, con independencia del sexo y orientación sexual de sus componentes.

Pero los límites de las propuestas sobre familia se evidencian en el párrafo dedicado a «Medidas de apoyo a la natalidad», que conviene reproducir en su totalidad: «En los últimos veinte años, España ha reducido significativamente su tasa de natalidad. El mantenimiento de esta tendencia plantearía graves repercusiones para el futuro de nuestro país, y en particular para sostener el Estado de bienestar y el sistema de pensiones pública. Corresponde, por tanto, a los poderes públicos situar el problema ante los ciudadanos, propiciar una reflexión colectiva sobre las causas que inciden en esta situación y adoptar las medidas necesarias para atajarla. El apoyo a la natalidad que proponemos los socialistas debe conciliarse con el derecho de las mujeres al trabajo y la igualdad entre los sexos. Las medidas que se adopten deben favorecer el compatibilizar trabajo y familia, tanto en los hombres como en las mujeres, y un reparto más equitativo de las responsabilidades familiares.»

Este pronunciamiento muestra las fronteras y precauciones con que se abordan los problemas familiares. El diagnóstico de la situación es tajante; anuncia consecuencias sociales graves por el descenso de la natalidad; pero la solución que proponen es «propiciar una reflexión colectiva», sin adelantar ninguna propuesta concreta propia. Efectuarla sería entrar en el terreno del tabú. Se marcan los límites de la propuesta de apoyo —salvaguardar los derechos de la mujer al trabajo—, pero no se anuncia —ni se sugiere— ninguna medida concreta de apoyo. Requeriría plantear apoyos —de varios tipos, pero con contenidos económicos— a la natalidad. Lo cual suscitaría evocaciones políticas del pasado.

5. DESAPARICIÓN DE LA FAMILIA EN LA PROTECCIÓN DE ÉSTA

El rechazo a la implantación de la política familiar en España se advierte también si se examina la legislación más relevante promulgada en esta década. En esta legislación se produce lo que se puede llamar la desaparición de la familia en las medidas de protección de la familia. Se trata de una especie de alergia a la familia que se manifiesta hasta en las medidas que ineludiblemente se adoptan.

La compatibilidad entre la actividad laboral y la vida familiar ha sido una de las áreas más impulsadas por las instituciones europeas para preservar la calidad de vida familiar y para objetivos de igualdad de sexos, sobre todo en lo que concierne a la situación de la mujer. Por ello son muchos los programas y las medidas promovidas en todos los países, entre ellos España, desde que el Gobierno de UCD extendió el permiso por el nacimiento de un hijo para que pudiera ser disfrutado indistintamente por la madre o por el padre[6].

En este aspecto, conviene analizar la Ley 4/1995, de 23 de marzo, de regulación del permiso parental y por maternidad, que modifica la excedencia por cuidado de los hijos, en cuanto a la reserva de puesto de trabajo. Se mantiene que durante el primer año se tendrá derecho a la reserva de su mismo puesto de trabajo; pero, transcurrido dicho plazo, la reserva quedará referida a un puesto de trabajo del mismo grupo profesional o categoría equivalente.

Esta ley diferencia las condiciones de disfrute de la excedencia en las relaciones laborales y en los funcionarios. Estos últimos quedan protegidos de manera más efectiva, por cuanto se reconoce que los funcionarios tendrán durante el segundo y el tercer año de excedencia por cuidado de hijos, la reserva a puesto de trabajo en la misma localidad y con igual nivel y retribución.

Pero en la normativa legal y en la interpretación jurisprudencial subyace una finalidad muy concreta: facilitar la compatibilidad entre la actividad laboral y la paternidad o la maternidad, «evitando que el nacimiento de un hijo pueda perjudicar profesionalmente a los progenitores» (Pérez Alonso, 1985: 233). No se trata de proteger —primariamente— a la familia, ni tan siquiera a los hijos, ni fa-

---

[6] La Ley de Relaciones Laborales de 1976 concedía únicamente a la madre la excedencia por tres años para cuidado de los hijos. Y fue el Estatuto de los Trabajadores de 1980, aprobado por la UCD, el que, en su artículo 46.3, extendió este derecho, para que pueda ser disfrutado indistintamente por la madre o por el padre, en un intento de distribuir más igualitariamente las cargas familiares. La Ley 3/1989 reguló la excedencia de manera más favorable a los trabajadores durante el primer año. Para este año se establece la reserva de puesto de trabajo y cómputo de antigüedad; el resto de los años, hasta el tercero, se regirán por las normas de la excedencia voluntaria.

vorecer la natalidad; lo que se busca de manera directa es establecer medidas protectoras para que aspectos de la vida privada de los trabajadores —el tener hijos— no afecten negativamente a sus derechos laborales y a su promoción laboral. Un objetivo legítimo sin duda, pero su establecimiento no persigue una finalidad familiar. La familia, es obvio, resulta beneficiada pero como consecuencia de medidas introducidas para preservar los intereses de los adultos como trabajadores, no como padres ni como miembros de una familia.

Lo dicho no es un juicio de valor; es la constatación de un hecho. La Ley 4/1995, de 23 de marzo, de regulación del permiso parental y por maternidad, lo acredita fehacientemente. Cualquier observador dará por hecho que en el texto se considera positivo la crianza del hijo en sus primeros años por su padre o madre. Dicho de una u otra manera, parece obvio encontrar esa motivación —entre otras— en la Ley. Pues bien, es la única razón que no se esgrime en la exposición de motivos de la ley. Aparecen otras referencias explícitas —de objetivos sociales muy dignos, sin duda— tales como «eliminar algunos de los inconvenientes existentes para la contratación de mujeres casadas o en edad de tener hijos», mitigar «la discriminación por razón de género [que] se sigue produciendo», etc. (cit. según *BOE* de 24 de marzo de 1995).

Sin una postura previa deliberada de no reconocer a la familia, es difícil interpretar que no se mencione en ningún caso o manera a la familia, a la conveniencia de la crianza de los hijos menores por los padres, a la atención al hogar por los padres en la minoría de edad de los hijos, a la importancia de la familia en la vida de la infancia, etc. Pero de ningún modo y para nada se plantean estos aspectos. Que en un texto que tiene por objeto facilitar permisos laborales a los padres para la crianza de los hijos sólo se mencionen argumentos que se corresponden a los intereses de los adultos como individuos; que para nada se constaten las conveniencias o necesidades de los menores, es singularmente relevante y digno de reflexión. Parece quererse impulsar una especie de «familia de individuos», heredero de un feminismo hostil contra la familia, como bien advirtió Threlfall (1990: especialmente 228 ss.).

Y en absoluto es un caso único. La Ley Orgánica 1/1996, de 15 de enero, de Protección Jurídica del Menor, ilustra esa tendencia. En una exposición de motivos —inusitadamente larga— de una ley que regula, entre otras cosas, el «acogimiento familiar», se espera encontrar alguna referencia —por pequeña que sea— a la familia, a las relaciones en el hogar, a la crianza de los hijos por sus padres o por instituciones de acogida y sus respectivas ventajas o dificultades. Tampoco merecen atención estos aspectos; no hay absolutamente ninguna referencia a esos aspectos. Un observador de otro mundo que leyera las disposiciones legales que afectan a la familia llegaría a convencerse de que no existe tal institución.

6. TRATAMIENTO DISPERSO DE LA FAMILIA

La falta de voluntad política de implantar una política familiar se evidencia en la dispersión de las medidas reguladoras de los pocos beneficios —comparativamente— que se le dispensan. En realidad, como consecuencia de la voluntad de restar todo protagonismo a la familia, se adopta la estrategia de abordar de manera deliberadamente dispersa y fragmentaria su regulación.

La ausencia de voluntad política no puede llegar a eludir toda consideración de la familia en el sistema jurídico. Máxime cuando la propia Constitución proclama la protección a la familia.

La manera de cumplir y al mismo tiempo eludir el mandato es desactivar su tratamiento, negándole su regulación sistemática en un único texto legal o, al menos, articulando de manera organizada su protección. Se establecen —en términos muy cicateros— los beneficios a la familia de manera dispersa, en las más diferentes ocasiones y textos legales.

La familia queda así marginada, separada como objeto legítimo de tratamiento directo y protector por el sistema jurídico. Es una manera de favorecer su encubrimiento, de erosionar la legitimidad de sus demandas, de impedir formalizar la conciencia en la marginación a que se la condena, de impedir que sus intereses logren introducirse en la agenda pública.

No se trata de realizar un inventario de este tratamiento siempre segmentario de la regulación de la familia, en los más recónditos recovecos del ordenamiento legal. Los ejemplos de esta estrategia dispersadora de las ayudas a la familia son innumerables:

—La asignación mensual por esposa se suprime por la Ley 26/1985, sobre racionalización de la estructura y acción protectora de la seguridad social.

—La Ley 26/1990, de 20 de diciembre, de prestaciones sociales no contributivas, introduce la nueva modalidad de prestación por hijo a cargo de carácter no contributivo, que, en lugar de ser de carácter universal, sólo pueden obtenerla quienes cuenten un nivel de ingresos mínimos.

—La Ley de Presupuestos Generales del Estado para 1994 y la Ley 42/1994, de 30 de diciembre, de Medidas Fiscales, Administrativas y de Orden Social, introducen modificaciones en las prestaciones por desempleo, reduciendo su cuantía al restringir el alcance de responsabilidad familiar por tener familiar a cargo (hasta entonces comprendía al cónyuge o un familiar por consanguinidad o afinidad hasta el segundo grado inclusive; a partir de enero de 1995 incluye sólo al cónyuge, hijos menores de veintiséis años o mayores incapacitados o menores acogidos). La misma Ley 42/1994, en su disposición final cuarta, modifica el concepto de familia numerosa, incluyendo como tal a la que tenga tres o más hijos.

—La Ley 18/1991, de 6 de junio, del IRPF, suprime la acumulación obligatoria de rentas, posibilitando la declaración separada del impuesto sobre la renta.

Esta fragmentación revela el aire de improvisación y falta de diseño global para el tratamiento de la familia. No se hace con una concepción articulada de medidas. Ni tampoco en la modesta tarea de difundirlas o propagarlas. Buena prueba es que ni el Ministerio de Trabajo ni el de Asuntos Sociales han publicado un volumen que sistematice el conjunto de medidas de apoyo a la familia.

Esta situación obstaculiza, desde luego, la toma de conciencia de la parquedad de las medidas y su falta de equiparación con la de otros países. Pero el tratamiento disperso es tan sólo la cobertura de la desatención de la familia como institución social. La consecuencia real de ese tratamiento fragmentario es restar cualquier protagonismo a la propia familia. No es sólo eliminar derechos o beneficios con que cuenta en todas las sociedades; se hace patente la concepción accesoria de la institución. Así se consolidan las imágenes sociales de la sociedad como agregado exclusivo de individuos, sin considerar para nada a la familia como grupo.

7. La orientación de la política de la mujer

Las políticas de igualdad de la mujer han tenido un fuerte impulso desde la transición democrática. De hecho, se ha configurado como campo específico de las políticas públicas al igual que ha ocurrido, simultáneamente, con las políticas de los consumidores. Se trata de ámbitos de acción que, con toda legitimidad, los poderes públicos consideran prioritarios.

Debe destacarse que —ni por sus contenidos ni por sus objetivos— la existencia de esta política es incompatible con una simultánea política familiar explícita. Se trata de campos, aunque no autónomos, sí con especificidad propia y con posibilidad de convivencia, que es, por otra parte, lo que ocurre en otros países europeos.

Es más, una destacada demógrafa y feminista, Ana Cabré, ya señaló que no sólo no existe ninguna incompatibilidad entre la liberación de la mujer y la protección de la familia: «no sólo es compatible, sino que es incluso indispensable» (Cabré, 1990: 13). La existencia de una familia igualitaria, el desempeño de las funciones reproductoras y las funciones asistenciales de la familia requieren la protección pública de la familia para la liberación de la mujer. Lo contrario aboca a un tipo complementario de familia, que conduce a la mujer a un papel subsidiario.

Si no existe incompatibilidad teórica, la coexistencia entre las políticas de la mujer y de la familia se convierte en un mero problema de decisión política. En este sentido, la orientación concreta que se ha dado a la política de la mujer en España ni ha tenido preocupación familiar, ni ha impulsado la política de la familia. Y ello pese al papel decisivo atribuido a la familia como generadora de desigualdades sociales. En otros países, y por parte de las instituciones europeas, en la política de la igualdad ha desempeñado un papel prioritario el objetivo de facilitar la compatibilidad entre los *roles* familiares y los *roles* profesionales u ocupacionales, para varones y mujeres. La falta de estímulos para que los varones asuman responsabilidades familiares y para las mujeres la asunción de *roles* profesionales, convierte a la familia en campo decisivo tanto de reflexión, como de toma de decisiones. Es decir, la compatibilidad entre la esfera pública y la privada.

Pero, en España, las medidas en esa dirección han sido pocas y poco profundas, y sobre todo no ha figurado como objetivo estratégico. Han tenido gran peso las medidas dirigidas a cambiar sólo lo privado: por ejemplo, a equilibrar las tareas domésticas entre las parejas mediante campañas publicitarias. Los dos Planes para la Igualdad de Oportunidades de las Mujeres (1988-1995), las publicaciones del Instituto de la Mujer, las campañas publicitarias y de divulgación y las estrategias de actuación no han tenido como objetivo sustantivo y prioritario la compatibilidad de la vida profesional y la vida familiar (véanse, por ejemplo, los Informes sobre la actividad del Instituto, en Instituto de la Mujer, 1994a y 1994b, y los trabajos de C. Valiente).

Obsérvese que, con ello, un problema público se hace privado: el Estado transfiere el problema al precio de invadir —¿legítimamente?— la vida privada y libremente consentida de los adultos entre sí. Con esta orientación, la política de la mujer no ha «tirado» de la política de familia, sino que ha bloqueado su aparición y desarrollo. Se han planteado como alternativas excluyentes, dificultando probablemente el cambio real de la situación de importantes grupos de mujeres; sobre todo las de quienes, por carecer de actividad extradoméstica, tal vez sean las más necesitadas de medidas públicas de apoyo[7]. Y son, en todo caso, el grupo cuantitativamente más numeroso que nos diferenciamos de los países europeos.

La desatención a los intereses y demandas específicas de las mujeres dedicadas a tareas familiares, las amas de casa, denota las limitaciones reales de la política de la mujer. Se ha centrado en el derecho de las madres a trabajar, excluyendo casi por completo la dimensión complementaria y profunda: el derecho de las trabajadoras a tener una familia.

El compromiso del Gobierno socialista con la política de la mujer no ha estado carente de contradicciones en otros aspectos. Y

---

[7] Las apreciaciones de Celia Valiente, que evidencian discrepancias con las políticas promovidas por el Instituto de la Mujer a este respecto, me parecen muy inteligentes: «La efectividad de una política de igualdad de oportunidades no radica en situarse por delante de la sociedad, sino en servir de ayuda a los hombres y mujeres de la misma a la hora de modificar pautas desigualitarias de conducta. En España, las medidas que pretenden apoyar a la población en su intento de compatibilizar las responsabilidades profesionales y familiares no han promovido, generalmente, modos de proceder igualitarios, al no haber ofrecido a los hombres incentivos importantes para desempeñar un papel más activo en el cuidado de sus hijos, no haber proporcionado a las mujeres más recursos para negociar en sus familias una redistribución de las tareas de cuidados y, posiblemente, haber estigmatizado a los hombres que han pretendido beneficiarse de dichas políticas» (C. Valiente, 1997: 152). Sus opiniones ciertamente podrán discutirse, pero los hechos las confirman: en los últimos tres meses de 1995, se acogieron a la baja por maternidad 23.900 mujeres, frente a sólo 200 varones (vid. «Padres a cámara lenta», diario *El Mundo,* 19 de marzo de 1996, p. 43).

afectan singularmente a la situación de la mujer y la familia, sobre todo cuando, como es sabido, «un régimen fiscal favorable a las familias representa una de las medidas claves de la política familiar» (Dumon, 1987: 297). La reforma de la legislación fiscal fue un caso elocuente. Aunque el Instituto de la Mujer nace en octubre de 1983, tuvo que ser el Tribunal Constitucional, en sentencia de 20 de febrero de 1989 —seis años después—, quien declarara inconstitucional la imposición de la declaración única de la renta de la unidad familiar, por acumular los ingresos de todos los miembros de la familia. Se trataba de una medida claramente lesiva para los matrimonios en que los dos cónyuges trabajaban y, por tanto, penalizaba —en términos económicos y simbólicos— el acceso de la mujer al mercado de trabajo.

Las declaraciones sobre el matrimonio y la familia, sobre la igualdad de la mujer y la incorporación de la mujer al trabajo, fueron compatibles con el mantenimiento de una de las más directas medidas desincentivadoras. La norma fue mantenida hasta que la mencionada sentencia la expulsa del ordenamiento, y la Ley 20/1989, de 28 de julio, de adaptación del Impuesto sobre la Renta de las Personas Físicas y del Patrimonio, admite la posibilidad de tributación individual. La acción política sobre individuos y no sobre familias quiebra precisamente en una dimensión nuclear —para la familia y para la mujer—, como es la fiscal, para imponer la declaración conjunta de la renta, agrupando los ingresos familiares [8].

8.   LAS ESCASAS PRESIONES EUROPEAS

Otra de las razones de la falta de consolidacion de la política familiar en España ha sido la ausencia de formalización de la política familiar en la Unión Europea. Existen, desde luego, tendencias dominantes en las políticas familiares de los países de la Unión Europea. La tendencia general se orienta hacia la pérdida de im-

---

[8] El alcance real de la reforma ha sido dicustido; especialistas en tributos estiman que «en el actual IRPF existen medidas que parecen estar diseñadas para proteger a la familia como institución y, sin embargo, en algunos casos no tienen efecto alguno y en otros casos dichas medidas pueden provocar un efecto perverso, exactamente el efecto contrario al deseado», afectando negativamente a las familias con pocos recursos (vid. J. Pasqual y otros, 1993: 122).

portancia de las prestaciones familiares —de cuantía muy superior a las existentes en España— y el reforzamiento de medidas orientadas a favorecer la compatibilidad entre los *roles* familiares y profesionales (vid. el análisis descriptivo de Madruga, 1997).

Aunque la Comunidad no cuenta con competencia respecto a la familia, sus instituciones han impulsado medidas derivadas, sobre todo, de dos derechos que inciden en la familia: el principio de libre circulación y el principio de no discriminación, que han dado lugar a sentencias del Tribunal de Justicia de la Unión Europea con repercusión en la protección de la familia (Madruga, 1997). Ha creado la Red de Atención a la Infancia y otras medidas destinadas a reconciliar el trabajo y las responsabilidades familiares de hombres y mujeres; y el Observatorio de Políticas Familiares, sobre todo W. Dumon, ha impulsado notablemente la cooperación en la materia. Y en relación con el cuidado a la infancia, ha promovido distintas medidas con incidencia en la familia.

Pero, aun con estas orientaciones y con la organización de encuentros de expertos y de responsables políticos en materia familiar, la falta de claro respaldo normativo ha impedido que la Unión Europea se haya convertido en el impulso definitivo de este sector en España [9].

La ausencia de un *lobby* organizativo europeo (revista *Pouvoirs,* 1996) —con peso en las instituciones comunitarias— tampoco ha favorecido la emergencia de dinámicas en favor de la familia. No debe olvidarse que los progresos legislativos y sociales en la equiparación de géneros en la sociedad europea tiene —entre otras muchas causas— su base dinamizadora en la articulación de un movimiento o *lobby* europeo muy bien conjuntado. La situación no es nada semejante a lo que ocurre respecto a política familiar, por

---

[9] En ocasiones se han neutralizado impactos positivos para la familia; buen ejemplo lo proporciona que con la ratificación del Convenio n.º 102 de la OIT, sobre «Norma mínima de Seguridad Social» —en *BOE* de 6 de octubre de 1988—, se hizo una ratificación parcial para evitar, precisamente, favorecer la protección de la familia. Se excluyó la Parte VII (arts. 39 al 45) de dicho Convenio. De no haberlo hecho, el Gobierno español hubiese quedado obligado a dedicar cantidades muy superiores a las prestaciones existentes: o bien el 3 por 100 del salario de un trabajador ordinario no cualificado adulto del sexo masculino, o bien el 1,5 por 100 del mencionado salario, multiplicado por el número total de hijos de todos los residentes (Martínez Girón, 1992: 101).

lo que nada debe sorprender que tampoco la Unión Europea haya significado el impulso definitivo para esta política.

La presión no ha podido venir de fuera de nuestras fronteras, ni tampoco, dentro de nuestro país, se ha utilizado el argumento europeo como instrumento para presionar por el cambio interno. Las políticas familiares que se desarrollan en la Unión Europea han quedado como mero objeto de conocimiento para especialistas, con muy escasos impactos internos.

En todo caso es preciso destacar la legitimación de fondo que proporcionan las acciones comunitarias e incluso las reuniones de responsables políticos con atribuciones en el área de la familia. En algún momento podrán ser utilizadas como instrumento para iniciar caminos semejantes. En Europa se pueden encontrar muchos documentos que dotan de plena legitimidad a una política avanzada de protección a la familia. Baste citar este ejemplo: las Conclusiones del Consejo y de los Ministros encargados de la Familia celebrada en 1989 quienes acordaron que «la legitimidad del interés comunitario en el tema de la familia descansa menos en bases ideológicas que en el reconocimiento de hechos objetivos como el papel económico de la familia, la responsabilidad de las familias en la educación de los niños, la importancia de la familia como primer núcleo de solidaridad entre las generaciones, la irreversible preocupación por la igualdad de hombres y mujeres y el deseo de la mujer de lograr el pleno acceso a la vida social a fin de garantizar un entorno apropiado a la familia, que permita un desarrollo armonioso y la plena realización de sus miembros, respetando la libre elección del número de hijos» [10].

Se trata de una argumentación ideológicamente actualizada, del decisivo papel que tiene que desempeñar, en muy diversos ámbitos, una política familiar activa en una sociedad democrática.

9.   LAS SENSIBILIDADES PERIFÉRICAS

La falta de centralidad de la política familiar ha coincidido con la creciente atención y apoyo a fenómenos periféricos. Se ha pro-

---

[10] *Diario Oficial de las Comunidades Europeas,* 31 de octubre de 1989, documento 89/C 227/02.

ducido, en efecto, una especie de sensibilidad selectiva ante la protección social, digna de análisis.

La falta de reivindicaciones de políticas familiares es simultánea con una opinión pública —o, en este caso, creadores de opinión— que se viene mostrando muy receptiva ante reivindicaciones de grupos estadísticamente minoritarios. Un contraste demasiado notorio: eco de la minoría, silencio de las necesidades de las mayorías. Así, se defiende con verdadera viveza la extensión de cualquier beneficio de las parejas heterosexuales a otro tipo de parejas, tanto de hecho como homosexuales.

Los medios de comunicación están llenos de alegatos en su defensa, y en los Parlamentos, nacional y regionales, así como en los ayuntamientos, son muy numerosas las mociones presentadas en su defensa. Se aplaude cuando un juez interpreta las normas en favor de alguna pareja de estas características. No existe, pues, desconocimiento de la posibilidad de regular en favor de la organización de la vida privada de los ciudadanos. Sin embargo, brilla por su ausencia cualquier planteamiento reivindicativo en favor de la ampliación de los beneficios existentes para las parejas heterosexuales. ¿Cómo cabe conciliar esa beligerancia —cuya legitimidad no discuto aquí— en favor de comportamientos minoritarios estadísticamente, y esa desatención de los intereses de los grupos mayoritarios? ¿Cómo pueden conciliarse tan divergentes sensibilidades, estrategias y prácticas sociales? ¿Qué lógica subyace a actitudes tan sorprendentemente divergentes?

No es posible dar respuesta aquí a un fenómeno que traspasa ampliamente los límites cronológicos que analizo ahora y cuyos componentes psicosociales condensan estereotipos; simplificaciones históricas —del pasado y del presente— que, además, son instrumentalizadas coyunturalmente; falta de consistencia en muchos posicionamientos políticos; herencias contraculturales; disparidades entre lo público y lo privado; proliferación de discursos sociales sin vínculos con la realidad, y tantos otros fenómenos dignos de análisis.

Pero sorprende que a los veinte años de la Ley de Vagos y Maleantes, que sancionaba las prácticas homosexuales, sea más difícil encontrar una crítica al a veces llamado matrimonio homosexual, que al heterosexual. Se ha convertido en políticamente correcto censurar con la misma vehemencia el matrimonio heterosexual, que defender al homosexual. Algo que no resulta comprensible si se tiene en cuenta la alta valoración de la familia en la sociedad española, incluso entre los propios jóvenes.

La familia ha desaparecido del espacio público; no existe como institución en la sociedad española. La familia sólo se emplea como argumento para reclamar la aproximación al País Vasco de los presos por actos de terrorismo, para que puedan ser visitados sin dificultad por sus familias. Fuera de esta alegación, ningún argumento puede circular por la sociedad española que busque un apoyo en el interés de la familia, si es que se quiere llevar a buen término.

El desnivel en la atención a las situaciones minoritarias respecto a las mayoritarias es tan acusado, que ya comienzan a producirse críticas en la opinión pública. Autores nada sospechosos de recelo ante las comportamientos minoritarios como Francisco Umbral, en un brillante artículo se preguntaba: «¿Y las parejas de siempre?» Me parece muy certera su opinión cuando afirma que «estamos en la demagogia de las minorías. Hay que ser minoría sexual o racial para que te hagan caso [...]: Sólo se hace democracia para lo exótico.» Cuando se hayan regulado las parejas de hecho, homosexuales o lesbianas, reclama que se aborden también los intereses de las parejas normales, corrientes y sencillas, y pide que «cuando hayamos casado a todo homosexual con su homosexuala y a toda lésbica con su sáfica, yo espero un poco de atención para ese señor vulgar, usado, que no tiene más que su sobre y su conducta, pero cuyos problemas económicos, sociales, humanos, convivenciales, no resuelve nadie» (Umbral, *El Mundo,* 21 de marzo de 1997).

IV. PERSPECTIVAS DE FUTURO

Hace unos años, en sus muy importantes memorias para entender los años socialistas, Jorge Semprún (1993) subrayaba que no era la menor de las paradojas de la transición el que una institución de suyo tradicional, como es la Monarquía, haya sido la impulsora de la modernización y democratización de la sociedad española.

El examen de la evolución de la familia y de su protección durante esta década permite formular una paradoja semejante. La crítica formulada por James Petras (1996) a los efectos sociales de la modernización de este período es bien ilustrativa. Un importante discurso modernizador ha coexistido con una práctica que ha conducido al reforzamiento de los componentes más tradicionales de la familia por:

A)   Prolongación de la dependencia familiar de los hijos. Las altas tasas de paro juvenil han retrasado la emancipación de los hijos —a unas edades más altas que hace unas décadas— y han prolongado la dependencia familiar de los jóvenes hasta unas edades que carecen de equiparación en Europa y alteran profundamente la posición social de los jóvenes.

B)   La privatización de los costes de los hijos. La pérdida de importancia de las prestaciones directas de la Seguridad Social destinadas a compensar cargas familiares y la escasa sensibilidad de la imposición de la renta a las cargas familiares han generado la privatización de los costes de crianza de los hijos —los de educación y sanidad, que se han socializado, no responden a criterios de política familiar, sino de integración social y desarrollo económico—, aunque los beneficios sean por naturaleza socializados. Los costes derivados de la asunción de cargas familiares no se reconocen socialmente y constituyen opciones individuales de gasto. Sin declaración expresa, la política social española ha hecho suya los planteamientos de Gary Becker, como ha escrito G. Meil (1995: 69-70).

C)   Reforzamiento del papel de la familia como agente de protección social y económica, como consecuencia del aumento del paro —sobre todo juvenil—, proliferación de empleos precarios, crisis económica, necesidades de los mayores; aumento de fenómenos de drogadicción, sida, etc., para los que el incremento de recursos y servicios públicos se hace a menor ritmo de las necesidades sociales.

Con estos antecedentes, aventurarse a pronosticar el futuro de una decisión política es, tal vez, más osado que hacerlo respecto a la propia sociedad. Parece, por tanto, más prudente centrarse en examinar los factores que pueden impulsar u obstaculizar el establecimiento de una política familiar en España.

Las razones que posibilitan esperar el desarrollo de la política familiar son numerosas. Se trata de una cuestión con protagonismo en todos los programas electorales del Partido Popular. También han planteado en anteriores legislaturas numerosas proposiciones de ley o enmiendas a proyectos destinadas a acoger previsiones concretas de política familiar. Por otro lado, la experiencia de los gobiernos regionales del PP también permite esperar avances en estas políticas. Esos gobiernos han prestado relevancia a dicha materia; han formulado políticas familiares explícitas —como los Planes del Gobierno de Galicia o el de Castilla y León— y el nombre de «familia» figura en el organigrama administrativo, con Direcciones Generales o Consejerías con competencias en la materia.

Pudiera aducirse que se trata de un Gobierno sin mayoría parlamentaria. Pero no parece que esa circunstancia, por sí misma, pueda obstaculizar el desarrollo de esta política. Su principal socio parlamentario —CiU— ha manifestado siempre bastante atención e interés a la política familiar. Cuenta, incluso, desde 1993 con un Plan de Apoyo Integral a la Familia, de extraordinaria amplitud, generosidad y acierto. De modo que tampoco parece que las dificultades puedan presentarse por esta vía.

De hecho, el PP y CiU ya han mostrado alta coincidencia en el Congreso de Diputados en la subcomisión que ha estudiado medidas de política familiar. En ella se ha propuesto no penalizar fiscalmente a las familias donde sólo trabaja un cónyuge o en las que hay desequilibrios importantes de renta. Se estudian medidas para incrementar sustancialmente la deducción por hijos en el IRPF; para conciliar vida laboral y las responsabilidades familiares; ayudas para guardería; incentivar el cuidado familiar a los mayores, el acceso a la vivienda de los jóvenes, etc. Se trata de un catálogo muy amplio de medidas que permiten abrigar la esperanza de la configuración de una política específica en este campo.

Otra circunstancia que puede significar el impulso de la política familiar, en el marco limitado de la Seguridad Social, es el desarrollo de los llamados Pactos de Toledo: el «Acuerdo sobre Consolidación y Racionalización del Sistema de la Seguridad Social» (Ministerio de Trabajo y Asuntos Sociales, Madrid, 1996), firmado entre el presidente de Gobierno y los secretarios generales de los sindicatos CCOO y UGT. Contiene en efecto varias previsiones familiares:

a)   Respecto a la orfandad, establece la necesidad de ampliar el límite de edad para percibo de las pensiones de orfandad hasta los veintiuno o, si no sobrevive ninguno de los padres, los veintitrés años.

b)   Para la viudedad, prevé el incremento de las pensiones de viudedad en los casos en que esta prestación constituya garantía de supervivencia.

c)   Y, en tercer lugar, un acuerdo extraordinariamente relevante al establecer la primera medida —en la democracia— de política demográfica con el fin explícito de fomentar la natalidad. Tan importante acuerdo establece: «Maternidad. Las partes consideran relevante introducir medidas en el ámbito de la protección social relativas a la natalidad, en razón a que el incremento de la misma comportaría efectos positivos para el propio Sistema de Seguridad Social. De esta manera continuaría el proceso iniciado mediante la Ley 42/1994. La Comisión Permanente [de seguimiento del Acuerdo] promoverá aquellas iniciativas y medidas que favorezcan la consecución de los objetivos antes mencionados» (pp. 37-38).

Estas medidas, y en especial la referida a la natalidad, deben catalogarse como históricas. Por primera vez desde hace décadas, un acuerdo con sólido apoyo parlamentario en el Congreso de Diputados exterioriza una medida de política demográfica favorable al crecimiento de la natalidad [11] aunque se fundamente en la conveniencia del Sistema de la Seguridad Social; y lo que no es menos destacable: sin que ningún sector, feminista o no, haya mostrado discrepancia alguna.

El acuerdo se preocupa por la evolución de la natalidad en función de las necesidades de otras instituciones y, por tanto, no estamos propiamente ante una medida de política familiar, sino ante un efecto familiar de las políticas. Pero la propuesta cuenta con perspectivas de efectividad, al comprometerse a «promover iniciativas y medidas» en favor de la natalidad. Un compromiso que

---

[11]   El Programa electoral del PSOE para las elecciones generales de 1996 contiene una propuesta de apoyo al crecimiento de la natalidad en términos muy semejantes al del Acuerdo: por su necesidad para sostener el Estado de bienestar y las pensiones públicas; el argumento, por cierto, como tal es matizable en un país como España con la tasa de actividad —relación entre población activa (personas que trabajan y parados) y población en edad de trabajar— comparativamente muy baja.

aleja —en principio— la promesa de los enunciados de la buena voluntad. Incluso las referidas a la orfandad y a la viudedad el propio acuerdo establece que deberán tener completa aplicación en el año 2000.

La voluntad de efectividad de ese acuerdo parece cumplirse en este caso. El 20 de marzo de 1997 se informaba del propósito del PP y de CiU de presentar una proposición no de ley para que los beneficiarios de pensiones de viudedad mayores de sesenta y cinco años que contraigan nuevas nupcias conserven su prestación, siempre que las rentas del matrimonio no superen unos determinados límites. Se trata de otra medida inspirada en el «Acuerdo sobre Consolidación y Racionalización del sistema de la Seguridad Social». El 15 de abril, el Congreso de Diputados aprobó, casi por unanimidad, pedir al Gobierno que antes del 31 de diciembre de ese año reforme las normas reguladoras de las pensiones de viudedad, de forma que se evite la extinción de dichas pensiones cuando el beneficiario de las mismas vuelva a casarse y solicita igualmente que esta medida entre en vigor en el ejercicio presupuestario de 1998.

Otros indicios también refuerzan la impresión de que se desarrollará una política familiar. Son numerosas las declaraciones de la secretaria general de Asuntos Sociales sobre la necesidad y urgencia del desarrollo de la política familiar en España. También otros responsables, como el actual secretario de Estado de Hacienda, han anunciado la reforma de la fiscalidad de la familia, al afirmar que «el Gobierno ha creado un grupo de trabajo que analizará la incidencia del euro en el sistema fiscal, las tendencias en los países de nuestro entorno, el diseño de unas tarifas más simples y más bajas o la reforma de la fiscalidad de la familia» (*El Mundo,* 28 de marzo de 1997, p. 22).

Pero los factores que pueden obstaculizar o retrasar el desarrollo de la política familiar, también cuentan con peso. Un dato relevante es que esta posibilidad se presenta en una fase de fuerte contención del gasto público. Las dificultades de materializar medidas de apoyo a la familia con impacto económico son, por tanto, reales e importantes. En esta situación, puede tener relevancia el hecho de carecer de mayoría parlamentaria el PP, obligando a posponer los compromisos familiares del programa electoral. Sobre todo porque, como he mencionado, la existencia de una política familiar no es una demanda que se encuentre incluida en la agenda pública. La falta de presión por parte de la opinión pública puede favorecer que sea la política familiar la postergada a un momento más oportuno.

Las actitudes de la opinión pública tienen más efectos de lo imaginado. Recientemente se ha producido un ejemplo ilustrativo. La aprobación, en julio de 1996, por el Parlamento Catalán de un artículo de la Ley de Potestad del Padre y la Madre que establece que «los hijos deben: contribuir equitativamente, según sus posibilidades, al levantamiento de las cargas de la familia mientras convivan con ella», levantó muy viva polémica aunque se trata de una previsión cuya raíz se encuentra en el Código Civil de hace más de un siglo.

La falta de una política directa durante tantos años, la hostilidad larvada o abierta a la familia en sectores culturales difundida desde los años sesenta, la connotación natalista que se le supone, la ausencia de una estrategia de legitimación social de la política familiar, sus costes económicos, son aspectos que pueden hacer difícil una política familiar.

La Iglesia, más preocupada por la educación y la enseñanza religiosa, tampoco parece que vaya a impulsar medidas sobre la familia, cuestión que parece ocupar un lugar accesorio en sus preocupaciones con la llegada del Gobierno del Partido Popular.

El futuro se encuentra abierto y con indicios de poder abordarse el tema con rigor y profundidad. Por primera vez se dan condiciones adecuadas para articular una política familiar directa y global, y que responda a las necesidades de la ciudadanía. Pero debe advertirse que el problema no es elaborar medidas concretas, ni siquiera destinar recursos públicos a la familia. Se requiere una política más honda y radical, y difícil de elaborar. Se trata de llegar a situar a la familia en la agenda pública, para que sean tenidos en cuenta sus intereses y necesidades, que no sólo son económicas. Aunque sea importante disponer de un presupuesto, esto no es lo decisivo: «Se trata, en primer lugar, de pensar en ello, de definirlo como un objetivo, de tenerlo siempre presente al diseñar políticas de toda clase, incluso aquellas que, a primera vista, no presentan relación con el tema. Es una cuestión que atañe, por así decirlo, a todos los Ministerios» (Cabré, 1990: 15).

Lo más difícil será promover, en la opinión pública, la articulación de demandas para introducir el interés de la familia en la agenda pública, dando tratamiento institucional a demandas latentes, convirtiéndola en problema político (Sampedro, 1996). Si se consigue, pasará a ser objeto de la actividad del Gobierno, del debate parlamentario y del contenido de la competición electoral. Las dificultades son, por consiguiente, sustantivas.

La capacidad para introducir una cuestión en la agenda política y dotarla de relevancia requiere un poder político y comunicativo que ni tiene la familia, ni parece que los partidos estén dispuestos a invertir en favor de los intereses de la institución familiar. Pero, para que llegue a ser una política como cualquier otra, constituye un requisito previo introducirla en la agenda política: reconocer que es lo suficientemente importante como para discutirse públicamente. Hay, pues, un círculo vicioso de alejamiento de la cuestión del escenario público. Y que será difícil romper. El logro de este objetivo se verá dificultado por el estigma conservador que pesa sobre la política familiar —sobre el hecho en sí mismo de la política familiar— en España: el incomprensible estereotipo negativo que pesa sobre cualquier acción pública que se presente como favorable para la familia [12].

---

[12] La connotación conservadora no cabe atribuirla, desde luego, a la intensidad de las presiones procedentes de medios eclesiásticos, que no parecen haber concedido protagonismo a las reivindicaciones familiares. Una voz autorizada —el obispo secretario de la Conferencia Episcopal D. José Sánchez (entrevista en *El País,* 16 de marzo de 1997, pp. 12-13)— no menciona la familia, al hacer repaso detallado de las preocupaciones del Episcopado: «Nos siguen preocupando los mismos temas, como el paro, la marginación social, el terrorismo, la enseñanza, sobre todo en lo que se refiere a nuestra propia situación, en nuestra implantación como Iglesia con el grave problema de la enseñanza de la religión, que nos preocupa mucho.» Recuerda que, sin embargo, del Gobierno del PSOE les separaba «todo lo relacionado con la política familiar y el matrimonio. Estábamos en una permanente turbación y zozobra con temas como el aborto, con los nuevos supuestos, con la legalización de las parejas de homosexuales y lesbianas, la constante amenaza de que se plantearan nuevas cosas así. Hoy esas cosas no se plantean, están inactivas, diríamos», afirma sólo unos días antes de plantearse en el Congreso de Diputados el debate sobre las uniones de hecho. Y, con relación al Gobierno del Partido Popular, señala que «tenemos una gran identificación en el plano teórico: estamos de acuerdo en la importancia de la enseñanza religiosa, en el papel de la familia, en la estabilidad del matrimonio como elemento de cohesión de la sociedad, en los valores religiosos» (*El País,* 16 de marzo de 1997, pp. 12-13).

Ciertos sectores democratacristianos tampoco parecen conceder relevancia especial a la política familiar de los Gobiernos socialistas. Un ejemplo se encuentra en el contenido de la obra *El decenio González* (VVAA, 1992), que no dedica ningún capítulo a la familia. Incluso el capítulo dedicado a «Iglesia, Estado y sociedad en el decenio socialista» (Ortega, 1992) carece de cualquier referencia o planteamiento sobre la familia como tal grupo y al margen del aborto o la educación

Las dinámicas contrarias a la implantación de una política familiar directa en España aparecen, en mi opinión, tan consistentes como su propia necesidad. El tiempo dirá hacia dónde se decantará el balance de impulsos y frenos que hoy rodean a la política familiar. Una cuestión que, en el pórtico del siglo XXI, tiene mucho que ver con la felicidad individual y con el bienestar colectivo. Argumentos que me parecen muy consistentes para atenderlos en cualquier sociedad democrática. En España, por ejemplo.

---

sexual de la juventud. Por supuesto, son numerosas las declaraciones y escritos de los obispos con referencias a la familia pero, a falta de un estudio específico sobre la cuestión, parecen más abundantes las críticas a las disposiciones legales que se promueven, que la reivindicación de un *status* adecuado para la familia.

11. EPÍLOGO: LA FAMILIA EN EBULLICIÓN

I. LA CORTA HISTORIA DE LA HISTORIA

Pocas dimensiones de la realidad social son más complejas de abordar que la familia. Sobre ella confluyen experiencias personales, convicciones, estereotipos y aspiraciones. Sueños y realidades; pasado, presente y futuro, ideas y creencias, se entremezclan y superponen como fundamento de los juicios habitualmente formulados respecto a la realidad familiar. Pero, paradójicamente, esta misma heterogeneidad de planos convierte en acertadas buena parte de las afirmaciones que sobre la familia se vierten, por contradictorias que sean. Dentro de su propia lógica —en la singular perspectiva desde donde se plantean— todas pueden contar con su fundamento y acierto.

La falta de delimitación concreta de los juicios sobre la familia alimenta una interpretación conflictiva y aun caótica de la realidad familiar, a la que no resulta insólito describirla inmersa en una situación catastrófica. La realidad y las representaciones ideológicas de la realidad, conviven sin que necesariamente cuenten con una mínima coherencia. La situación favorece unas imágenes sociales en tantas ocasiones distorsionadas de la realidad; a la familia se la supone inmersa en una babélica coyuntura. ¿Y es por completo cierto? ¿La dinámica social fundamenta las imágenes de crisis de la familia en España?

Por de pronto debe recordarse que los elementos considerados esenciales de la vida familiar de hoy son muy recientes históricamente; la familia actual es, sobre todo, eso: actual, con muy corto pasado. Pudieran mencionarse innumerables ejemplos: la elección de pareja por los propios contrayentes; la selección de cónyuge fundada en el amor y la compenetración interpersonal; la legitimación social de las rupturas matrimoniales, cuando desaparece el afecto entre la pareja; la convivencia del matrimonio en núcleos residenciales separados del resto de la red familiar; la existencia de un prolongado desfase entre la maduración física del individuo y el momento en que se formalizan alianzas matrimoniales; la disminución del número de hijos y todavía más del número de embarazos, etc.

Estos y otros muchos aspectos que hoy nos parecen nucleares para la configuración de la familia cuentan, por el contrario, con muy corta historia. Las bases de la familia actual se encuentran en la Europa de finales del siglo XVIII, en la que se suceden los cambios políticos, económicos e intelectuales. La revolución industrial, la revolución política y la revolución científica impulsaron unas dinámicas de cambio social que incidieron de lleno sobre la vida familiar. Es entonces cuando se produce la construcción social de la infancia como mundo separado de los adultos; la pérdida del papel de la familia como unidad de producción y el consiguiente cambio del papel económico de los hijos; el retraimiento de la familia a la esfera privada, alejando a la mujer de la vida pública; la implantación de sistemas hereditarios igualitarios que, al tiempo que favorecía el reparto de las grandes fortunas, erosionaban el fundamento último de la obediencia filial en la familia y ampliaba la autonomía de los jóvenes respecto a los padres, etc.

La historia, pues, de la familia actual es muy corta; cuenta con un pasado muy breve para lo que son los procesos históricos. Tan erróneo fue definir en términos de crisis su aparición, como hacerlo hoy de la pérdida de influencia o incluso desaparición de uno u otro de sus rasgos. Pero la primera lección que nos da la experiencia del pasado es la prudencia. La familia ha acreditado en todos los procesos de intenso cambio social una gran capacidad de adaptación, su maleabilidad, saliendo reforzada de los cambios.

Adviértase, sin embargo, que, aunque los cambios han sido intensos, no faltan las continuidades del pasado. Naturalmente, nunca se reproduce el pasado; se adapta a un nuevo contexto social. Todos conocemos —por la literatura, teatro o historia— que en el Antiguo Régimen los matrimonios eran arreglados por acuerdos entre las respectivas familias; es en la obra de Leandro Fernández de Moratín *El sí de las niñas* donde se encuentra en España la primera reivindicación de la libertad de elección por parte de la mujer. En la decadencia de los matrimonios arreglados, a finales del XIX, subsisten las alianzas acordadas entre la aristocracia empobrecida (Malefakis) con la burguesía enriquecida. ¿Significa esto que han desaparecido los matrimonios arreglados en nuestros días? Incluso en un aspecto tan nuclear en el sistema normativo cultural de la familia como es la libertad de elección de la pareja, subsisten matrimonios arreglados, pero en otras clases sociales. Miles de rusas son ofrecidas en catálogos a ciudadanos de Estados Unidos o Alemania. Mujeres españolas, a cambio de dinero, se casan en ocasiones con personas que quieren legalizar su inmigración. Sudamericanas de varios países —hondureñas, sobre todo— se unen por catálogo con agricultores de zonas rurales de la España interior donde, por la emigración, escasean mujeres. Incluso se ha introducido la informática en la selección de pareja: la prometida del heredero de Japón fue designada en enero de 1993 después de un depurado análisis informático de las candidatas. Agencias y empresas especializadas intermedian la selección de parejas en las grandes ciudades, e incluso en las pequeñas.

Lo antiguo, pues, sigue siendo nuevo pero adaptado convenientemente. Lo esencial del modelo anterior era el arreglo por terceros; no que éstos fueran los familiares. Hoy subsisten las intermediaciones aunque en manos de «celestinas tecnológicas». Todavía más: si en el pasado los matrimonios arreglados se producían entre los ricos, hoy es también entre la clase baja e, incluso, pobre.

Si lo antiguo no ha desaparecido por completo, lo inverso es igualmente cierto: lo reputado como nuevo goza de larga historia. Lo nuevo es, en muchas ocasiones, antiguo. El caso más notorio es el de las familias monoparentales. El éxito alcanzado por el concepto —novedoso— de «familias monoparentales» lleva a dar por hecho que la realidad que describe es igualmente novedosa. Y nada más lejano de la realidad.

Todos los tipos familiares subsumidos en la categoría de familias monoparentales han sido siempre conocidos en la historia de la humanidad. Con mayor o menor frecuencia, siempre han existido madres solteras, personas viudas con hijos menores o matrimonios rotos. Sin embargo, su conceptualización unitaria como familias monoparentales, hace unas tres décadas, parece reconvertir como novedoso un fenómeno secular.

Algo semejante puede decirse sobre otras prácticas reputadas como novedosas, como la crianza de niños desde temprana edad en guarderías y jardines de infancia, lejos de sus padres y madres. En muchas ocasiones se levantan voces de protesta o queja sobre esta práctica que se supone surgida en nuestra época. Y tampoco es cierta esta apreciación. La crianza de los recién nacidos por amas o nodrizas, lejos del lugar de residencia de sus progenitores, ha sido muy difundida en nuestro inmediato pasado. O, ya en la infancia o la primera adolescencia, la asignación del joven a otra familia para que viva, preste servicios y aprenda una actividad. La monumental *Historia de la vida privada,* de Aries y Duby, ilustra elocuentemente la multiplicidad de prácticas de distanciamiento entre padres e hijos desde la primera infancia en el pasado, que, en tantas ocasiones, se cataloga como novedad de nuestros días.

II.   LAS IMÁGENES DE LA CRISIS

La familia —tal vez como la democracia o la religión— cuenta con esa sinuosa característica de haber sido siempre percibida en situación de crisis, transición y dramática encrucijada. Siempre en constante perspectiva de cambio y dudoso futuro. Desde hace dos siglos, esta percepción dramática de la familia aparece con abrumadora reiteración, en la literatura apologética y, a veces, también en la científica.

Además esa constante perspectiva de cambio es siempre negativa: el porvenir siempre se vislumbra catastrófico. Regularmente se anuncia su muerte o, por lo menos, su bancarrota. Unos para acelerarla y otros para impedirla, todos coinciden en contemplar a la familia en el incierto filo de la navaja.

Son tantas las voces que —por optimismo o pesimismo— han vislumbrado la última crisis de la familia, que, de entrada, hay que destacar su asombrosa capacidad de supervivencia y adaptación. Sus evidentes y profundas transformaciones no parecen haber causado su decadencia, sino su exitoso ajuste a las nuevas y muy diversas condiciones culturales, sociales y económicas en que se desenvuelve.

En realidad, a la visión crepuscular de la familia subyace una interpretación idealizada —abierta o larvada— del pasado. Pero se trata de un pasado reconstruido —artificialmente— como plenamente armónico en el matrimonio y la familia. Burgière ya nos advirtió contra las utopías retrospectivas de la familia, carentes de soportes históricos. Y los antropólogos —Caro Baroja, Lisón o Luque— han descrito la enorme carga de tensiones que subyacen

—y se esconden— en las relaciones familiares aparentemente armónicas, en sociedades tradicionales.

Los datos disponibles de la familia española actual no fundamentan su percepción en situación de crisis. El número de divorcios es, comparativamente, muy bajo pese a una ley muy permisiva. El número de matrimonios desciende pero, más que por el auge de la cohabitación, como resultado de factores no queridos: las altas tasas de desempleo y de trabajo inestable de los jóvenes, la escasez de viviendas en alquiler y el precio elevado de las viviendas en propiedad. Circunstancias socieconómicas que repercuten igualmente en el descenso de la natalidad, producida también por la carencia de políticas públicas de apoyo a la natalidad tanto con ayudas económicas como de servicios sociales. Las orientaciones valorativas de los jóvenes tampoco acreditan rechazos a los supuestos básicos del sistema normativo del matrimonio y de la familia española.

Sin embargo, y aunque los datos no lo evidencien, resultaría ingenuo desconocer la generalizada percepción de crisis de la familia existente en la sociedad española. ¿Dónde encuentra sus fundamentos esta visión de la familia?

Sería necesario aludir a numerosas dimensiones concretas que alientan este enfoque de nuestra realidad social. Antes de examinar alguna de las más relevantes, conviene destacar el fundamento último de este clima de opinión. No es otro, entiendo, que la rapidez de los procesos de cambio. En España las transformaciones del sistema familiar nunca han sido pausadas y asimiladas paulatinamente. Siempre han sido mediante «saltos», impulsos bruscos que hasta su reacomodación alientan imágenes de crisis e incertidumbre.

No es posible determinar ahora las causas de esta singularidad que origina el acortamiento de las fases de cambio; éstos se producen a menudo «comprimidos», con posterioridad a períodos de bloqueo de la evolución social. Quizá se trate de un rasgo peculiar de la sociedad española y no sólo de la familia: la discontinuidad en los procesos de cambio, que se materializan «a saltos», después de fases de contención. En cualquier caso, las transformaciones de la familia se materializan en plazos más cortos que en otras sociedades vecinas. La transición demográfica —realizada en mucho menos tiempo en España que en otros países europeos— constituye una buena prueba de esta peculiar manera de la dinámica social de nuestra sociedad.

La rapidez con que en las dos últimas décadas se han materializado los avances sociales, y en particular los cambios familiares, ha favorecido mucho esta imagen de crisis de la familia. La celeridad de sus transformaciones dota de tal relevancia a las discontinuidades, que oscurecen las continuidades en muchas ocasiones más relevantes. El esplendor que tiene o se adjudica a las rápidas innovaciones monopoliza la atención y la reflexión, hasta el punto de hacer olvidar su —en ocasiones— escasa profundidad o limitado alcance social. Pero la rapidez de los cambios sociales no debe hacernos olvidar la cambiante ubicación de la familia, que es el otro fundamento de las imágenes de crisis de la familia española actual.

III. ESCENARIOS CAMBIANTES DE LA FAMILIA

Mucho más profundos que los cambios familiares lo han sido los escenarios donde las familias se desenvuelven y las ideologías se articulan. Unos escenarios que inciden directamente sobre la familia y que le obligan a readaptaciones profundas.

El principal ha sido *la creciente incorporación de la mujer al trabajo,* que altera por completo las bases —seculares— de las relaciones matrimoniales y familiares. Pero lo decisivo no es el hecho —por sí solo— de la creciente participación laboral de la mujer: en veinte años —entre 1975 y 1995— hay dos millones de mujeres activas más. Entre las más jóvenes, son más las mujeres dentro del mercado laboral que fuera.

Todavía más importante que la cantidad son las condiciones en que se produce. La mujer se incorpora con mayor formación que hace décadas y, por ello mismo, a edades más avanzadas, sin que luego el matrimonio o la llegada de hijos interrumpa la actividad laboral. Adviértase que lo nuevo no es que entren en el trabajo, sino que ahora no salen. Es decir, la trayectoria ocupacional de la mujer y la del varón se asemejan cada vez más, y se detectan ya aspectos relevantes donde las mujeres han logrado adelantar a los varones: entre la población activa, las mujeres superan a los varones en el número de años de formación. Al margen de esto, el cambio ha sido general en todos los aspectos del protagonismo de la mujer en la sociedad española. Un proceso de equiparación igualmente acelerado, acortando desniveles que en otras sociedades llevó décadas lograrlo.

Lo importante, por tanto, radica no en que la mujer trabaje, sino en que acceda a puestos de alto nivel en todas las esferas ocupacionales. La novedad es ver a mujeres mandando a varones —sobre todo en el sector servicios—, más que a mujeres trabajando. Una tendencia que crecerá todavía más en el inmediato futuro.

El alcance del cambio —muy rápido— de la posición social de la mujer para el sistema familiar es capital. Las bases milenarias del matrimonio —que excluía a la mujer del trabajo exterior— son transformadas. Toda la estructura, tamaño y dinámica interna del grupo cambian, como consecuencia de la transformación del papel de la mujer. Probablemente ninguna otra institución social ha hecho frente a un cambio de tan profunda magnitud, como la familia al cambio de la mujer, de una manera tan exitosa; otra institución difícilmente hubiera sobrevivido a una mutación tan radical y en tan corto tiempo.

La onda expansiva de sus efectos dista de haber concluido; sus impactos todavía serán mayores en las nuevas generaciones socializadas en prácticas más homogéneas entre varones y mujeres. Sus hábitos de vida cotidiana, desde la infancia, están profundamente marcados por el hecho del trabajo extradoméstico de la mujer. Y, respecto a la relación de pareja, la independencia económica que el trabajo otorga la sitúa en una posición de igualdad y le permite romper cualquier relación insatisfactoria de pareja. En este contexto tan diferente al pasado, la mujer parece que haya rechazado como orientación vital a la familia y al matrimonio vital.

El segundo cambio relevante de escenario de la familia proviene del *reconocimiento y reivindicación del pluralismo.* Se ha pasado de una configuración monolítica de la familia, a otra pluralista en la que las distintas modalidades de articular la vida familiar —cohabitación o matrimonio; hijos dentro o fuera del matrimonio; familias biparentales o monoparentales; se discute conceder efectos legales a la unión homosexual— reclaman su legitimidad social y, en ocasiones, su regulación legal. Es un rasgo que puede sintetizar muchos de los cambios y, sobre todo, de las imágenes sociales de la familia en la sociedad española.

El reconocimiento del pluralismo supone la ruptura con el anterior tipo único de familia, con una fuerte protección legal y —en parte— social, que situaba a cualquier otra modalidad de convivencia fuera de la legalidad, cuando no condenada penalmente. Desde 1975, con sucesivos cambios, el sistema familiar ha quedado regulado de forma análoga a la de países de nuestro entorno. Otra cosa es el grado de coincidencia entre las normas legales y los comportamientos sociales.

No siempre estos dos aspectos —los cambios legales y los de comportamientos— vienen unidos ni sincronizados; más bien ocurre justo lo contrario: la disparidad de sus respectivos ritmos de transformación. Pero muchos datos avalan que la aceptación del pluralismo ha suprimido la marginación e, incluso, la persecución contra comportamientos antes no admitidos. Igualmente ha favorecido la modernización en las estructuras internas de las relaciones de pareja e intergeneracionales. Pero la continuidad cultural de los rasgos básicos del sistema familiar parece poco alterada. La atención que se presta a las innovaciones por el pluralismo debe atribuirse a la novedad, no a su frecuencia entre la población. Siguen siendo comportamientos minoritarios, aunque ahora sin postergaciones ni censuras. Los numerosos estudios sobre la juventud son, tal vez, la mejor prueba al evidenciar que las orientaciones familistas de los jóvenes se mantienen arraigadas y lejos de versiones catastrofistas.

De todas formas, el reconocimiento del pluralismo también ha alimentado las imágenes de crisis. Simultáneamente se ha producido la eliminación de las barreras legales que protegían —e imponían— el modelo tradicional de familia como único legítimo y la aparición en el escenario público de la reivindicación del pluralismo. De estos dos hechos se quiere deducir, en ocasiones, la crisis familiar. Se supone que, al reconocerse un fenómeno, aumenta su frecuencia respecto al pasado, cuando legal y socialmente se impedía su manifestación pública. Aunque no hay relación en la práctica, el reconocimiento del pluralismo familiar alimenta las imágenes de crisis de la familia, sobre todo entre quienes con más arraigo cuenta el modelo tradicional cuya protección legal se ha suprimido. La presencia pública de alternativas familiares que antes se perseguían social o legalmente, refuerza esas percepciones de crisis.

El tercer cambio de escenario se refiere a la aparición de *imágenes uniformemente críticas de la familia en los medios de comunicación*. Por primera vez en la historia de nuestra sociedad

EPÍLOGO: LA FAMILIA EN EBULLICIÓN

—con la excepción del breve paréntesis de la II República—, las descripciones públicas de la familia son, con muy escasas excepciones, críticas y negativas. Los medios de comunicación de masas —sobre todo, el cine— divulgan historias que se fundamentan siempre en una visión negativa de la vida familiar: egoísmos, engaños, infidelidades, crueldades, malos tratos, explotaciones o abusos de todo tipo, constituyen habitualmente el núcleo argumental.

El cambio es de importancia. Piénsese que la cultura popular ha estado alimentada tradicionalmente con imágenes de signo totalmente opuesto. Cuentos, fotonovelas e incluso los primeros productos cinematográficos canalizaban mensajes positivos de las relaciones familiares y el matrimonio, donde incluso el final feliz de la historia solía constituir el núcleo básico de la historia.

Como cualquier otra institución social, a la familia siempre se le han dirigido críticas pero nunca habían gozado tal relevancia e, incluso, monopolio. Las críticas surgían habitualmente en sectores periféricos, innovadores o bohemios. Pero la situación se ha modificado por completo. Hoy predomina el discurso público negativo sobre la familia. Además esas imágenes ni son periféricas, ni se producen aisladamente. Estas visiones negativas del sistema familiar vienen reforzadas con discursos estructurados, también negativos, contra la familia procedentes de sectores feministas.

El movimiento feminista ha sido muy activo contestando las estructuras patriarcales de la familia y, con sus críticas, promoviendo cambios tanto en la legislación como en las costumbres sociales. Buena parte de su discurso crítico está articulado fundamentalmente en torno a la familia y sus estructuras patriarcales. Es un fenómeno nuevo en la sociedad española, donde nunca ha resultado accesible (por la censura, entre otros motivos) esa perspectiva crítica, tal vez con la excepción de ciertos momentos durante la II República.

Adviértase, no obstante, que, aunque el objetivo manifiesto de algunos sectores de dicho movimiento sea impugnar la familia como tal, sin duda las consecuencias efectivas pueden ser muy diferentes de los objetivos perseguidos. Con sus censuras puede impulsar el equilibrio general en la distribución de tareas y atribuciones en las parejas y familias según sexo y, en menor medida, edad. Por sorprendente que pueda parecer, sus efectos reales pueden conducir al fortalecimiento real de la pareja y de la familia, mediante la aceleración de su ajuste a las cambiantes condiciones sociales en que se desenvuelve la vida de las familias y las parejas.

Estos cambios de escenario se producen además cuando el matrimonio ha pasado a ser una opción vital. Se trata también de una novedad histórica sin precedentes. Milenariamente el matrimonio constituía una necesidad para la supervivencia personal. Tanto la actividad económica como la vida doméstica o la vida cotidiana han estado siempre estructuradas para grupos; los individuos aislados no tenían medios para sobrevivir. De ahí las fuertes censuras sociales atribuidas a los solteros, por recaer sobre ellos las sospechas de impedimentos para estructurar familiarmente sus vidas, por razón de mala salud o carencia de recursos económicos.

Nada de esto ocurre en la sociedad actual, donde el estado civil ha quedado convertido en un rasgo absolutamente privado y, en la mayoría de los casos, desconocido socialmente. Desde el punto de vista de la vida cotidiana, tanto los varones como las mujeres pueden desenvolverse sin ningún tipo de obstáculo permaneciendo solteros y sin relaciones familiares. Así, ahora ni las condiciones sociales ni las normas sociales imponen el matrimonio a los ciudadanos. Hoy es una opción vital.

En este nuevo contexto social es donde adquiere todo su alcance que los ciudadanos continúen estructurando sus proyectos vitales a través del matrimonio y la familia. Se trata de un hecho que es ahora, cuando se trata de una opción libre, cuando se convierte en un indicador relevante de la vitalidad de la familia y del matrimonio. Cuando se trataba de una exigencia para sobrevivir como ocurría en el pasado, no era posible dotarlo de significación social.

El hecho inequívoco es que la nupcialidad desciende pero por las circunstancias socieconómicas aludidas y no por carencia de voluntarios, como puede constatarse en las numerosas encuestas sobre la juventud. Esta tendencia dota de gran relevancia a las orientaciones familiares de los ciudadanos de hoy, en una sociedad con libertad efectiva de elección u opción vital porque el matrimonio ha dejado de ser una necesidad social.

* * *

Es difícil sintetizar los intensos cambios de la familia española en las dos últimas décadas. Pero tal vez convenga subrayar que los datos disponibles permiten sostener que, pese a la intensidad de sus transformaciones y del contexto donde se inserta, la familia goza de buena salud. Más aún que en el pasado es un escenario muy vivo de solidaridades e instrumento extraordinariamente importante para la cohesión social.

Siempre se da por hecho que la familia es un instrumento imprescindible para los niños. Pero se omite que la red familiar no es menos básica para los adultos: para hacer frente al cuidado de los ancianos, como sustento a las situaciones de paro prolongado, para asumir las consecuencias de los casos de droga y de enfermedades como el sida, la atención a los enfermos, y, en gran medida, es la que realiza el apoyo a los hogares con menores donde la mujer se ha incorporado al trabajo extradoméstico. Incluso las instituciones hospitalarias funcionan, en gran parte, por la red de apoyos y cuidados que los familiares suministran a los internados.

Con todo, la familia ha hecho gala, en un contexto tan cambiante, de una extraordinaria capacidad de adaptación. Aunque el desafecto es creciente hacia múltiples instituciones sociales, la familia mantiene su estima en las actitudes de la población. Es la institución más valorada por los españoles, aunque la familia haya sido objeto de deliberada desatención por parte de los poderes públicos. Pasadas dos décadas desde la transición política, cuando ha gozado cierta difusión una imagen crítica sobre la familia y cuando se ha hecho un intenso discurso sobre la modernización, la familia no sólo mantiene su consistencia, sino que en la práctica —por la propia evolución social— ha visto reforzado su papel social. El paro y la prolongación de la dependencia familiar de los jóvenes han intensificado este papel de «colchón» de la crisis de la familia. Estas y otras muchas manifestaciones acreditan los sinuosos caminos de adaptación de esa milenaria institución que es la familia a un entorno cambiante. Sobre todo en una sociedad como la española donde por su relevancia social, como escribiera Susan Sontag, la familia sigue siendo el último reducto de calor en un mundo helado.

12. APÉNDICE: LA SOCIOLOGÍA DE LA FAMILIA EN ESPAÑA: UN INTENTO DE INTERPRETACIÓN *

I. INTRODUCCIÓN [1]

La situación actual de la sociología de la familia en España bien puede catalogarse como la historia de una frustración. Esta rama de la sociología pareció contar con todas las posibilidades para un pronto desarrollo y efectiva consolidación que, sin embargo, no se ha producido en la práctica. De unos balbuceos iniciales muy prometedores no se siguió un fortalecimiento, sino la paulatina pérdida de protagonismo de la sociología de la familia en el contexto de las ciencias sociales españolas.

En realidad, sería necesario examinar las causas que impidieron sentar las bases para el nacimiento de esta especialidad a finales del XIX. Todas las circunstancias parecían propicias para asentarla con firmeza y, sin embargo, su nacimiento no llegó a producirse. Fue-

---

* Escrito en colaboración con Lluís Flaquer y aparecido en *Revista Española de Investigaciones Sociológicas,* n.º 61, 1993.

[1] Hasta la actualidad, ha habido pocos intentos de elaborar una historia de la sociología de la familia en España. Entre ellos cabe destacar el ensayo de Julio Iglesias de Ussel (1990b), en el que este trabajo se basa parcialmente. Los autores también han hallado útiles las notas de Manuel García Ferrando (1987), así como la extensa bibliografía que contiene. Por último, cabe destacar, desde el ángulo de la antropología, la contribución de Carmelo Lisón Tolosana (1991). En el mismo volumen (Joan Prat *et al.*, 1991) se pueden encontrar los trabajos de Encarnación Aguilar, Llorenç Prats, Jesús Azcona y Joaquín Rodríguez, que contienen interesantes informaciones sobre los inicios de la antropología y los estudios sobre familia realizados en las regiones históricas españolas. Por último, para la elaboración de la bibliografía también ha resultado particularmente provechosa la consulta de la compilación bibliográfica sobre sociología de la población a cargo de Aguinaga y Comas (1980).

ron en efecto muchas las circunstancias presentes a finales del siglo XIX que hacían presagiar la inminente configuración de la sociología de la familia. Entre otras, la rápida traducción y divulgación de los clásicos del feminismo; la temprana influencia de Le Play y de su método de análisis de familias[2]; la profusión de estudios antropológicos describiendo las peculiaridades del matrimonio, familia y noviazgo en otras culturas; las críticas del movimiento anarquista español[3] a la situación de la mujer y a la familia patriarcal burguesa (críticas en muchos casos extraordinariamente lúcidas ofreciendo, ya en el último tercio del XIX, alternativas popularizadas en Occidente por los movimientos feministas y contraculturales de los años 1960), el intenso debate sobre la orientación jurídica del matrimonio y la familia cuyo punto culminante se produciría con motivo de la Ley de Matrimonio Civil de 1870, etc.

Pese a todo ello, esos impulsos no llegaron a cuajar en una disciplina y, desde luego, buena parte de los tratadistas de esta especialidad no ejercieron en la Universidad. Destacan las aportaciones de Concepción Arenal y Emilia Pardo Bazán sobre la situación de la mujer, que se convirtió en una polémica muy virulenta a finales del XIX. En particular, serán las controversias sobre este tema las que predominen desde fines del XIX, y en esta perspectiva se abordará la familia: las consecuencias que en ella ocasionará la incipiente —y obstaculizada— emancipación de la mujer. La obra de

---

[2]   A ese respecto, cabe destacar la colaboración fructífera que se estableció en Cataluña entre Le Play y algunos de los seguidores de su escuela, especialmente empeñados en defender la vigencia del derecho foral regional ante los embates uniformizadores del movimiento de codificación de las leyes civiles (Périer, 1956). El propio Frédéric Le Play, en su *Réforme sociale en France déduite de l'observation comparée des peuples européen,* Dentu, París, 1867, incluye como anexo el documento F sobre «Caractères généraux de la famille-souche, en Catalogne» (pp. 542-547), que se basa en gran parte en una Memoria del jurista catalán Joaquín Cadafalch y Buguñá en torno a la cuestión de si *¿Conviene uniformar la legislación de las diversas provincias de España sobre la sucesión hereditaria y los derechos del cónyuge sobreviviente?,* Imprenta del Colegio de Sordomudos y de Ciegos, Madrid, 1862.

Véanse también más adelante las relaciones de Adolfo Posada con la escuela de Le Play.

[3]   Sobre las relaciones entre el anarquismo y la sociología incipiente de fines del siglo XIX, véase el interesante opúsculo de Teresa Torns Martín, *Sobre los orígenes de la sociología en Cataluña: Las aportaciones de los anarquistas (1864-1910),* Universitat Autònoma de Barcelona, Bellaterra, 1986.

Sánchez de Toca (1875) constituye un claro ejemplo del intento de consolidar la familia tradicional, cuando ésta ya estaba cambiando.

Sin embargo, de tener que asociar un solo nombre con el momento inicial de esta especialidad en España, hay que mencionar sin duda a Adolfo Posada (1860-1944). Con excelente información sobre las corrientes feministas europeas, analizó la situación social de la mujer en España (Posada, 1899). Siguiendo el método de encuestas monográficas de Le Play, efectuó diversas investigaciones sobre las condiciones de vida del obrero urbano y rural en Asturias. Realizó un documentado análisis de las teorías de antropólogos, sociólogos e historiadores sobre el patriarcado y matriarcado primitivos (Posada, 1892; reformado y ampliado en su traducción francesa publicada en París en 1896). Sin embargo, estas prometedoras aportaciones a la sociología de la familia y la mujer fueron interrumpidas. Desde su traslado de Oviedo a Madrid en 1902, la sociología de la familia ocupará un lugar muy secundario en su obra.

II.   LAS FASES DE LA EVOLUCIÓN EN EL SIGLO XX

1.   Durante el primer tercio del siglo XX pueden encontrarse aportaciones a esta especialidad, sólo si se interpreta en sentido amplio la sociología de la familia. Pero tres elementos muy prometedores parecían dirigirse hacia la consolidación de esta disciplina.

En primer lugar, con contribuciones de muy diverso signo, continuará el debate sobre la mujer y las consecuencias de los cambios en su papel en la familia, los efectos de su trabajo fuera del hogar, del derecho a la educación a todos los niveles, etc. Los debates sobre la cuestión serán muy enérgicos, como consecuencia del fuerte antagonismo existente entre los representantes de la España tradicional y progresista ante esta cuestión, antagonismo cuyas secuelas siguen quizá vigentes hasta los años setenta.

En segundo lugar, otra aportación importante se encuentra en la encuesta realizada por el Ateneo de Madrid —en toda España—, en 1901-1902, sobre costumbres populares en torno al nacimiento, noviazgo, matrimonio y muerte. Esta encuesta ofrece una información muy detallada sobre los comportamientos de la sociedad española, mediante las respuestas a cuestionarios cumplimentados por expertos locales. Los considerables datos disponibles sólo fueron parcialmente explotados años después por Casas Gaspar (1947) y por otros autores posteriores[4].

Pero, en tercer lugar, serán las aportaciones de juristas quienes sitúen a mayor nivel los análisis sobre la familia y la mujer en esta etapa. Merece destacarse su contribución decisiva en este período, puesto que desde entonces perderán protagonismo sus aportaciones. Entre las obras más próximas a planteamientos sociológicos merecen citarse la de José Castán Tobeñas (1914), en la que elabora una «sociología del matrimonio» que, pese a su tradicionalismo y en ocasiones simplista interpretación de datos estadísticos, contiene observaciones interesantes sobre la nupcialidad, edad de matrimonio, fecundidad y divorcio, etc. Sobre todo, al margen de su calidad, revela una voluntad de contrastar las leyes con los hechos, que en buena medida desapareció luego de la tradición jurídica española[5].

Otra aportación valiosa —sobre todo con relación al estado general de las ciencias sociales en nuestro país— proviene de Quintiliano Saldaña (1928), con título más ambicioso que su contenido, en donde aborda el divorcio, el celibato eclesiástico, la prostitución, los delitos sexuales y las costumbres sexuales en España. Luis Jiménez de Asúa (1928, 1930) tratará temas similares a Saldaña, pero desde una perspectiva intelectual más progresista, abogando por la educación sexual de los jóvenes, el control de la natalidad, la reducción de las penas impuestas al delito de aborto, por la unión libre en lugar del matrimonio indisoluble y por la separación de las relaciones sexuales y la procreación.

También a esta época pertenece, cronológicamente, el primer análisis sobre la natalidad diferencial por clases sociales de Severino Aznar (1926), uno de los primeros intentos de demografía con una base científica[6].

---

[4] El mejor resumen y comentario sobre la Encuesta de 1901-1902 del Ateneo de Madrid se puede encontrar en Carmelo Lisón Tolosana (1991).

[5] En este sentido, cabe citar el documentado estudio del notario Josep Faus i Condomines (Faus, 1907) sobre las capitulaciones matrimoniales de una comarca de Cataluña. Como es sabido, estos instrumentos notariales constituyen la base de la pervivencia de los linajes de la familia troncal y su estudio y defensa, en la tradición ya expuesta de Le Play (véase nota 2), son una garantía de la continuidad de esta singular institución familiar.

[6] En Cataluña, en relación con la aparición de los primeros estudios sobre población, cabe reseñar varios trabajos en torno a las consecuencias socioeconómicas del descenso de la fecundidad entre los que descuella el del doctor Alejandro Pla-

2. La segunda fase (1931-1939) abarca el período de la II República y la guerra civil. Se trata del momento más interesante para la familia y la mujer en España. Y, sin embargo, sociólogos, historiadores y juristas han prestado muy escasa atención a evaluar las innovaciones entonces introducidas y sus verdaderos efectos en la mentalidad y comportamientos de la época.

La importancia de este período proviene de las consecuencias de la separación entre la Iglesia y el Estado, que permitirá replantear la política familiar. Frente al conservadurismo de raíz católica que había imperado hasta entonces, la legislación civil intentó promover el cambio social y la modernización de las instituciones familiares. Muchas de las disposiciones adoptadas durante la II República sobre la familia y el matrimonio fueron incorporadas a las legislaciones de países europeos occidentales treinta años después.

Se reconoció entonces el derecho de la mujer al sufragio, el derecho al divorcio —entre otras causas, por consentimiento mutuo—, la igualdad de derechos entre los sexos, la equiparación entre los esposos; fue suprimida toda discriminación entre hijos legítimos e ilegítimos, así como los delitos de adulterio y amancebamiento; fue admitida la investigación de la paternidad; se implantó el matrimonio civil obligatorio; prohibida la prostitución; regulado el derecho al aborto, y se implantaron centros de información para el control de la natalidad. Junto a ello se acrecentó la participación social de la mujer, especialmente durante la guerra civil.

Naturalmente se publicaron numerosos trabajos sobre todos estos aspectos. Pero aún hoy carecemos de estudios sistemáticos sobre los efectos reales de todas estas medidas en la sociedad de la época. Sin embargo, abundantes indicios permiten afirmar que tuvieron escasa repercusión. Así, el número de divorcios, por ejemplo, fue muy reducido durante los dos primeros años de vigencia de la ley; las condiciones de vida de las mujeres no cambiaron sustancialmente y el número de abortos practicado fue muy reducido. Fue, pues, una época más importante por las innovaciones intro-

---

nellas Llanos (Planellas, 1904). Esta tradición, que aúna el análisis demográfico con la preocupación por el envejecimiento de la población y la necesidad de la inmigración para mantener un desarrollo económico sostenido con sus efectos poblemáticos para la identidad cultural catalana, culminará con la publicación de la obra ya clásica de Vandellós sobre la supuesta decadencia de Cataluña (Vandellós, 1935).

ducidas y los procesos sociales desencadenados, que por los estudios entonces publicados.

Lo relevante, pues, es que mediante una legislación avanzada se trata de inducir el cambio social y, en concreto, la modernización de la familia española. Y esas innovaciones legales son escasamente utilizadas por la sociedad, que no cambia sustancialmente sus costumbres y comportamientos durante la II República. Claro está, de haberse mantenido esas orientaciones legales a corto plazo los cambios se hubieran producido efectivamente. De hecho, este período histórico ha sido abundantemente analizado, pero sin suscitar análisis de la vida cotidiana [7]. Los sociólogos de la familia —tampoco los del derecho— no han evaluado las consecuencias sociales de tan profundos cambios.

3.   La tercera fase (1939-1959) comprende el período del régimen franquista que va desde el final de la guerra civil hasta el inicio de la nueva política económica. En ella se van a suprimir todas las medidas innovadoras adoptadas en el período republicano, y se impone una política familiar de rígido corte autoritario que, con el auxilio de la Iglesia, pondrá a la familia al servicio de los intereses del nuevo Estado. Y al individuo al servicio de la institución familiar.

La exclusión de la mujer del trabajo extradoméstico, la «moralización» de las costumbres y el incremento de la natalidad constituyen objetivos prioritarios de la nueva situación política. Objetivos que el nuevo régimen político tratará de consolidar a través de numerosas disposiciones legales, una fuerte presión ideológica y una intensa labor de adoctrinamiento. Dentro de estas coordenadas se moverá Severino Aznar (1870-1959), principal figura de este período, a quien puede considerarse el iniciador de la moderna sociología de la familia. Fue inspirador, exégeta y apólogo de buena parte de la legislación familiar de la posguerra. Por sus puestos académicos (director de la *Revista Internacional de Sociología*) y políticos (en el Instituto Nacional de Previsión), influyó decisivamente en este período.

Aznar prestó atención preferente a la situación demográfica que ya había iniciado en 1931, con una comunicación al Congre-

---

[7] Sobre las escasas contribuciones en este sentido, véase Alberdi (1979) para algunos aspectos del divorcio.

so Internacional de Estudios sobre la Población, sobre el promedio diferencial de natalidad entre la población rural y urbana y las diferencias entre clases sociales de Madrid. Este análisis y su réplica posterior, sobre la base del Censo de 1940, sobre el promedio de natalidad diferencial en las clases sociales de Madrid y Barcelona, constituyen sus aportaciones más valiosas e innovadoras (Aznar, 1942, 1943, 1947). Pero parece desconocer los estudios que fuera de España se hacían, y se habían hecho, sobre la sociología de la familia, y gran parte de su obra tiene un objetivo propagandístico y legitimador del modelo familiar impuesto por el franquismo.

Su huella se dejó sentir particularmente en la *Revista Internacional de Sociología,* que desde su fundación tuvo una decidida orientación a los estudios demográficos. La serie de volúmenes dedicados a «Estudios demográficos» desde 1945, contienen abundantes pruebas de su aportación a la política de población del franquismo. Y en todo caso abrió una importante tendencia demográfica en la sociología española, con numerosas aportaciones al estudio de la familia.

Severino Aznar es, sin duda, la figura más destacada de este período en el que se publican, además, gran cantidad de obras de carácter divulgador destinadas a contrarrestar los posibles efectos de las innovaciones en política familiar de la II República. Pero ya en 1956, en el *Boletín de Derecho Político* de la Universidad de Salamanca, aparecerá una «Encuesta sobre mentalidad prenupcial de los universitarios salmantinos». Trabajo que prefigura la siguiente etapa de la sociología de la familia española: por el empleo de datos procedentes de una encuesta de opinión y por los temas que aborda (sobre control de natalidad, indisolubilidad matrimonial, noviazgo, elección de cónyuge, trabajo mujer, etc.).

4.   La cuarta fase de evolución de la sociología de la familia en el siglo XX abarca desde 1959 a 1975. Esta etapa se encuentra unida a los avatares del intenso cambio social que se produce en la sociedad española y al nacimiento de la moderna sociología española. Es más: el despegue de ésta será impulsado considerablemente por las obras que se publicaron con motivo del primer Congreso de la Familia Española, celebrado en 1959. Las de Enrique Gómez Arboleya y Salustiano del Campo (Gómez y Campo, 1959; Campo, 1960) son las más importantes entre la abundante, y muy

desigual, bibliografía generada por dicho Congreso (entre otras, véanse las obras de Fraga, 1959, y Ros, 1959).

También en 1959 se realiza el primer gran estudio empírico de la sociología moderna en España. Se trata de la primera encuesta a la juventud española (la «Encuesta sobre los presupuestos mentales de la juventud española»). Este estudio sobre la juventud de 1959 desempeñó un papel relevante en la pequeña historia de la sociología española, por muchas razones, pero también en el análisis sociológico de la familia. Será habitual desde entonces la utilización de encuestas de opinión, emplear muestras de jóvenes y estudiantes y centrarse en los aspectos del noviazgo, las relaciones entre padres e hijos, la socialización de los niños, las actitudes ante los *roles* sexuales y ante la natalidad, la aceptación de los mandatos religiosos sobre la familia, etc.

Sin embargo, si el nacimiento de la sociología empírica en España significó, sobre todo, el estudio de diversos aspectos de la familia española, pronto se interrumpió esta orientación. El desarrollo de la sociología española desde finales de los años sesenta ocasionó el estancamiento relativo de esta especialidad. El incremento de especialistas e investigaciones lo fue, en su mayoría, en otras ramas. En el inventario de un centenar de profesionales aparecido en *Sociología española de los años 70* (1971), únicamente en cuatro autores aparece como especialidad la sociología de la familia. Sólo la proliferación de estudios sobre la mujer desde 1970 compensó luego en parte la decadencia de la sociología de la familia. Una muestra notoria de esta situación se encuentra en la ausencia, por ejemplo, de capítulos sobre la familia en dos importantes y voluminosos estudios colectivos sobre la sociedad española entonces publicados: *La España de los años 70. La sociedad* (1972) y en *Los indicadores sociales a debate* (1972).

En todo caso, la pérdida de importancia relativa de la sociología de la familia fue acompañada por una creciente abundancia de datos empíricos. La creación del Instituto de la Opinión Pública y la aparición desde 1965 de su *Revista Española de Opinión Pública,* cuya historia será decisiva para las ciencias sociales en España, propiciarán la publicación de numerosos artículos, datos e informes de interés para la sociología de la familia. Además, en la *Revista del Instituto de la Juventud* también se publicaron estudios relacionados con la familia española, pero a menudo sin el rigor de la anterior. Y la *Revista Internacional de Sociología* continúa con la ya señalada orientación demográfica, pero cada vez más distante del análisis de la familia.

Pero tal vez lo más significativo sea la ausencia de estudios sobre la familia en la *Revista de Estudios Políticos,* que era un órgano doctrinal del franquismo, el cual, por otra parte, atribuía gran importancia política e ideológica a la familia (tal vez para compensar su desatención práctica; la ayuda económica a la familia era, entonces y ahora, la más baja de la Comunidad Europea). Pues bien, desde el Congreso de la Familia de 1959 no aparecen elaboraciones doctrinales rigurosas desde el franquismo. Ni tampoco desde una perspectiva crítica se aborda el papel de la familia española y sus relaciones con el sistema político franquista.

Han de ser muchas las razones de la pérdida de impulso de la sociología de la familia, justo cuando se consolidaban otras especialidades. Pero una de ellas fue sin duda la ausencia de cobertura universitaria. En este período únicamente se cursaba esta especialidad como asignatura optativa en la Universidad de Madrid. Tampoco llegó a formarse una revista o publicación dedicada específicamente a esta materia. Además, abordar la familia en un régimen político que hacía de ella una vía de participación, parecía colaborar al fortalecimiento del sistema. El atractivo de estudiar cuestiones más directamente vinculadas con la inmediata actualidad política debió también orientar curiosidades intelectuales hacía otros campos. La abundante literatura moralista sobre la familia tampoco colaboraba a dignificar una especialidad que aparecía dominada por aficionados. Y, por último, el creciente auge de los estudios sobre la mujer —y su relativa institucionalización— desplazó hacia esa área, dándoles cobertura, a personas con intereses intelectuales muy próximos.

No obstante, como ya se ha dicho, se publican gran número de estudios con datos de encuestas de opinión, con una tendencia constante en sus resultados [8]: el divorcio, creciente, entre el discurso oficial (político y religioso) y la legislación, los comportamientos o las demandas de la sociedad española en materia de familia. Mientras que los comportamientos y demandas son equiparables con los

---

[8] En este sentido, cabe resaltar el hito que representó la publicación del primer informe sociológico completo sobre la situación social de España (Fundación FOESSA, 1970).

prevalecientes en otras sociedades europeas, la legislación y el discurso oficial del sistema permanecen anclados en el pasado.

Es decir, los estudios empíricos, por modestos que fueran en sus ambiciones y logros, producían un continuado efecto de desvelamiento. En algunos sectores incluso, antes que por discrepancias específicamente políticas, la conciencia crítica y el rechazo al franquismo se iniciaban por el anacrónico tradicionalismo en materia de familia y costumbres que este régimen amparaba. El éxito del libro de Alejandra Ferrándiz y Vicente Verdú (Ferrándiz y Verdú, 1974), con numerosas ediciones desde su aparición, ejemplifica la buena acogida que recibía la ironía y el rechazo del modelo oficial.

En todo caso, los estudios sobre la familia en esta fase permiten llegar a una singular conclusión: la existencia de un acusado desfase entre los comportamientos y demandas sociales, por una parte, y la legislación y los discursos oficiales, por otra. Desfase entre ambos elementos que, en buena medida, también se había producido durante la II República, sólo que ahora se habían invertido sus componentes. Durante la agonía del franquismo la sociedad era la avanzada y la legislación la retrasada.

III. MODELOS DE ANÁLISIS Y TENDENCIAS ACTUALES

La muerte del general Franco en 1975 desencadena un conjunto de transformaciones sociales, económicas y políticas que culminan en el ingreso de España en la Comunidad Europea. La modernización de la sociedad española requiere profundas reformas jurídicas que afectarán a parámetros básicos de la estructura familiar.

1. REFORMAS LEGISLATIVAS

La transición a la democracia trae consigo la actualización de numerosos preceptos tocantes a la familia, en línea con las legislaciones occidentales más avanzadas. Con el establecimiento de la igualdad de derechos entre los sexos, con la introducción del divorcio (1981), con la supresión de la discriminación legal entre hijos legítimos e ilegítimos y con la despenalización de la contracepción, del adulterio y de determinadas formas de interrupción del embarazo, España consigue al fin equiparar sus leyes sobre familia con las de otros países europeos. Cabe resaltar que estas reformas jurídicas, quizá con la única excepción del aborto, se realizan ahora —al contrario de lo que sucediera en tiempos de la República— con muy reducidas tensiones políticas o con una escasa contestación social.

2.   PAUTAS Y CAMBIOS EN LA ESTRUCTURA FAMILIAR

El aspecto remozado que ofrece la organización familiar tras la transición democrática no debe hacernos olvidar que el intenso proceso de modernización que ha afectado a la sociedad española, tanto en lo político como en lo económico y social, se ha producido en un lapso de tiempo muy reducido. Por ello, todos los indicadores sobre la estructura de la familia evidencian todavía un notable desfase con respecto a los países del norte de Europa [9]. Al compás de esos cambios, se aprecia una convergencia progresiva de los sistemas familiares tradicionales de cada región, basados en estructuras productivas agrarias muy diferenciadas, que componen el abigarrado mosaico de la estructura familiar en España. No cabe duda de que esta homogeneización, en gran medida asociada con los procesos de industrialización acelerada y de consolidación del mercado nacional de los últimos lustros, comporta la formación de un tipo de familia bastante parecido en los distintos pueblos de España asentado en el modelo nuclear. Sin embargo, merece destacarse de esa evolución que, debido sobre todo al factor antes apuntado de la brusquedad y la intensidad del cambio familiar, prácticamente se superponen en el tiempo el fin del proceso de nuclearización de las zonas rurales y los inicios de la aparición de nuevas formas familiares en las ciudades. Así, mientras en las zo-

---

[9] A título de ilustración, cabe citar algunos de esos contrastes. Por ejemplo, al contrario que en otros países europeos, según el último censo de población disponible (1981), los que viven solos en España son en su mayoría ancianos y residen en las zonas rurales, la mayor parte de las familias monoparentales están encabezadas por viudas y la caída de la nupcialidad y el auge de la cohabitación en las grandes ciudades coexiste con una importante tendencia al celibato rural (Brandes, 1976).

nas rurales del norte y nordeste de España concluye el proceso de extinción y/o de readaptación de las formas familiares troncales a los nuevos condicionamientos [10], en grandes ciudades como Madrid o Barcelona asistimos a la proliferación de nuevos hogares y formas familiares. Dada la escala y la magnitud de esos procesos de mudanza social, no resulta nada extraño que el cambio de las estructuras familiares haya sido una de las cuestiones que más atención ha recibido por parte de los sociólogos españoles (Conde, 1982, 1983; Díez Nicolás, 1983; Flaquer, 1990; Flaquer y Soler, 1990; Fundación FOESSA, 1983; Iglesias de Ussel, 1990a).

3.   ORGANIZACIÓN DE LA INVESTIGACIÓN

Distintas instituciones han destacado por su labor de impulso de la investigación en sociología de la familia. La principal ha sido el Centro de Investigaciones Sociológicas —que sucedió en 1977 al Instituto de la Opinión Pública—, tanto por su labor editorial como promotora de la investigación. También, aunque desde tiempos más recientes, ha adquirido relevante protagonismo el Instituto de la Mujer. El Instituto Nacional de Estadística, sin embargo, todavía no ha realizado las necesarias innovaciones en sus estudios, que permitan aproximarse a las nuevas prácticas familiares y disponer de datos usuales en otros países. La Encuesta de Fecundidad de 1977, reiterada en 1985, aunque importante, es una de las escasas novedades destacable en sus publicaciones. Por otra parte, si bien los volúmenes del Censo de 1981 sobre composición de los hogares familiares contienen grandes mejoras en relación con los de 1970, la tabulación y la presentación de los datos deja aún mucho que desear, ya que no siempre permite extraer conclusiones sobre las cuestiones realmente relevantes. Por ello resulta muchas veces imperativo echar mano de las numerosas encuestas cuyas ricas informaciones sobre familia no se pueden en absoluto desdeñar (Fundación FOESSA, 1976, 1983; Instituto de Sociología Aplicada de Madrid, 1976).

---

[10] El estudio de las transformaciones de las formas familiares tradicionales, en especial de la familia troncal, ha generado una vasta literatura, cuyas contribuciones más descollantes pertenecen más bien a la tradición antropológica (Barrera, 1990; Comas d'Argemir, 1980, 1984; Fine-Souriac, 1977; Flaquer, 1984a, 1986b; Prat, 1973).

Los organismos anteriormente citados pertenecen a la Administración pública y actúan desde Madrid. También lo hace el Instituto de la Juventud, que elaboró numerosos estudios con motivo del Año Internacional de la Juventud, algunos de entre ellos sobre las relaciones familiares (Conde, 1985). Pero la nueva estructura territorial del Estado ha generado también cambios en las pautas de investigación. En este sentido, frente a los análisis globales de toda la sociedad española que habían predominado siempre en esta especialidad, parece iniciarse una tendencia a estudios centrados en una determinada región, provincia o comarca. Precisamente, el nacimiento de organismos semejantes a los mencionados, pero en diferentes Comunidades Autonómas, puede suponer un importante impulso a estas investigaciones de alcance regional o local, lo cual, en nuestra opinión, es altamente positivo, ya que permitiría compensar las generalidades en las que todavía se mueve esta especialidad. La labor del Centro de Estudios Demográficos de la Universidad Autónoma de Barcelona merece destacarse por el momento (Cabré *et al.*, 1988; Solsona y Treviño, 1990)[11]. Más recientemente se ha creado el Instituto de Demografía del Consejo Superior de Investigaciones Científicas, para impulsar y modernizar la vieja orientación demográfica de este organismo.

En el ámbito universitario poco han mejorado las cosas, persistiendo la misma escasez de asignaturas dedicadas a la «sociología de la familia» en las universidades públicas. No obstante, la reforma de los estudios de doctorado sí que ha permitido ampliar la incidencia académica de esta materia. Han sido, sin embargo, los centros privados —a menudo universidades católicas— donde han comenzado a abundar cursos, especialidades y titulaciones en esta disciplina.

4. MODELOS TEÓRICOS

A pesar de los avances significativos de los últimos lustros en lo que se refiere a la adquisición de conocimientos sobre la realidad familiar, la investigación en este campo revela todavía unos desequi-

---

[11] En este contexto, cabe citar también las aportaciones al conocimiento de la estructura de la familia de las dos ediciones de 1985 y 1990 de la Encuesta Metropolitana de Barcelona sobre las condiciones de vida y los hábitos de la población (Izquierdo, Miguélez y Subirats, 1987; Flaquer *et al.*, 1992).

libios internos muy acusados. En particular, el peso de los estudios de orientación demográfica en el conjunto de investigaciones parece aún excesivo. Así, disponemos de excelentes trabajos sobre el descenso de la fecundidad (Agüero y Olano, 1980, 1982; Aguinaga, 1983; Hicks y Martínez, 1987; Iriso y Reher, 1987; Miguel, 1984; Sarrible, 1987), sobre la evolución de la ilegitimidad (Díez Medrano, 1984), sobre la caída de la nupcialidad (Cachinero, 1981, 1982a y 1982b), en contraste con la escasez de estudios monográficos sobre *roles* conyugales, tipos familiares o las pautas de interacción en el seno de la familia. Incluso entre las investigaciones específicamente sociológicas, destacan mucho más las que giran en torno a las formas familiares que aquellas que tienen por objeto los patrones de organización familiar o la articulación de la familia con el resto de las instituciones sociales. Así, en el primer apartado, disponemos de numerosos trabajos sobre estructura de la familia a partir de la composición de los hogares (Conte y Flaquer, 1983; Flaquer y Soler, 1990; Requena, 1990; Soler, 1985; Solsona y Treviño, 1990) o a partir del ciclo familiar (Campo, 1982). Estos métodos tienen sus limitaciones puesto que, al compás de la diversificación de los tipos familiares y de la creciente optatividad de los sujetos en relación con el modelo nuclear dominante, con estas técnicas resulta cada vez más difícil el estudio de aquellas formas minoritarias de nuevos hogares como la cohabitación, las familias monoparentales o de las familias reconstituidas que requiere una aproximación más cualitativa o participante [Alabart *et al.*, 1988; Cabré, 1988; Flaquer, 1991; Iglesias, 1986; Iglesias (ed.), 1988]. Asimismo, en el ámbito de los estudios sobre formación y disolución de la familia, la orientación estadística y cuantitativa descuella desmesuradamente sobre las demás. Así, en este apartado, por una parte, tenemos excelentes investigaciones sobre la elección de pareja y el noviazgo (Iglesias, 1987) y, por otra, sobre conflicto conyugal, inestabilidad matrimonial y divorcio (Alberdi, 1978, 1981, 1986; Bardon, 1976; Borrajo, 1987; Iglesias, 1988; López Pintor y Toharia, 1989), si bien su alcance es todavía demasiado general, por lo que cabría desear que fueran complementados por estudios monográficos y de campo.

Lo mismo podemos decir de los estudios sobre *roles* sexuales, conyugales y familiares, sobre relaciones entre padres e hijos y sobre valores y actitudes familiares (Conde, 1982), pues también en este campo disponemos tan sólo de informaciones procedentes de encuestas de opinión a nivel nacional, donde una excesiva agregación de los datos propicia muchas veces conclusiones de tipo especulativo y omite un análisis pormenorizado de los procesos de interacción, de los conflictos subyacentes y de las estrategias de los distintos actores.

Por último, cabe señalar que están en sus comienzos las investigaciones sobre las relaciones entre la familia y su entorno. Poco sabemos aún de la tupida red de conexiones que constituyen la bisagra entre la familia y el resto de la sociedad, aunque se han empezado a explorar ya algunos de sus aspectos. Así, las relaciones entre familia y Estado han sido tratadas más bajo el ángulo de estudios aplicados de política social, sistemas de indicadores o discriminación de la mujer que desde el punto de vista de la dinámica interna de la institución familiar. Otra de las dimensiones que ha recibido una cierta atención es el de las transformaciones de la vida privada y de la esfera íntima (Béjar, 1988; Flaquer, 1982, 1984b; 1986a; Izquierdo, 1991), ámbito donde confluyen cuestiones tales como la génesis del individualismo al socaire de la modernidad, la relación existente entre las formas familiares y los valores que subyacen a ellas y, por último, el repliegue de los actores familiares dentro del caparazón protector del hogar. En este sentido, resulta imperativo estudiar los lazos de solidaridad existentes entre el círculo amplio de parientes y la unidad familiar, la influencia del ámbito comunitario sobre la vida familiar y las relaciones entre el mercado de trabajo y el sistema de *roles* familiares (Cóller, 1991). Pese a los esfuerzos realizados en este sentido, cabe reconocer que falta aún recorrer un largo trecho para que la sociología de la familia española pueda equipararse a algunas de sus homólogas europeas.

Junto al auge de los estudios empíricos, es preciso destacar la importancia de las aportaciones provenientes de los antropólogos sociales. Son, en efecto, muchos quienes prestan una atención preferente en sus análisis a la situación de la familia cuando la sociedad española se encuentra sometida a intensos procesos de cambio social. La adecuada comprensión de los cambios en la familia en este período no puede lograrse sin la consulta de las numerosas obras etnográficas de antropólogos sociales o culturales sobre comunidades rurales, que casi siempre incluyen uno o más capítulos sobre el sistema familiar y su relación con el resto de las instituciones sociales o bien se dedican preferentemente a este tema (Barrera, 1990; Bestard, 1986: Comas, 1980, 1984, 1987, 1988; Corbin y Corbin, 1985; Frigolé, 1984; Lisón, 1966, 1970, 1971, 1976; Roigé, 1989).

La sistematización y la síntesis de sus aportaciones es, desde luego, una de las tareas pendientes en esta especialidad[12]. Lamentablemente no puede decirse lo mismo de las aportaciones de los historiadores, pues sólo en la última década han comenzado a interesarse por aspectos de la vida familiar del pasado (Vilar *et al.*, 1987)[13].

IV.   CONCLUSIÓN

La historia de la sociología de la familia en España es la crónica de una promesa incumplida. A pesar de los considerables esfuerzos desplegados y de los innegables avances realizados en los últimos decenios, cabe reconocer que las inversiones y los empeños investigadores no han rendido todavía todos sus frutos, si bien el nivel de muchos de los estudios pueda ser considerado muy digno. Sin embargo, este diagnóstico más bien pesimista no debiera interpretarse como una crítica a la capacidad de los profesionales y especialistas que trabajan en este campo, sino más bien como un reconocimiento de las precariedades y limitaciones que aún coartan la organización de la investigación pública en España. A la falta de tradición investigadora en nuestro país, hay que unir la escasez de los recursos y las insuficiencias de las infraestructuras, además de la tendencia de los investigadores a trabajar a menudo en instituciones privadas o dependientes de la Administración, donde prima la aplicabilidad de los resultados sobre la investigación teórica o de base.

Para terminar, sería interesante establecer un catálogo de lagunas y carencias existentes en el campo de la sociología de la familia, que pudiera servir de guía para la confección de programas de investigación en esa especialidad. En primer lugar, se echa en falta una explotación a fondo y un intento de sistematización de los numerosos datos de opinión que se pueden extraer de las encuestas nacionales que se efectúan periódicamente (CIS, CIRES). Ello

---

[12] Véase, en este sentido, el interesante intento de Contreras (1991).

[13] Pese a la juventud de esta especialidad, la historia de la familia se revela como terreno abonado donde puede fecundar una fructífera colaboración entre la historiografía, por una parte, y la demografía (Reher, 1984, 1988), la antropología (Bestard, 1980, 1991; Terradas, 1980) y la sociología (Del Pino, 1965), por otra.

no requerería grandes recursos, puesto que se trataría de analizar secundariamente datos ya existentes.

En segundo lugar, teniendo en cuenta que estamos asistiendo a una gran diversificación de las formas familiares con la consiguiente posibilidad de elección de los actores en cada encrucijada existencial, sería deseable recabar datos que nos permitan elaborar tipologías en términos de las trayectorias vitales, estrategias y prácticas asociados con las distintas categorías sociales. Ello supondría la realización de estudios monográficos en profundidad, tanto sincrónicos como diacrónicos, ya sea sobre los diferentes tipos sociales o familiares.

Finalmente quisiéramos mencionar a renglón seguido un conjunto de áreas que hasta la fecha han recibido una atención insuficiente por parte de los estudiosos. Sabemos muy poco de los procesos de homogamia y de ajuste marital y de su relación con la satisfacción conyugal y la inestabilidad matrimonial. No se han investigado tampoco a fondo los factores que influyen en la toma de decisiones en el ámbito familiar y su relación con la organización de los *roles* domésticos. Por último, faltan investigaciones sobre los procesos de alianza y de reproducción social a través de las estrategias familiares de ubicación de los hijos, en un intento de aumento o conservación del capital familiar.

BIBLIOGRAFÍA CITADA

ABRAMS, C., y DEAN, J. P. (1986): «La vivienda y la familia», en VVAA, *La familia*, 8.ª ed., Península, Barcelona.

ADORNO, T. (1973): *Consignas*, Amorrortu, Buenos Aires.

AGÜERO, I., y OLANO REY, A. (1980): «La evolución reciente de la fecundidad en España», *Revista Española de Investigaciones Sociológicas*, 10, pp. 121-150.

— (1982): «La intensa caída de la fecundidad y la nupcialidad en España», en Rosa Conde (ed.), *Familia y cambio social en España*, Centro de Investigaciones Sociológicas, Madrid, pp. 31-61.

ÁGUILA, R. del, y MONTORO, R. (1984): *El discurso político de la transición española*, Centro de Investigaciones Sociológicas, Madrid.

AGUINAGA, J. (1983): «Hipótesis causales sobre fecundidad: el papel preponderante de la unidad familiar», *Revista Española de Investigaciones Sociológicas*, 21, pp. 83-102.

— (1989): «Descenso de la fecundidad y modernización en la sociedad española: Análisis comparativo de las encuestas de fecundidad, 1977 y 1985», *Boletín de la Asociación de Demografía Histórica*, 8 (3), pp. 7-22.

AGUINAGA, J., y COMAS, D. (1980): «Bibliografía sobre sociología de la población», *Revista Española de Investigaciones Sociológicas*, 10, pp. 199-229.

— (1991): *Infancia y adolescencia: La mirada de los adultos*, Ministerio de Asuntos Sociales, Madrid.

ALABART, A.; CABRÉ, A.; DOMINGO, A.; FABRÉ, A., y STOLCKE, V. (1988): «Els rols en el matrimoni i en la cohabitació: Un estudi a l'àrea de Barcelona», *Papers. Revista de Sociologia*, 30, pp. 139-157.

ALBERDI, C., y ALBERDI, I. (1982): «La institución familiar: Su lugar en la constelación familiar», en Rosa Conde (ed.), *Familia y cambio social en España*, Centro de Investigaciones Sociológicas, Madrid, pp. 177-197.

ALBERDI, I. (1977): *¿El fin de la familia?*, Bruguera, Barcelona.

— (1979): *Historia y sociología del divorcio en España*, Centro de Investigaciones Sociológicas, Madrid.

— (1981): «Sociología del divorcio», *Revista Española de Investigaciones Sociológicas*, 13, pp. 183-193.

— (1982): «Un nuevo modelo de familia», *Papers. Revista de Sociologia*, 18, pp. 87-112.

— (1983): «El destino y la libertad: Notas sobre la interrupción del embarazo en las sociedades occidentales», *Revista Española de Investigaciones Sociológicas*, 21, pp. 135-150.

— (1986): «Divorcio y sociedad en la España actual», *Sistema*, 70, pp. 93-112.

ALBERDI, I.; ESCARIO, P., y HAINOVICH, P. (1984): «Actitudes de las mujeres hacia el cambio familiar», *Revista Española de Investigaciones Sociológicas*, 27, pp. 41-59.

ALBERDI, I.; FLAQUER, L., e IGLESIAS DE USSEL, J. (1994): *Parejas y matrimonios: actitudes, comportamientos y experiencias*, Ministerio de Asuntos Sociales, Madrid.

ALCOBENDAS, P. (1970): «El suicidio infantil y juvenil en España», *Revista del Instituto de la Juventud*, n.º 28.

ALDRON, H., y ROUTH, D. K. (1981): «The Effect of the First Child on the Marital Relationship», *Journal of Marriage and the Family*, vol. 43, n.º 4, pp. 785-789.

ALMEDA, E., y FLAQUER, L. (1993): «La monoparentalidad en España: claves para un análisis sociológico», *Working Papers* del IESA, Barcelona.

ALONSO HINOJAL, I. (1973): *Sociología de la familia*, Guadiana, Madrid.

— (1980): «Población y familia», *Revista Española de Investigaciones Sociológicas*, 10, pp. 151-168.

ALONSO MARTÍNEZ, M. (1875): *La familia*, Imprenta de Antonio Flórez, Madrid.

ALONSO ZALDÍVAR, C., y CASTELLS, M. (1992): *España, fin de siglo*, Alianza, Madrid.

ANALES DE MORAL SOCIAL Y ECONÓMICA (1967): *La familia española*, Centro de Estudios Sociales de la Santa Cruz del Valle de los Caídos, Madrid.

ANDRÉS ORIZO, F. (1991): *Los nuevos valores de los españoles*, Eds. S.M., Madrid.

ARADILLAS, A. (1974): *Proceso a los tribunales eclesiásticos*, Sedmay, Madrid.

ARDIGO, A. (1971): «La sociología de la familia», en F. Alberoni (ed.), *Cuestiones de sociología*, Herder, Barcelona.

ARIES, P. (1970): *L'enfant et la vie familiale sous l'Ancien Régime*, Du Seuil, París.

ARIES, P., y DUBY, G. (1989) (eds.): *Historia de la vida privada*, 5 vols., Taurus, Madrid.

ARISTÓTELES (1990): *Ética a Nicómaco*, IEP, Madrid.

AYALA, F. (1990): *Relatos granadinos*, Ayuntamiento de Granada.

AYLWIN DE BARROS, N. (1993): «El análisis de las políticas sociales desde una perspectiva familiar», en VVAA, *Políticas de la familia. Perspectivas jurídicas y de servicios sociales en diferentes países*, Universidad Comillas, Madrid, pp. 383-396.

AZNAR, S. (1926): *La familia como institución básica de la sociedad*, Covadonga, Madrid.

— (1942): «La familia como factor demográfico», *Revista de Estudios Políticos*, 5, pp. 55-94.

— (1943): «El régimen de subsidios familiares: La fraternidad cristiana y las consignas del nuevo Estado», *Revista Internacional de Sociología*, 2-3, pp. 97-110.

— (1947): «El problema de la natalidad diferencial en las clases sociales de Madrid y Barcelona», *Revista Internacional de Sociología*, 20, pp. 373-404.

BARANOV, A. V. (1972): *Problemas sociológicos de la vivienda*, Ministerio de la Vivienda, Madrid.

BARDÓN, E. (1976): «Notas para un estudio sociológico del divorcio», *Revista Española de Opinión Pública*, 43, pp. 163-187.

BAREA TEJEIRO, J. (1991): «Gastos de protección social. Política de convergencia y competitividad», *Papeles de Economía Española*, n.º 48, pp. 79-98.

BAROJA, P. (1968): *El mundo es ansí*, Espasa Calpe, Madrid.

— (1978): *Memorias. Familia. Infancia y juventud*, vol. 7 de *Obras completas*, Biblioteca Nueva, Madrid.

BARRERA GONZÁLEZ, A. (1990): *Casa, herencia y familia en la Cataluña rural: Lógica de la razón doméstica*, Alianza, Madrid.

BAUMAN, K. E., y UDRY, J. R. (1973): «The difference in Uniwanted Births between Blacks and Whites», *Demography*, vol. 10, n.º 3, pp. 315-328.

BÉJAR, H. (1988): *El ámbito íntimo. Privacidad, individualismo y modernidad*, Alianza, Madrid.

BELOTTI, E. G. (1984): *Las mujeres y los niños primero*, Laia, Barcelona.

BELTRÁN, M. (1992): «Terremotos en los cimientos de la estructura social española», en VVAA, *Escritos de teoría sociológica en homenaje a Luis Rodríguez Zúñiga*, Centro de Investigaciones Sociológicas, Madrid, pp. 135-143.

BELTRÁN, M., *et al.* (1987): *Estudio sobre la familia española*, Ministerio de Trabajo y Seguridad Social, Madrid.

BESTARD, J. (1980): «La historia de la familia en el contexto de las ciencias sociales», *Quaderns de l'Institut Català d'Antropologia*, 2, pp. 154-162.

— (1986): *Casa y familia: Parentesco y reproducción doméstica en Formentera*, Institut d'Estudis Baleàrics, Palma de Mallorca.

— (1991): «La familia: Entre la antropología y la historia», *Papers. Revista de Sociologia*, 36, pp. 79-91.

BLAKE, J. (1979): «Is Zero Preferred? American Attitudes toward Childlessness in the 1970's», *Journal of Marriage and the Family*, vol. 41, n.º 2, pp. 245-258.

— (1981): «The only Child in America: Prejudice versus Perfomance», *Population and Development Review*, vol. 7, n.º 1, pp. 43-55.

BOLETÍN ESTADÍSTICO DE DATOS BÁSICOS: Varios números, Ministerio de Asuntos Sociales, Madrid.

BONVALET, C. (1990): «Le logement et les nouvelles structures familiales en Europe», en VVAA, *Données sociales*, INSEE, París.

BOOTH, A., y WHITE, K. (1980): «Thinking about Divorce», *Journal of Marriage and the Family*, vol. 42, n.º 3, pp. 605-617.

BORRAJO, E. (1993): «Sistema de protección social», en S. del Campo (ed.), *Tendencias sociales en España, 1960-1990*, Fundación BBV, Madrid, pp. 165-199.

BORRAJO INIESTA, S. (1987): «Estudio sociológico sobre la ruptura matrimonial en Madrid capital (1981-1984)», *Revista Española de Investigaciones Sociológicas*, 37, pp. 113-137.

— (1990): *La ruptura matrimonial en España*, Eudema, Madrid.

BOURDIEU, P. (1984): *Questions de sociologie*, Minuit, París.

BOURGEOIS PICHAT, J. (1971): *La demographie*, Gallimard, París.

BOWLBY, J. (1954): *Los cuidados maternos y la salud mental*, Organización Mundial de la Salud, Washington.

BRANDES, S. H. (1976): «La Soltería or Why People Remain Single in Rural Spain», *Journal of Anthropological Research*, 32, pp. 205-233.

BRAVO SIERRA, A. (1978): «La repercusión del hijo deficiente mental en el trabajo de la mujer y en las tareas familiares», en VVAA, *El trabajo de la mujer con responsabilidades familiares,* Ministerio de Trabajo, Madrid, pp. 313-321.

BRENAN, G. (1964): *La faz actual de España*, 2.ª ed., Losada, Buenos Aires.

BRETON, F., y BARRUTI, L. (1978): *La família i el parentiu*, Dopesa, Barcelona.

BRISSET, D. (1981): «Problemática de los hijos de emigrantes españoles», en J. Cazorla (ed.), *Emigración y retorno. Una perspectiva europea*, Instituto de Estudios Europeos, Madrid.

BUMPASS, L., y SWEET, J. A. (1972): «Diferentials in Marital Instability: 1970», *American Sociological Review*, vol. 37, pp. 754-764.

BURGUIÈRE, A. (1975): «La famille ancienne, une utopie rétrospective», *Autrement*, París, n.º 3.

CABRÉ, A. (1990): «¿Es compatible la protección de la familia con la liberación de la mujer?», en VVAA, *Mujer y demografía*, Instituto de la Mujer, Madrid, pp. 9-17.

— (1994): «Tensiones inminentes en los mercados matrimoniales», en J. Nadal (ed.), *El mundo que viene*, Alianza, Madrid.

CABRÉ, A., *et al.* (1991): *La cohabitación en España*, Centro de Investigaciones Sociológicas, Madrid.

CACHINERO SÁNCHEZ, B. (1981): «El modelo europeo de matrimonio: Evolución, determinantes y consecuencias», *Revista Española de Investigaciones Sociológicas*, 15, pp. 33-58.

— (1982a): «Aspectos demográficos de la sociología de la familia: La edad al matrimonio», en Rosa Conde (ed.), *Familia y cambio social en España*, Centro de Investigaciones Sociológicas, Madrid, pp. 63-87.

— (1982b): «La evolución de la nupcialidad en España», *Revista Española de Investigaciones Sociológicas*, 20, pp. 81-99.

CAMBIO 16 (1977): «Encuesta: aborto, planificación familiar y divorcio», n.º 312, 4 de diciembre, p. 32.

— (1978): «Encuesta sobre la familia española», n.º 360, 26 de octubre, p. 87.

— (1980): «Los españoles, padrazos», n.º 461, 5 de octubre, p. 44.

— (1981): n.º 486, 23 de mayo, pp. 50-56.

CAMPO, S. del (1960): *La familia española en transición*, Ed. del Congreso de la Familia, Madrid.

— (1974): *La política demográfica en España*, Edicusa, Madrid.

— (1982): *La evolución de la familia española en el siglo XX*, Alianza, Madrid.

— (1988): «Familia», en Salustiano del Campo (ed.), *Tratado de sociología*, Taurus, Madrid, vol. 2, pp. 9-33.

— (1991): *La nueva familia española*, Eudema, Madrid.

— (1995): «La política familiar en el franquismo» y «La política familiar en la democracia», en *Familias: Sociología y Política*, Universidad Complutense, Madrid.

CAMPO, S. del, y NAVARRO, M. (1985): *Análisis sociológico de la familia española*, Ministerio de Cultura, Madrid.

CARABAÑA, J. (1983): «Homogamia y movilidad social», *Revista Española de Investigaciones Sociológicas*, 21, pp. 61-82.

CARANDELL, L. (1971): *Los españoles*, Eds. de Bolsillo, Barcelona.

CARBONNIER, J. (1971): «Famille, législation et quelques autres», en *Flexible Droit*, París.

CARR, R., y FUSI, J. P. (1979): *España, de la dictadura a la democracia*, Planeta, Barcelona.

CASAS AZNAR, F. (1991): «La investigación de las situaciones de riesgo social en la infancia», en *Congreso Internacional Infancia y Sociedad*, vol. 3, Ministerio de Asuntos Sociales, Madrid.

CASAS GASPAR, E. (1947): *Costumbres españolas de nacimiento, noviazgo, casamiento y muerte*, Escelicer, Madrid.

CASTÁN TOBEÑAS, J. C. (1914): *La crisis del matrimonio: Ideas y hechos*, Ed. Reus, Madrid.

CASTILLO CASTILLO, J. (1980): *La emigración española en la encrucijada*, Centro de Investigaciones Sociológicas, Madrid.

— (1987): *Sociedad de consumo a la española*, Eudema, Madrid.

CASTIÑEIRA, I. (1989): «La protección de la familia en la negociación colectiva, 1987-1988», *Relaciones Laborales*, n.º 20, p. 69.

CAZORLA, J., e IGLESIAS DE USSEL, J. (1977): «Evolución de la familia española», IOP, manuscrito.

CERVANTES, L. F. (1962): «Investigación familiar: España y Estados Unidos», *Revista de Estudios Políticos*, 123, pp. 33-90.

CHRISTENSEN, H. T., y MIESSNER, H. H. (1953): «Studies in Child Spacing: Premarital Pregnacy as a Factor in Divorce», *American Sociological Review*, vol. 18, n.º 6.

CIRES (1990): *Encuesta sobre matrimonio y pareja*, dirigida por J. Díez Nicolás.

— (1992): *La realidad social en España, 1990-1991*, Fundación BBV, Bilbao.

CIS (1978): «Informe avance sobre las actitudes ante el divorcio y utilización de anticonceptivos», *Revista Española de Investigaciones Sociológicas*, n.º 1.

— (1985): «Los parados: Condiciones de vida y actitudes políticas», *Revista Española de Investigaciones Sociológicas*, n.º 30, 1985.

— (1988): «Datos de opinión», *Revista Española de Investigaciones Sociológicas*, n.º 44.

— (1990): «Datos de opinión», *Revista Española de Investigaciones Sociológicas*, n.º 51.

— (1991a): *Actitudes y opiniones de los españoles ante la infancia*, Madrid.

— (1991b): *Las mujeres españolas: lo público y lo privado*, Madrid.

— (1991c): *Actitudes y opiniones de los españoles ante la infancia. Estudios y encuestas*, Madrid.

COLLER I PORTA, X. (1991): «Roles familiares y mercado de trabajo», *Papers. Revista de Sociologia*, n.º 36, pp. 93-114.

COMAS D'ARGEMIR, D. (1980): «Sistema d'herència i estratificació social: Les estratégies hereditàries al Pirineu Aragonès», *Quaderns de l'Institut Català d'Antropologia*, 2, pp. 25-55.

— (1984): «La familia troncal en el marc de les transformacions socio-econòmiques del Pirineu d'Aragó», *Quaderns de l'Institut Català d'Antropologia*, 5, pp. 44-68.

— (1987): «Rural Crisis and the Reproduction of Family Systems», *Sociologia Ruralis*, 27, pp. 263-277.

— (1988): «Household, Family and Social Stratification: Inheritance and Labor Strategies in a Catalan Village (Nineteenth and Twentieth Centuries)», *Journal of Family History*, 13, pp. 143-163.

COMAS D'ARGEMIR, D., y PUJADAS MUÑOZ, J. J. (1991): «Familias migrantes: Reproducción de la identidad y del sentimiento de pertenencia», *Papers. Revista de Sociologia*, 36, pp. 33-56.

COMISSARIAT GÉNÉRAL DU PLAN (1975): *La famille*, Hachette, París.

CONDE, F. (1985): *Las relaciones personales y familiares de los jóvenes*, Ministerio de Cultura, Madrid.

CONDE, R. (1982a): «Desarrollo económico y cambio familiar: El impacto del nuevo rol femenino sobre la estructura de la familia», en Rosa Conde (ed.), *Familia y cambio social en España*, Centro de Investigaciones Sociológicas, Madrid, pp. 135-165.

— (1982b) (ed.): *Familia y cambio social en España*, Centro de Investigaciones Sociológicas, Madrid.

— (1983): «Tendencias de cambio en la estructura familiar», *Revista Española de Investigaciones Sociológicas*, 21, pp. 33-60.

CONDE DE ROMANONES (1945): *Notas de una vida* (1.ª ed., 1928), Aguilar, Madrid.

CONFERENCIA INTERNACIONAL DE LA POBLACIÓN (1984): «Recomendaciones para la ulterior ejecución del Plan de Acción Mundial sobre Población (México)», *Revista Española de Investigaciones Sociológicas*, n.º 27, pp. 248-294.

CONSEJO ECONÓMICO Y SOCIAL (1994): *España, 1993. Memoria sobre la situación socioeconómica y laboral*, Madrid.

CONTE, E., y FLAQUER, L. (1983): «Propostes per a una millor explotació de les dades padronals dels municipis de Catalunya», *Papers. Revista de Sociologia*, 20, pp. 199-277.

CONTRERAS, J. (1991): «Los grupos domésticos: Estrategias de producción y reproducción», en Joan Prat, Ubaldo Martínez, Jesús Contreras e Isidoro Moreno (eds.), *Antropología de los pueblos de España*, Taurus, Madrid, pp. 343-380.

COOMBS, L.; FREEDMAN, J., y PRAT, W. (1970): «Premarital Pregnacy and Status before and after Marriage», *AJS*, vol. 75.

CORBIN, J. R., y CORBIN, M. P. (1985): *Compromising Relations: Kith, Kin and Class in Southern Spain*, Gower, Londres.

COSER, R. L., y COSER, L. A. (1972): «The Principle of Legitimacy and its Patterned Infringement in Social Revolutions», en M. Susman y B. Cogswell, *Cross-National Family Research*, Bill, Leiden, pp. 119-131.

DAVIS, K. (1964): *La sociedad humana*, Eudeba, Buenos Aires.

DAY, L., y DAY, A. (1969): «Family Size in Industrial Countries: an Inquiry into Social Cultural Determinants of Levels of Childbearing», *Journal of Marriage and the Family*, vol. 31, n.º 2.

DELGADO PÉREZ, M. (1991): *Las pautas de nupcialidad en España y sus diferencias territoriales*, Instituto de Demografía del CSIC, Madrid.

— (1993): «Cambios recientes en el proceso de formación de la familia», *Revista Española de Investigaciones Sociológicas*, n.º 64, pp. 64-93.

DELGADO PÉREZ, M., y FERNÁNDEZ CORDÓN, J. A. (1989): *Análisis de las cifras de matrimonio en España desde 1979*, Instituto de Demografía del CSIC, Madrid.

DÍAZ PLAJA, F. (1961): *Federico García Lorca*, 3.ª ed., Espasa-Calpe, Madrid.

DÍEZ MEDRANO, J. (1984): «Reflexiones teóricas sobre la evolución de la ilegitimidad en Europa (1945-1984)», *Revista Española de Investigaciones Sociológicas*, 27, pp. 79-106.

DÍEZ NICOLÁS, J. (1965): «*Status* socioeconómico, religión y tamaño ideal de la familia urbana», *Revista Española de Opinión Pública*, n.º 2.

— (1973): «Comportamiento familiar de la mujer casada en España», *Gentleman*, Madrid, n.º 3, junio.

— (1983): «La familia en Europa y el cambio social», *Revista Española de Investigaciones Sociológicas*, n.º 21, pp. 11-31.

DÍEZ NICOLÁS, J., y MIGUEL, J. de (1981): *Control de natalidad en España*, Fontanella, Barcelona.

DUMON, W. (1987): «La politique familiale en Europe occidentale: une réflexion sociologique», *L'Année Sociologique*, vol. 37, pp. 291-311.

— (1995): «La paternidad y la política familiar», en VVAA, *La figura del padre en las familias de las sociedades desarrolladas*, Las Palmas de Gran Canaria, pp. 369-399.

DUNCAN, G. J., y RODGERS, W. (1987): *Les familles monoparentales. Leurs problèmes économiques*, OCDE, París.

DURÁN, M. A. (1972): *El trabajo de la mujer en España*, Tecnos, Madrid.

— (1977): «Ideología y modelos familiares», *Revista Española de Opinión Pública*, n.º 50.

— (1987): *De puertas adentro*, Instituto de la Mujer, Madrid.

EDIS: *El menor marginado*, multicopiado, Ministerio de Cultura, 1980.

— (1981): *Problemática de los menores con trastornos psíquicos en Madrid*, Ministerio de Cultura, Madrid.

— (1988): *Las situaciones y perfil del desempleo y subempleo de los titulados universitarios*, Consejo de Universidades, Madrid.

ELZO, J., *et al.* (1994): *Jóvenes españoles 94*, Fundación Santa María, Madrid.

ENGELS, F. (1970): *Contribución al problema de la vivienda*, Eds. en Lenguas Extranjeras, Moscú.

ERLANGER, H. (1974): «Social Class and Corporal Punishment in Childrearing: a Reassessment», *ASR*, vol. 39, pp. 68-85.

ESPINA, A. (1991): «Crisis económica y dependencia familiar», en *Empleo, democracia y relaciones industriales en España*, Ministerio de Trabajo y Seguridad Social, Madrid.

— (1988): «El reto de la integración laboral de la generación del *baby-boom*», *Revista de Economía y Sociología del Trabajo*, n.º 1-2.

— (1996): «La viabilidad económica del sistema de pensiones en España», en VVAA, *Dilemas del Estado de bienestar*, Fundación Argentaria, Madrid.

ESPING-ANDERSEN, G. (1993): *Los tres mundos del Estado del bienestar*, Alfons el Magnànim, Valencia.

— (1995): «Welfare States without Work: The Impasse of Labor Shedding and Familism in Continental Social Policy», *Working Papers*, n.º 71, Fundación Juan March, Madrid.

— (1996a): «¿Igualdad o empleo? La integración de salarios, Estado de bienestar y cambio familiar», en VVAA, *Dilemas del Estado de bienestar*, Fundación Argentaria, Madrid, pp. 9-29.

— (1996b): «Economías globales, nuevas tendencias demográficas y familias en transformación: ¿Actual caballo de Troya del Estado de bienestar», en VVAA, *Dilemas del Estado de bienestar*, Fundación Argentaria, Madrid, pp. 349-372.

FAUS I CONDOMINES, J. (1907): «Els capítols matrimonials a la comarca de Guissona (Catalunya segriana)», *Revista Jurídica de Catalunya*, 13, pp. 201-233, 289-297, 313-347, 379-405, 599-611.

FELDMAN, H. (1981): «A Comparison of Intentional Parents and Intentionally Childless Couples», *Journal of Marriage and the Family*, vol. 43, n.º 3, pp. 593-601.

FERNÁNDEZ CORDÓN, J. A., y TOBÍO SOLER, C. (1991): «La demografía española en el contexto europeo», *Economistas*, Colegio de Economistas de Madrid, n.º 50, pp. 58-68.

FERRÁNDIZ, A., y VERDÚ, V. (1974): *Noviazgo y matrimonio en la burguesía española*, Ed. Cuadernos para el Diálogo, Madrid.

FERREIRA, J. A. (1968): «The Pregnant Woman's Emotional Attitude and its Reflection on the Newborn», en Winch y Goodman (eds.), *Selected Studies in Marriage and the Family*, 3.ª ed., Rinehart and Winston, Nueva York, pp. 259-266.

FINE-SOURIAC, A. (1977): «La famille-souche pyrenéenne au XIX siècle: Quelques réflexions de méthode», *Annales*, 32, pp. 478-487.

FITZPATRICK, J. P. (1993): «Política y bienestar de la familia», en VVAA, *Políticas de la familia. Perspectivas jurídicas y de servicios sociales en diferentes países*, Universidad Comillas, Madrid, pp. 343-351.

FLAQUER, L. (1979): «Per una sociologia de la família a Catalunya», *Papers. Revista de Sociologia*, 12, pp. 171-182.

— (1982): *De la vida privada*, Eds. 62, Barcelona.

— (1984a): «Evaluación crítica de las distintas metodologías para el estudio de las familias troncales campesinas», en Eduardo Sevilla Guzmán (ed.), *Sobre agricultores y campesinos*, Servicio de Publicaciones Agrarias, Madrid, pp. 251-272.

— (1984b): «Tres concepciones de la privacidad», *Sistema*, 58, pp. 31-44.

— (1986a): «Privatización o desprivatización: Contribuciones recientes a la sociología de la familia», *Papers. Revista de Sociologia*, 27, pp. 157-172.

— (1986b): «Family, Residence and Industrialisation in Northern Catalonia: Legal and Social Aspects», *Sociologia Ruralis*, 16, pp. 268-284.

— (1990): «La familia española: Cambio y perspectivas», en Salvador Giner (ed.), *España: Sociedad y política*, Espasa-Calpe, Madrid, pp. 509-549.

— (1991): «¿Hogares sin familia o familias sin hogar?: Un análisis sociológico de las familias de hecho en España», *Papers. Revista de Sociologia*, 36, pp. 57-78.

FLAQUER, L., y SOLER, J. (1990): *Permanencia y cambio en la familia española*, Centro de Investigaciones Sociológicas, Madrid.

FLAQUER, L., et al. (1992): *Aspectes demogràfics i característiques familiars i relacionals*, vol. I del *Informe General de l'Enquesta de la Regió Metropolitana de Barcelona 1990: Condicions de vida i hàbits de la població*, Institut d'Estudis Metropolitans, Barcelona.

FLAVIÀ OLIVELLA, M. (1982): «Investigación en programas de disciplina en el medio familiar», *Sociología y Psicología Jurídicas. Anuario*, pp. 167-183.

FONSECA LLAMEDO, J. (1965): «Política de la vivienda para la familia», en VVAA, *Tercer Curso de Problemas Familiares*, ed. Congreso de la Familia Española, Madrid.

FOSAR BENLLOCH, E. (1981): *Estudios de derecho de familia*, Bosch, Barcelona.

FRAGA IRIBARNE, M. (1959): *La familia española ante la segunda mitad del siglo XX*, Ed. del Congreso de la Familia, Madrid.

— (1973): *Legitimidad y representación*, Grijalbo, Barcelona.

FREUD, S. (1972): *Ensayos sobre la vida sexual y la teoría de la neurosis*, Alianza, Madrid.

FRIGOLÉ, J. (1984): *«Llevarse la novia»: Matrimonios consuetudinarios en Murcia y Andalucía*, Universitat Autònoma de Barcelona, Bellaterra.

FUNDACIÓN ARGENTARIA (1992): *Boletín del Programa de Estudios sobre Igualdad y Distribución de la Renta y Riqueza*, n.º 2, 1992.

FUNDACIÓN FOESSA (1970): *Estudio sociológico sobre la situación social de España*, Euramérica, Madrid.

— (1976): *Estudios sociológicos sobre la situación social de España*, Euramérica, Madrid.

— (1983): *Informe sociológico sobre el cambio social en España, 1975-1983*, vol. II, Euramérica, Madrid.

— (1994): *Informe sociológico sobre la situación social en España*, Euramérica, Madrid.

GARCÍA FERRANDO, M. (1987): «La investigación sociológica sobre la familia en España, 1959-1984», en M. Beltrán, *et al.*, *Estudio sobre la familia española*, Ministerio de Trabajo y Seguridad Social, Madrid, 1987, pp. 297-365.

GARCÍA MARTÍNEZ, M. A. (1986): «Efectos psicosociales relacionados con la duración del desempleo», *Revista de Psicología General y Aplicada*, vol. 41, n.º 5, pp. 975-1002.

GARCÍA-TREVIJANO GARNICA, E. (1992): «El "turno de consorte" y el derecho a la igualdad. Comentario a la Sentencia del Tribunal Constitucional 192/1991, de 28 de octubre», *Cívitas. Revista de Derecho de Trabajo*, n.º 55.

GIBSON, I. (1980): *El vicio inglés*, Planeta, Barcelona.

GILMORE, D. D., y GILMORE, M. M. (1978): «Sobre los machos y los matriarcados: el mito machista en Andalucía», *Ethnica*, Barcelona, n.º 14.

GLAZER, N. (1992): «Reforma de la familia americana acogida al Sistema de Asistencia Social, 1969-1981», en *Los límites de la política social*, Ministerio de Trabajo y Seguridad Social, Madrid, pp. 31-53.

GLENN, N., y MacLANAHAN, S. (1982): «Children and Marital Hapiness: a Further Specification of the Relationship», *Journal of Marriage and the Family*, vol. 44, n.º 1, pp. 63-73.

GÓMEZ ARBOLEYA, E., y CAMPO, S. del (1959): *Para una sociología de la familia española*, Ed. del Congreso de la Familia, Madrid.

GÓMEZ DE LOS TERREROS, I. (1993): *El mal trato infantil en nuestro medio*, Sevilla.

GÓMEZ MORÁN, M. (1977): *Sociedad sin vivienda*, Euramérica, Madrid.

GÓMEZ-REINO Y CARNOTA, M. (1967): «La familia rural y urbana en España», *Anales de Moral Social y Económica*, pp. 3-46.

GONZÁLEZ, E. (1993): «La familia en la Constitución española de 1978», en E. González, *et al.*, *Vertebración de la sociedad española*, Fundación Independiente, Salamanca.

GONZÁLEZ ANLEO, J. (1969): «Ideal de la juventud española», *Revista del Instituto de la Juventud*, n.º 24.

GONZÁLEZ ECHEVARRÍA, A.; SAN ROMÁN, T., y VALDÉS, R. (1983): *Tres escritos introductorios al estudio del parentesco y una bibliografía general*, Universitat Autònoma de Barcelona, Bellaterra.

GONZÁLEZ SANCHO, E. (1982): «La política de protección a la familia en España», *Papeles de Economía Española*, n.ºs 12-13.

GOODE, W. J. (1960): «Illegitimacy in the Caribbean Social Structure», *American Sociological Review*, vol. 25, pp. 21-30.

— (1961): «Family Desorganization», en Merton y Nisbet (eds.), *Contemporary Social Problems*, Harcourt Brace, Nueva York.

— (1963): *World Revolution and Family Patterns*, Free Press of Glencoe, Glencoe.

GOVE, W. R., *et al.* (1979): «Overcrowding in the Home: an Empirical Investigation of its Possible Pathological Consequences», *American Sociological Review*, vol. 44, pp. 59-81.

346   LA FAMILIA Y EL CAMBIO POLÍTICO EN ESPAÑA

GUTIÉRREZ, J. L. (1992): *Miguel Boyer, el hombre que sabía demasiado*, Temas de Hoy, Barcelona.

HANTRAIS, L. (1994): «Comparing Family Policy in Britain, France and Germany», *Journal of Social Policy*, vol. 23, n.º 2, pp. 135-160.

HEATH, Y., *et al.* (1974): «A Research Note on Children View as Contributors to Martial Stability: the Relationship to Birth Control Use, Ideal and Expected Family Size», *Journal of Marriage and the Family*, vol. 36, n.º 2, pp. 304-306.

HERMET, G. (1986): *Los católicos en la España franquista*, Centro de Investigaciones Sociológicas, Madrid.

HERNÁNDEZ IGLESIAS, F. (1987): *Familias monoparentales en España*, Instituto de la Mujer, Madrid.

HEWETT, S. (1970): *The Family and the Handicapped Child*, Aldine, Chicago.

HICKS, W. W., y MARTÍNEZ AGUADO, T. (1987): «Las determinantes de la fecundidad dentro del matrimonio en España», *Revista Española de Investigaciones Sociológicas*, 39, pp. 195-212.

HOFFMAN, L. W., y MANIS, J. D. (1979): «The Value of Children in the United States: a New Approach to the Study of Fertility», *Journal of Marriage and the Family*, vol. 41, n.º 3, pp. 583-596.

HOUSEKNECHT, S. K. (1979): «Childlessness and Marital Adjustment», *Journal of Marriage and the Family*, vol. 41, n.º 2, pp. 259-267.

HUNEEUS, C. (1985): *La UCD y la transición a la democracia en España*, Centro de Investigaciones Sociológicas, Madrid.

IGLESIAS DE USSEL, J. (1976): «Características familiares de la ruptura matrimonial en España», *Sociología y Psicología Jurídicas. Anuario*, pp. 135-147.

— (1979): *El aborto. Un estudio sociológico sobre el caso español*, Centro de Investigaciones Sociológicas, Madrid.

— (1982): «El matrimonio por honor», *Anuario de Estudios Sociales y Jurídicos*, vols. 10-11, pp. 465-485.

— (1983a) (ed.): *Infancia y sociedad en España*, Hesperia, Jaén.

— (1983b): «La sociología de la sexualidad en España: Notas introductorias», *Revista Española de Investigaciones Sociológicas*, 21, pp. 103-133.

— (1984): «La relación infancia y familia en España», *Revista Española de Investigaciones Sociológicas*, n.º 27, pp. 7-41.

— (1986): «La situación de la familia en España y los nuevos modelos familiares», en *Situación de la mujer en España*, Instituto de la Mujer, Ministerio de Cultura, Madrid, pp. 65-128.

— (1987a): *Sociología del noviazgo en España*, Caja General de Ahorros, Granada.

— (1987b): «El tiempo en la sociedad contemporánea», en VVAA, *Estudios en homenaje a Francisco Murillo Ferrol*, Centro de Estudios Constitucionales/Centro de Investigaciones Sociológicas, Madrid, pp. 113-135.

— (1988a) (ed.): *Las familias monoparentales*, Instituto de la Mujer, Madrid.

— (1988b): «Conflictos matrimoniales y desorganización familiar en España», en VVAA, *El conflicto social*, Centro Asociado de la UNED en Málaga, Departamento de Sociología de la Universidad de Málaga, Málaga.

— (1988c): «La situación de la familia en España y los nuevos modelos familiares», en J. Iglesias de Ussel (ed.), *Las familias monoparentales*, Instituto de la Mujer, Madrid.

— (1990a): «La familia y el cambio político en España», *Revista de Estudios Políticos*, n.º 67, pp. 235-259.
— (1990b): «Sociology of the Family», en Salvador Giner y Luis Moreno (eds.), *Sociology in Spain*, Instituto de Estudios Sociales Avanzados (CSIC), Madrid, pp. 183-189.
— (1991): «Family Ideology and Political Transition in Spain», *International Journal of Law and the Family*, 5, pp. 277-295.
— (1992): «El influjo de la Revolución francesa en la familia moderna», en VVAA, *Escritos de teoría sociológica en homenaje a L. Rodríguez Zúñiga*, Centro de Investigaciones Sociológicas, Madrid.
— (1994a) (ed.): «La política familiar desde la transición», en VVAA, *La familia. V Informe sociológico sobre la situación social de España*, Fundación FOESSA, Madrid, pp. 417-547.
— (1994b): «La familia», en *La familia. V Informe sociológico sobre la situación social en España*, Fundación FOESSA, Madrid.
— (1994c): «¿Conflicto generacional o armonía familiar? Los jóvenes en España», en VVAA, *El precio de la modernización*, Iberoamericana, Madrid, pp. 149-183.
— (1996): «Frédéric Le Play: mujer y familia en los inicios de la sociología», en M. A. Durán (ed.), *Mujeres y hombres en la formación de la teoría sociológica*, Centro de Investigaciones Sociológicas, Madrid, pp. 113-149.
INE (1978): *Encuesta de fecundidad. Metodología y resultados*, Madrid.
— (1983): *Encuesta de presupuestos familiares, 1980-1981. Equipamiento y condiciones de las viviendas familiares. Conjunto nacional*, Madrid.
— (1987a): *Encuesta de fecundidad, 1985*, 2 vols., Madrid.
— (1987b): *Encuesta sobre discapacidades, deficiencias y minusvalías*, Madrid.
— (1991a): *Encuesta sociodemográfica, 1991*, Madrid.
— (1991b): *Indicadores sociales*, Madrid.
Infancia y Sociedad (1990a), n.º 2.
— (1990b): n.º 6, monográfico sobre acogimiento familiar.
INSEE (1974): *Données sociales*, París.
INSERSO (1988): *Las personas con minusvalía en España. Necesidades y demandas*, Ministerio de Asuntos Sociales, Madrid.
INSTITUTO DE LA MUJER (1992): *La mujer en cifras, 1992*, Madrid.
— (1993): *II Plan para la Igualdad de Oportunidades de las Mujeres, 1993-1995*, Madrid.
— (1994a): *Diez años del Instituto de la Mujer*, Madrid.
— (1994b): *Las españolas en el umbral del siglo XXI*, Informe de España a la IV Conferencia Mundial de las Mujeres, Beijing, 1995, Madrid.
INSTITUTO DE SOCIOLOGÍA APLICADA DE MADRID (1976): *Estudio sociológico de la familia española*, Confederación Española de Cajas de Ahorros, Madrid.
IOP (1968): «Encuesta sobre la imagen del mundo en el año 2000», *Revista Española de Opinión Pública*, n.º 13, pp. 319-320.
— (1969): «Encuesta de juventud», *Revista Española de Opinión Pública*, n.º 15.
IRIBARREN, J. (1974) (ed.): *Documentos colectivos del Episcopado español, 1870-1974*, Ed. Católica (BAC), Madrid.

IRISO NAPAL, P. L., y REHER, D. S. (1987): «La fecundidad y sus determinantes en España, 1887-1920. Un ensayo de interpretación», *Revista Española de Investigaciones Sociológicas*, 39, pp. 45-118.

IZQUIERDO, A. (1992): *La inmigración en España, 1980-1990*, Ministerio de Trabajo y Seguridad Social, Madrid.

IZQUIERDO, M. J. (1991): «Estado, familia e individuo: Comentarios a propósito de una encuesta», *Papers. Revista de Sociologia*, n.º 36, pp. 11-32.

IZQUIERDO, M. J.; MIGUÉLEZ, F., y SUBIRATS, M. (1987): *Enquesta Metropolitana 1986: Condicions de vida i hàbits de la població de l'àrea metropolitana de Barcelona*, vol. I (Informe general), Institut d'Estudis Metropolitans de Barcelona, Barcelona.

JAULERRY, E. (1971): «Les dissolutions d'union en France, études à partir des minutes de jugement», *Population*, vol. 26, junio.

JIMÉNEZ BLANCO, J., et al. (1986): *Juventud vasca*, Vitoria.

JIMÉNEZ DE ASÚA, L. (1928): *Libertad de amar y derecho de morir: Ensayos de un criminalista sobre eugenesia, eutanasia y endocrinología*, Historia Nueva, Madrid.

— (1930): *Al servicio de la nueva generación*, Morata, Madrid.

JIMÉNEZ MORAGO, J., et al. (1993): «Incidencia del maltrato infantil», en VVAA, *XI Simposio Español de Pediatría Social*, Granada.

JÖRGENSEN, J., et al. (1980): «Diadic and Social Network Influences on Adolescent Exposure to Pregnacy Risk», *Journal of Marriage and the Family*, vol. 42, n.º 1, pp. 141-157.

KADE, G. (1970): *Estudio socioeconómico de Andalucía. Factores humanos*, Instituto de Desarrollo Económico, Madrid.

KAUR, S. (1974): «Attitudes à l'égard de l'avortement provoque», *Revue Internationale des Sciences Sociales*, vol. 26, n.º 2.

KELLERHALS, J., y MONTANDON, C. (1991): «Cohesion familiale et styles d'éducation», *L'Année Sociologique*, vol. 41.

KEW, S. (1978): *Los demás hermanos de la familia. Minusvalía y crisis familiar*, Ministerio de Sanidad y Seguridad Social, Madrid.

KOMAROVSKY, M. (1940): «The Unemployed Man and His Family», The Dryden Press, Nueva York.

— (1964): «Functional Analysis of Sex Roles», en Eisenstadt (ed.), *Comparative Social Problems*.

LABOA, J. M. (1986): «Iglesia y religión en la España democrática», en VVAA, *Diez años en la vida de los españoles*, Plaza y Janés, Barcelona.

LE PLAY, F. (1867): *Réforme sociale en France déduite de l'observation comparée des peuples européens*, Dentu, París.

LEBRUN, F. (1975): *La vie conjugale sous l'Ancien Régime*, A. Colin, París.

LEFAUCHEUR, N. (1987): *La categorie «familles monoparentales» à l'épreuve du temps*, ponencia presentada a la AISLF, Lieja, mayo.

— (1988): «¿Existen las familias monoparentales?», en J. Iglesias de Ussel (ed.), *Las familias monoparentales*, Instituto de la Mujer, Madrid, pp. 153-162.

LEGARÉ, J., y DESJARDINS, B. (1991): «La monoparentalité: un concept moderne, une réalité ancienne», *Population*, n.º 6, pp. 1677-1688.

LERNER, R. M., y SPANIER, G. B. (1978) (eds.): *Child Influences on Marital and Family Interaction: a Life-span Perspective*, Academic Press, Nueva York.

LINZ, J. J. (1978): *Encuesta de juventud, 1977*, Instituto de la Juventud, Madrid.

LISÓN TOLOSANA, C. (1966): *Belmonte de los Caballeros: Sociological Study of a Spanish Town*, Clarendon Press, Oxford.

— (1970): «The Family in a Spanish Town», en C. C. Harris (ed.), *Readings in Kinship in Urban Society*, Pergamon Press, Oxford, pp. 163-178.

— (1971): *Antropología cultural de Galicia*, Siglo XXI, Madrid.

— (1976): «Estructura antropológica de la familia en España», en J. Rof Carballo, *La familia: Diálogo recuperable*, Karpos, Madrid, pp. 35-52.

— (1991): «Una gran encuesta de 1901-1902 (Notas para la Historia de la Antropología Social en España)», en J. Contreras *et al.* (eds.), *Antropología de los pueblos de España*, Taurus, Madrid, pp. 33-57.

LÓPEZ PINTOR, R., y BUCETA, R. (1965): *Los españoles de los años setenta*, Tecnos, Madrid.

LÓPEZ PINTOR, R., y JUSTEL, M. (1982): «Iniciando el análisis de las elecciones generales de octubre de 1982», *Revista Española de Investigaciones Sociológicas*, n.º 20.

LÓPEZ PINTOR, R., y TOHARIA, J. J. (1989): «Separación y divorcio en España. Un informe sociológico», Ministerio Trabajo y Seguridad Social, Madrid.

LÓPEZ Y LÓPEZ, M. T. (1996): *La protección social a la familia en España y en los demás Estados miembros de la Unión Europea*, Fundación BBV, Bilbao.

LUCKEY, E. B., y BAIN, J. K. (1970): «Children: a Factor in Marital Satisfaction», *Journal of Marriage and the Family*, vol. 32, n.º 1.

LUQUE BAENA, E. (1974): *Estudio antropológico social de un pueblo del Sur*, Tecnos, Madrid.

MADRUGA TORREMOCHA, I. (1997): «El papel del Estado como garante de la compatibilidad entre el rol familiar y el laboral. Análisis de las políticas familiares de los países de la Unión Europea, 1980-1991», *paper* presentado al *Seminario sobre el Estado de bienestar*, Fundación Argentaria, Madrid.

MALINOWSKI, B. (1964): «Parenthood. The Basis of Social Structure», en R. L. Coser (ed.), *The Family, its Structure and Functions*, St. Martin Press, Nueva York, pp. 3-19.

MALO DE MOLINA, C. (1992): *Los españoles y la sexualidad*, Temas de Hoy, Madrid.

MARAVALL, J. M. (1984): *La política de la transición*, 2.ª ed., Taurus, Madrid.

MARPSAT, M. (1991): «Les échanges au sein de la famille», *Économie et Statistique*, n.º 239.

MARTÍN ANTÓN, J. C. (1979): «La protección a la familia», *Información Comercial Española*, n.º 554, pp. 59-64.

MARTÍN SERRANO, M. (1975): «Huérfano en España», *Boletín Documentación del FIES*, vol. 7.º, n.º 3, pp. 460-496.

— (1984): *Los universitarios de Madrid*, Dirección General de la Juventud, Madrid.

MARTÍNEZ GIRÓN, J. (1992): «Familia y Seguridad Social: Las asignaciones familiares en España y en la Comunidad Económica Europea», en VVAA, *Política social y familia en España*, Ed. Alfredo Brañas, Santiago de Compostela.

MARX, K. (1968): *Trabajo asalariado y capital*, Halcón, Madrid.

MASJOAN, J.; CASAL, J., y PLANAS, J. (1990): *La inserción social y laboral de los jóvenes*, ICE/Universidad Autónoma de Barcelona.

MEAD, M., *et al.* (1963): *Privación de los cuidados maternos. Revisión de sus consecuencias*, Organización Mundial de la Salud, Ginebra.

MEIL LANDWERLIN, G. (1995): «Presente y futuro de la política familiar en España», *Revista Española de Investigaciones Sociológicas*, n.º 70, pp. 67-90.
MICHEL, A. (1974): *Activité professionnelle de la femme et vie conjugale*, CNRS, París.
MICHEL, A., y LAUTMANN, F.: «Nombre d'enfants et interaction conjugale dans les familles urbaines françaises», *Population et Famille*, n.º 16, pp. 95-103.
MIGUEL, A. de (1966a): «La familia como unidad de análisis sociológico», *Revista de Estudios Políticos*, 145, pp. 29-46.
— (1966b): «Los jóvenes ante el noviazgo y el matrimonio», *Revista del Instituto de la Juventud*, 4, pp. 9-30.
— (1974): *Sexo, mujer y natalidad en España*, Edicusa, Madrid.
— (1976): *Cuarenta millones de españoles, cuarenta años después*, Grijalbo, Barcelona.
— (1990): *Los españoles. Sociología de la vida cotidiana*, Temas de Hoy, Madrid.
— (1992): *La sociedad española, 1992-1993*, Alianza, Madrid.
— (1994): *La sociedad española, 1993-1994*, Alianza, Madrid.
MIGUEL, J. de (1973): *El ritmo de la vida social. Análisis sociológico de la dinámica de la población en España*, Tecnos, Madrid.
— (1979): *El mito de la inmaculada concepción*, Anagrama, Barcelona.
— (1984a): *La amorosa dictadura*, Anagrama, Barcelona.
— (1984b): «Sociología de la población y control de la natalidad en España», *Revista Española de Investigaciones Sociológicas*, 10, pp. 15-47.
MINISTÈRE DE LA JUSTICE (1973): *Le divorce en France, année 1970*, París.
MINISTERIO DE ASUNTOS SOCIALES (1989): *Informe Juventud en España, 1988*, Instituto de la Juventud, Madrid.
— (1994a): *Plan de actividades del Ministerio de Asuntos Sociales para el Año Internacional de la Familia*, multicopiado, Madrid.
— (1994b): *Informe sobre la situación de la familia en España*, Madrid.
— (1996): *Memoria, 1995*, Madrid
MINISTERIO DE CULTURA (1984): *Encuesta de Juventud, 1982*, Madrid.
MINISTERIO DE TRABAJO Y ASUNTOS SOCIALES (1996): *Acuerdo sobre consolidación y racionalización del sistema de la Seguridad Social*, Madrid.
MITCHELL, J. (1976): *Psicoanálisis y feminismo*, Anagrama, Barcelona.
MITZMANN, A. (1976): *La jaula de hierro. Una interpretación histórica de Max Weber*, Alianza, Madrid.
MOGEY, M. (1962): *Revue Internationale des Sciences Sociales*, n.º 4.
MOGHADAM, V. M. (1994): «La mujer en sociedad», *Revista Internacional de Ciencias Sociales*, n.º 139, pp. 115-137.
MONNIER, A. (1977): «Le naissance d'un enfant. Incidences sur les conditions de vie des familles», *Cahiers de l'Institut National d'Études Démographiques*, París.
MONTORO ROMERO, R. (1985): *La inserción en la actividad económica: empleo y paro juvenil. Informe Juventud en España*, Ministerio de Cultura, Madrid.
— (1997): «La reforma del Estado de bienestar: Derechos, deberes e igualdad de oportunidades», *Revista Española de Investigaciones Sociológicas*.
NACIONES UNIDAS (1975): *La condición de la mujer y la planificación de la familia*, Nueva York.
— (1991): *1994: Año Internacional de la Familia*, Viena.

NEAL, A. G., y GROAT, H. T. (1970): «Alienation Correlates of Catholic Fertility», *AJS*, vol. 76, n.º 3, pp. 460-473.

ONU (1991): *Año Internacional de la Familia*, Viena.

ORTEGA, F. (1981): «Socialización y mecanismos de control de los emigrantes y sus hijos», en J. A. Garmendía, *Marco general de la emigración de retorno*, Centro de Investigaciones Sociológicas, Madrid.

ORTEGA, J. L. (1992): «Iglesia, Estado y sociedad en el decenio socialista», en VVAA, *El decenio González*, Ed. Encuentro, Madrid, pp. 104-134.

PAOLI, C.: «Las trabajadoras y la maternidad. Algunos ejemplos de países de Europa occidental», *Revista Internacional de Trabajo*, Ginebra, vol. 101, pp. 33-49.

PARSONS, T. (1967): *Ensayos de teoría sociológica*, Paidós, Buenos Aires.

PASQUAL, J.; ALERANY, M., y SIERRA, M. (1993): «La definición de familia en el Impuesto sobre la Renta. Algunas paradojas y posibles soluciones», *Hacienda Pública Española*, n.º 131, pp. 117-125.

PERÉ RALUY, J. (1974): «Aproximación estadística a las separaciones de hecho en Barcelona», *Sociología y Psicología Jurídicas. Anuario*.

PÉREZ ALONSO, M. A. (1985): «La nueva excedencia por cuidado de hijos en el ámbito laboral», *Poder Judicial*, n.º 38.

PÉREZ DÍAZ, V. (1966): *Estructura social del campo y éxodo rural*, Tecnos, Madrid.

— (1987): *El retorno de la sociedad civil*, Instituto de Estudios Económicos, Madrid.

— (1996): *España puesta a prueba, 1976-1996*, Alianza, Madrid.

PÉRIER, P. (1956): *Los tipos familiares franceses y catalanes según las encuestas de F. Le Play y sus discípulos*, Publicaciones del Patronato Social de Barcelona, Barcelona.

PETRAS, J. (1996): «Informe Petras. Padres-hijos. Dos generaciones de trabajadores españoles», *Ajoblanco*, n.º 3.

PINO, J. del (1965): *La familia alpujarreña a finales del siglo XIX*, Escuela Social, Granada.

PIOTET, F. (1987): «Las consecuencias de las nuevas formas de empleo en la vida familiar y en la organización social», *Revista Española de Investigaciones Sociológicas*, n.º 38.

PITROU, A. (1994): *Les politiques familiales. Approches sociologiques*, Syros, París.

PITT-RIVERS, J. A. (1954): *The People of the Sierra*, The University of Chicago Press, Chicago/Londres.

PLANELLAS, A. (1904): *Estudio higiénico-social de la fecundidad y prolificidad*, Real Academia de Medicina y Cirugía de Barcelona, Barcelona.

POLIT, D. F. (1978): «Stereotypes Relating to Family-size Status», *Journal of Marriage and the Family*, 40, pp. 105-117.

POSADA, A. (1892): *Teorías modernas acerca del origen de la familia, la sociedad y el Estado*, Imprenta de la Revista General de Legislación y Jurisprudencia, Madrid.

— (1899): *Feminismo*, Librería de Fernando Fe, Madrid.

PRAT, J. (1973): «Estructura y conflicto en la familia pairal», *Ethnica*, 6, pp. 131-180.

PRESVELOU, C. (1968): *Sociologie de la consommation familiale*, Bruselas.

PRICE, R., y PRICE, S. (1966): «Noviazgo in an Adalusian Pueblo», *Southwestern Journal of Anthropology*, 22, pp. 302-322.

PRIOUX MARCHAL, F. (1974): «Les conceptions prenuptiales en Europe occidentale depuis 1955», *Population*, vol. 29, n.º 1, pp. 61-68.

REHER, D. S. (1984): «La importancia del análisis dinámico ante el análisis estático del hogar y la familia: Algunos ejemplos de la ciudad de Cuenca en el siglo XIX», *Revista Española de Investigaciones Sociológicas*, 27, pp. 107-135.

— (1988): *Familia, población y sociedad en la provincia de Cuenca, 1700-1970*, Centro de Investigaciones Sociológicas, Madrid.

— (1996): *La familia en España*, Alianza, Madrid.

REICH, W. (1975): *Materialismo dialéctico y psicoanálisis*, Siglo XXI, Madrid.

REIMER, S. (1964): «Arquitectura para la vida familiar», en VVAA, *Sociología de la vivienda*, Buenos Aires.

REQUENA, F. (1990): «Estructura social y mercado de trabajo en la ciudad de Málaga», *Revista de Estudios Regionales*, n.º 27.

REQUENA Y DÍEZ DE REVENGA, M. (1990): «Hogares y familias en la España de los ochenta: El caso de la comunidad de Madrid», *Revista Española de Investigaciones Sociológicas*, 51, pp. 53-78.

REVISTA *POUVOIRS* (1996): Monográfico sobre «Los grupos de presión en la Unión Europea», n.º 79.

RIVAS, D. M., y VARA, M. J. (1989): «Las unidades domésticas como amortiguadores de la crisis económica», en VVAA, *Mujeres y hombres en la formación del pensamiento occidental*, Universidad Autónoma de Madrid, vol. 1, pp. 447-453.

ROBINSON, J. B. (1971): «Historical Changes in how People Spend their Time», en A. Michel (ed.), *Family Issues of Employed Women in Europe and America*, Brill, Leiden, pp. 143-154.

RODANO, M., y CINCIARI, L. (1986): *Rapport sur les familles monoparentales*, Parlement Européen, Documents de Séance, 12 de marzo.

ROF CARBALLO, J. (1964): «El erotismo en Unamuno», *Revista de Occidente*, n.º 19, Madrid.

ROIGÉ VENTURA, X. (1989): *Família i grup domèstic: Estratègies residencials al Priorat (segles XIX i XX)*, Història de l'Estudi General de Lleida, Lleida.

ROLDÁN VERDEJO, R. (1980): *La Ley de Matrimonio Civil*, Granada.

ROS GIMENO, J. (1959): *La familia en el panorama demográfico español*, Ed. del Congreso de la Familia, Madrid.

ROSENZWEIG, M. R. (1975): «Chid Investment and Women», en C. B. Lloyd, *Sex, Discrimination, and the Division of Labor*, Columbia University Press, Nueva York, pp. 269-292.

ROUSSEL, L. (1971): «L'attitude des divers générations à l'ègard du mariage, de la famille et du divorce en France», *Population*, vol. 26, junio.

RUIZ BECERRIL, D. (1997): «Los hijos y la ruptura matrimonial», *Revista de la Juventud*, n.º 39.

RUSSELL, W. M. (1968): *Violence, Monkeys and Man*, MacMillan, Londres.

SALDAÑA, Q. (1928): *Siete ensayos sobre sociología sexual*, Mundo Latino, Madrid.

SAMPEDRO, V. (1996): «Agendas de poder. Modelos de control político e informativo de los problemas sociales», *Revista Internacional de Sociología*, n.º 15, pp. 7-36.

SÁNCHEZ DE TOCA, J. (1875): *El matrimonio: Su ley natural, su historia, su importancia social*, Madrid.

SÁNCHEZ MOISO, M. E. (1978): «Padres torturadores», en VVAA, *Contra la tortura*, Fontanella, Barcelona, pp. 124-138.

SÁNCHEZ VERA, P. (1993): «Consideraciones metodológicas sobre investigación de la familia en España», *Revista Internacional de Sociología*, n.º 6, pp. 103-125.

SARABIA, B. (1992): «Hacia el fin de la niñez», *Cuenta y Razón*, n.ᵒˢ 71-72.

SARACENO, C. (1995): «Familismo categórico en el Estado del bienestar italiano», en S. Sarasá y L. Moreno (eds.), *El Estado del bienestar en la Europa del Sur*, Centro de Investigaciones Sociológicas, Madrid, pp. 261-289.

SARRIBLE, G. (1987): «Posibles influencias de la migración en los cambios de la fecundidad», *Revista Española de Investigaciones Sociológicas*, 37, pp. 91-111.

SCANZONI, J. (1976): *Men, Women and Change. A Sociology of Marriage and Family*, McGraw Hill, Nueva York.

SCHLESINGER, B. (1975) (ed.): *The One Parent Family. Perspectives and Annotated Bibliography*, 3.ª ed., Toronto.

SCHURR, F. (1965): «El amor, problema existencial en la obra de Unamuno», *Cuadernos del Idioma*, Buenos Aires, vol. 1, n.º 1.

SEMPRÚN, J. (1993): *Federico Sánchez se despide de ustedes*, Tusquets, Barcelona.

SIMMEL, G. (1977): *Sociología. Estudio sobre las formas de socialización*, 2.ª ed., Ed. Revista de Occidente, Madrid.

SOLÉ, C., y HERRERA, E. (1991): *Trabajadores inmigrantes en Cataluña: ¿Integración o racismo?*, Centro de Investigaciones Sociológicas, Madrid.

SOLER SERRATOSA, J. (1985): «La estructura del hogar en Barcelona: Un análisis del padrón de 1981», *Boletín de la Asociación de Demografía Histórica*, 3, pp. 51-75.

SOLSONA, M., y TREVIÑO, R. (1990): *Estructuras familiares en España*, Ministerio de Asuntos Sociales, Instituto de la Mujer, Madrid.

SPERR, M. (1974): *Los padres domados*, Grijalbo, Barcelona.

SPREY, J. (1975): «The Study of Single Parenthood: Some Methodological Considerations», en B. Schlesinger (ed.), *The One Parent Family. Perspectives and Annotated Bibliography*, 3.ª ed., Toronto.

STOETZEL, J. (1954): «Les changements dans les fonctions familiales», en R. Prigent (ed.), *Renouveau des idées sur la famille*, PUF, París.

TARANCÓN, V. E. (1996): *Confesiones*, PPC, Madrid.

TERRADAS, I. (1980): «Els orígens de la institució d'hereu a Catalunya: Algunes reflexions, *Quaderns de l'Institut Català d'Antropologia*, 1, pp. 64-97.

TEZANOS, J. F. (1982): *Sociología del socialismo español*, Tecnos, Madrid.

— (1984): «Cambio social y modernización en la España actual», *Revista Española de Investigaciones Sociológicas*, n.º 28.

THOMPSON, K. S. (1980): «A Comparison of Black and White Adolescent's Beliefs about Having Children», *Journal of Marriage and the Family*, vol. 42, n.º 1, pp. 133-140.

THORNES, B., y COLLARD, J. (1979): *Who Divorces?*, Routledge and Kegan Paul, Londres.

THRELFALL, M. (1990): «¿Patriarca, palanca, paraguas? Planteamientos feministas en torno al Estado asistencial», en VVAA, *Participación política de las mujeres*, Centro de Investigaciones Sociológicas, Madrid, pp. 215-235.

TÖFFLER, A. (1971): *El schock del futuro*, 3.ª ed., Plaza y Janés, Barcelona.

TOHARIA, J. J. (1983): «La situación demográfica y familiar», en VVAA, *España, balance 1983*, Oykos-Tau, Madrid.

— (1987): «Familia y demografía», en VVAA, *Estudio sobre la familia española*, Ministerio de Trabajo y Seguridad Social, Madrid.

TORNS MARTÍN, T. (1986): *Sobre los orígenes de la sociología en Cataluña: Las aportaciones de los anarquistas (1864-1910)*, Universitat Autònoma de Barcelona, Bellaterra.

TORO, J. (1978): «Castigo sistemático en la infancia», en VVAA, *Contra la tortura*, Fontanella, Barcelona.

TORREGROSA, J. R. (1985): «Aspectos socioculturales de la desigualdad y la equidad. La cultura del desempleo», en VVAA, *Igualdad, desigualdad y equidad en España y México*, Instituto de Cooperación Iberoamericana, Madrid, pp. 521-537.

UMBRAL, F. (1997): «¿Y las parejas de siempre?», Diario *El Mundo*, 21 de marzo, p. 60.

VALIENTE FERNÁNDEZ, C. (1996a): «Olvidando el pasado: La política familiar en España, 1975-1996», *Gestión y Análisis de Políticas Públicas*, n.os 5-6, pp. 156-161.

— (1996b): «Partial Achievements of Central-State Public Policies Against Violence Against Women in Post Authoritarian Spain 1975-1995», en Chris Corrin (ed.), *Women in a Violent World*, Edinburgh University Press, Edimburgo, pp. 166-186.

— (1996c): «El feminismo institucional en España: El Instituto de la Mujer, 1983-1994», *Revista Internacional de Sociología*, n.º 13, pp. 163-204.

— (1996d): «Políticas de igualdad para las mujeres en la España democrática: La regulación del acoso sexual en el trabajo», en VVAA, *Pobreza, necesidad y discriminación*, Fundación Argentaria, Madrid, pp. 201-230.

— (1997): *Políticas públicas de género en perspectiva comparada: La mujer trabajadora en Italia y España, 1900-1996*, Universidad Autónoma de Madrid, Madrid.

VANDELLÓS, J. A. (1935): *Catalunya, poble decadent*, Biblioteca Catalana d'Autors Independents, Barcelona.

VARELA OGANDO, M. (1982): «La adolescente embarazada: un problema actual», *Juventud*, n.º 8, pp. 145-163.

VVAA (1970): *Understanding Social Problems*, Merrill, Carmel, CA.

— (1984): *Informe sociológico sobre la juventud española, 1960-1982*, Fundación Santa María, Madrid.

— (1985): *Juventud 1984*, Fundación Santa María, Madrid.

— (1992a): *Du politique et du social dans l'avenir de la famille*, La Documentation Française, París.

— (1992b): *El decenio de González*, Humanismo y Democracia/Ed. Encuentro, Madrid.

VILAR, P., et al. (1987): *La familia en la España mediterránea*, Crítica, Barcelona.

VILLOTA, F. (1978): «La economía en la política social de la infancia», en VVAA, *El derecho a una infancia feliz*, Ministerio de Cultura, Madrid, pp. 115-123.

WATSON, S. (1987): «Ideas of the Family in the Development of Housing Forms», en M. Loney (ed.), *The State or the Marquet. Politics and Welfare in Contemporary Britain*, Sage, Londres.

WINCH, R. F. (1957): «Marriage and the Family», en J. B. Gittler (ed.), *Review of Sociology*, J. Willey, Nueva York.

WOLFF, K. H. (1964): *The Sociology of Georg Simmel*, Free Press of Glencoe, Glencoe.

ZALIZER, V. A. (1981): «The Price and Value of Children: the Case of Children's Insurance», *AJS*, vol. 86, n.º 1, pp. 1036-1057.

SEMILLA Y SURCO
Colección de Ciencias Sociales

SERIE DE SOCIOLOGÍA

Dirigida por FRANCISCO MURILLO FERROL

Apostel, L., y otros: *Interdisciplinariedad y ciencias humanas.*

Beltrán, M.: *La realidad social.*

Betancourt, W., y otros: *La enseñanza, la reflexión y la investigación filosóficas en América Latina y el Caribe.*

Borreguero, C.; Catena, E.; De la Gándara, C.; Salas, M., y otros: *La mujer española: de la tradición a la modernidad (1960-1980).*

Bottomore, T., y otros: *La miseria de la sociología.*

Carbonnier, J.: *Sociología jurídica* (2.ª ed.).

Castro Nogueira, L.: *La risa del espacio.* El imaginario espacio-temporal en la cultura contemporánea: una reflexión sociológica.

Cohen, R. S., y otros: *Repercusiones sociales de la revolución científica y tecnológica.*

Crompton, R.: *Clase y estratificación.* Una introducción a los debates actuales.

Durán, M. A.: *Desigualdad social y enfermedad.*

Galtung, J.: *Investigaciones teóricas.* Sociedad y cultura contemporáneas.

González García, J. M.: *Las huellas de Fausto.* La herencia de Goethe en la sociología de Max Weber.

González Seara, L.: *La Sociología, aventura dialéctica.*

Gregory, D. D.: *La odisea andaluza: una emigración hacia Europa.*

Hallak, J.: *Invertir en el futuro.* Definir las prioridades educacionales en el mundo en desarrollo.

Hawley, A. H.: *Ecología humana* (3.ª ed.).

Hawley, A. H.: *Teoría de la ecología humana.*

Iglesias de Ussel, J.: *La familia y el cambio político en España.*

Jessop, B.: *Orden social, reforma y revolución.*

Jiménez Blanco, J.; Moya Valgañón, C. (coords.), y otros: *Teoría sociológica contemporánea.*

König, R.: *Tratado de Sociología empírica.*

López Pina, A. (coord.), y otros: *Poder y clases sociales.*

Lucas Marín, A.: *Fundamentos de teoría sociológica.*

Martínez Albertos, J. L.: *La información en una sociedad industrial* (2.ª ed.).

Mauss, M.: *Sociología y antropología.*

Menéndez Ureña, E.: *La teoría crítica de la sociedad de Habermas. La crisis de la sociedad industrializada.*

Miguel, A. de: *El poder de la palabra.* Lectura sociológica de los intelectuales en Estados Unidos.

Miguel, A. de, y Salcedo, J.: *Dinámica del desarrollo industrial de las regiones españolas.*

Miguel, J. M. de: *El ritmo de la vida social.* Análisis sociológico de la dinámica de la población en España.

Morales Navarro, J., y Abad Márquez, L. V.: *Introducción a la sociología* (2.ª ed.).

Morán, F.: *El nuevo reino.* Sentido de la política en África negra.

Murillo Ferrol, F.: *Estudios de Sociología política.*

Pino Artacho, J. del: *La teoría sociológica.* Un marco de referencia analítico de la modernidad.

Rodríguez, J. A.: *Salud y sociedad.* Análisis sociológico de la estructura y la dinámica del sector sanitario español.

Rodríguez Aranda, L.: *Ideas para una sociología del pueblo español.*

Rodríguez Fernández, A. (dir.): *Los recursos humanos en las Administraciones públicas.*

Tezanos, J. F.: *Sociología del socialismo español.*

Tierno Galván, E.: *Conocimiento y ciencias sociales.*

Tortosa, J. M.: *La pobreza capitalista.* Sociedad, empobrecimiento e intervención.

Tortosa, J. M.: *Sociología del sistema mundial.*

Touraine, A., y otros: *¿Qué empleo para los jóvenes?* Hacia estrategias innovadoras.

SEMILLA Y SURCO
Colección de Ciencias Sociales

SERIE DE CIENCIA POLÍTICA

Aguilar, M. A., y Bardají, R. L. (eds.): *El servicio militar: ¿obligatorio o voluntario?*

Aguilar, M. A., y Bardají, R. L. (eds.): *La Europa de Reikiavik.* Seminario Internacional de la Asociación de Periodistas Europeos.

Aguilar, M. A., y Bardají, R. L. (eds.): *La «perestroika» y el poder militar soviético.* Seminario Internacional de la Asociación de Periodistas Europeos.

Biscaretti di Ruffía, P.: *Derecho constitucional* (3.ª ed.).

Botella, J.; Cañeque, C.; Gonzalo, E. (eds.): *El pensamiento político.* De Platón a Marx.

Dahl, R. A.: *La poliarquía.* Participación y oposición.

De Blas Guerrero, A.: *Tradición republicana y nacionalismo español (1876-1930).*

Díaz, E.: *El pensamiento español en la era de Franco (1939-1975)* (2.ª ed.).

Eccleshall, R.; Geoghegan, V.; Jay, R., y Wilford, R.: *Ideologías políticas.*

Ferrero, G.: *El Poder.* Los Genios invisibles de la Ciudad.

Jiménez Nieto, J. L.: *Teoría general de la Administración.* La ciencia administrativa a la luz del análisis sistémico (2.ª ed.).

Johnson, N.: *Los límites de la Ciencia Política.*

Lipset, S. M.: *El hombre político.* Las bases de la política.

López Pina, A.: *Estructuras electorales contemporáneas.* Alemania y Estados Unidos.

MacCormick, N.: *Derecho legal y socialdemocracia.* Ensayos sobre filosofía jurídica y política.

Monzón Arribas, C.: *La opinión pública.* Teorías, concepto y métodos.

Moreno Juste, A.: *Franquismo y construcción europea (1951-1962).* Anhelo, necesidad y realidad de la aproximación a Europa.

Schmitt, C.: *La defensa de la Constitución.*

Tomás y Valiente, F.: *El Derecho penal en la Monarquía absoluta.* Siglos XVI, XVII y XVIII.

Touchard, J.: *Historia de las ideas políticas* (5.ª ed.).

Vidal-Beneyto, J. (ed.), y otros: *España a debate.* Vol. I: La política.

Vidal-Beneyto, J. (ed.), y otros: *España a debate.* Vol. II: La sociedad.

SEMILLA Y SURCO

Colección de Ciencias Sociales

SERIE DERECHO

Dirigida por CARLOS ROGEL VIDE
Catedrático de Derecho civil

Bacharach de Valera, S.: *La acción de cesación para la represión de la competencia desleal.*

Bernal Valls, J.: *El falso testimonio.*

Boquera Matarredona, J.: *La concentración de acciones en un solo socio en las sociedades anónimas.*

Celaya Ulibarri, A.: *Capital y sociedad cooperativa.*

Cristóbal Montes, A.: *El incumplimiento de las obligaciones.*

Cristóbal Montes, A.: *El pago o cumplimiento de las obligaciones.*

Cristóbal Montes, A.: *Las obligaciones indivisibles.*

Cuétara, J. M. de la: *El nuevo régimen de las aguas subterráneas en España.*

Fernández-Costales, J.: *El usufructo voluntario de herencia.*

Fernández Liesa, C. R.: *Las bases de la política exterior europea.*

García Arán, M.: *La prevaricación judicial.*

García Becedas, G.: *Reconversiones industriales y ordenamiento laboral.*

García-Cruces, J. A.: *El contrato de «factoring».*

Huertas Bartolomé, T.: *Mediación mercantil en el ordenamiento laboral.*

Jorge Barreiro, A.: *El allanamiento de morada.*

Jorge Barreiro, A.: *La imprudencia punible en la actividad médico-quirúrgica.*

Linacero de la Fuente, M.: *El nombre y los apellidos.*

López Beltrán de Heredia, C.: *La conmutación de la legítima.*

López Beltrán de Heredia, C.: *La responsabilidad civil de los padres por los hechos de sus hijos.*

Martínez de Aguirre y Aldaz, C.: *Las ventas a plazos de bienes muebles.*

Medina de Lemus, M.: *Cabida y calidad en la compraventa de inmuebles.*

Medina de Lemus, M.: *La venta internacional de mercaderías.*

Peñaranda Ramos, E.: *La participación en el delito y el principio de accesoriedad.*

Pérez-Serrano, N.: *Los grupos parlamentarios.*

Ragel Sánchez, L. F.: *Las urbanizaciones de uso privado.*

Rams Albesa, J. J.: *La sociedad de gananciales.*

Rams Albesa, J. J.: *Uso, habitación y vivienda familiar.*

Rodríguez Zapata, J.: *Sanción, promulgación y publicación de las leyes.*

Rogel Vide, C.: *La guarda de hecho.*

Soriano, J. E.: *Comunidades Autónomas y Comunidades Europeas.*

Tudela Cambronero, G.: *Las garantías de los representantes de los trabajadores en la empresa* (2.ª ed.)

Vega Vega, J. A.: *Derecho de autor.*

Villar Rojas, F. J.: *Privatización de servicios públicos.* La experiencia española a la luz del modelo británico.